Der Posthalter

Lebenserinnerungen

vom Rokoko zum Biedermeier

Helmut Reichling

Text: Helmut Reichling
Lektorat: Dr. Jutta Schwan
Covergestaltung: Verlagshaus Schlosser
Umschlagabbildung: AdobeStock
Satz und Layout: Verlagshaus Schlosser
ISBN 978-3-96200-697-6
Druck: Verlagsgruppe Verlagshaus Schlosser
D-85652 Pliening • www.schlosser-verlagshaus.de

Printed in Germany

Inhalt

Vorwort

Die Lebenserinnerungen des Posthalters von Diemerstein spiegeln die geschichtlichen Ereignisse zwischen Rokoko und Biedermeier. Die gesellschaftlichen und politischen Umwälzungen dieser Zeit führten nicht nur zu einer Dynamik, die das Erscheinungsbild Europas bis in unsere Zeit beeinflusst, sondern hinterließen auch in der persönlichen Entwicklung des Erzählers ihre Spuren, prägten seinen Charakter und Lebenslauf. Karl Adolf Ritter schildert Begegnungen mit herausgehobenen Persönlichkeiten seiner Zeit aus dem Blickwinkel eines Angehörigen der gehobenen bürgerlichen Schicht. Dabei ist es bemerkenswert, welche Spuren diese Ereignisse auch in den eigenen Lebenserinnerungen jener Personen erlangt haben, mit denen Ritter zusammengetroffen ist. Einzelne Episoden aus dem Leben des Posthalters fanden Erwähnung in mehreren historischen Abhandlungen und lokalgeschichtlichen Werken. Mit der Veröffentlichung seiner kompletten Lebenserinnerungen wird erstmals die Geschichte des Posthalters Karl Adolf Ritter vor dem familiären und persönlichen Hintergrund dargestellt.

Mein besonderer Dank gilt Frau Anita Bischoff, die es unternommen hat, die Aufzeichnungen zu sichten und kritisch zu überarbeiten und Frau Dr. Jutta Schwan, die als Kunsthistorikerin das vorliegende Material einer historischen Prüfung unterzogen hat.

Zweibrücken im Sommer 2022

Helmut Reichling

Kindheit in Diemerstein

Mein Name ist Karl Adolf Ritter, geboren am 25. Juli des Jahres 1752 in Diemerstein im heutigen Königreich Bayern. Ich schreibe diese Geschichte meines Lebens für meine Kinder, Enkel und Urenkel im 69. Lebensjahr. Ich bin ein alter Mann und ich weiß nicht, wie viel Zeit mir unser Herrgott noch schenken wird, aber wenn ich gehen muss, dann im Glauben und im Vertrauen auf seine Gnade.

Ich habe viel gesehen und erlebt. Die Welt um mich herum hat sich gewandelt und immer wieder neu geformt, im Kleinen wie im Großen. Ich hatte das Glück, vielen bemerkenswerten und berühmten Menschen zu begegnen. Einige davon werden Eingang in die Geschichtsbücher finden, von anderen habe ich viel für mein Leben gelernt und für manche bleibt immer ein Platz in meinem Herzen.

Ich habe eine Frau, wie ich sie mir nicht besser wünschen kann und die mit mir alt geworden ist. Meine Lebensgeschichte aufzuschreiben bereitet mir viel Vergnügen und ich wärme mich an den schönen Erinnerungen eines langen Lebens.

Mein Geburtshaus in Diemerstein war das alte Anwesen meines Vaters Sigmund, welches er 1763 zu einer großen Reichsposthalterei erweiterte. Die Posthalterei liegt am Eingang des Ortes, nicht weit entfernt von der uralten Burgruine, die das Dorf überragt.

Diemerstein und der Nachbarort Frankenstein verdanken ihre Bedeutung der Straße von Kaiserslautern in die vordere Pfalz und an den Rhein. Vor Hunderten von Jahren war die Straße so bedeutsam, dass die Fürsten zwei Burgen bauen ließen. Die eine, größere in Frankenstein und eine kleinere in Diemerstein. So wichtig war der Schutz jener Straße, der meine Familie und ich Einkommen und Wohlstand verdanken.

Diemerstein selbst ist nur ein ganz kleiner Ort mit wenigen Familien, in einem dunklen Tal gelegen, in das bloß selten und dann auch nur zur Mittagszeit im Hochsommer die Sonne für ein paar kurze Stunden scheint. Die Menschen dort sind arbeitsam und gottesfürchtig. Mennoniten waren hier eingewandert, um ohne Anfeindungen nach ihrem Glauben zu leben, und ernährten sich von den wenigen Feldern auf den Terrassen hinter den Häusern.

In meiner Kindheit war für mich der Wald, der sich ringsum dicht an die Häuser heranschob, mein liebster Aufenthalt. Mit den Buben aus dem Ort unternahm ich weite Streifzüge und entdeckte immer wieder Neues und Außergewöhnliches: Östlich vom Dorfeingang liegt das Glastal, in dem die Kohlenmeiler brannten und finstere und verrußte Gestalten das Feuer bewachten. Aus dem Buchenholz der Wälder gewannen sie Pottasche, die zur Glasherstellung benötigt wurde und damals einen sehr guten Preis erzielte. Am Ende dieses Glastals lag ein verlassenes Dorf, von dem nur noch die Grundmauern aus Sandstein standen und zwischen den Trümmern die eingestürzten Dächer von Ranken überwuchert waren. Vereinzelte verwilderte Blumen und andere Nutzpflanzen erinnerten an die Menschen, die hier einmal gelebt hatten. Wir Kinder suchten diese geheimnisvolle Gegend mit Schaudern auf und dachten, vielleicht hätten sich Geister der Ruinen bemächtigt. Mein Vater erzählte mir, dieser Ort, dessen Namen vergessen ist, sei in einem langen Krieg von seinen Bewohnern verlassen und nie wieder besiedelt worden. Damals wusste ich noch nicht, dass mein Vater den Dreißigjährigen Krieg meinte.

Im Wald oberhalb des Dorfes fanden wir Reste einer langen Straße, die teilweise kerzengerade zwischen den Bäumen hindurchführte, dazu alte Wegmarkierungen mit römischen Ziffern, die wir uns nicht erklären konnten. Irgendwo standen auch noch die Reste eines verfallenen Wachturmes. Wie ich erst später erfuhr, war es eine Römerstraße.

Direkt hinter unserer Posthalterei ragte ein hoher zerklüfteter Felsen mit vielen kleinen verborgenen Höhlen auf. Oft erprobten die Jungen dort ihre Kletterkünste. Die Alten nannten diesen Felsen die Teufelsleiter. Ich habe nie erfahren, warum. Als Kind wanderte ich auch gern zu der alten Schäferei, wo heute unser Klaftertaler Hof steht. Viele Geschichten waren vom alten Schäfer und dem Kloster in Fischbach im Umlauf, zu dem diese Schäferei in alten Zeiten gehörte.

Mein Vater, der Posthalter in Diemerstein, galt als ein sehr erfahrener und für die damalige Zeit gebildeter Mann. Er hatte seinen Beruf gründlich gelernt und war mit nicht wenigen Posthaltereien in der näheren und weiteren Umgebung familiär verbunden. Im Geschäft zeigte er sich tüchtig und erfolgreich. Ich bewunderte sehr, wie gewandt er mit den hohen Gästen, die zu uns kamen, umging. Allzeit höflich und aufmerksam, ohne jedoch servil zu sein. Auch die Bauern und Waldarbeiter im Ort mochten ihn. Er war zu jedermann gleich und behandelte auch den einfachsten Holzhauer und den dunkelsten Köhler niemals von oben herab.

Seine Frau, meine gute Mutter, schenkte ihm vier Söhne und zwei Töchter. Der Erstgeborene verstarb mit vier Jahren. Sein Tod war für meine Eltern ein großes Leid. Mein älterer Bruder Johann Theobald war damals zwei Jahre alt und ich noch gar nicht auf der Welt. Der Zweitgeborene wurde als erwachsener Mann Gastwirt in Hochspeyer und dort ein wohlhabender und geachteter Bürger. In diesem Ort übernahm er später das Amt des Bürgermeisters. Als der nächstgeborene Sohn war ich zum Nachfolger meines Vaters in der Posthalterei bestimmt. Mein jüngster Bruder war zu den Soldaten gegangen und die beiden Schwestern heirateten höhere Beamte in Speyer und Zweibrücken.

Meine Kinderjahre hätten nicht schöner sein können. Doch irgendwann ist auch diese Zeit vorbei. Den Vorschlag des Amtmannes, mich nach Kaiserslautern in die Lateinschule zu schicken wie meinen Bruder Johann und dann vielleicht nach Zweibrücken auf das Gymnasium, hat mein Vater sehr schnell verworfen. Das sei keine rechte Ausbildung für einen Posthaltersohn. Daher brachte er mir die zum Leben notwendigen Dinge wie Lesen und Schreiben selbst bei. Für meine Erziehung engagierte er, obwohl er selbst einer anderen Glaubensgemeinschaft angehörte, den katholischen Geistlichen von Hochspeyer, der als Kaplan lange Zeit bei einem Grafen in Frankreich gelebt hatte, um mir die französische Sprache und wenn möglich auch etwas Latein und Geschichte beizubringen. So wurde ich zweimal in der Woche oben auf dem regulären Postwagen nach Hochspeyer gebracht und erlebte bei Abbé Diehl einen sehr wertvollen Unterricht. Am Nachmittag ging es mit dem Postwagen wieder zurück nach Diemerstein. Die katholische Kirche lag ja direkt an der Hauptstraße. Die Kutschfahrten liebte ich sehr und bekam so freundschaftlichen Kontakt mit unseren Postillionen.

Ebenfalls zweimal die Woche lief ich nach Frankenstein zum alten Chaim Vitus. Auch ihn hatte mein Vater gegen ein gutes Honorar angeworben, mich in Geografie zu unterrichten. Herr Vitus hatte sich viel in der Welt umgesehen, war als Handelsmann zu einem bescheidenen Wohlstand gekommen und verbrachte seine alten Tage in seinem Geburtsort Frankenstein, wo er auch der kleinen jüdischen Gemeinde vorstand. Ich habe ihn noch als einen sehr lebenserfahrenen und weisen Mann in Erinnerung. Jetzt ist er schon lange tot. Aber was er mir beigebracht hat, lebt immer noch in mir fort. Von ihm erfuhr ich nicht nur spannende Geschichten über ferne Länder, deren Bevölkerung, Gebräuche und Gesetze, sondern er hatte auch ein kleines „Laboratorium", wie er es nannte, und unterrichtete mich in den Grundlagen der Elemente und der menschlichen Natur. Manche Frankensteiner hielten den alten Chaim für einen Zauberer und Alchimisten, was natürlich nicht stimmte, aber das medizinische Wissen, über das ich heute verfüge und das mir oft im Leben geholfen hat, verdanke ich seinem Unterricht.

Mein dritter Lehrer, wenn man so sagen darf, war Friedrich Wussow, ein ehemaliger preußischer Unteroffizier. Nachdem er Jahrzehnte seinem König gedient und einen ehrenvollen Abschied bekommen hatte, wollte er noch ein paar ruhige Jahre in einer schönen Gegend verbringen. Er hatte gehört, in der Pfalz gebe es einen guten Wein und hübsche Mädchen, und so war er in unsere Gegend gewandert. Leider gab es in unserer waldreichen hinteren Pfalz keinen Wein und die Mädchen der Mennoniten hatten keine Lust auf eine sündhafte Beziehung mit dem alten Soldaten, auch wenn er noch so schön seinen mächtigen Schnurrbart zwirbelte.

Da Wussow bei einem Artillerieregiment gedient hatte, konnte er hervorragende Kenntnisse im Transportwesen mit Gespannen vorweisen. Auch mit Pferden und Geschirren kannte er sich besser aus als jeder Mann in den Dörfern, außer vielleicht meinem Vater. Der hatte ihn in Dienst genommen und schon nach kurzer Einarbeitungszeit wurde er praktisch seine rechte Hand. Wussow erstellte die Tourenpläne für die Kutschen, organisierte den Rücktransport der Pferde und war für den gesamten Ablauf in der Posthalterei verantwortlich. Die Fahrer respektierten ihn wegen seiner direkten Art und zeigten größten Respekt gegenüber diesem alten Feldwebel. Obwohl er nun bei einer Reichsposthalterei in kaiserlich-österreichischen Diensten stand, war er immer noch durch und durch ein Preuße geblieben.

Mein Vater hatte ihn beauftragt, wenn im Geschäft wenig zu tun sei und ich nicht gerade bei Abbé Diehl oder bei Chaim Vitus war, mir zu Hause Unterricht im Rechnen zu geben. Dieser Aufgabe kam Friedrich Wussow mit Begeisterung nach. Von allen meinen Lehrern war er der Strengste. Wie auf dem Kasernenhof musste ich das große und das kleine Einmaleins aufsagen und bekam auch manchmal eins hinter die Ohren, wenn ich mich verhaspelte oder im Kopfrechnen nicht ganz so schnell war, wie es mein Zuchtmeister von mir erwartete. Dabei versuchte er auch immer wieder zu erklären, wie lebenswichtig schnelles Rechnen sein kann. Mehr als einmal hörte ich die Geschichte, wie er als kommandierender Unteroffizier einer Batterie die anstürmenden Kürassiere abwehrte, indem er blitzschnell den richtigen Winkel seiner Kanonen befehlen und dadurch mitten in die Reihen des anrückenden Feindes hineinschießen konnte. Solche und andere Erzählungen aus dem Schlachtgeschehen haben mich damals sehr beeindruckt. Von ihm lernte ich auch die Schönschrift für Buchstaben und Zahlen, das Kutschfahren, die Pflege von Zaumzeug und Geschirren und viel über die Pferdedressur. Am schönsten aber war es, wenn er glaubte, mich nach einer gelungenen Lektion belohnen zu müssen. Dann gingen wir in den Wald und er unterrichtete mich im Gebrauch von Büchse und Pistole. Meine Mutter war deshalb immer sehr besorgt, doch Wussow meinte, er habe schon viel ungeschickteren Rekruten den sicheren Umgang mit der Waffe beigebracht. Er lehrte mich auch den Kampf mit der blanken Waffe, mit dem Degen und mit dem Messer. Auch zeigte er mir, wie Hiebe geschickt abgewehrt werden und ein Dolchstoß sicher angebracht wird. Bei ihm habe ich sehr viel gelernt.

Als ich elf Jahre alt war, ließ mein Vater die alte Posthalterei erweitern und viel größer und schöner umbauen. Die Gebäude bestanden aus dem Sandstein, der in der unmittelbaren Umgebung gewonnen wurde. Obwohl ich die Häuser während meiner Zeit nochmals erweiterte, erhielt die Posthalterei damals im Wesentlichen ihre heutige Gestalt. Große Ställe für die Postpferde wurden eingerichtet sowie ein stattliches Wohn- und Wirtschaftsgebäude. Die Gaststuben waren geräumig und boten sommers wie winters die gewünschte Behaglichkeit. Darüber, in den beiden oberen Stockwerken, waren

Gästezimmer geschaffen worden, um den Reisenden, die nicht sofort nach dem Pferdewechsel weiterfahren, sondern sich nach längerer Fahrt etwas erholen wollten, einen angenehmen Aufenthalt zu bieten. Auch an kleinere Kammern für die Bediensteten der Gäste war gedacht. Sie waren in der Nähe der Wohnstuben unserer Postillione, und ich bin mir sicher, dass unser guter Wussow hier doch noch dem einen oder anderen hübschen Kammerfräulein begegnete.

Im Sommer dieses Jahres, es muss kurz nach meinem Geburtstag gewesen sein, denn es war sehr heiß, riefen die Maurer und Steinmetzgesellen meinen Vater auf den hinteren Teil der Baustelle. Da der Neubau der Posthalterei ganz nahe an den Sandsteinfelsen hinter dem bestehenden Gebäude herangeführt wurde, war beabsichtigt, diese natürliche Befestigung für den Bau als Rückwand zu nutzen. Bei der Arbeit wurde ein verschütteter Stollen entdeckt, der in den Felsen hineinführte. Der Baumeister berichtete meinem Vater, dass er sich den Stolleneingang nicht erklären konnte. Dieser sei wohl schon vor sehr langer Zeit angelegt worden. Die Arbeiten an der hinteren Wand wurden vorerst eingestellt und mein Vater fuhr mit dem Baumeister nach Eisenberg, wo das herzogliche Bergamt einen Standort unterhielt. Sie brachten einen jungen Mann zurück, der als ein Experte für den Bergbau vorgestellt wurde, und man bat ihn, sich den Stollen einmal näher anzusehen.

Trotz seiner Jugend verfügte dieser sogenannte Bergassessor über umfangreiches Wissen und gute Erfahrungen. Er stellte einen Trupp mutiger Maurergesellen und Holzhauer zusammen, die mit ihm den Stollen erkunden sollten. Mit Fackeln und anderen Leuchtgeräten stiegen sie in die Dunkelheit. Der Bergassessor meinte, die Fackeln seien sehr wichtig, denn sie würden anzeigen, ob genug Luft im Stollen sei. Falls sie verlöschten, müssten sie so schnell wie möglich wieder umkehren. Von Peter Jutzies alter Witwe aus dem Dorf lieh er sich sogar den Kanarienvogel samt seinem Käfig. Ich weiß bis heute nicht, warum.

Die Männer blieben sehr lange unter der Erde. Immer mehr Dorfbewohner hatten sich vor dem Eingang versammelt und es war schon vereinzelt ein leises Schluchzen und angstvolles Stöhnen zu hören. Nicht wenige beteten.

Schließlich kehrten sie doch ans Tageslicht zurück, gleich umringt von den vielen Neugierigen. Die Witwe Jutzie bekam ihren Liebling zurück, der darauf im Dorf als Glücksbringer verehrt wurde und der Bergassessor begab sich mit meinem Vater in das Geschäftszimmer der Posthalterei.

Neugierig wie ich war, kam ich einfach mit.

Der junge Mann schilderte nüchtern und präzise, was er entdeckt hatte: Der Stollen steige gleich hinter der Posthalterei sehr steil an und führe in fast gerader Linie zur alten Schäferei. Dabei wird im Berg auch ein ansehnlicher Höhenunterschied überwunden. An manchen besonders steilen Stellen seien sogar Stufen in den Sandstein gehauen. Nicht weit von der alten Schäferei sei der Stollenausgang. Dieser sei offen zugänglich und weil sich auf dem Boden des Stollens dort immer etwas Wasser angesammelt habe, würde man dieses Endstück als Viehtränke nutzen, ohne zu wissen, dass es sich hier um eine unterirdische Verbindung zwischen der Schäferei und Diemerstein handele. Er habe schon viele derartige Gänge gesehen, aber noch keinen, der auf eine so lange Strecke und bei diesem Höhenunterschied so gut abgewettert sei. Auf dem ganzen Weg wäre immer genug Frischluft im Stollen gewesen und er vermutete zahlreiche Entlüftungsschächte im darüberliegenden Wald.

Auf die Frage, wie alt der Stollen sei und warum er wohl angelegt worden wäre, wusste der Experte keine genaue Antwort. Er vermutete allerdings anhand der Bearbeitungsspuren, der Gang sei schon vor sehr langer Zeit in den Felsen gehauen worden. Es könnte ein

Fluchtgang der umliegenden Burgen gewesen sein. Mein Vater ließ vor dem Diemersteiner Stolleneingang eine schmiedeeiserne Tür anbringen und befahl den Maurern, ihre Arbeit fortzusetzen, nachdem er sowohl den Bergassessor als auch die mutigen Männer aus dem Dorf, die ihn begleitet hatten, reichlich belohnte.

Ein ganz besonderes Ereignis aus meiner Knabenzeit, ich hielt mich damals schon für sehr erwachsen, will ich hier kurz schildern, denn es sollte mein künftiges Leben in hohem Maße beeinflussen. Es muss um das Jahr 1767 gewesen sein, ich war etwa 15 oder 16 Jahre alt, da nahm mich mein Vater mit auf eine wichtige Reise. Es ging nach Zweibrücken in die Residenzstadt des Herzogs.

Unser schönster Postwagen wurde herausgeputzt und der Kutscher legte seine Galauniform an. Ebenso mein Vater, der mit den Insignien eines bestätigten Reichsposthalters wie ein höherer Offizier aussah. Auf dem Weg nach Zweibrücken, es war ja fast eine Tagesreise und wir wechselten die Pferde unterwegs an drei Poststationen, erläuterte mein Vater mir den Zweck der Fahrt. Ich war sehr stolz, denn seine ernste Ansprache zeigte mir, dass er mich dabei auch auf meine Bestimmung als Posthalter und seine Nachfolge vorbereiten wollte.

Er erzählte mir, in der Residenz Zweibrücken regiere ein beliebter und gebildeter Herzog, der das Ansehen seiner Untertanen und auch der benachbarten Fürsten genoss. Der mächtige König von Frankreich sei sogar sein persönlicher Freund. Das Herzogtum Pfalz-Zweibrücken gehöre zu einem Teil zum Reich, gleichzeitig zum anderen Teil zu Frankreich. Das Land Christians IV. sei klein, doch politisch mit einem gewissen Einfluss in Europa.

Dann kam er auf den eigentlichen Zweck unserer Reise zu sprechen. Ich war zwar kein Kind mehr, doch mein Vater bemühte sich sehr, hier die richtigen Worte zu finden: „Der Herzog ist nicht verheiratet. Es gibt aber eine Frau in seiner Umgebung, die der Herzog sehr liebt und mit der er fast wie Mann und Frau zusammenlebt. Die Franzosen nennen eine solche Frau in der Umgebung eines Fürsten Maîtresse. Das ist aber nichts Unanständiges und in Frankreich nicht nur üblich, sondern für einen König erforderlich. Unser Mennonitenprediger würde eine solche Beziehung verdammen, doch Abbé Diehl hätte zweifellos Verständnis."

Diese Dame habe nun dem Herzog gegenüber den Wunsch geäußert, ab und zu nach Mannheim ins Theater fahren zu dürfen, wo sie vor Jahren, als sie noch keine Gräfin war, sondern Marianne Camasse hieß, selbst als Tänzerin auf der Bühne gestanden habe, oder nach Schwetzingen an den Hof seiner Durchlaucht des Kurfürsten. Aus verständlichen Gründen sollten diese Fahrten nicht mit der herzoglichen Kutsche erfolgen, um unnötiges Getratsche auf den Poststationen beim Pferdewechsel zu vermeiden. Vielmehr sollte ein zuverlässiger und honoriger Postmeister mit dieser diskreten Aufgabe betraut werden.

Die kurfürstliche Kanzlei hatte den Postmeister von Diemerstein vorgeschlagen und nun waren mein Vater und ich auf dem Weg nach Zweibrücken, um dort die weiteren Einzelheiten zu besprechen. Ich war sehr stolz, von meinem Vater ins Vertrauen gezogen worden zu sein.

Da wir bereits sehr früh aufgebrochen waren, kamen wir am Nachmittag in Zweibrücken an. Obwohl ich zuvor schon ein paarmal die Reichsstadt Kaiserslautern besucht hatte und die Atmosphäre einer Stadt für mich nichts Ungewöhnliches war, wirkte Zweibrücken auf mich in ganz besonderer Weise. Alles schien größer, geschmückter, farbiger, lebendiger und anmutiger, als ich es von Kaiserslautern gewohnt war.

Unsere Kutsche stellten wir im Hof der Zweibrücker Posthalterei ab und begaben uns zu Fuß zum vereinbarten Treffpunkt. Dabei konnte ich das prächtige Residenzschloss bewundern und mein Vater sagte mir, es sei von einem schwedischen Baumeister errichtet worden und ganz Schweden habe einmal zu Zweibrücken gehört, als dort der Herzog von Zweibrücken als König regiert habe.

Wegen der Vertraulichkeit des Geschäftes kamen die Herren der herzoglichen Kanzlei in das Haus der Dame. Die besagte Person war die Gräfin von Forbach. Wir wurden von einem Lakaien in Livree in einen Vorraum geführt und man bat uns, hier zu warten. In diesem Raum gab es für mich so viel zu sehen, dass mir die Zeit nicht lang wurde, und schon bald trat der Diener wieder aus der großen doppelflügeligen Tür hervor und teilte uns mit, die Gräfin lasse bitten.

Der Raum, in dem wir empfangen wurden, war geschmackvoll eingerichtet, nicht überladen, sondern eher zweckmäßig, aber mit sehr liebevoll arrangierten Kleinigkeiten. Auf einem zierlichen Sofa saß eine hübsche Frau von etwa dreißig Jahren. Neben ihr standen drei Buben ungefähr in meinem Alter. Ein junger Mann, offensichtlich ein Maler, packte gerade seinen Skizzenblock zusammen.

Die Dame winkte meinem Vater näher zu treten und mit einer Eleganz und Leichtigkeit, die ich ihm gar nicht zugetraut hätte, verneigte er sich und erbot der Gräfin seine Reverenz, als ob er sich sein Leben lang in höfischen Kreisen bewegt hätte. Ich tat es ihm gleich und glaube, ich war auch nicht ganz ungeschickt dabei.

„Lieber Monsieur Ritter“, sprach die Dame meinen Vater in schönstem Französisch an, „herzlich willkommen in Zweibrücken. Ich bin sicher, Er hatte eine angenehme Anreise, denn wer könnte sich besser auf eine solche Fahrt verstehen als der viel gerühmte Postmeister von Diemerstein. Wie ich sehe, hat Er auch einen jungen Mann mitgebracht. Ich vermute, seinen Sohn, denn er kann in Aussehen und Benehmen seinen Vater nicht verleugnen.“

„Madame, ich bin stolz auf die Ähnlichkeit. Er ist ein fleißiger und braver Junge und ich hoffe, er wird in die Fußstapfen seines Vaters treten und die Posthalterei übernehmen, wenn mir dereinst der Tod die Zügel aus der Hand nimmt."

Die Gräfin lächelte uns freundlich an und ich war beeindruckt, wie elegant sich mein Vater in der fremden Sprache ausdrücken konnte. In Diemerstein hatte ich ihn häufig Französisch reden hören. Er beherrschte diese Sprache ganz vorzüglich. Das war auch wichtig, denn selbst hochgestellte deutsche Reisende bedienten sich des Französischen, weil es allgemein als ein Zeichen ihres besonderen Standes angesehen wurde.

„Begeben wir uns also in das Kabinett nebenan, lieber Monsieur Ritter. Dort warten schon zwei Kanzleibeamte auf uns, um den vorbereiteten Vertrag zu besprechen. Euer Sohn kann hier bei meinen Kindern bleiben und mit ihnen Freundschaft schließen."

Erst viele Jahre später wusste ich die Bemerkung der Gräfin Forbach angemessen zu schätzen. Während es bei uns im Dorf selbstverständlich war, dass die Kinder miteinander spielten und sich manche im Laufe der Zeit richtig anfreundeten, so war es hier in adeliger Umgebung etwas ganz anderes.

Ich fand die drei Buben von Anfang an sympathisch. Mit größter Vertrautheit stellten sie sich mir vor. Christian war genauso alt wie ich. Er besuchte das Zweibrücker Gymnasium und wurde daneben noch von einem Hauslehrer unterrichtet, sein Bruder Wilhelm war zwei Jahre jünger und mit seinen elf Jahren war der kleine Max der Einzige, der nicht direkt zur Familie gehörte. Obwohl ich zunächst mit den drei ebenfalls französisch reden wollte und mir überlegte, wie man den Sohn einer Gräfin anredet, bestanden sie darauf, mit mir Deutsch zu sprechen. Auch sollte ich nicht immer Hochwohlgeboren oder Durchlaucht sagen, das würde aus dem Mund eines Gleichaltrigen affig klingen. Auf Vorschlag des Malers, der bei uns geblieben war, gingen wir alle hinaus in den Garten. Ich wurde gefragt, ob ich auch reiten könne, was ich mit Begeisterung bejahte.

Die beiden Älteren berichteten mir von ihren Reitstunden und dass sie beide später einmal Offiziere werden wollten, um im Krieg Heldentaten zu vollbringen. Max meinte, sein Hofmeister habe davon abgeraten, so früh Reitunterricht zu erhalten. Die Knochen seien noch nicht gefestigt genug und er solle sich nicht von seinem Lernstoff in der Schule ablenken lassen.

Der Garten vor dem Haus der Gräfin war fast schon ein kleiner Park, in dem sich herrlich spielen ließ. Die Zeit verging nur zu rasch. Besonders den Max hatte ich in mein Herz geschlossen. Christian erwähnte, als Max gerade dem Maler etwas zeigte und abseitsstand, der Junge sei für ihn und Wilhelm wie ein Bruder. Der arme Kerl sei sein Cousin und habe in diesem Jahr seinen Vater verloren. Er war bisher praktisch ohne Eltern aufgewachsen. Sein Vater, der Prinz von Zweibrücken, sei der Bruder des Herzogs und stand als Reichsmarschall in kaiserlichen Diensten, meist weit weg von seiner Heimat. Die Mutter sei einfach verschwunden. Erst viel später erfuhr ich Näheres über das Schicksal des Kleinen.

Als mein Vater für mich viel zu früh, aber offensichtlich sehr erfolgreich aus der Unterredung zurückkam und sich mit der Gräfin zu uns gesellte, fragte ich ihn, ob ich meine neuen Freunde auch einmal zu uns nach Diemerstein einladen dürfte. Er blickte etwas unsicher in Richtung der adeligen Dame, denn er wusste nur zu gut über die beträchtlichen Standesunterschiede Bescheid. Doch Madame de Camasse hatte nicht vergessen, dass auch sie einmal eine Bürgerliche gewesen war und stimmte dem Vorschlag freudig zu. Sie meinte, wenn sie auf dem Weg nach Mannheim in Diemerstein Station machen würde, dann könnten die Buben dortbleiben und auf dem Rückweg mit ihr zurückfahren. Der Maler oder ein Lehrer sollten sie begleiten. Mir sprang fast das Herz vor Freude und mein Vater fühlte sich überaus geschmeichelt. Er versicherte der Gräfin, seinen Gästen würde es in Diemerstein an nichts mangeln und er werde für ihre standesgemäße Unterbringung sorgen. So verabschiedeten wir uns mit der Versicherung, uns alle bald in Diemerstein wieder zu sehen.

Nach ein paar Wochen war es dann tatsächlich so weit. Die Gräfin von Forbach hatte sich sogar zwei Kutschen für diese Tour reservieren lassen. In der einen reiste sie selbst mit ihren Kammerfrauen und einem Hofkavalier und in der anderen fuhren die drei Buben mit dem mir schon bekannten Maler und dem Hauslehrer des kleinen Max.

Während die Mutter ihre Reise nach kurzer Rast und einer kleinen Erfrischung fortsetzte, bezogen alle die vorbereiteten Kammern. Mein Vater hatte die Zimmer schön herrichten lassen. Eines für die Kinder der Gräfin, eines für Max und seinen Erzieher und ein drittes für den Maler.

Schon kurze Zeit später waren wir alle draußen und ich erzählte meinen Gästen von den Geschichten und Geheimnissen „meines" Waldes. Mir gefiel der lockere und angenehme Umgang, den die beiden Erwachsenen mit den Kindern pflegten. Die Beziehung erschien mir mehr kameradschaftlich zu sein und ihr Verhalten umgänglicher, als es zumeist von Älteren den Kindern gegenüber an den Tag gelegt wird.

Diese Besuche gewannen mit der Zeit eine schöne Regelmäßigkeit, und gleichzeitig wuchs auch unsere Freundschaft. Der Maler, der meist die Buben begleitete, war noch sehr jung, etwa 26 Jahre alt. Er war für sie eher ein Spielkamerad als eine Respektsperson. Trotz seiner Jugend war er am herzoglichen Hof sehr angesehen. Er hieß Johann Christian Mannlich und war der Sohn des herzoglichen Hofmalers, dem er zu gegebener Zeit in dieser Stellung nachfolgen sollte. Der Herzog von Zweibrücken hatte ihn zur Ausbildung nach Italien und Frankreich geschickt und hielt große Stücke auf ihn. Er gab uns sogar Zeichenunterricht in der freien Natur.

Manchmal war auch der Erzieher von Max mitgekommen, eine beeindruckende Person, mit der sich mein Vater abends bei einem Glase Wein sehr gern unterhielt. Er hieß Herr von Keralio und hatte zwei für mich unverständliche Vornahmen. Mein Vater sagte mir, es seien Namen aus der griechischen Antike und Herr von Keralio sei ein hoher französischer Offizier gewesen, bevor er die Stellung eines Fürstenerziehers im Herzogtum angetreten habe. Mir war dieser Mann, obwohl er damals die vierzig überschritten hatte und in meinen Augen schon uralt war, von Anfang an sympathisch. Er wirkte eher wie ein weiser Ratgeber als ein Lehrer auf mich und ich war sehr gerne mit ihm zusammen. Auch Max mochte ihn sehr. Wie ich später erfahren habe, war er zunächst als Erzieher des älteren Bruders von Max eingestellt worden, denn dieser sollte einmal das Herzogtum von seinem offiziell kinderlosen Onkel erben. Doch der sonst so erfahrene Keralio kam mit ihm nicht zurecht und erbat sich vom Fürsten die Gnade, statt des älteren den jüngeren der Brüder erziehen zu dürfen. Das wurde ihm gewährt und ich glaube, es war nicht nur ein Glück für den Erzieher und seinen Schützling, sondern für das ganze Land.

Einmal kam sogar dieser ältere Bruder in Begleitung von Herrn Mannlich zu uns zu Besuch nach Diemerstein. Auch er war mir von Anfang an angenehm. Karl August war etwas lebhafter als Max, vielseitig interessiert und schien mir besonders für die Jagd und die Jagdhunde sehr aufgeschlossen. Ich dachte mir damals, wenn die Hunde einen Menschen mögen, dann kann es kein schlechter Mensch sein und dieser Meinung bin ich bis zum heutigen Tag. Im Gegensatz zu seinem Bruder Max legte Karl allerdings doch gesteigerten Wert auf höfische Etikette. So redete ich ihn nicht mit seinem Vornamen, sondern stets mit Durchlaucht an. Aber das tat unserer kameradschaftlichen Beziehung keinen Abbruch. Einmal wollte ich ihm etwas ganz Besonderes bieten: Ich wusste ja, wo der Schlüssel zum eisernen Tor, mit dem der geheime Gang verschlossen war, in der Posthalterei aufgehoben wurde. Ohne dass uns jemand bemerkt hätte, stiegen wir beide mit Lichtern bewaffnet in die Dunkelheit ein und gelangten auch schon bald in der Schäferei wieder an das Tageslicht. Schnell ging es auf dem Waldweg heimwärts nach Diemerstein. Unbeobachtet legte ich den Schlüssel wieder zurück. Weder mein Vater noch Mannlich hatten von diesem Abenteuer etwas bemerkt. Ich war mir sicher, wenn die Erwachsenen dahintergekommen wären, dass wir eine solch gefährliche Exkursion unternommen haben, hätte es ein großes Donnerwetter gegeben und die Besuche der adeligen Knaben hätten ein für alle Mal ein Ende gefunden. Wenn ich heute daran denke, welcher Gefahr ich damals den künftigen Herzog und Präsumtiverben zweier Kurfürstentümer ausgesetzt hatte, läuft es mir immer noch eiskalt den Rücken herunter. Aber dieses Abenteuer, welches unser Geheimnis blieb, brachte den zukünftigen Herzog Karl und den späteren Postmeister Karl näher zusammen.

Wir wurden Freunde und ahnten damals noch nicht, unter welchen Umständen uns das Schicksal eines Tages wieder zusammen und in den unterirdischen Gang führen sollte.

Dennoch blieb meine Beziehung zu Max immer die engere. Max hatte ein angenehmes und offenes Wesen und jedermann mochte ihn. Gemeinsam unternahmen wir Streifzüge durch die nähere Umgebung, und eines Abends brachen wir von der Posthalterei auf, um angeblich in der Dämmerung Wild zu beobachten. Doch ich hatte ein anderes Ziel. Nach etwa zwanzig Minuten Fußmarsch erreichten wir unterhalb der alten Schäferei ein Hofgebäude, das am Eingang eines kleinen Tales gelegen war. Der Hof war vor langer Zeit von einer adeligen Familie aus Frankreich errichtet worden, die wegen ihres Glaubens aus der Heimat fliehen musste und fast mittellos im Tal des Speyerbaches Zuflucht suchte. Der Graf und seine Familie kannten sich freilich in der Zucht edler Pferde aus und besaßen auch noch einige besonders wertvolle Tiere, die sie mit sich nehmen konnten. Schon nach wenigen Jahren waren die Fohlen der Franzosen in der Gegend sehr begehrt, und die Familie kam wieder zu einigem Wohlstand. Sie zogen von dem Tal, das auch Mannsmanns Hang genannt wurde, nach dem benachbarten Dorf Fischbach, wo sie größere Ländereien erwerben konnten.

Das Anwesen fand einen neuen Besitzer und seit einiger Zeit hatte ich festgestellt, dass die Kutscher und andere Fuhrleute sich des Abends in das Tal aufmachten, um spät in der Nacht oder sogar erst bei Morgengrauen zurückzukehren. Ich war neugierig geworden, was wohl das Ziel dieser Ausflüge war, und daher machte ich mich mit Max auf den Weg. Über einen steilen Fußweg, der von der Schäferei hinab zur Straße und zum Speyerbach führte, schlichen wir uns heran. Aus allen Fenstern schien Licht und ein Lärm von grölenden Stimmen, schrilles Gekreische und laute Musik drangen zu uns. In den Räumen ging es hoch her. Vorsichtig näherten wir uns im Schutze der Dunkelheit dem wüsten Treiben. Wir beobachteten, wie vereinzelte Personen das Haus verließen, Männer und Frauen, die sehr dem Branntwein zugesprochen hatten. Manche von ihnen verschwanden paarweise in der nebenan gelegenen Scheune, aus der dann noch mehr Geschrei und brünstiges Gestöhne zu hören waren. Vorwitzig, wie Buben dieses Alters nun einmal sind, wagten wir uns näher an dieses sonderbare Treiben heran. In der finsteren Nacht krochen wir bis unter eines der hellen Fenster und versuchten einen Blick in das Innere zu erhaschen. Wir blieben unentdeckt und vor unseren Augen stand eine Szenerie, die sich der Prediger, wenn er von Sodom und Gomorrha in der Bibel sprach, nicht farbenprächtiger hätte ausmalen können.

Im Scheine mehrerer Lichter wälzten sich die Menschen in- und übereinander, Fuhrknechte mit offenen Hosen, zusammen mit schamlosen Weibern mit ebenso offenen Haaren und Brüsten. Ich schreibe dies in meinen Lebenserinnerungen nur deshalb, weil diese Nacht die erste war, in der ich als junger Mensch mit den Abgründen der Sinneslust in Berührung kam. Damals war für Max und mich der Anblick so faszinierend, dass wir bestimmt noch lange dem Treiben zugesehen hätten, wenn uns nicht einer der Betrunkenen, der gerade vor die Tür getreten war, entdeckt hätte. Schnell wie die Wiesel sprangen wir vom Fenster weg in den nahen Wald und in die schützende Dunkelheit.

Wieder zu Hause angekommen, fanden wir meinen Vater und Keralio, die gerade ihr spätes Abendessen beendet hatten und bei einem guten Glas Wein und einer Pfeife zusammensaßen. Noch mit glühenden Wangen und Worten, die zwei in diesen Dingen noch völlig unerfahrenen Jungen zur Verfügung standen, berichteten wir das Erlebte. Mein Vater sagte zunächst nichts. Heute weiß ich, dass es durchaus nicht in seinem Sinne gewesen war, dass ich den jungen Adeligen Erlebnissen und Eindrücken ausgesetzt hatte, die man in diesem zarten Alter noch nicht machen sollte. Der kluge Keralio erahnte wohl, was meinen Vater bewegte und war sich sicher, dieser suchte nur nach den richtigen Worten, um seinem Tadel Ausdruck zu verleihen. Doch Keralio ergriff rasch das Wort und sagte mehr zu meinem Vater als zu uns beiden gerichtet: „Was ihr da gesehen habt, war sehr unschön. Aber wie bei allem Hässlichen auf Erden kann daraus auch eine Lehre gezogen werden. Wenn der Mensch zu sehr seinen natürlichen Trieben nachgibt, nur an seine körperlichen Begierden denkt und an deren unmittelbare Befriedigung, dann verliert er im gleichen Moment etwas, was sein Menschsein ausmacht: Die Beherrschung über sich selbst. Ich halte es für eine durchaus wertvolle Erfahrung, die der junge Prinz hier machen konnte. Die Dinge, die er soeben gesehen hat, mögen ihn zwar verstört haben, doch er hat bei dieser Gelegenheit das einfache Volk in seiner sinnlichen Zügellosigkeit erlebt und wird daraus seine Schlüsse ziehen. Die praktische Anschauung ist meist mehr wert als der blutleere Unterricht eines Lehrers."

Meinen Vater beruhigten die Worte des weisen Fürstenerziehers, hatte er doch schon befürchtet, dass die Besuche der herzoglichen Kinder in Diemerstein dadurch ein unvermitteltes Ende nehmen würden. Ich habe sie mir gut gemerkt und für mein Leben bewahrt.

Der Posthalter wollte die Angelegenheit freilich nicht auf sich beruhen lassen. Er versprach, die Vorkommnisse an höherem Ort und bei den Behörden in Hochspeyer zur Anzeige zu bringen. Ob er das damals wirklich gemacht hat, weiß ich nicht. Die Kutscher und Fuhrleute waren ja immerhin auch unsere Kunden und er hatte vielleicht Verständnis dafür, dass diese Männer, die ja tagaus, tagein einen schweren Beruf hatten, dort etwas Druck loswerden wollten. Auch unser Wussow soll in dieser Kaschemme ein gern gesehener Gast gewesen sein. Ob mit oder ohne Zutun meines Vaters wurde die Konstanzer Hütte, wie sich dieses Etablissement nannte, bald von der Obrigkeit geschlossen und es kehrte dort wieder Ruhe ein.

Die Besuche meiner adeligen Spielkameraden wurden im Laufe der Zeit immer seltener und hörten schließlich ganz auf. Nicht weil unsere Freundschaft irgendwie gelitten hätte, sondern weil für uns alle ein neuer Lebensabschnitt begann.

Lehr- und Wanderjahre

Umbrien

Mein Bruder Johannes hatte die Schule beendet und war zur weiteren Ausbildung nach Speyer gezogen. Er war sich damals noch nicht schlüssig, ob er Gastwirt oder Kanzleibeamter werden wollte.

Meine Freunde Christian und Wilhelm begannen ihre militärische Ausbildung und zogen von Zweibrücken weg. Auch Max und Karl wurden auf ihre spätere Stellung vorbereitet. Mir ging es nicht anders. In der Posthalterei hatte ich mir ein vielfältiges Wissen über diesen Beruf angeeignet und konnte längst als tüchtiger Postmeistergehilfe gelten. Bekanntermaßen gilt der Junge nichts im Geschäft seiner Familie, wenn er nicht schon an anderem Ort bewiesen hat, dass er sein Metier beherrscht. So sollte ich zur weiteren Ausbildung in andere Posthaltereien geschickt werden.

Es war im Jahr 1771, da eröffnete mir mein Vater, er habe mit einem Posthalter in Italien korrespondiert, der mich zu meiner weiteren Ausbildung gerne bei sich aufnehmen würde. Ich war gerade 19 Jahre alt und begann meine Lehr- und Wanderjahre.

Der Posthalter, bei dem ich arbeiten sollte, war Signore Azzuro Ursetti. Er stand der Station von Spello vor und die Struktur und Organisation seines Betriebes war mit unserer Posthalterei in Diemerstein vergleichbar. Es begann für mich ein großes Abenteuer in vielerlei Hinsicht. Noch nie zuvor war ich weiter als Zweibrücken oder Schwetzingen von meinem Heimatdorf entfernt gewesen. Ich hielt mich für einen erfahrenen Postillion, konnte ganz gut Französisch und war von zu Hause aus mit einigen Kreditbriefen ausgestattet worden, die es mir ermöglichen sollten, auch ohne meinen Lohn als Postgehilfe in Italien zu überleben. Allerdings würde ich gezwungen sein, so schnell wie möglich Italienisch zu lernen und mich in die Sitten und Gebräuche meines Gastlandes einzuleben.

Vor meiner Abreise besuchte ich noch einmal den alten Chaim Vitus, der mit den Jahren schon sehr hinfällig geworden war. Ich fürchtete, bei meiner Rückkehr würde er sich schon zu seinen Vätern versammelt haben. Er schwebte schon in gewissem Maße über sich und, wie es bei alten Menschen wie bei mir jetzt auch durchaus üblich ist, konnte er sich an die Angelegenheiten aus seiner Jugend besser erinnern als an die Geschehnisse des Vortages. Vitus nahm sehr herzlich Abschied von mir. Er war sich sicher, mich niemals wieder zu sehen und wünschte mir den Segen des Gottes Abrahams. Als junger Mann habe er Italien häufig bereist und dort gute Geschäfte gemacht, obwohl sein Volk im Kirchenstaat nicht besonders gut gelitten war. Auch in Spello sei er schon gewesen. Der Ort liege nicht weit von der alten Stadt Spoleto entfernt und verdanke seine Bedeutung der Via Flaminia, die ein römischer Kaiser habe anlegen lassen, um von Rom aus schneller an die Adria zu kommen. Sie sei für die Post auch heute noch so bedeutend wie unsere Straße entlang des Speyerbachs. Ich sollte mir unbedingt die Stadt ansehen und vielleicht weilte Schlomo, ein alter Freund von ihm, noch unter den Lebenden. Ihn sollte ich besuchen und von ihm grüßen. Er sei ein angesehener Handelsmann, der mir nützlich sein könnte. Er gab mir ein Empfehlungsschreiben für ihn mit, welches er mit zitternder Hand unterzeichnete.

Als ich mich von unserem treuen Wussow verabschiedete, hatte der ein paar Tränen in den Augen. Er warnte mich ausdrücklich vor den Italienern. Er sei zwar niemals einem begegnet, aber von Kameraden, die schon in Italien gekämpft hätten, habe er gehört, die Welschen seien heimtückisch und verschlagen, gleichzeitig aber feige. Ich sollte nicht vergessen, was ich bei ihm gelernt hatte, und er riet mir, neben meinem Hirschfänger auch noch zwei gute Reiterpistolen mit auf die Reise zu nehmen.

Voll Vorfreude auf das Leben außerhalb unseres engen Tales und die Sonne Italiens, von der ich schon so viel gehört und gelesen hatte, verließ ich Diemerstein mit der Postkutsche nach Schwetzingen.

Von Anfang an verstand ich die Reise nach Spello als einen Teil meiner Ausbildung. Ich lernte die verschiedensten Stationen der Reichspost kennen. Einige davon gefielen mir sehr gut. Ich merkte mir alles, was meine Aufmerksamkeit erregte und nahm mir vor, Neuerungen, die ich unterwegs gesehen hatte, bei uns in Diemerstein einzuführen. Andere Poststationen machten auf mich keinen so guten Eindruck. Meist lag es am Verhalten der Postillione oder am Umgang des Posthalters mit seinen Leuten oder seinen Kunden. Auch hier nahm ich mir vor, aus gesehenen Fehlern zu lernen.

Meine Reise hatte begonnen, sobald die Wege einigermaßen eis- und schneefrei waren. Nach unzähligen Stationen kam ich bei der alten Reichsstadt Augsburg auf die Hauptstrecke, die über Füssen und Innsbruck nach Italien führte. In den Stationen vor Füssen sah ich zum ersten Mal die Alpen, ein aus meiner damaligen Sicht riesiges und scheinbar unüberwindliches Gebirge. Da ich den meisten Teil des Weges neben dem Kutscher vorne auf dem Bock saß, konnte ich mich an dem ungewohnten Bild nicht sattsehen. Obwohl wir noch Tagesreisen von den Bergen entfernt waren, erschienen mir ihre schneebedeckten Gipfel zum Greifen nahe. Unten hielt bereits das Frühjahr vorsichtig Einzug und oben schien ewiger Winter zu sein.

In Innsbruck verbrachte ich einige Tage, um dort nach geziemender Voranmeldung dem Oberverwalter der taxischen Zentralpost meine Aufwartung zu machen. In dieser alten Residenzstadt liefen die Fäden zusammen, die sich über das ganze Reichsgebiet erstreckten. Unsere Reichsposthalterei in Diemerstein gehörte zu diesem riesigen Netzwerk. Von meinem Vater hatte ich ein Empfehlungsschreiben und ein Zeugnis für den Herrn Oberverwalter bekommen und ebenso vom Oberpostmeister in Schwetzingen, denn mein Vater meinte, es sei günstiger, auch eine Empfehlung und ein Zeugnis vorweisen zu können, welches nicht aus der eigenen Posthalterei stamme.

Der Herr Oberverwalter, seinen exakten Titel weiß ich nicht mehr, aber ich redete ihn unwidersprochen mit Exzellenz an, begutachtete meine Papiere und die Siegel genau. Dann musterte er mich von oben bis unten. Ich hatte für diesen Tag meine gute Uniform als Reichspostillion mit Reitstiefeln und den vorgeschriebenen Abzeichen angezogen.

„So, Er ist auf dem Weg nach Italien, um sich dort in einer unserer Poststellen weiterzubilden. Das gefällt mir. Wie ich aus Seinen Unterlagen und Zeugnissen entnehmen kann, ist Er bereits seit drei Jahren Posthaltergehilfe in einer Reichspost."

Ich nickte zustimmend. „Dann hat Er ja auch schon die Voraussetzungen für einen Hilfsposthalter erster Ordnung erfüllt." Der gestrenge Oberverwalter lächelte mir zu. „Ich werde Ihm eine Bestätigung darüber ausstellen und Er kann damit in das Büro im ersten Stock gehen, damit man Ihm die entsprechenden Uniformabzeichen aushändigt. Viel Glück auf den Weg und schaue Er ruhig auf dem Rückweg wieder bei mir vorbei und berichte Er mir dann über den Zustand unserer italienischen Stationen."

Ich nahm Haltung an und wartete brav, bis er mir die Papiere ausgestellt hatte und dazu noch ein überaus günstiges Empfehlungsschreiben. Mit großer Ehrerbietung verabschiedete ich mich und versprach, auf dem Rückweg Seiner Exzellenz wiederum meine untertänigste Aufwartung zu machen.

Bei diesem Besuch erkannte ich, was für eine gewaltige Postorganisation das Reich der Fürsten von Thurn und Taxis war. Wie ein Staat im Staat. Wir Postillione waren ganz offensichtlich die Soldaten einer Armee, die in vielen Ländern Europas Stellung bezogen hatte.

Hinter Innsbruck ging es dann noch weiter durch das Gebirge. Nicht wenige Wege waren noch tief verschneit, obwohl es in den Tälern schon richtig Frühling war. Je weiter ich mich von der Heimat entfernte, desto mehr beeindruckte mich all das, was ich jetzt zu Gesicht bekam. Die weiten Bergtäler in Tirol, die Landschaft, die sich immer mehr wandelte, je südlicher mich mein Weg führte. Ich sah Büsche mit harten, sattgrünen Blättern, die augenscheinlich niemals ihr Laub abwarfen, und Blumen, die bei uns zu Hause völlig unbekannt waren. Hinter dem Gebirge war das Frühjahr schon sehr weit und die Wärme auf den mittlerweile staubigen Straßen ließ auf dem Kutschbock den Sommer spüren. Die Passagiere in den Kutschen klagten über stickige Luft, enge Plätze und Übelkeit.

Bis zur Stadt Bozen waren die Poststationen durchaus mit der unseren vergleichbar. Die Tourenpläne und Fahrtzeiten waren übersichtlich, die Kammern sauber und das Essen durchaus ansprechend. Obwohl ich meist mit der nächsten Kutsche weiterfuhr, musste ich bisweilen ein Nachtquartier in Anspruch nehmen. Die Posthalter waren stets sehr erfreut, dass ihnen für den Weitertransport ein zusätzlicher Postillion zur Verfügung stand und vergalten mir die dadurch eingesparten Kosten für den eigenen zweiten Mann auf dem Wagen mit freier Kost und Logis.

Ich war damals noch sehr jung und ich glaube, ich sah auch nicht schlecht aus. Meine Haare waren noch schwarz und meine Figur ganz passabel. Jetzt, da ich dies niederschreibe, ist mein weniges Haar schneeweiß und ich trage wohl einige Pfund mehr mit mir herum als zu dieser Zeit.

Ich schmeichele mir in der Erinnerung damit, welche zärtlichen Blicke mir die Mädchen auf manchen Fahrtunterbrechungen zuwarfen und es sich bisweilen auch ereignete, dass eine der Hübschen, die in der Station ihr Auskommen gefunden hatte, sich nächtens in meine Kammer schlich, um mir mein Bett zu wärmen. Doch meist hatte ich den Riegel vorgeschoben, nicht nur wegen der Ermahnungen des Predigers aus Diemerstein, der mich vor sittlichen Verfehlungen bewahren wollte, sondern aufgrund der Ratschläge des treuen Wussow, der mich vor den galanten Krankheiten gewarnt hatte, die von allzu freizügigen Damen dem unvorsichtigen Liebhaber weitergegeben werden.

Bereits vor meiner Ankunft in Triest spürte ich den Atem Italiens. Es war schon wirklich Hochsommer und eine Sonnenglut, wie ich sie aus unserem schattigen Diemersteiner Tal nicht gewohnt war. In Triest verbrachte ich einige wunderbare Tage in der Station des Posthalters Ferdinand Obermeier, der dort kaiserlicher Posthalter war. Sein Betrieb lag im Dorf Barcola, etwas außerhalb der Stadt, und war wesentlich größer als unsere Posthalterei. Er war stolz darauf, Reichsposthalter und Untertan Seiner Kaiserlichen Majestät in Wien zu sein. Dieser wackere Österreicher fuhr mit mir in die Stadt, um mir den gewaltigen Hafen zu zeigen, den er als den exorbitantesten und bedeutendsten des ganzen Reiches bezeichnete. Noch nie hatte ich eine so große Stadt gesehen. Im Vergleich dazu war selbst Kaiserslautern ein unbedeutendes kleines Dorf. Die Menschen schienen aus den verschiedensten Ländern zu kommen und die mir unverständlichen Sprachen erinnerten mich daran, was der Prediger über Babylon und die damalige Sprachverwirrung erzählt hatte. Im Hafen konnte ich Schiffe sehen, die größer waren als die höchsten Häuser in meiner Heimat. Riesige Frachtschiffe, die be- und entladen wurden. Auf See in Sichtweite kreuzten mächtige Kriegsschiffe mit voller Takelage.

In den wenigen Tagen in Triest erfuhr ich von Obermeier sehr viel Wissenswertes über den Seehandel und die Bedeutung der gemischten Transportwege über See und Land. Er riet mir dringend, im Zuge meiner Ausbildung auch ein Jahr in einer Hafenstadt zu verbringen, denn in Zukunft würde der Seetransport immer wichtiger werden. Sein eigener Sohn, der ungefähr ebenso alt wie ich war, sei gerade in Bremen und lerne dort das Geschäft eines Überseekaufmannes. Sein jüngerer Sohn, der noch bei ihm lebte, werde sein Nachfolger in der Post. Ich spürte, wie sehr er seinen Ältesten vermisste und ich hatte das Gefühl, es machte ihm Freude, mich bei sich zu haben und mir alles zu zeigen. Er stellte mir auch seine 17-jährige Tochter vor und schlug mir vor, ein paar Monate bei ihm zu bleiben. Da ich freilich in Spello erwartet wurde und seine Tochter Konstanze wenig reizvoll fand, entschuldigte ich mich und versprach, auf dem Rückweg wieder vorbeizukommen.

Hinter Triest verließ ich das Reichsgebiet und war nun wirklich in Italien. Das fiel mir schon wegen der Mahlzeiten in den Poststationen auf, die ich durchreiste. Über Modena und Florenz kam ich meinem Ziel immer näher. Inzwischen war es Hochsommer und sehr heiß. An die Hitze hatte ich mich gewöhnt, das italienische Essen mit viel Pasta und Soße schmeckte mir immer besser, allerdings bekam ich zunehmend Schwierigkeiten mit der Verständigung. Obwohl die Toskana von Habsburgern regiert und in den Verwaltungen Deutsch gesprochen wurde, war es für mich recht schwer, mich mit den einfachen Leuten zu verständigen. Bei den gebildeteren Bürgern konnte ich mir mit Französisch helfen, doch der Mann und die Frau auf der Straße verstanden mich nicht und ich nicht sie. Ich beschloss, sobald ich in Spello angekommen war, so schnell wie möglich Italienisch zu lernen.

In Florenz hatte ich so gut wie keinen Aufenthalt, obwohl ich mir diese prächtige Stadt gerne etwas länger angesehen hätte.

Schließlich erreichte ich an einem wunderbar warmen Sommerabend Spello. Schon tags zuvor waren wir durch eine anmutige

Hügellandschaft gefahren, die mich an meine Heimat erinnerte. Heimweh verspürte ich zu keiner Zeit, hatte ich doch das Gefühl, die ganze Welt warte auf mich.

Der Ort Spello lag auf einem Hügel über einer kleinen Ebene, die links und rechts von höheren Bergen umgeben war. Im Flachland vor dem eigentlichen Städtchen sah ich schon von Weitem die Posthalterei von Signore Azzuro Ursetti. Ein stattliches Anwesen, ebenso groß wie unser Betrieb in Diemerstein. Es lag direkt an der wichtigen Durchfahrtstraße nach Spoleto. Entlang der Straße hatten sich mehrere Handwerksbetriebe angesiedelt, wie ich gleich erkennen konnte.

Man hatte mich schon erwartet. Über dem Eingangstor hing ein großes gemaltes Schild mit der Aufschrift „Benvenuto da noi Carlo". Das machte mich ganz verlegen und ich begann mich an den Gedanken zu gewöhnen, in der nächsten Zeit nicht mehr Karl genannt zu werden, sondern Carlo.

Signore Ursetti war selbst herausgetreten, um seinen neuen Mitarbeiter zu begrüßen, und fast alle seine Leute hatten sich neugierig im Hof versammelt. Ich werde nie vergessen, wie herzlich ich bei dieser Familie aufgenommen wurde, und ich spürte, dass sich zu dieser Zeit die Posthalter auf der ganzen Welt als eine einzige große Familie betrachteten.

Als Erstes stellte mich Ursetti seinem ältesten Sohn Michele vor. Er war etwas jünger als ich und hatte seine Abreise nach Padua extra verschoben, um mich kennenzulernen. In Padua studierte er die Rechte, um vielleicht später ein höheres Amt zu übernehmen. Azzuros zweitältester Sohn Raffaele war noch zu Hause, er sollte sich bald nach Rom ins Istituto del Santo Spirito begeben, um dort zum Geistlichen ausgebildet zu werden. Ursetti hatte seiner Frau auf dem Sterbebett versprochen, diesen Sohn der Kirche zu weihen.

Der Posthalter, ein stattlicher Mann in den mittleren Jahren, sprach hervorragend Französisch. Neben Michele und Raffaele hatte er noch einen jüngeren Sohn, der wie er Azzuro hieß. Er sollte später einmal die Posthalterei in Spello übernehmen. Auch eine Tochter konnte er mir vorstellen, Gabriela, seinen Liebling und Augenstern. Sie war ein typisches italienisches Mädchen, damals etwa 16 Jahre alt, mit tiefschwarzen Haaren und dunklen Augen.

Von Anfang an hatte ich bei dieser Familie das Gefühl, nicht als Lehrling und Gehilfe zu ihnen gekommen zu sein, sondern als ein richtiges Familienmitglied.

Michele führte mich gleich nach der Begrüßung in die für mich vorgesehene Kammer in der Posthalterei. Wie er mir erzählte, war es seine eigene Stube, die er nun nicht mehr benötigte, da er die meiste Zeit in Padua sei. Wenn er einmal zu Besuch käme, was leider nur sehr selten der Fall wäre, würde er sich dann mit Raffaele das Zimmer teilen und auch der sei wohl auch schon bald aus dem Haus. Auch er sprach gut Französisch, und wenn ihm ein Wort nicht einfiel, versuchte er es mit dem lateinischen Ausdruck. Latein ist auf der ganzen Welt die Gelehrtensprache und die Sprache auf allen Universitäten. Ich habe es immer bedauert, nicht mehr Latein gelernt zu haben als das wenige, was mir der gute Diehl in Hochspeyer beigebracht hat.

Zum Abendessen war ein kleines Fest zu Ehren meiner Ankunft vorbereitet worden und viele Gäste aus der Nachbarschaft waren eingeladen. Ursetti und Gabriela sangen zur Laute einige wunderschöne italienische Lieder, deren Text ich leider nicht verstand.

Schon früh am nächsten Morgen stellte ich mich meinem neuen Chef offiziell vor. Dazu überreichte ich ihm meine Empfehlungsschreiben und meine Beförderungen aus Innsbruck. Ursetti zeigte sich sehr beeindruckt und eröffnete mir, er wolle mich als zweiten Stellvertreter in der Posthalterei beschäftigen. Ich solle mich an ihm und seinem ersten Stellvertreter orientieren und mir in der ersten Zeit viel abschauen. Er wolle mich auch verstärkt auf den einzelnen Touren einsetzen, damit ich mir die umliegenden Orte und die Strecken einprägen könnte. Ein Einsatz als Postillion sei zwar meiner herausgehobenen Position als Hilfsposthalter nicht angemessen, doch es sei die beste Gelegenheit, mich einzuarbeiten und dabei Land und Leute kennenzulernen. Ich stimmte ihm freudig zu, denn das war mir lieber, als in der Posthalterei Verwaltungsarbeiten zu erledigen.

Dann stellte mich der Chef seinem ersten Stellvertreter vor, auch er hatte den Rang eines Hilfsposthalters erworben und machte sich Hoffnung, bald eine eigene Posthalterei zugewiesen zu bekommen. Sein Name war Paolo Lamberti und er stammte aus dem nahen Spoleto. Da Paolo wusste, dass ich nur zur Ausbildung in Spello war und so für ihn keine Konkurrenz darstellte, kamen wir von Anfang an gut miteinander zurecht. Er sprach leidlich Französisch, dennoch merkte ich immer mehr, es würde für mich notwendig sein, so schnell wie möglich Italienisch zu lernen.

Ich bat Ursetti, den ich immer Padrone nannte, schon bei einem der ersten gemeinsamen Abendessen um seinen Rat in dieser Angelegenheit. Er hatte sich auch schon darüber Gedanken gemacht und schlug mir vor, zu Meister Bagallio zu gehen, der nicht weit von der Station entfernt eine große Schreinerei betrieb. Er habe deshalb schon mit ihm gesprochen. Bagallio habe vor Jahren als Möbelschreiner in Wien gearbeitet und könne Deutsch. Seine leider viel zu früh verstorbene Frau sei eine Österreicherin gewesen und daher wurde im Hause des Handwerkers auch Deutsch gesprochen. Seine Tochter Francesca sei gerne bereit, mich in der italienischen Sprache zu unterweisen.

Im Hochsommer war in der Poststation wenig zu tun. Es war einfach zu heiß und so schlug mir Paolo Lamberti vor, an einem ruhigen Tag nach Spoleto zu reiten, um mir seine Heimatstadt zu zeigen.

Dieser Sonntag in Spoleto beeindruckte mich sehr. Paolo führte mich in eine Reihe außergewöhnlicher Kirchen, deren Namen ich mir schon damals nicht merken konnte. Er erzählte von römischen Kaisern, die hier gewirkt hatten, und wir sahen sogar ein antikes römisches Amphitheater. Von solchen Bauwerken hatte mir Chaim Vitus schon erzählt, aber ich war überrascht, wie gut erhalten das Gebäude nach so langer Zeit immer noch war. Mein neuer Kollege wusste auch interessante Geschichten über die Vergangenheit seiner Stadt zu berichten. So habe hier einmal eine gewisse Lucrezia Borgia als Fürstin regiert, eine Tochter des Papstes. Ich wollte es damals gar nicht glauben, dass ein Papst eine Tochter haben konnte. Mittlerweile weiß ich es besser. Am imponierendsten war für mich ein Bauwerk, das Paolo die „Ponte delle Torri" nannte. Die Brücke überspannte ein weites Tal und war so hoch wie ein Kirchturm. Schlanke Türme sicherten den Zugang. Paolo sagte, auf seinen Touren habe er in der Nähe von Rom schon ähnliche Bauwerke gesehen. Das seien aber keine Brücken gewesen, sondern mächtige Wasserleitungen aus der Zeit der Antike. Am Ende unseres Ausfluges lud ich meinen Fremdenführer noch zu einem Wein in eine Trattoria in Spoleto ein, die ein Cousin von ihm führte. Wir wurden dort aufs Freundlichste aufgenommen und verbrachten einen sehr schönen Abend.

Wenige Tage später machte ich mich auf den Weg in die Schreinerei von Meister Bagallio. Ich fand ihn in seiner Werkstatt, wo er gerade an einem wunderbaren Schrank arbeitete. Ich äußerte mich anerkennend über das hier entstehende Kunstwerk und erfuhr, es sei von einer Gräfin Campello in Auftrag gegeben, einer ebenso alten wie kunstsinnigen italienischen Adeligen. Offensichtlich freute sich Signore Bagallio, mit mir Deutsch reden zu können. Er wusste von meinem Chef den Grund meines Besuches. Wir gingen gemeinsam von der Werkstatt hinüber in sein Wohnhaus, wo seine Tochter Francesca bereits auf uns wartete.

Die junge Frau sah genauso aus, wie ich sie mir vorgestellt hatte. Ein hübsches Mädchen mit dunklen Augen. Sie wirkte allerdings erwachsener, fraulicher als Ursettis Tochter Gabriela. Ich schätzte sie auf etwa 19 Jahre, doch ich habe mich im Alter der Italienerinnen häufig verschätzt. Francesca trug die Haare recht kurz, oder sie hatte sie geschickt hochgesteckt. Beeindruckt war ich von ihrer Stimme. Wie ihr Vater sprach sie perfekt Deutsch mit einem deutlichen österreichischen Klang, obwohl sie Spello nie verlassen hatte. Den Akzent hatte sie wohl von ihrer Mutter übernommen. Das Mädchen war gerne bereit, mich im Italienischen zu unterrichten. Ich sollte abends an drei Tagen in der Woche und am Sonntagnachmittag zu ihr kommen. Wenn ich die Grundbegriffe beherrschte und im Sprechen sicherer sei, dann könnten wir später die Abstände verringern. Als ich nach dem Honorar für ihren Unterricht fragte, lachte sie nur und meinte, wir würden uns schon irgendwie einigen und es schicke sich wohl nicht für ein ehrbares Mädchen, von einem jungen Mann Geldgeschenke anzunehmen. Ihr Vater beruhigte mich, indem er versicherte, er sei meinem Padrone sehr verpflichtet, der schon oft kostenlose Transporte für ihn erledigt habe, und sei froh, sich auf diese Weise bei ihm revanchieren zu können.

So begann mein Italienischunterricht bei Francesca und ich war mir vom ersten Tag an sicher, ich würde mich in sie verlieben.

Meine Ausbildung in der Posthalterei ging voran. Ich war ja nicht unerfahren und die Arbeit in einem fremden Land machte mir viel Freude. Nach kurzer Zeit hatte ich mich eingelebt und eingearbeitet. Mit Lamberti ritt ich oft nach Spoleto oder ins benachbarte Foligno. Wir verbrachten lustige Abende in den Gasthöfen des Umlandes und auch zu den anderen Postillionen fand ich rasch Kontakt, je besser mein Italienisch wurde.

Von zu Hause erhielt ich viele Briefe und es imponierte mir jedes Mal, wie reibungslos der Briefverkehr über die Thurn und Taxische Post funktionierte. Mein Vater schrieb mir einmal, in Zweibrücken erscheine nun eine Zeitung mit Namen Gazette des Deux-Ponts, die sich wegen ihres Inhaltes und weil im Herzogtum keine Zensur stattfand, in ganz Europa großer Beliebtheit erfreue. Schon mehrere Exemplare dieser Zeitung seien durch unsere Diemersteiner Poststation in rechtsrheinisches Gebiet ausgeliefert worden. Selbst in Rom gebe es Abonnenten. Vielleicht würde sogar eine Ausgabe dieser Zeitung über die Poststation in Spello weitergeleitet werden. Obwohl ich von Amts wegen einen guten Überblick über die durchlaufende Post hatte, bekam ich leider nie eine dieser Gazettes während meiner Zeit in Italien zu Gesicht. Vielleicht lag es auch daran, dass Spello zum Kirchenstaat gehörte und die Obrigkeit nicht gerade erfreut war, wenn allzu liberale Druckerzeugnisse in Umlauf kamen.

Bei Gelegenheit hatte mir Signorina Ursetti erzählt, sie würde gerne Sängerin werden. Ihre schöne Stimme kannte ich ja schon, wenn sie gemeinsam mit ihrem Vater sang. Ihr Wunsch würde freilich im Kirchenstaat unerfüllbar sein. Mit Rücksicht auf die Sitten und die Moral der Bevölkerung sei es verboten, dass Frauen auf der Bühne öffentlich auftreten. Alle Rollen in der Oper und alle Gesangsstücke müssten von Männern dargestellt werden. Das wunderte mich sehr, denn ich wusste, dass viele Opern und Chöre nicht auf Sopranstimmen verzichten können. Gabriela klärte mich auf: Die Knaben, die in den Chören der Kirchen oder in den Theatern für Frauenstimmen ausgewählt worden seien, würden schon im zarten Alter kastriert, bevor der Stimmbruch einsetzte. Dann blieb ihre helle Sopranstimme erhalten. Solche Kastraten würden auf der Bühne alle Frauenrollen übernehmen. Diese Erzählung erschütterte mich. Wie konnte ein so kultiviertes Land eine solche barbarische Prozedur an jungen Männern vornehmen, allein wegen der Sittlichkeit, und weil keine Frauen auf der Bühne auftreten durften. Gabriela fand dabei nichts Ungewöhnliches. Die Kastraten hätten wunderschöne Stimmen und manche seien sehr berühmt geworden. Sie bedauerte lediglich, dass dadurch im Kirchenstaat den Frauen eine Karriere als Sängerin oder Schauspielerin verwehrt sei.

Als ich mein erstes Weihnachtsfest in Italien feierte, fernab meines geliebten Diemersteiner Tales, hatte ich keinerlei Heimweh. Ich fühlte mich in der Familie von Ursetti und Bagallio sowie in der Gesellschaft meiner Kameraden richtig zu Hause.

Die ganze Posthalterei wurde festlich geschmückt und Gabriela hatte mit den Frauen ein prächtiges Festmahl mit viel Pasta zubereitet. Besonders ihre selbst gemachten Tortellini schmeckten mir ganz vorzüglich. Zur Weihnachtsmesse fuhren wir alle zusammen mit den Postkutschen. Ursetti und die anderen trugen ihre Galauniformen. Ich natürlich auch, geschmückt mit den silbernen Rangabzeichen eines kaiserlichen Hilfsposthalters.

Die katholische Messe in Italien mit den vielen Kerzen, der überladen ausgeschmückten Kirche, den Heiligenbildern, dem betäubenden Weihrauch, dem fortwährenden Knien und Aufstehen, waren mir fremd und deshalb achtete ich genau auf Ursetti und die anderen und versuchte so wenig wie möglich aufzufallen.

Am Tag nach Heiligabend ging ich zur Familie Bagallio, um dem Meister und vor allem seiner Tochter meine Aufwartung zu machen. Bei dieser Gelegenheit schenkte mir Francesca einen Panettone, einen kleinen Kuchen aus süßem Brot und Rosinen. Das machte mich verlegen, denn ich hatte kein Geschenk für sie. Als ich Gabriela den Panettone zeigte, war sie, wie ich glaubte, ein wenig eifersüchtig. Schon am Abend erfreute sie mich mit einem selbst gebackenen Pandoro, der noch süßer schmeckte, als der Kuchen von Francesca. Ich hatte in meinem Leben niemals etwas Besseres gegessen und niemals zuvor so liebevolle Weihnachtsgeschenke erhalten.

In den ersten Tagen des neuen Jahres ritt ich nach Spoleto, um endlich meine Kreditbriefe, die ich von zu Hause mitbekommen hatte, zu präsentieren und um bei dieser Gelegenheit auch den alten Freund von Chaim Vitus aufzusuchen.

Das Bankhaus von Graf Maurizio war schnell gefunden. Es lag im Zentrum der Stadt und war ein ansehnlicher Palazzo. Ich wunderte mich, dass hier in Italien ein adeliger Herr eine Bank betreibt und noch mehr verblüffte mich, dass die Geschäftsräume nicht wie sonst üblich zu ebener Erde, sondern im obersten Stock lagen. Da ich auch hier meine Galauniform angelegt hatte, begegnete man mir mit ausgesuchter Höflichkeit und ich wurde vom Grafen persönlich empfangen. Er sprach ein akzentfreies und perfektes Französisch und erklärte mir ungefragt, wohl, weil er schon oft das Erstaunen ausländischer Besucher erlebt hatte, die Besonderheiten seines Bankhauses: In Italien sei es nichts Ungewöhnliches, dass Adelige Bankgeschäfte betrieben. Schon seit der Zeit der römischen Antike sei der Beruf des Bankiers sehr angesehen in Italien. Sie seien keine Wucherer wie manche Geldverleiher in meiner deutschen Heimat, sondern angesehene Geschäftsleute, die seriöse Geschäfte mit fremden Währungen machten, den internationalen Zahlungsverkehr abwickelten und, wenn es nötig sei, auch Kapitalien für Investitionen zur Verfügung stellten. Natürlich nicht gegen ungebührliche Zinsen, sondern gegen ein gewisses Disagio, das der Investor gerne akzeptiere, wenn er ein gutes Geschäft in Aussicht habe. So sei es nichts Besonderes, wenn Bankiers aus einer adeligen Familie stammten oder durch Fleiß und Erfahrung in den Adelsstand aufgenommen würden. Als Beispiel nannte er die Familie Medici, die zu Fürsten aufgestiegen sei und sogar drei Päpste hervorgebracht habe. Die ungewöhnliche Lage seines Comptoirs im obersten Stock erklärte er mit den notwendigen Sicherheitsvorkehrungen. So müsse er jederzeit größere Geldmittel auch in ausländischer Währung bereithalten, was natürlich immer wieder räuberische Gestalten anlocke, von denen es in diesem Land nur allzu viele gebe. Bei einem Überfall hätten diese jedoch erst mehrere Stockwerke zu überwinden und könnten so vom Wachpersonal rechtzeitig überwältigt werden.

Freundlich nahm Graf Maurizio meinen Kreditbrief entgegen und versicherte mir, ich könne jederzeit über die entsprechende Summe verfügen, gleich in welcher Währung ich die Auszahlung wünsche. Er beglückwünschte mich, bei einem so erfahrenen und geschätzten Postmeister wie Ursetti untergekommen zu sein. Ich bedankte mich artig bei ihm und ließ mir eine Summe von fünf Goldscudi auszahlen und überließ den größeren Rest dem Bankier zur Aufbewahrung.

In der Stadt kaufte ich ein paar sehr schöne Tücher aus chinesischer Seide und fragte den Kaufmann, ob ihm Signore Schlomo, ein Jude und Handelsmann, bekannt sei und wo er wohne. Der Kaufmann lachte, Schlomo sei bei den Juden in Spoleto ein sehr häufiger Name und fast alle Juden seien Händler. Ich erwiderte, es müsse ein sehr alter Jude sein. Der Mann erklärte mir den Weg zur Vicolo de l´Ebreo und meinte, die Juden würden im Kirchenstaat zwar geduldet, aber sie wohnten in der Regel eng beieinander. Dort sollte ich weiter fragen. Die Judengasse hatte ich schnell gefunden. Hohe Häuser mit wenigen Fenstern standen zur Straßenseite. Hinter festen Mauern schienen sich einige kleine Gärten zu verbergen. Ich fragte den Ersten, den ich auf der Gasse antraf, nach dem Handelsmann Schlomo und hatte Glück. An meiner Uniform wurde ich als Ausländer erkannt und der Befragte meinte, es könne sich nur um den alten Schlomo handeln, der früher sehr viel mit den Deutschen Geschäfte gemacht hatte. Er führte mich zu einem der großen Häuser, klopfte an das Tor und übergab mich zuvorkommend einem Mann mittleren Alters, der geöffnet hatte. Ich bedankte mich bei dem unbekannten Wegweiser und stellte mich dem Türöffner vor. Wie sich herausstellte, war er tatsächlich der Sohn des gesuchten Schlomo.

Ich wurde in das Innere des Hauses geführt und in einen kleinen Salon geleitet, in dem ein uralter Mann mit pergamentfarbener Haut in einem Lehnstuhl saß. Ich stellte mich als Karl Ritter aus Diemerstein vor und überbrachte die Grüße von Chaim Vitus aus Frankenstein. Das faltige Gesicht des Greises hellte sich auf, als sei er mit einem Mal wieder jung geworden: „Der gute Chaim, denkt er also noch an mich! Weißt du, junger Freund, Chaim und ich waren einmal fast wie Brüder, möchte ich sagen. Wir haben nicht nur gute Geschäfte miteinander gemacht, sondern auch vieles Schönes zusammen erlebt. Ich habe ihn immer wegen seiner vielfältigen Kenntnisse bewundert. Er verstand sich nicht nur auf die Geheimnisse der Kabbala, sondern war in allen Bereichen der Naturphilosophie sehr bewandert. Wie geht es ihm?"

Ich berichtete ihm von meinem verehrungswürdigen Lehrer und von Chaims Leben in Frankenstein. Schlomo revanchierte sich dafür mit Geschichten über gemeinsame Reisen und Begegnungen. Er habe früher ein erfolgreiches Fernhandelsgeschäft geführt, welches nun, da er alt sei, sein Sohn Aaron weiter betreibe. Er hatte Handelsbeziehungen bis nach Damaskus und Alexandria, über Venedig sogar bis nach Indien aufgebaut und war unter anderem auf seltene chemische Produkte spezialisiert gewesen. Einer seiner besten Kunden war Chaim, der seine Waren mit großem Gewinn in Deutschland weiterverkaufen konnte. Besonders mit Salpeter habe der schlaue Chaim bei den Preußen sehr gute Geschäfte machen können.

Während der Alte erzählte, sah ich mich verstohlen um. Aaron, der Sohn, war im Raum geblieben und lächelte seinem Vater bisweilen aufmunternd zu. Er schien froh, dass der Alte so unbeschwert von vergangenen Zeiten berichten konnte. Es tat ihm offensichtlich gut. Während der Greis für einen Moment seinen Redefluss unterbrach, ergriff der Sohn die Gelegenheit, mir die dritte Person im Raum vorzustellen, die mir schon beim Eintreten aufgefallen war. Eine ausgesprochen schöne junge Frau. Nicht nur hübsch wie Francesca und Gabriela, sondern von einer klassischen Schönheit. Ihr Teint war etwas dunkler, ihre Haare noch schwärzer und ihre Augen irgendwie leuchtender und funkelnder. In unserer Diemersteiner Station hatte ich schon viele schöne durchreisende Frauen aus höheren Ständen gesehen, auch in Spello waren schon zahlreiche schöne Damen in der Posthalterei gewesen, aber diese Frau, sie wurde mir als Ruth und Enkelin des alten Schlomo vorgestellt, war die schönste Frau, die ich bis dahin gesehen hatte.

Ich war so ergriffen von ihrer Erscheinung, dass ich nicht anders konnte als ihr eines der Seidentücher, die ich zuvor in Spoleto gekauft hatte, zum Geschenk zu machen, ohne daran zu denken, wie ein solches Geschenk eines völlig Fremden in dieser unbekannten Familie und in einem Land, dessen Sitten und Gebräuche ich nur oberflächlich kannte, wirken musste.

Aaron war sehr glücklich über die Freude, die ich seinem Vater gemacht hatte, und lud mich ein, so oft ich in Spoleto sei, sein Haus zu besuchen. Auch er sei ein tüchtiger Handelsmann und könne mir sicher in einigen Dingen und mit seinen Kontakten behilflich sein. Er würde mir gerne seine ganze Familie vorstellen und sich sehr freuen, wenn ich ihnen einmal zu einem Essen die Ehre geben würde.

Seine Tochter Ruth war beim Abschied mit zur Tür gekommen und bekräftigte die Einladung des Vaters mit einem Augenaufschlag, der mir auch heute noch in der Erinnerung das Herz wärmt.

Mittlerweile war ich mit den italienischen Weihnachtsbräuchen schon so vertraut, dass ich wusste, dass der sechste Januar, also unser Epiphaniefest, in diesem Land das Datum für die weihnachtlichen Geschenke ist. An diesem Tag wollte ich mich auch bei meinen beiden Mädchen, die mich mit ihren Kuchen so schön beschenkt hatten, revanchieren.

Anders als bei uns in Diemerstein bringt nicht das Christkind die weihnachtlichen Gaben, sondern die Strega Befana. Die Legende dazu hatte mir Maria, eine alte Köchin aus Ursettis Posthalterei, erzählt: Befana sei eigentlich keine Hexe, wie der Namen vermuten ließ, sondern vielmehr eine gute Fee. Sie sei sogar früher die weise Königin eines mächtigen Feenreiches gewesen. Wie die anderen drei Könige aus dem Morgenland sei auch sie losgezogen, den neugeborenen König der Welt zu suchen, um ihn anzubeten und ihm ihre Gaben zu bringen. Das sei mehr als recht gewesen, denn wo sich drei Könige aufmachen, um das neugeborene Jesuskind zu ehren, da muss auch eine Königin dabei sein. Doch weil Befana sich besonders schön machen und zu viele Geschenke einpacken wollte, um das Kind zu erfreuen, war der Stern über der Krippe schon verblasst, als sie endlich aufbrach, und sie konnte den Stall von Bethlehem nicht finden. Daher reist sie jedes Jahr an dem Tag, an dem die drei Könige das Kind gefunden hatten, auf der Suche rund um die Erde, beladen mit Geschenken. Weil sie das Jesuskind nicht finden kann, verteilt sie ihre Gaben an andere brave Kinder, die sie in der Nacht vom fünften auf den sechsten Januar heimlich beschenkt.

In Spoleto hatte ich bei den Krämern die unterschiedlichsten geschnitzten Befanafiguren gesehen, die offensichtlich gerne gekauft wurden. Vier hatte ich erworben und noch mit einigen Süßigkeiten dekoriert. Die größte davon schenkte ich meinem Padrone für die mächtige Hauskrippe, die er eigenhändig im großen Saal der Posthalterei aufgebaut hatte. Es war schon seine fünfte oder sechste Befana, aber mein Chef lachte, Befanas könne man nie genug haben.

Eine weitere Befana und ein schönes Seidentuch aus Spoleto hätte ich der kleinen Gabriela gerne selbst heimlich in ihre Schlafkammer gelegt, aber das erschien mir doch etwas unschicklich und missverständlich, also übergab ich die kleinen Überraschungen Michele, der an diesem Weihnachtsfest von Padua nach Spello zu seiner Familie gekommen war, mit der Bitte, sie bei seiner Schwester des Nachts zu platzieren. Das ist ihm auch gelungen und er zwinkerte mir zu, Gabriela hätte vielleicht lieber einen Befano in der Nacht als eine Befana gehabt. Am Dreikönigsmorgen bedankte sich die Kleine ganz herzlich und freute sich sehr über das schöne Tuch, das sie sich gleich umlegte und mir erklärte, das sei jetzt ihr Lieblingstuch.

Noch am nämlichen Tag begab ich mich mit meiner letzten Befana, die vorletzte hatte ich der alten Maria geschenkt, weil sie mir die schöne Legende erzählt hatte, zu Meister Bagallio und seiner Francesca. Mit strahlenden Augen nahm meine Lehrerin das Tuch aus Spoleto entgegen und ich bin mir sicher, meine Augen strahlten ebenso.

Über den Weihnachtsbesuch Micheles in der Posthalterei freute ich mich sehr. Er erzählte viel Interessantes von der Universität in Padua. Sie nahm gerade durch die Unterstützung des österreichischen Kaiserhauses wieder einen gewaltigen Aufschwung. Ich erfuhr, wie es auf einer Universität zugeht, wie sich die Studenten die Zeit vertreiben, und vieles mehr. Michele hatte auch zwei Übungsklingen mitgebracht. Stumpf geschliffene Rapiere, mit denen die Studenten ihre Fechtkünste übten. Er meinte, die Straßen seien des Nachts nicht besonders sicher und als junger Mann müsse man zudem immer auf der Hut sein, wenn man in einen sogenannten Ehrenhändel verwickelt würde. Zu Hause hatte ich schon von Duellen zwischen Adeligen gehört, dass es so etwas auch in einfachen Volksschichten gab, war mir neu. Aber hier hielten sich die Studenten für etwas Besseres, da auch viele adelige junge Männer die Universitäten bevölkerten.

Michele fragte, ob ich mich mit dieser Kunst schon befasst und ob ich Lust hätte, ein wenig mit ihm zu fechten. Er wolle sich auch über die Weihnachtsfeiertage in Übung halten. Natürlich konnte ich fechten, das hatte mir ja der alte Haudegen Wussow beigebracht, und so verbrachten wir beide viele lustige Stunden mit ausgiebigen Fechtübungen.

Wussow war ein exzellenter Fechtlehrer und ich selbst gut zwei Köpfe größer als Michele. Zudem brachte mir meine Linkshändigkeit, deretwegen ich oft verspottet wurde und die ein Erbteil meines Vaters ist, beim Kampf mit der Klinge einen beträchtlichen Vorteil. Meine Stiche und Hiebe kamen für den Gegner aus einer Richtung, die er nicht gewohnt war und auf die er nicht behände genug reagieren konnte. Michele musste feststellen, dass ich ihm in dieser Kunst überlegen war. Schließlich fragte er mich, ob ich nicht Lust hätte, die Fechtübung einmal auf italienische Art zu absolvieren. Ich lerne immer gerne etwas Neues und stimmte freudig zu.

Michele erklärte mir, dass in Italien der freie Fechtarm nicht vom Körper abgespreizt werde wie nach dem französischen Fechtstil. Das sehe zwar eleganter aus und verleihe in der Bewegung ein besseres Gleichgewicht, doch in Italien kämpfe man mit beiden Armen. Eine Hand führt die Klinge und die andere Hand sorgt für die Deckung. Wir sollten es gleich ausprobieren. Ich wickelte einen leichten Kutschermantel um meinen rechten Arm und legte los. In der Linken führte ich den Degen und mit dem geschützten Arm fing ich Micheles Hiebe ab. Er selbst hatte sich nicht den Arm umwickelt, sondern hielt in der Hand einen kurzen Eisenstab. Damit fing er zunächst meine Hiebe sehr gut ab. Doch plötzlich drehte er bei einem meiner Ausfälle meinen Degen mit seiner Klinge nach oben, sodass beide Waffen über unseren Häuptern aneinander fixiert waren. Im gleichen Moment berührte er mit dem Eisenstab meine jetzt offene linke Brustseite. Ich war verblüfft und ließ den Degen sinken. „In einem Duell wärst du jetzt tot," meinte Michele, „das wäre dann kein Eisenstab, sondern ein Stiletto." Ich spürte den leichten Stoß auf meiner Brust immer noch und war mir sicher, im Ernstfall hätte ein Dolch mein Herz durchbohrt.

„Sei beim Fechten in Italien immer auf der Hut," ermahnte mich Michele. „Du kannst ein noch so geübter und starker Fechter sein, wenn du auf einen heimtückischen Gegner triffst, dann bist du schneller abgestochen als du es dir vorstellen kannst."

Ich nahm mir das zu Herzen und dachte daran, was mir Wussow über die Welschen mit auf den Weg gegeben hatte. Ich wollte von Michele wissen, ob diese Art des Duells nicht schändlich und eines adeligen Herrn unwürdig sei. Er bestätigte das zunächst, doch er ergänzte: „Was nützt dir die beste Gesinnung und das Ehrgefühl, wenn du tot bist. Falls du von einem Meuchelmörder auf der Straße überfallen wirst, musst du mit allem rechnen. Das gilt für Adelige wie für uns Studenten. Wir müssen immer auf der Hut sein. Ich kannte Kameraden, die sind schon wegen ein paar Münzen getötet worden. In Venedig werden sogar Stilettos aus Glas verkauft. Sie sind ebenso hart und spitz wie die aus Eisen, doch sie brechen im Körper ab und hinterlassen kaum Spuren."

Die Fechtübungen mit meinem Freund vermisste ich sehr, als er nach Padua zurückkehrte. Auch Raffaele musste sich zum Priesterseminar aufmachen. Nur Gabriela und Azzuro junior blieben in Spello zurück.

In den Wintermonaten gab es in der Post keine Ruhe. Weil es in Italien wenig Schnee in dieser Jahreszeit gibt, wurden keine Schlitten eingesetzt. Das war hier in der Berggegend aber oft sehr problematisch und stellte uns vor große Herausforderungen. Die Postwagen schlingerten auf den vereisten Wegen, die Pferde fanden keinen richtigen Halt und rutschten auf Schnee und Eis aus. Kutscher und Tiere wurden zunehmend nervös und wir waren froh, dass wir keine Kutsche verloren, die auf den Serpentinen in die Tiefe stürzte. Nicht selten mussten wir zwei weitere Pferde vorspannen, um überhaupt vom Fleck zu kommen, und bisweilen blieb es auch nicht aus, dass wir die Reisenden bitten mussten, auszusteigen und ein Stück zu Fuß zu gehen. In der Kälte und bei dem schlechten Schuhzeug führte das natürlich zu erheblichen Verstimmungen und bösen Beschimpfungen. Wenn der Wagen im Schnee feststeckte, mussten sogar unsere Fahrgäste mit anpacken, um die Räder vorwärts zu drehen. Besonders gefährliche Strecken fuhren Postmeister Ursetti und Lamberti selbst, um keine Kutsche oder das Leben der Passagiere zu gefährden. Mir traute man eine solche Schneefahrt im Gebirge noch nicht zu und so blieb ich in der Station, in der es auch viel zu tun gab, da die Anzahl der Gäste, die über Nacht blieben, in diesen Monaten gewaltig angestiegen war.

Zu uns nach Diemerstein gelangt das Frühjahr immer sehr gemächlich wie ein alter Bär, der aus dem Winterschlaf aufwacht und erst einmal den Schnee vom Pelz schütteln muss. An den mächtigen Felsen gegenüber der Burg hängen immer noch gewaltige Eiszapfen, wenn auf den Wiesen schon die Schneeglöckchen blühen. Ganz anders in Italien. Hier hatte ich das Gefühl, eines Morgens aus meiner Kammer zu treten und es war Frühjahr. Bunte Blumen blühten überall, Vögel sangen vielstimmig in der Luft. Auch in meinem Inneren wurde es immer wärmer. Die Italienischstunden bei Francesca fanden jetzt nur noch einmal in der Woche statt. Meistens am Sonntag nach der Messe. Meine Sprachkenntnisse waren durch die regelmäßige Übung im Tagesgeschäft so gut geworden, dass wir nur noch das Sprechen übten und manche mir unbekannte Begriffe. Wenn sie mit mir redete, hing ich im wahrsten Sinne des Wortes an ihren Lippen.

Ich durfte jetzt auch mehr Touren auf der Kutsche fahren als im Winter, obwohl in den Bergen noch ein wenig Schnee lag, doch die Wege waren offen. Wenn ein kleiner Wagen in der Station frei und ich nicht eingeteilt war, unternahmen Francesca und ich manche fröhliche Fahrt in die nähere Umgebung. Eines Tages hatte sie Lust, mir Assisi zu zeigen, wo ihr Namenspatron, der heilige Franziskus, gewirkt hatte.

Obwohl Assisi gar nicht weit von Spello entfernt war, kannte ich vom Ort nur die Poststation, die etwas außerhalb lag. Sie war schlecht geführt, da der Pilgerstrom stets für ein gutes Geschäft sorgte und sich der dortige Posthalter nicht viel Mühe geben musste. Deshalb fuhren viele Reisende gleich bis Spello durch und wechselten erst dort die Pferde.

Als wir uns der Stadt näherten, wirkte sie auf mich von Weitem wie eine riesengroße unzerstörte Burg. Innerhalb der Mauern, die noch sehr gut erhalten waren, zeigte mir Francesca viele typische Gebäude, die noch aus antiken Zeiten übriggeblieben waren und führte mich sogar zum Grab ihres Namenspatrons, wo sie eine Zeitlang im Gebet verharrte.

Mich störte das beständige Kommen und Gehen an den Stätten, die eigentlich der religiösen Erbauung dienen sollten, die zahlreichen Buden mit den absonderlichsten Angeboten, die von Fetzen des angeblichen Gewandes des Heiligen über unappetitliche Knochen mit Wunderwirkung bis zu Bildchen mit Segenssprüchen reichten. Die Inbrunst der Italiener für diesen Ort konnte ich nicht nachempfinden, was sicherlich daran lag, dass ich unter Lutheranern und Mennoniten aufgewachsen war. Umso mehr war ich dem Zauber verfallen, den die Anwesenheit meiner süßen Francesca auf mich ausübte. Wie glücklich war ich, diesen sonnigen Frühsommertag in ihrer Gesellschaft verbringen zu dürfen, und hätte sie mir ein noch so verfallenes Gemäuer gezeigt, ich wäre ihr wie ein treuer Hund gefolgt. In ihrem weißen Sommerkleid sah sie einfach bezaubernd aus. Manchmal, wenn es über eine steilere Treppe ging, ergriff ich ihre Hand und ich spürte, wie sie meinen Händedruck freudig erwiderte.

Nun war ich schon fast ein Jahr in Spello und es war abzusehen, dass ich spätestens im Frühjahr des kommenden Jahres diesen Ort, in dem ich so schnell heimisch geworden war, und die Menschen, die ich liebte, verlassen musste. Ich würde dann 22 Jahre alt sein, ein fertig ausgebildeter Postmeister, der seine Bestätigung als Reichsposthalter erwarten durfte. Ich wäre in der Lage, schon in frühen Jahren eine Familie zu gründen, die ich auch ernähren und standesgemäß unterhalten könnte. Ich sprach fließend Französisch und Italienisch und wer würde mich daran hindern, eine Ehefrau aus einem fremden Land mit zu uns nach Diemerstein zu bringen? Francesca sprach deutsch mit einem süßen Wiener Akzent und stammte aus einer weltläufigen Familie. Sie könnte in Diemerstein glücklich werden, auch wenn unser schattiges Tal nicht so sonnig war wie die Ebene von Spello.

Bei Besuchen und gemeinsamen Ausflügen versuchte ich meine Chancen zu erkunden. Dass mich das Mädchen mochte, daran hegte ich keine Zweifel. So lobte ich eines Tages im Überschwang die schönen Einrichtungsgegenstände, die ihr Vater herstellte, wahre Kunstwerke. Ob sie sich vorstellen könnte, dass ihr Vater mit eigener Hand die Möbel fertigte, die sie einmal als Ehefrau und Mutter in ihrem Hause haben würde. Francesca bejahte meine Frage mit Begeisterung. Ihr Vater habe nicht nur bereits mit der Arbeit angefangen, ein großer Teil der Möbel sei sogar schon verfügbar. In einem kleinen Seitenlager der väterlichen Werkstatt zeigte sie mir, was schon fertig war. Zuerst ein breites Bett aus edelstem Nussholz: „Das ist das Wichtigste," lachte sie, „schließlich will ich ja bald viele Bambini haben." Sie habe auch schon eine große Truhe mit feiner Wäsche und mit allem, was ein Hausstand brauche, und sie denke, bald würde sie sich auch um ein Hochzeitskleid kümmern müssen. Mir zersprang fast das Herz vor Freude.

Sobald es mir möglich war, ritt ich nach Spoleto und ließ mir dort von meinem Guthaben ein paar Goldmünzen auszahlen. Danach besuchte ich, wie schon ein paar Mal zuvor, die Familie von Schlomo und Aaron zum Mittagessen. Ich erzählte Aaron, der mir mittlerweile ein väterlicher Freund geworden war, ich suche ein passendes Geschenk für eine junge Dame, die ich gerne für mich gewinnen würde. Klug, wie er war, riet er mir zu einem schönen Schmuckstück, vielleicht einer Kette. „Schmuck mögen Mädchen immer." Er empfahl mir einen guten jüdischen Goldschmied, der für seine geschmackvollen Arbeiten bekannt war und der mir bestimmt einen günstigen Preis machen würde, wenn ich Grüße von Aaron, Schlomos Sohn ausrichte.

Aarons Rat war sehr gut. Bei dem genannten Goldschmied erwarb ich eine sehr schöne Kette im orientalischen Stil und noch ein kleineres, etwas verspielteres Halsband. Diese wollte ich Gabriela, der Tochter meines guten Lehrherren schenken, damit sie nicht so traurig ist, wenn sie hört, dass aus uns beiden wohl nichts werden wird.

Am nächsten Sonntag machte ich mich auf den Weg zu den Bagallios. Ich hatte meine Galauniform angelegt und schon von weitem sah ich, wie fleißige Hände das Anwesen des Schreiners schmückten. Vermutete man da schon, was heute für ein Tag sein würde, und hatte vielleicht Francesca ihrem Vater verraten, dass sie glaube, an diesem Sonntag würde ich um ihre Hand anhalten?

Vor der Tür sprang mir meine Francesca vor Freude entgegen. Sie trug ein wunderschönes Kleid, das auch manchem Mädchen aus unserem Diemerstein als Hochzeitskleid gut gestanden hätte. Sie strahlte innerlich und äußerlich. Ein Engel hätte nicht reizvoller sein können. Heute sei der wichtigste Tag in ihrem Leben, nur ihr Hochzeitstag würde sicher noch schöner werden. An diesem Tag werde sie sich mit Marco Tramontin verloben, der an Weihnachten bei ihrem Vater um ihre Hand angehalten habe.

Einen Jungen aus Diemerstein kann nichts erschüttern. Aber in diesem Moment glaubte ich, die Erde habe aufgehört sich zu drehen. In dieser Stunde machte ich eine Erfahrung, die mir bis heute als Lebensgrundsatz dient: Wenn wir glauben, wir sind auf dem richtigen Weg und unsere Träume erfüllen sich, dann darf man sich nicht freuen. Die Vorfreude erregt den Neid des Schicksals.

Nun, da ich nichts mehr zu verlieren hatte, zog ich Francesca an mich heran und küsste sie auf beide Wangen. Ich wusste, so nah würde ich ihr niemals wieder kommen. Ich gratulierte ihr von ganzem Herzen und wünschte ihr für die gemeinsame Zukunft viel Glück. Francesca glaubte, ich habe von ihrer heutigen Verlobung erfahren, über die scheinbar schon ganz Spello Bescheid wusste und zeigte sich überglücklich, dass ich extra gekommen sei, um ihr zur Verlobung zu gratulieren. Ehe sie mich hineinbat, um mich ihrem Verlobten vorzustellen, packte ich rasch die Kette des Goldschmieds aus dem Lederbeutel. Allerdings nicht die orientalische, die ich ihr schenken wollte, sondern die kleinere, die für Gabriela gedacht war, und überreichte sie als Verlobungsgeschenk.

Nun lernte ich auch den Glücklichen kennen, der meine Francesca nach Hause führen sollte. Marco Tramontin war ein netter Mann und mir so sympathisch, wie es mir die Situation erlaubte. Ich schätzte ihn auf Anfang dreißig. Er betrieb zusammen mit seinem Bruder eine renommierte Bootsbauerwerkstatt in Venedig. Weil er auch in einem holzverarbeitenden Handwerk tätig und immer auf der Suche nach den besten Hölzern war, lernte er den alten Bagallio und so auch dessen Tochter kennen. Noch in diesem Jahr sollte die Hochzeit sein. Zu meiner Erleichterung nicht im Hause der Braut, sondern in Venedig. Ich hätte den Anblick wohl nicht ertragen. Die Verlobten luden mich freundlicherweise zur abendlichen Feier ein, was ich allerdings mit vielen Dankesworten ablehnte. Ich hätte noch wichtige Aufgaben in der Posthalterei zu übernehmen.

Ursetti war gar nicht erstaunt, als ich ihm anbot, den Sonntagsdienst mit Lamberti zu tauschen und die Kutsche nach Spoleto zu fahren. Ihm war wohl mein Interesse an Francesca nicht verborgen geblieben und aus Taktgefühl hatte er mich nicht vor der bevorstehenden Verlobung gewarnt. Lamberti freute sich über einen freien Tag und ich übernahm seine Touren. Auch die kleine Gabriela schien mir recht vergnügt. Sie hatte zwar die Kette nicht bekommen, die ich für sie gedacht hatte, aber dafür konnte sie jetzt sicher sein, dass aus mir und Francesca nichts mehr werden würde.

In den folgenden Monaten ritt ich an meinen freien Tagen immer häufiger nach Spoleto, um Aaron, Schlomo und Ruth zu besuchen.

Aaron war so diskret, nicht nach dem Ereignis zu fragen, zu dem ich die Schmuckstücke gekauft hatte, und das war mir auch sehr recht. Ich versuchte Francesca zu vergessen, obwohl es mir schwerfiel.

Je häufiger ich bei der jüdischen Familie in Spoleto weilte, desto besser gefiel mir der weltläufige und kultivierte Umgang dieser Leute. Von Chaim hatte ich viel über das Brauchtum der Menschen mosaischen Glaubens gehört und bewunderte die Art, wie die jüdischen Familien in einer Umgebung, die ihnen oft nicht wohlgesonnen war, ihre Traditionen und ihren Glauben bewahrten. Gerade im Kirchenstaat hatten die Juden damals kein leichtes Leben. Die römischen Juden mussten in einem unschönen Ghetto hausen und alle Hoffnungen ruhten auf dem neuen Papst Clemens. Aaron meinte, hier in Spoleto ginge es ihnen noch vergleichsweise gut. Der Magistrat wolle nicht auf die Steuern der Handelsjuden verzichten, aber andernorts seien sie schon vom Fernhandel und von Finanzgeschäften ausgeschlossen worden. Sie müssten zwar nicht in einem Ghetto leben wie in Rom oder Venedig, aber sie dürften sich auch nicht woanders als hier in der Judenstraße ansiedeln. Er habe schon oft daran gedacht auszuwandern, aber sein Volk sei nun einmal überall fremd und seinen alten Vater wolle er nicht mehr verpflanzen.

Neben seiner Tochter Ruth habe er noch einen Sohn namens David, der in Frankreich bei einem Arzt als Famulus in die Lehre gegangen sei und nun in Paris als Medicus praktiziere. Er komme nur noch selten nach Spoleto, aber wenn sie einmal Italien verlassen müssten, könnten er mit seiner Familie bei David unterkommen. Aarons Frau, Elada, war der gute Geist der Familie. Sie umsorgte den alten Schlomo, der mit jedem Tag hinfälliger wurde und ihre beiden Töchter Ruth und Manuela. Manuela war jünger als ihre Schwester und sehr lebhaft. Ein richtiger kleiner Wirbelwind, der alle zum Lachen brachte. Sie war witzig, ohne verletzend zu sein, und kannte zu allem einen passenden Spruch oder eine kleine Geschichte. Sobald sie alt genug sei, wolle sie nach Konstantinopel reisen, dort einen reichen Emir heiraten und ihn so weit bringen, dass er sich vor lauter Liebe zu ihr beschneiden lasse. Aaron lachte nur darüber und klärte seine Tochter darüber auf, der erwartete Emir sei als Muslim bestimmt schon beschnitten.

Aaron war ein erfahrener und in vielen Dingen kenntnisreicher Handelsmann. Er hatte schon als junger Mann in Venedig, Konstantinopel und Damaskus gelebt. Nur seinem alten Vater zuliebe und weil er Elada und die Kinder nicht zu lange allein lassen wollte, war er immer wieder nach Spoleto zurückgekehrt.

Ich müsste lügen, wenn ich hier nicht schreiben würde, dass gerade die Begegnungen mit der schönen Ruth mir in besonderer Weise angenehm waren. In Ruth fand ich eine gebildete und in vielen Dingen erfahrene junge Frau. Von den durchreisenden jüdischen Geschäftspartnern ihres Vaters und Großvaters hatte sie viel von der Welt außerhalb Spoletos erfahren und alle Berichte und Geschichten aus exotischen Ländern begierig in sich aufgesogen, wohl wissend, dass sie möglicherweise diese Stadt in ihrem Leben niemals verlassen würde. Sie sprach nicht nur Italienisch und Französisch, sondern auch ein wenig Deutsch und Englisch. Sie sagte mir, nach

Meinung ihres Vaters seien die Kenntnisse der fremden Sprachen das einzige Kapital, das sie als Juden überall mit hinnehmen könnten. In der umfangreichen Bibliothek ihres Großvaters befanden sich auch lateinische Bücher, die sie alle gelesen hatte. Über die Zukunftspläne ihrer kleinen Schwester lächelte sie nur.

An einem Freitagabend saß ich einmal nach dem Essen mit ihr allein im kleinen Salon. Der alte Schlomo war zwar noch im Raum, aber tief eingeschlafen. Mit Wehmut dachte ich an Francesca, die wohl nie erfahren würde, was sie mir einmal bedeutet hatte, und ich sah die schöne Ruth im schwindenden Licht des Sommertages. Ich war von meinen Gefühlen für sie überwältigt. Sie war so unbeschreiblich schön. Die orientalische Kette trug ich an diesem Tag im Lederbeutel bei mir. Ich nahm sie heraus und hängte sie der jungen Frau um die Schultern. Auf ihrem schwarzen Kleid kamen die sorgfältig gearbeiteten Verzierungen erst so richtig zur Geltung. Ruth hatte stillgehalten. Sie wusste ja um die Bedeutung dieser Kette. Noch als mein Gesicht in der Nähe ihres Halses war, küsste sie mich auf den Mund.

Als Aaron und seine übrige Familie in den Raum traten, bemerkten sie den Schmuck an ihrer Tochter wohl, aber niemand verlor darüber ein Wort und der Hausvater machte sich an die Vorbereitungen für das Sabbatfest.

Von da an ritt ich nicht mehr an den Sonntagen nach Spoleto, sondern immer so, dass ich am Freitagabend oder am Samstag dort sein konnte. Weil Aarons Familie sich ganz strikt an die Sabbatruhe hielt, konnte ich mich bei meinen Besuchen nützlich machen. Ich trug für Elada Körbe mit Lebensmitteln, holte Holz vom Vorrat und entzündete in der Küche Feuer. Erst später wurde mir bewusst, was es für eine hohe Auszeichnung war, beim Essen dabei sein zu dürfen.

Sobald Aaron zu Synagoge gegangen war und Schlomo schlief, konnte ich mit Ruth allein sein, und wir kamen uns immer näher.

Einmal erklärte sie mir auch die Symbole auf der Kette, die ich ihr geschenkt hatte. Es waren keine Verzierungen, wie ich dachte, sondern das Schmuckstück hatte eine ganz eigene Bildsprache, die nur Eingeweihte verstanden. Offensichtlich hatte der Goldschmied geglaubt, Aaron habe mich geschickt, um eine Kette für ein Familienmitglied aus Schlomos Sippe zu besorgen und ging davon aus, dass man das Kunstwerk auch zu würdigen wusste.

Immer wenn sich im Spätsommer die Gelegenheit bot, ritt ich nach Spoleto, um mit Ruth einen Ausflug zu machen. Wie ich feststellen konnte, verließen die drei Frauen Aarons Haus nur ganz selten. Deshalb war es für Ruth eine schöne Abwechslung, mit mir Spaziergänge zu unternehmen, oder auch eine Fahrt in die nähere Umgebung, wenn ich mir einmal wieder einen kleinen Wagen in der Posthalterei ausleihen konnte.

Mir fiel auf, dass Ruth nicht gerne mit mir durch die Stadt ging, obwohl dort in der linden Sommersonne immer zahlreiche Pärchen wie wir beide anzutreffen waren. Sie saßen auf den warmen Steinen der alten Gemäuer, in den schattigen Winkeln unter dem Weinlaub oder ganz einfach mit den Familien im Freien vor den Trattorias. Sie aber mochte das nicht.

Viel lieber fuhr sie mit mir hinaus in die Natur. Wir gingen durch schattige Pinienwälder und immer häufiger fanden wir dabei die Gelegenheit, uns zärtlich zu umschlingen und heiße Küsse zu tauschen. Der Sommer verging sehr schnell und ich war glücklich. Allmählich begann ich Francesca zu vergessen.

Eines Tages, der Herbst kündigte sich schon an und die Blätter verfärbten sich, nahm mich Lamberti zur Seite: „Du Carlo, du weißt, ich bin dein Freund und ich meine es gut mit dir. Wenn ich dir helfen kann, dann helfe ich dir und wenn ich eine Gefahr sehe, dann warne ich dich." Ich wusste nicht, worauf er hinauswollte, und ließ ihn weiterreden. „Wir wissen alle, wie enttäuscht du warst, als aus dir und Francesca nichts geworden ist. Wir haben dich bewundert, wie gut du diesen Schmerz verarbeitet hast und wir wissen auch alle, wie gern du nach Spoleto fährst. Meine Familie lebt da, ich habe dort noch viele Freunde und gute Kontakte. Die Beziehung zwischen dem Tedesco und der Jüdin ist mittlerweile schon so etwas wie das Stadtgespräch. Man sieht euch zusammen, man merkt wie verliebt ihr seid. Das kommt nicht gut an. Es ist noch nicht lange her, da mussten die Juden bei uns noch Abzeichen tragen, damit sie gleich als Gottesmörder erkannt werden. Diese Leute werden bei uns bestenfalls geduldet, aber keiner mag sie und erst recht würde sich kein anständiger junger Mann mit einem Judenmädchen auf der Straße zeigen. Ich glaube ja nicht daran, was mir meine Nona erzählt hat, dass in Spoleto um die Osterzeit immer kleine Kinder verschwinden, die dann von den Juden geschächtet werden, um daraus ihre Ostermatzen zu backen. Also sei auf der Hut, Carlo."

Ich war wirklich erschüttert über das, was mir mein Freund gerade offenbart hatte. Etwas verwirrt bedankte ich mich für seine Worte. Lamberti klopfte mir kameradschaftlich auf die Schulter: „Du bist noch jung und in einem fremden Land. Du musst noch viel lernen. Viele Dinge sind anders als du denkst."

In der Nacht konnte ich vor Sorgen nicht schlafen. Was hatten die Ermahnungen Paolos zu bedeuten? In zärtlicher Liebe dachte ich an meine Ruth. In Frankenstein wohnten auch einige jüdische Familien. Sie lebten etwas isoliert von den anderen. Man hatte nicht so viel Umgang mit ihnen. Doch es waren geachtete Leute, meist Viehhändler, die mit den Bauern gute Geschäfte machten. Der alte Chaim war sogar so angesehen, dass ihn mein Vater, der zweifellos ein vorsichtiger Mann war, als einen meiner Erzieher ausgewählt hatte und bestimmt nicht zu meinem Schaden.

Nachdem ich ein paar Nächte über das Gehörte nachgegrübelt hatte, beschloss ich, mich an Signore Ursetti, meinen Lehrherren und Padrone zu wenden. Ich berichtete ihm von Lambertis Bemerkungen, die sicherlich freundschaftlich gemeint waren, und bat ihn um seine Meinung und um seinen Rat.

Azzuro Ursetti war ein kluger Mann und weit in der Welt herumgekommen, stets offen und freundlich zu jedermann. Jetzt wurde er aber sehr ernst: „Ich weiß Bescheid, Carlo. Ich habe sogar den guten Lamberti gebeten, von Mann zu Mann in dieser Sache mit dir zu reden. Was ich dir jetzt sagen muss, fällt mir nicht leicht. Dein Vater, den ich überaus schätze, hat dich meiner Fürsorge anvertraut und ich behandle dich wie einen eigenen Sohn, was mir nicht schwerfällt, denn ich mag dich sehr."

Ursettis Worte beunruhigten mich immer mehr und er fuhr fort.

„Du bist in Italien ein Fremder, immerhin der dritte Mann in meiner Posthalterei und bei Kollegen und Kunden sehr beliebt. Sicher hättest du auch Francesca mit nach Deutschland nehmen können, wenn sich Signorina Bagallio nicht schon einem anderen versprochen hätte. Aber deine Beziehung zu der Jüdin in Spoleto ist etwas ganz anderes. Du bist als Impiegato delle Poste eine wichtige Amtsperson. Du bist ein Teil unseres Staates und der öffentlichen Ordnung. Dir werden nicht nur wichtige und geheime Depeschen, sondern auch die Gesundheit und das Leben der reisenden Personen anvertraut. Das Vertrauen unserer Kunden und das Vertrauen der Obrigkeit auf unsere Redlichkeit und unsere einwandfreie Gesinnung ist unser Kapital und unsere Ehre. Die Uniform, die du trägst, erhebt dich in den Rang eines Offiziers einer weltumspannenden Organisation. Ein junger Mann in deiner Position muss darauf achten, wie er auftritt und mit wem er gesehen wird."

Noch immer verstand ich die Worte meines Padrone nicht so recht.

„Carlo, dein Ruf ist untadelig. Niemals hat man dich in schlechter Gesellschaft gesehen, du gehst nicht in die Schenken und treibst dich nicht mit leichtfertigen Frauen herum und sicher hätte auch mein Freund Bagallio keine Einwände gegen dich als Genero gehabt. Doch eine Beziehung, dazu noch eine offen zu Schau gestellte Beziehung zu einem Judenmädchen, Carlo, mein Sohn, das geht überhaupt nicht."

Jetzt war es raus und ich umso verzweifelter. Ich liebte Ruth aufrichtig und war in ihrer Gegenwart ein glücklicher Mensch. Was machte sie in den Augen der Leute so erbärmlich und abstoßend, dass sie mir keine Beziehung zu ihr gönnten?

„Carlo, du musst diese Beziehung als ein Kavalier beenden. Ich weiß, du bist zu anständig, als dass du eine heimliche, nur die Sinneslust befriedigende Gemeinsamkeit mit dem Mädchen haben willst. Dazu bist du viel zu wohlerzogen. Aber bitte lass von ihr ab. Ich müsste sonst deinen Vater und die Direktion in Innsbruck bitten, dich von Spello abzuziehen."

Von den ehrlichen, aber dringenden Ermahnungen Ursettis war ich tief getroffen. Mit 22 Jahren weint man nicht mehr, doch ich war den Tränen nahe. Ich habe diese Sätze nie vergessen, bis heute, und ich glaube, ich konnte sie auch nach so vielen Jahren hier wortwörtlich wiedergeben.

In den kommenden Tagen versuchten Paolo und Gabriela mich aufzumuntern. Offensichtlich kannten alle das Problem, in das ich mich hineinmanövriert hatte, besser als ich selbst. Der gute Lamberti wollte mich seiner Cousine in Assisi vorstellen, die sehr hübsch sei und von den jungen Männern nur so umschwärmt werde, doch sie warte auf den Richtigen. Gabriela suchte immer mehr meine Nähe und sang mir frivole italienische Volkslieder vor, deren Text ich mittlerweile verstand.

Nach längerem Nachdenken fasste ich einen Entschluss: Wenn es mir nicht gegönnt sein sollte, hier mit Ruth glücklich zu werden, so würden wir es sicher in Diemerstein sein. Ich hatte mich ja bereits entschieden, Francesca mit nach Hause zu nehmen. Warum sollte es nicht Ruth sein? Meine Familie würde es verstehen, wenn ich mit der Frau, die ich liebte, glücklich werden wollte. Die Diemersteiner waren sicher nicht so verbohrt wie die Italiener im Kirchenstaat und die kleine jüdische Gemeinde in Frankenstein würde es Ruth leicht machen, sich bei uns einzuleben.

So beschloss ich nach Spoleto zu fahren, um ganz offiziell bei Aaron um die Hand seiner Tochter anzuhalten.

Im Hause von Schlomo und Aaron wurde ich freundlich wie immer empfangen. Schon beim Eintreten bat ich Aaron um ein persönliches Gespräch. Ob er bereits ahnte, warum ich gekommen war? Wir zogen uns in sein Arbeitszimmer zurück und ich begann ohne Umschweife und lange Vorreden, ihn um die Hand seiner Tochter zu bitten. Ich schilderte ihm meine Liebe zu Ruth und legte ihm meine persönlichen Lebensumstände dar: Ich stamme aus einem angesehenen und ehrbaren Hause, was ihm Chaim Vitus sicher bestätigen könne. Ich wäre durchaus in der Lage, eine Familie standesgemäß zu ernähren und ihr die notwendige Sicherheit zu bieten. Aaron war ein gescheiter Mann, wesentlich erfahrener und klüger, als ich es damals war. Erst viel später wusste ich seine Einstellung und sein Verhalten richtig zu deuten.

Aaron meinte, die Ehe wäre ein wichtiger Schritt und die Beziehung zweier Menschen, die sich liebten, sei mehr als nur wirtschaftliche Sicherheit: „Gerade in einer Beziehung zwischen zwei Menschen unterschiedlichen Glaubens und verschiedener Herkunft müssen auch die Verhältnisse berücksichtigt werden, die über die Gefühle hinausgehen. Ich will keinesfalls über die Gefühle meiner Tochter Ruth richten, noch weniger kann und will ich dich in deiner edlen Absicht beeinflussen. Wenn zwei Menschen zueinandergefunden haben, dann liegt deren Schicksal in Gottes Hand und nicht mehr im Willen der Menschen."

Er könne und wolle hier nicht entscheiden. Es sei ihm immer zuwider gewesen, dass gerade auch bei seinem Volk die Ehen von den Vätern vorbestimmt und angeordnet würden. Ruth solle selbst entscheiden, aber auch die Verantwortung dafür tragen, wie und mit wem sie künftig glücklich werden wolle.

Ruth wurde hereingerufen und ihr Vater zog sich zu meiner Überraschung zurück. Sie trug die orientalische Kette, die ich ihr geschenkt hatte. Kaum waren wir allein, lagen wir uns glückselig in den Armen. Ich glaube heute, meine Freundin hatte damals schon den Anlass meines Besuches erraten. Ich musste ihr gar nicht erklären, dass ich soeben bei ihrem Vater um ihre Hand angehalten hatte. Wir setzten uns nebeneinander auf das große Kanapee und Ruth blickte mich lange und zärtlich aus ihren dunklen Augen an.

„Karl, ich wusste, dass dieser Tag einmal kommen würde. Ich habe ihn herbeigesehnt und gleichzeitig verflucht. Du hast mir das Schönste geschenkt, das einem Menschen gegeben werden kann, deine Liebe. Du willst dein Leben auf ewig mit dem meinen verbinden. Höher kann ein Mann eine Frau nicht erheben. Du willst derjenige sein, zu dem ich gehören und mit dem ich ein Fleisch werden soll. Du bist bereit, der Vater meiner Kinder zu werden. Das ist mehr, als eine junge Frau von einem Mann erwarten kann. Du weißt, ich bin drei Jahre älter als du und ich glaube an den gleichen Gott wie du und wir kennen Abraham als unseren gemeinsamen Stammvater. Aber unser Glauben wird uns in den Augen der Menschen für immer trennen. Auch wenn ich Christin werden sollte oder du dich aus Liebe zu mir beschneiden lässt und zu meinem Glauben konvertierst, wir werden als Paar immer Fremde für die Menschen unserer Umgebung sein."

Ich wollte etwas erwidern, doch Ruth legte mir ihre Hand auf den Mund: „Sag jetzt nichts. Du würdest mir meine Entscheidung nur noch schwerer machen und mir wehtun. Ich habe lange nachgedacht, was ich dir sagen soll, wenn du mich bittest, deine Frau zu werden. Meine Entscheidung steht fest. Ich habe noch niemals einen Mann so geliebt wie dich und wenn es Gottes Wille ist, werde ich auch niemals mehr einen Menschen so lieben. Es ist keine Minute vergangen, an der ich mich nicht nach dir gesehnt hätte und in jeder Minute wusste ich auch, wie begrenzt die Zeit ist, die wir zusammen sein können. Ich wusste immer, eines Tages werden diese schönen Stunden ein Ende haben. Nur die Erinnerung an etwas, das viele Menschen niemals erleben dürfen, wird bleiben."

Diese Worte Ruths haben sich in mein Gedächtnis eingebrannt, wie in Stein gemeißelt. Als ich sie hörte, ging mir so viel im Kopf herum, doch alles, was ich hätte erwidern können, wäre in diesem Augenblick kindisch und hohl gewesen. Ich musste erkennen, dass diese junge Frau viel klüger und erfahrener war als ich mit meinen 22 unreifen Jahren. Ich fand keine richtigen Worte. Ich nahm sie ganz einfach in den Arm und drückte sie ganz fest. Ruth wusste, dass ich sie verstanden hatte.

„Unsere Zeit ist jetzt zu Ende, geliebter Karl. Wir werden uns niemals wiedersehen. Sei vernünftig und besuche uns nicht mehr. Die Tür meines Vaterhauses wird von nun an für dich verschlossen bleiben. Nicht aus Hass, sondern aus Liebe. Ich werde dich niemals vergessen, gleich was geschieht bis ans Ende meiner Tage."

Ich stammelte etwas Unbeholfenes wie „ich auch nicht" oder etwas ähnliches, und wir umarmten und küssten uns zum letzten Mal. Ich dachte noch, die schöne Kette wird sie immer an mich erinnern. In diesem Moment öffnete sie bereits ihre Kette, nahm sie ab und legte sie in meine Hand „Schenk sie der Frau, die du eines Tages heiraten wirst und die die Mutter deiner Kinder wird, als Erinnerung an deine Ruth, die gerne deine Frau geworden wäre. Aber die Zeit und die Menschen haben es nicht zugelassen. Aaron brachte mich wortlos zur Tür. Ich hatte den Eindruck, er kannte im Voraus die Entscheidung seiner Tochter. Beim Abschied spürte ich seinen festen Händedruck.

Die nächsten Wochen versuchte ich mich durch fleißige Arbeit in der Posthalterei von meinem Leid abzulenken. Ursetti hatte ich von meinem Gespräch in Spoleto erzählt. Er lobte mich und die Klugheit des Judenmädchens. Er sei sicher, mein guter Vater hätte mir keinen anderen Rat gegeben.

Ich selbst sah von diesem Tag an die Menschen mit ihren Vorurteilen und in ihrer Niedrigkeit mit anderen Augen, und mein Herz wurde deutlich härter.

Mein Padrone gab sich viel Mühe, mich auf andere Gedanken zu bringen. Er übertrug mir wichtige Aufgaben bei der Strecken- und Tourenplanung. Er vertraute mir den Einkauf von jungen Pferden für die Station an und suchte besonders reizvolle Strecken für mich aus, die ich auf der Kutsche bereisen sollte. Wenn ich im Hause war, ging mir Gabriela nicht mehr von der Seite und Lamberti kam immer wieder mit neuen Vorschlägen von hübschen jungen Cousinen. Er muss eine sehr große Familie gehabt haben.

Die längeren Strecken in das Gebirge Umbriens waren zu dieser Zeit nicht ungefährlich. Zahlreiche Räuberbanden, die sich häufig aus versprengten Soldaten der vergangenen Kriege zusammengefunden hatten, machten die Wege unsicher. So eine Postkutsche mit reichen Reisenden war eine verlockende Beute. Ursetti hatte daher die Kutschen für die Ferntouren, die durch waldreiche Gegenden führten, bewaffnen lassen. Unter dem Sitz des Fahrers lag vorschriftsmäßig eine kurze Flinte. Lamberti erklärte mir, diese Waffe hieße in Italien Lupara, da sie von den Viehhirten zur Abwehr von Wölfen benutzt werde. Dazu trugen die Postillione üblicherweise ein Messer bei sich, um bei Unfällen die Zügel und Teile des Zaumzeuges zu zerschneiden, wenn die Tiere gestürzt waren und nicht anders befreit werden konnten. Der Chef hatte aber die Maxime ausgegeben, bei einem Überfall in erster Linie das Leben der Passagiere nicht zu gefährden. Geraubtes Geld und Gut können ersetzt werden, doch ein Menschenleben niemals. Daher sollten sich die Postillione bei einem Überfall ruhig verhalten, bei Kutsche und Passagieren bleiben und sich unter keinen Umständen in den Wald flüchten.

Ich erinnere mich noch genau. Es war im Herbst, am Tag des heiligen Wendelin, der bei den Bauern in meiner Heimat als Schutzpatron des Viehs große Verehrung genoss, als mich Ursetti zu einer Fernfahrt einteilte. Die Tour sollte in die Nähe des Ortes namens Massa Mantala gehen, wo sich damals das Schloss der Familie Martani befand. Der Conte de Martani war bei uns nicht unbekannt, gehörte doch seine Familie zu einer der einflussreichsten in ganz Umbrien. Er hatte sich in mehreren Kriegen ausgezeichnet und sprach nur Französisch, wenn seine Kutsche zum Pferdewechsel bei uns Station machte. Er hielt sehr viel auf seinen herausgehobenen Stand und wurde bei uns stets mit „Illustrissimo" und „Sua Altezza" angeredet. Die Kutsche des Grafen hatte damals einige Stationen vor Spello einen Achsbruch gehabt und so mussten die Passagiere, die Contessa Angela, seine Tochter, und ihr Verlobter Baron Pavone auf eine Extrapost umsteigen, die sie zum Schloss bringen sollte. Das war bei uns nichts Ungewöhnliches. Auf solche Ereignisse waren wir vorbereitet und hielten stets Kutscher und Pferde in Reserve. Das Schloss der Martanis war etwa sechs Fahrstunden und drei Poststationen entfernt. Die Extrapost würde dort wahrscheinlich in der Nacht ankommen. Der Kutscher des Grafen und ein Bedienter waren bei der eigenen Kutsche geblieben und sollten sich nach der Reparatur auf den Weg nach Massa Mantala machen. Wir wechselten also die Pferde der Extrapost, während sich die beiden Fahrgäste in der Station etwas erfrischten.

Da ich den Umgang mit adeligen Herrschaften von Kindesbeinen an gewohnt war und weil mir mein Padrone wohl etwas Abwechslung bieten wollte, durfte ich die Fahrt als Postillion begleiten. Janosch, unser neuer Kutscher, sollte fahren.

Nachdem angespannt war, machten wir uns eilig auf den Weg. Die Extrapost würde durch die Berge und den dortigen Wald fahren. An Räuber dachte niemand, denn diese Banden waren es gewohnt, bei den Poststationen die Abfahrtszeiten der „Ordinari", also der Kutschen mit festen Abfahrtszeiten auszuspionieren, eine Extrapost war relativ sicher.

Der Kutscher Janosch war erst seit kurzer Zeit bei uns beschäftigt. Früher hatte er in der österreichischen Armee gedient und verstand sich aufs Fahren. Geboren war er in Ungarn und sprach nicht gut Italienisch, aber umso besser Deutsch. Ich freute mich, auf der Fahrt ein wenig Unterhaltung zu haben, doch ich fand irgendwie keinen rechten Kontakt zu ihm. Ebenso ging es mir mit unseren Passagieren. Die Contessa war zwar sehr hübsch, aber unnahbar. Als ich Baron Pavone bei einem Pferdewechsel nach seinem Befinden fragte und ob die Fahrt zu seiner Befriedigung verlaufe, behandelte er mich sehr von oben herab wie einen Domestiken, obwohl ich ihn in meinem besten Französisch angeredet hatte. Er maulte darüber, dass er nicht mit seiner bequemen Kutsche und eigenen Lakaien reisen könne und stattdessen mit diesem schäbigen Gefährt und zwei ungehobelten Tölpeln vorliebnehmen müsse.

Am Nachmittag kamen wir schließlich an den Aufstieg in der Nähe des Monte Martani und fuhren durch ein dichtes Waldstück. Bis zur nächsten Station würden wir noch einige Stunden unterwegs sein, denn die Gegend war dünn besiedelt.

Als die Pferde an einem steilen Wegstück etwas langsamer zogen und die Kutsche fast nur noch im Schritt vorwärtskam, sprang auf einmal ein maskierter Mann mit zwei Pistolen bewaffnet aus dem

Unterholz. Er stellte sich direkt vor die Pferde und richtete seine Waffen auf uns. Ganz offensichtlich ein Straßenräuber. Janosch zog die Zügel sofort an und die Pferde standen. Ich wunderte mich, denn bei einem einzelnen Angreifer hätte ich es riskiert, mit den Pferden durchzubrechen, selbst wenn auf uns geschossen würde. Doch vielleicht lauerten noch weitere Spießgesellen im Wald und sicher hatte Janosch die Anweisung des Posthalters im Ohr, kein Risiko einzugehen.

Wir hoben also beide brav die Hände, als der Räuber an den Pferden vorbei zum Kutschbock ging und uns mit seinen Waffen in Schach hielt. Dann öffnete er die Wagentür und riss mit fester Hand den schreienden Pavone aus der Kutsche. Der Mann quietschte wie ein Tier, nicht wie ein Wildschwein, sondern eher wie ein Papagei. Plötzlich schrie er nicht mehr. Der Räuber hatte ihm einfach die Kehle durchgeschnitten. Dann griff er sich die Contessa aus dem Wageninnern. Nun überblickte ich die Situation. Als der Räuber sein Messer zog, steckte er die Pistolen in seinen Gürtel. Das war unsere Chance. Schnell wollte ich mir die Lupara unter dem Kutschbock greifen. Da musste ich feststellen, dass Janosch sie sich schon genommen hatte und sie mir mit einem breiten Grinsen ins Gesicht hielt. Er war also ein Komplize und hatte den Überfall geplant.

Ich wundere mich heute noch, wie kühl und entschlossen ein Mensch in einer solch tödlich gefährlichen Situation reagieren kann. Mit meinem rechten Arm riss ich den Arm des Verräters mit der Lupara nach oben. Die Schrotladung ging über unsere Köpfe hinweg. Mit der linken Hand, Janosch wusste ja nicht, dass ich Linkshänder bin, hatte ich mein Messer aus der Scheide gezogen und bohrte es dem Ungarn in die Kehle, wie es mir Wussow beigebracht hatte. Er konnte nicht einmal mehr schreien. Unterdessen glaubte wohl der Straßenräuber, sein Komplize habe mich mit einem Schuss erledigt und widmete sich der Contessa, die er aus dem Wagen gezerrt hatte und gezerrt hatte und deren Röcke er nun mit Gewalt nach oben schob. Ganz offensichtlich wollte er neben dem Raub auch noch seinen Spaß haben.

Was hatte der weise Keralio gesagt? Wenn der Mensch seinen animalischen Begierden nachgibt, dann verliert er seinen Verstand.

Über den toten Ungarn hinweg sprang ich vom Kutschbock. Ich landete einige Meter vom Räuber entfernt, der sich zu mir umdrehte. Er kniete halb über der Contessa und nestelte an seiner Hose. Er hatte wohl seinen Kumpan erwartet und nicht den Postillion. Doch auch er war schnell. Sofort griff er zu einer seiner Waffen im Gürtel, ohne die zweite Hand von der Kehle des Mädchens zu lassen. Er hatte seine Pistole gerade herausgezogen, als ihn die Kugel aus der kleinen Reiterpistole traf, die ich immer bei Ferntouren bei mir führte. Sein verbrecherisches Gehirn spritzte geradewegs über das adelige Fräulein.

Nun musste rasch gehandelt werden. Ich wusste ja nicht, ob vielleicht noch weitere Räuber in der Nähe waren. Ich versuchte die hysterisch schreiende Contessa zu beruhigen, wischte ihr mit meinem Halstuch Blut und Fleischfetzen aus dem Gesicht und setzte sie wieder in den Wagen. Die Leichen der beiden Räuber, deren schwarze Seelen sicher jetzt schon in der Hölle waren, wuchtete ich auf die Gepäckablage der Kutsche und befestigte sie notdürftig. Auch der tote Baron Pavone mit seiner durchgeschnittenen Kehle musste nun bei den beiden Lumpen auf dem Kutschendach weiterfahren. Notdürftig bedeckte ich ihn mit einer Pferdedecke. Das alles dauerte nur ein paar Minuten, denn ich bin recht groß und war damals sehr stark und die drei Italiener, ob adelig oder kriminell, waren eher klein gewachsen.

Die Pferde hatten währen des Überfalls brav gestanden. Ich griff die Zügel und ließ die Peitsche knallen. Dann rollten wir wieder. Aus dem Wageninneren hörte ich weiter die hysterischen Schreie der Contessa, die allmählich in lautes Weinen und schließlich in Schluchzen übergingen.

Ich nahm unsere braven Postpferde hart heran und hoffte inständig, sie würden bis zur nächsten Station durchhalten. Wir waren etwa eine Stunde gefahren und es dämmerte bereits, da hörte ich aus der Kutsche ein Klopfen, wie es die Fahrgäste üblicherweise benutzen, um dem Kutscher anzuzeigen, dass er anfahren oder anhalten soll. Ich ließ die Pferde still stehen, denen eine kurze Rast sicher gut tat, und öffnete die Wagentür, um die Contessa nach ihren Befehlen zu fragen. Sie war immer noch blutverschmiert und zitterte am ganzen Körper, ihre Röcke hatte sie notdürftig gerichtet. Sie bat mich mit verweinten Augen, ob sie bei mir vorne auf dem Kutschbock Platz nehmen dürfte, sie habe so fürchterliche Angst und wolle nicht allein in diesem dunklen Kasten sitzen. Rasch half ich ihr beim Aufstieg auf den Platz, den ich vor dem Überfall eingenommen hatte. Ich hängte ihr meinen Kutschermantel um und hüllte sie in eine noch einigermaßen saubere Pferdedecke. Dann fuhren wir weiter. Das Mädchen zitterte immer noch, ob aus Kälte, aus Angst oder in Erinnerung an das soeben Erlebte und den Tod ihres Verlobten, weiß ich nicht. Sie weinte leise und schmiegte sich an mich wie ein kleines Kätzchen.

Als wir die nächste Poststation erreichten, die Pferde waren kurz vor dem Zusammenbruch, half ich Angela vom Wagen. Da ich keinen Mantel mehr trug, erkannten mich die Postillione der Station sofort an meiner Uniform als einen Hilfsposthalter erster Klasse. Der Stationsverwalter wurde gerufen. Ich schilderte in kurzen Worten den Überfall auf die Postkutsche und gab während des Pferdewechsels einige Anweisungen. Ein Postreiter sollte sofort zum Schloss geschickt werden und dort berichten, dass die Kutsche zwar überfallen, das Fräulein aber wohlauf sei. Ein weiterer Postreiter solle sich noch in der Nacht auf den Weg nach Spello machen und den dortigen Posthalter von den Vorfällen informieren. Ich war sicher, Ursetti wusste, was zu tun sei und welche Meldungen an die Obrigkeit gemacht werden mussten. Die drei Leichen wollte ich nicht weiter mitnehmen. Ich ließ die Toten vom Wagendach schaffen und sagte dem Verwalter, man werde ihm weitere Befehle geben, wie mit ihnen zu verfahren sei. Die Umstehenden bekreuzigten sich fortwährend und liefen wie aufgeregte Hühner durcheinander.

Als die frischen Pferde angeschirrt waren, fragte ich die Contessa, ob sie im Wagen Platz nehmen wolle, doch sie meinte, sie wolle lieber vorne bei mir bleiben. Da fühle sie sich sicherer.

Mit scharfer Geschwindigkeit ging es dem Schloss entgegen. Der Postreiter galoppierte vor uns her und war bald in der Dunkelheit verschwunden. Angela war jetzt etwas ruhiger geworden. Ich sprach auf sie ein und versuchte sie zu trösten. Über den Verlust ihres Verlobten, des Barons, sprach ich ihr mein tief empfundenes Beileid aus. Er tat mir leid, wie er da so mit durchgeschnittener Kehle lag, obwohl er mich kurz zuvor so schlecht behandelt hatte. Ich sagte ihr, es wäre mir leider nicht möglich gewesen, ihn zu retten, denn alles wäre so schnell gegangen. Sie schien darüber gar nicht so sehr betrübt zu sein. Sie erzählte mir, ihre Zunge war vielleicht noch vom Schock des eben Erlebten gelöster geworden, Pavone sei mehr als 30 Jahre älter als sie gewesen und die Verlobung hätten die Eltern in die Wege geleitet, um die Häuser Martani und Pavone zu verbinden. Sie habe sich vor einer Ehe mit diesem Mann gefürchtet, der ein eitler Geck gewesen sei, keine eigenen Leistungen vollbracht und sich vor dem Kriegsdienst gedrückt habe. In Rom habe man über Pavone immer gesagt, „Nomen est Omen“ und ihn auch einen „Chaud Lapin“ und „Puttaniere“ genannt. Vielleicht sei dieser Überfall ein Zeichen des Himmels gewesen und ich ihr rettender Engel, der sie vor drei wüsten Männern bewahrt habe. Schließlich fragte sie mich nach meinem Namen. Da wir französisch sprachen, übersetzte ich meinen Namen und stellte mich als Charles Chevalier de Diemerstein vor. Das war vielleicht ein Fehler, wie sich erst später herausstellen sollte.

Wir waren noch etwa eine Viertelstunde vom Schloss entfernt, da kam uns auch schon ein Reiter entgegen, den Angelas Mutter uns entgegengeschickt hatte, als der Postreiter mit der Nachricht vom Überfall eingetroffen war. Kurz nach ihm kamen noch weitere Männer mit Fackeln und Gewehren, um uns sicher zum Schloss zu bringen. Ich ließ die Pferde nun Schritt gehen und die Contessa blieb neben mir sitzen, als sei es das Selbstverständlichste auf der Welt, dass ein adeliges Fräulein neben dem Kutscher fährt.

Das Schloss war hell erleuchtet und der Hofmeister lief uns schon im Schlosshof entgegen. Die Pferde wurden versorgt und als ich mich weiter um die Tiere kümmern wollte, bat man mich ins Innere. Angela lief ihrer Mutter entgegen, die in der Empfangshalle auf sie gewartet hatte und die fast zusammenbrach, als sie das Mädchen in unordentlicher Kleidung und über und über mit verkrustetem Blut bedeckt in die Arme schloss. Alle waren schon informiert. Der Postreiter hatte Meldung gemacht, die Kutsche sei von einer Räuberbande überfallen worden. Dabei sei der Baron Opfer der Mordbuben geworden. Ein deutscher Reichsposthalter habe die Passagiere begleitet und wie ein Löwe um das Leben der Contessa gekämpft. Zwölf Räuber lägen noch als Rabenfraß im dunklen Wald und die Leiche des Räuberhauptmanns befinde sich in der nächsten Poststation. Ich wusste schon damals, dass die Italiener Meister der Übertreibung sind und blutrünstige Geschichten lieben.

Die alte Gräfin ließ ihre Zofe kommen und Angela wegführen, damit sie sich säubern und umkleiden könne. Zuvor stellte das Mädchen der Mutter ihren Retter als Chevalier de Diemerstein vor.

Ein Posthalter ist auch in Italien ein angesehener Mann. Er gehört zum höhergestellten Bürgertum, dennoch behandelt der Adel eine solche Person mit großer Herablassung. So war das in dieser

Zeit. Während ich dies aufschreibe, muss ich daran denken, wie viele Umwälzungen in der Gesellschaft ich schon erlebt habe. Damals den Adel mit all seinen Privilegien und Standesunterschieden, dann eine Zeit, als es schon ein Todesurteil war, wenn man zum Adel gehörte, und schließlich wieder eine Zeit, als Männer in Frankreich zum Marquis geadelt wurden, die 1772 dieses Wort nicht einmal schreiben konnten.

Nachdem Angela in die entfernteren Gemächer entschwunden war, wies die Gräfin einen Lakaien an, den Cavaliere in eines der Gästezimmer zu führen und für warmes Wasser und eine Waschgelegenheit zu sorgen. Selbstverständlich sei ich ihr Gast und sie würde sich freuen, wenn ich mit ihr noch ein Souper einnehmen und ihr von den grauenhaften Ereignissen erzählen könnte.

Diese Umgebung war ich nicht gewohnt und so wohl auch kein besonders amüsanter Unterhalter. Doch das erwartete die Gräfin auch nicht. Sie sah, dass ich müde und noch von dem Erlebten verwirrt war. Sie bat mich, noch auf dem Schloss zu bleiben und ihr am kommenden Morgen meine Aufwartung zu machen. Angela sah ich an diesem Abend nicht wieder. Als ich einschlief, dachte ich noch kurz an die beiden Menschen, die ich heute getötet hatte, aber es belastete mich in keiner Weise.

Am nächsten Tag brach ich wieder nach Spello auf. Ich musste ja noch unsere Kutsche zurückbringen. Man versorgte mich im Schloss mit einem noblen Frühstück und Angela verabschiedete mich aufs Herzlichste. Sie wirkte jetzt gar nicht mehr so verzweifelt. Eher heiter und gelöst. Die Gräfin lud mich für einem bestimmten Tag zu einem Empfang mit anschließendem Diner ein. Der Graf werde bis dahin wieder zurückerwartet und werde sich bestimmt freuen, dem Lebensretter seiner Tochter persönlich zu begegnen.

In der Station, in der ich die Leichen zurückgelassen hatte, wurde ich mit großem Hallo begrüßt. Die Toten waren mittlerweile weggeschafft, ich erfuhr nie wohin. Die Räuber vielleicht auf den Schindanger und der Baron in die Grablege seiner Familie in Rom. Der gute Ursetti hatte mir sogar Lamberti entgegengeschickt, damit er mit mir die Kutsche zurückbrächte, und auf der Rückfahrt hatten wir viel zu erzählen. Mein Freund meinte, ich solle die Pistole jetzt immer mit mir führen, denn in vielen Gegenden herrsche noch die Blutrache.

In Spello drängte sich die kleine Gabriela gleich an mich, überschüttete mich mit Küssen und dankte allen Erzengeln dafür, dass ich mit dem Leben davongekommen sei. Der gute Ursetti lobte meinen Mut. Er sei in seinem Leben schon mehrmals in solche Bedrängnis gekommen, doch mit kühlem Kopf komme ein richtiger Postmeister auch mit solchen Gefahren zurecht.

Ich arbeitete fleißig in der Station weiter. Mein Ruf als Lebensretter verbreitete sich in Windeseile. In den Schenken erzählten sich die Kutscher Wunderdinge über den deutschen Postillion, der eine ganze Räuberbande massakriert und die Contessa vor einem beklagenswerten Schicksal bewahrt habe. Von der Zentrale in Innsbruck kam eine Belobigung für mein vorbildliches Verhalten. Offensichtlich muss sich Graf Martani in Rom für mich verwendet haben, denn mir wurde ein offizielles Schreiben mit dem Siegel des Kirchenstaates zugestellt, das mir aufgrund meines persönlichen Einsatzes das Privileg verlieh, einen Degen führen zu dürfen. Ein Vorrecht, das bei uns in Deutschland nur höheren Ständen vorbehalten war.

Über einen Cousin, der beim Magistrat in Perugia angestellt war, erfuhr Lamberti, dass es sich bei den beiden Räubern nachweislich um versprengte ehemalige ungarische Soldaten gehandelt habe, die sich wohl auf die Posträuberei verlegen wollten, obwohl ihnen dazu jegliche Erfahrung fehlte. In kriminellen Kreisen sei man auch recht froh darüber, dass ich diese Konkurrenten aus dem Weg geschafft habe. Kein „ehrbarer Posträuber“ käme auf die Idee, einem Baron die Kehle durchzuschneiden, für den man ein saftiges Lösegeld erwarten konnte, und ein junges Mädchen zu vergewaltigen, das ginge nun mal gar nicht. Also musste ich auch keine Angst vor einer Vendetta haben. Es kam sogar so weit, dass hochrangige Kirchenmänner mit ihren dicken Purpurbinden um den Bauch ausdrücklich forderten, dass der Tedesco ihre Kutsche begleitete, wenn der Weg durch den Wald führte.

Schließlich kam der Tag, an dem ich wieder aufs Schloss fahren sollte, um der Einladung der gräflichen Familie zu folgen.

Der Herbst war schon weit fortgeschritten und der Winter kündigte sich bereits an, als ich wieder zum Schloss der Martanis ritt, um der freundlichen Einladung der gräflichen Familie Folge zu leisten. Ich hatte meine beste Uniform angelegt und den Degen, den ich mir in Perugia besorgt hatte. Im Schlosshof standen schon mehrere gut gearbeitete Kutschen und die Anlage war hell erleuchtet.

Ich trat in die große Eingangshalle und wurde von einem Lakaien in einen erleuchteten Saal geführt. Hier hatten sich viele höfisch gekleidete Personen versammelt, offensichtlich adelige Standesherren aus den umliegenden Schlössern.

Der Hausherr, Graf Martani, den ich ja von unserer Poststation schon kannte, löste sich aus einer Gruppe heftig diskutierender Männer und kam geradewegs auf mich zu.

Er redete mich mit lieber Chevalier de Diemerstein an und dankte mir überschwänglich für die Rettung seiner Tochter. Er und seine Familie stünden für immer in meiner Schuld.

Beim Diner hatte ich die Ehre, neben der Gräfin zu sitzen und ich glaube, meine Konversation war nicht so unbeholfen wie beim ersten Mal. Vielleicht beflügelte der Wein meine Sinne, oder auch der Anblick Angelas, die uns gegenübersaß und in der Abendgarderobe wie eine Prinzessin aussah.

Nach dem Essen begab man sich in ein reich dekoriertes Jagdzimmer und der Graf lud mich ein, sich neben ihn zu setzen. Dabei entstand eine eigenartige Konversation, die ich damals nicht richtig einzuschätzen wusste.

Martani eröffnete mir, schon bei unserer ersten Begegnung in der Poststation habe er mich richtig eingeschätzt. Es sei ihm sofort klar gewesen, ein so kultivierter junger Mann mit perfekten Französischkenntnissen könne kein Postbediensteter sein. Er habe schon immer größten Respekt vor dem Hause Thurn und Taxis gehabt und wisse sehr wohl, dass die Reichspost eine bedeutende Organisation der Österreicher sei. Es wäre eine sehr kluge Kriegslist, junge Offiziere als angebliche Postillione in den Stationen zu positionieren, um so die Gegend zu erkunden und wichtige Nachschubwege vorzubereiten. Aber er könne den Retter seiner einzigen Tochter beruhigen, er würde mein Geheimnis bewahren. Er sei verschwiegen wie ein Grab. Ohne genau zu wissen, was er meinte, bedankte ich mich bei ihm artig, auch für die Ehre seiner Einladung.

Während des Abends stellte der Graf mich noch einigen wichtigen Adelspersonen aus der Region vor, und ich freute mich, die nähere Bekanntschaft mehrerer Herren machen zu dürfen, die ich bisher nur als Durchreisende unserer Station in Spello kennengelernt hatte.

Am meisten Vergnügen machte es mir aber, als die Gräfin und Angela meine Nähe suchten und mich einluden, doch häufiger auch ohne einen offiziellen Anlass zu ihnen aufs Schloss zu kommen.

Als sich die Gäste verabschiedeten, traten mehrere der noblen Herren an mich heran, redeten mich mit Chevalier oder Monsieur de Diemerstein an, lobten die Kaiserin Maria Theresia und ihre kluge Politik. Da wusste ich, was von den verschwiegenen Gräbern in Italien zu halten war.

Ich wurde gebeten, die Nacht im Schloss zu verbringen. Ein Gästezimmer war schon vorbereitet und ich hatte das Vergnügen, noch bis spät in die Nacht oder besser bis zum frühen Morgen den Erzählungen der Gräfin und der hübschen Contessa zu lauschen. Bald kannte ich die ganze Familiengeschichte der Martanis und deren erlauchter Vorfahren.

Am Morgen, es war noch recht dunkel, erwartete mich ein angenehmes Frühstück und ein Bedienter überbrachte mir die Bitte, die Contessa in ihrem Boudoir aufzusuchen.

Angela erwartete mich schon. Sie saß in einem weißen Unterkleid auf ihrem Stuhl und ließ sich von einer Kammerfrau die Haare flechten. Im Gegensatz zu den Italienerinnen, die ich bisher kennengelernt hatte, war sie blond. Die Haarfarbe hatte sie von ihrer Mutter geerbt, die, wie ich am Vorabend erfahren hatte, aus dem Geschlecht der Gravina aus Sizilien stammte. Wegen der normannischen Vergangenheit seien blonde Männer und Frauen in Sizilien nicht selten. Angela unterhielt sich ganz ungezwungen mit mir, während die Zofe weiterhin ihre Arbeit verrichtete. Nur manchmal seufzte sie kurz auf, wenn zu fest an den Haaren gezogen wurde. Die Contessa wiederholte die Einladung der Mutter, ich solle doch häufiger zum Schloss kommen, sie sei seit dieser grässlichen Nacht gern in meiner Gesellschaft und ich würde sie glücklich machen, wenn wir uns bald wiedersehen könnten.

Ich war ein wenig verwirrt über die doch recht lockere Kleidung des adeligen Fräuleins, die an manchen Stellen mehr offenbarte als verhüllte.

Zurück in Spello nahm ich meine Arbeit wieder auf wie zuvor, dachte aber immer gern an das hübsche Schlossfräulein. Ich musste nicht lange warten, da traf ein Brief auf der Station ein, in der mich Angela bat, doch am kommenden Sonntag zu ihr zu kommen. Sie habe Sehnsucht nach mir. Die Eltern seien über Orvieto nach Rom gereist und sie fürchte sich so allein auf dem Schloss.

Also nahm ich mir Urlaub und ritt zum Schloss der Martanis.

Einsam war die Contessa gewiss nicht. Die Bediensteten umgaben sie und sie brauchte nur mit dem Finger zu schnippen, schon lag alles für sie bereit. Zudem hatte sie auch einige andere gleichaltrige Mädchen aus vornehmen Familien mit deren Kavalieren um sich versammelt und ich traf eine heitere Gesellschaft junger Menschen an. Von Alleinsein und Furcht keine Spur. Die Tage verbrachte man mit Spielen, Tanzen und Lachen. Dabei kam ich mir sehr verloren vor. Tanzen konnte ich nicht. Es war mir peinlich, denn ich hätte mich sicher tölpelhaft angestellt. Daher log ich etwas über eine Verletzung, die mir beim schnellen Drehen des Beines Schmerzen bereite. Auch vom Spiel hielt ich mich fern, als ich sah, um welche hohen Summen die jungen Männer spielten.

Bald merkte ich, wie man über mich zu tuscheln begann: Der Chevalier sei ein österreichischer Offizier, der bei einer Schlacht schwer verwundet worden sei und nun als Spion in Italien eingesetzt werde. Wie allen Offizieren sei es ihm verboten, an Glücksspielen mit Italienern teilzunehmen. Sollten sie denken, was sie wollten, es war mir recht.

Da mich augenscheinlich ein Geheimnis umgab, suchten die Mädchen meine Nähe und zogen mich gern in ein Gespräch, doch Angela wachte darüber, dass mir keine allzu nahekam.

Als die ganze Gesellschaft in der Nacht nach dem Souper noch zusammensaß, kam die Idee auf, doch ganz spontan eine Scharade zu veranstalten. Es wurden bestimmte Worte auf Blättchen geschrieben, die gemischt und dann verteilt wurden. Jeder zog einen Zettel und musste den darauf stehenden Begriff mit Gebärden darstellen. Ein lustiges Spiel, dachte ich mir. Zunächst waren es nur sehr einfache Tätigkeiten wie Angeln oder Reiten und ich hatte bei dem mir zugelosten Wort „Graben" auch keine Schwierigkeiten. Im Laufe der Nacht wurden die Worte allerdings immer zweideutiger. Ich loste zunächst „Umarmen" und danach „Küssen" und war froh, nicht einen der anzüglicheren Begriffe gezogen zu haben. Wir waren alle in gelöster Stimmung, wobei auch sicher der sehr gute Wein seine

Wirkung tat. Wenn es nicht gerade Winter gewesen wäre, hätten wir den Sonnenaufgang noch gesehen. Als sich alle auf ihre Zimmer verabschiedeten, blieb Angela noch einen Moment bei mir, brachte mich zur Tür und küsste mich ganz unvermittelt auf den Mund, wobei ich ihre Zunge zwischen meinen Lippen spürte.

Gegen Mittag, als alle ausgeschlafen waren und ein reichliches Frühstück genossen hatten, folgte ein Spaziergang im Park des Schlosses. Da es kalt war und schon ein wenig Schnee lag, wollten die Mädchen schnell zurück. Die Jungen verteilten sich im Park. Angela fragte mich, ob ich sie nicht auf eine kleine Spazierfahrt in die Gegend mitnehmen wollte. Es stünde eine bequeme Kalesche bereit, die sie vom Stallmeister schon habe vorbereiten lassen. Gerne willigte ich ein, denn die Aussicht darauf, mit ihr alleine zu sein und dem beschwingten Treiben ihrer anderen Gäste zu entfliehen, gefiel mir.

Der Wagen war sehr gut, was ich mit Kennerblick feststellte, ebenso das Pferd, das der Stallmeister hatte anschirren lassen. Ich stieg auf den Kutschbock und Angela neben mich. Mit langsamer Fahrt verließen wir den Hof und fuhren einen beschneiten Waldweg entlang. Die Contessa war in einen leichten Pelz gehüllt und lehnte sich ganz eng an mich, sobald wir außer Sichtweite waren. Ich legte meinen Arm um sie und streichelte ihre Haare, die sie unter einer Pelzkappe zusammengesteckt hatte. An einer kleinen Lichtung, in die die Nachmittagssonne rötlich hineinschien, bat sie mich anzuhalten. Nun umarmte sie mich ganz fest, küsste mich noch verlangender als am Vortag und schmiegte sich so sehr an mich, dass ich nicht nur die Wärme ihres Körpers spüren konnte. Ich nahm sie ganz fest in den Arm und erwiderte ihre Küsse mit Leidenschaft. Dabei lernte ich ihre Art des Küssens.

Als wir ins Schloss zurückkehrten, waren unsere Wangen gerötet, was man wohl für ein Resultat der winterlichen Fahrt und der

Kälte hielt. Der restliche Tag wurde wieder allgemein mit Frohsinn und Spielen verbracht. Am Abend boten einige der adeligen Gäste ein kleines Schauspiel, das sie „Schäferspiel“ nannten. Ein als Faun kostümierter Jüngling verfolgte zwei als Nymphen verkleidete Mädchen. Alle waren nur sehr leicht bekleidet. Der Faun suchte zunächst die Schönen mit Worten zu betören, dann griff er zu einer Flöte, die der Darsteller wirklich gut zu spielen wusste und offensichtlich so die Gunst der Nymphen gewann. Daraufhin sangen die beiden Mädchen ein Lied auf Italienisch, in dem sie die „Flauto“ des Fauns priesen und neugierig darauf waren, welche Kunststücke er damit noch zeigen könnte.

Am Ende des Stückes verschwanden alle drei eng umschlungen in der Kulisse, die man aus eilig zusammengetragenen Möbelstücken im Hintergrund der „Bühne“ aufgebaut hatte. Da nur wenige Kerzen im Raum brannten, möchte ich nicht ausschließen, dass das Stück noch weiter ging. Auch an diesem Abend wurde viel Rotwein getrunken und alle gaben vor, von dem Tag ermüdet und ermattet zu sein. Man wollte heute zeitig zu Bett gehen. Da ich die Kavaliere und die adeligen Mädchen paarweise verschwinden sah, nahm ich an, die Lustbarkeiten sollten auf den Zimmern noch weitergeführt werden.

Diesmal verabschiedete mich Angela nicht mehr an der Tür, worüber ich ebenso traurig wie enttäuscht war. Nach unserer Spazierfahrt hätte ich doch noch einen Gutenachtkuss erwarten dürfen.

Am nächsten Morgen war ich schon früh aufgestanden, denn ich musste zurück nach Spello. Nach einem einsamen Frühstück im großen Salon sagte mir einer der Lakaien, der mich bediente, die Contessa bäte darum, dass ich sie vor meiner Abreise nochmals aufsuche, um ihr meine Aufwartung zu machen. Das war mir sehr recht, ich wollte mich nämlich nicht auf den Weg machen, ohne mich von meiner reizenden Gastgeberin gebührend zu verabschieden.

Angela erwartete mich in ihrem Schlafgemach. Sie saß aufrecht im Bett, nur mit einem dünnen Nachtgewand bekleidet. Als ich eintrat und mich vor ihr verbeugte, schickte sie die Zofe hinaus. Sie bat mich, auf dem Bett Platz zu nehmen und kaum saß ich bei ihr, umschlang sie mich mit ihren zarten Armen. Ich wäre kein Mann gewesen, hätte ich ihre Küsse nicht freudig erwidert. Wie zufällig fiel ihr das Hemdchen von der Schulter und gab mir den Blick auf einen so reizenden, festen Busen frei, dass ich nicht anders konnte, als ihn mit Küssen zu bedecken. Angela ließ es gerne geschehen und seufzte vor Erregung. Die ungewohnte Situation verwirrte mich, was meine Freundin mit Vergnügen bemerkte. Sie meinte, das sei nur ein „Auf Wiedersehen Kuss“ und ich sollte sehr bald wiederkommen. Mit einigen Komplimenten und einem roten Kopf verabschiedete ich mich. Als ich aus ihrer Schlafzimmertür trat und die Zofe, die wahrscheinlich hinter der Tür gelauscht hatte, wieder zur Contessa hineinging, grinste mich die kleine Italienerin vorwitzig an. Sie konnte mir sicher ansehen, wie mich die Begegnung mit ihrer Herrin erregt hatte.

Die darauffolgenden Tage in der Posthalterei vergingen schnell. Meine Arbeit füllte mich vollständig aus. Ursetti lobte mich und bedauerte, dass meine Zeit bei ihm im kommenden Jahr schon zu Ende gehen würde. Paolo redete mich wegen meiner Besuche auf dem Schloss zum Spaß gerne mit „Sua Altissima“ an und nur die kleine Gabriela schien etwas verstimmt.

Da ich es vermied, nach Assisi oder Spoleto zu fahren, wenn mich nicht Dienstgeschäfte dazu veranlassten, besorgte ich die Geschenke für das bevorstehende Weihnachtsfest in den anderen umliegenden Ortschaften.

Kurz vor den Feiertagen erreichte mich ein Brief des Grafen Martani mit einer Einladung, den Jahreswechsel bei ihm im Schloss zu verbringen. Das war für mich eine große Ehre und ich freute mich über die Gelegenheit, seine Tochter wieder zu sehen.

Das Weihnachtsfest in Spello war nun schon das zweite in diesem schönen Land und der Gedanken daran, die Menschen, die mir hier so lieb geworden waren und die mich so herzlich aufgenommen hatten, bald verlassen zu müssen, stimmte mich traurig. Wir feierten gemeinsam und auch Michele und Raffaele waren an diesen Tagen wieder nach Hause gekommen. Gabriela hatte sich für den Kirchgang besonders herausgeputzt und Azzuro junior fragte mich beim weihnachtlichen Abendessen, ob er zu mir nach Diemerstein kommen dürfte, um bei mir das Geschäft zu lernen, wenn ich dort eines Tages der Posthalter sei. Ich antwortete ihm, dass mich das sehr freuen würde, wenn es seinem Vater recht sei.

Die Straßen waren um diese Zeit schon sehr verschneit. Gerade in Umbrien hat der Winter große Ähnlichkeit mit dieser Jahreszeit bei uns in Diemerstein. Ich lieh mir daher von Ursetti ein gutes Pferd, das ich in den Stationen nicht wechselte, sondern in gemächlichem Tempo den ganzen Weg durchritt, wobei ich dem Tier und mir in den Stationen ausgiebige Ruhezeiten gönnte. Überall bot man mir einem Imbiss an und verstand es als Auszeichnung, wenn der Tedesco, vor dem sich alle Räuber fürchteten, bei ihnen Rast machte.

Es war schon stockdunkel, als ich am Tage vor Silvester im Schloss ankam. Die Bediensteten empfingen mich wie einen alten Hausgast und der Stallmeister versorgte eilfertig mein Pferd. Ein Diener meldete mich sogleich bei Seiner Durchlaucht und ich wurde in das Jagdzimmer geführt. Dort empfing mich Graf Martani mit ausgesuchter Höflichkeit. Den Damen würde ich beim Souper begegnen, doch zuvor wollte er mit mir noch etwas sehr Interessantes bereden. Er bat mich, neben ihm auf einem Sessel vor dem großen Kamin, in dem ein prächtiges Feuer prasselte, Platz zu nehmen. Während er mit seiner Frau in Rom gewesen sei und dort bedeutsame Amtsgeschäfte erledigt habe, konnte er mit mehreren wichtigen Persönlichkeiten Kontakt aufnehmen. Natürlich sei meine Heldentat in der

Hauptstadt nicht verborgen geblieben und er habe wohl auch das Seinige getan, um mich in gebührender Weise in das rechte Licht zu setzen. Einige sehr wichtige und einflussreiche Würdenträger seien daher begierig, meine Bekanntschaft zu machen. Ohne mein Geheimnis zu lüften, ich könne mich hier vollständig auf seine Diskretion verlassen, habe er mich bei den maßgeblichen Stellen ins Gespräch gebracht. Wenn es auch in meinem Sinne wäre und ich mir eine Zukunft in den Diensten seiner Heimat vorstellen könnte, würde er mich bei nächster Gelegenheit mit nach Rom nehmen und mich dort mit den richtigen Leuten bekannt machen. Er sei offiziell beauftragt worden, mir das Patent eines Hauptmannes anzubieten, das üblicherweise über eintausend Scudi kostet. Die letzten Kriege hätten die Schatzkammern meiner Kaiserin doch sehr geleert und ich solle mir überlegen, ob es meiner Karriere nicht förderlicher sei auf dieses Angebot einzugehen, statt mein Leben bei irgendeinem unnötigen Krieg in Sachsen oder auf dem Balkan zu verlieren. Ich verstand überhaupt nicht, was er meinte.

Der Graf klopfte mir väterlich auf die Schulter und ergänzte im Aufstehen: „Sicher wird sich auch meine Tochter freuen, wenn du in Italien bleibst. Ich erwarte bei so wichtigen Dingen keine schnelle Entscheidung, aber denk darüber nach, was ich dir gesagt habe."

Das Abendessen war köstlich wie immer, die Gräfin unterhielt alle mit lustigen Geschichten über die Zeit in Rom, die Empfänge und Redouten und was sie alles in der Ewigen Stadt eingekauft und gesehen hatte. Ich selbst hatte nur Augen für Angela, die mir wieder gegenübersaß und einfach nur schön war. Manch zärtlichen Blick konnte ich von ihr erhaschen.

Nach Tisch meinten die Damen, sie müssten mir das Kartenspielen beibringen. Natürlich ohne Geld, sondern nur um sogenannte Punkte. Es war ein eigentümliches Spiel, das sich von den Kartenspielen meiner Heimat wesentlich unterschied. Es wurde mit zwei

Kartenstapeln gespielt und der Graf selbst hielt die sogenannte Bank. Dabei legte er Karten vor sich auf den Tisch, die Spieler, ich spielte dabei mit Angela zusammen gegen ihre Mutter und gegen die Bank, ziehen ebenfalls Karten und legen sie auf. Wenn man gegen die Karten des Bankhalters wetten will, dann wird „va banque" gerufen. Die Frauen waren mit Feuereifer bei der Sache und Angela bekam ganz rote Wangen, wenn eine unserer Karten den Bankhalter geschlagen hatte. Meine Wangen röteten sich auch, doch mehr, weil das Mädchen unter dem Tisch immer ungenierter meine Nähe suchte, wenn die Eltern vom Spiel abgelenkt waren. Ich habe die Regeln dieses komischen Spieles, das man Pharo nannte, nie verstanden. Nur eines verstand ich rasch: Die Bank gewinnt immer.

Nach einer sehr langen Nacht, in deren Verlauf sich die gräfliche Familie gut unterhalten und der Hausherr mit vielen Punkten großartig gewonnen hatte, begab man sich zu Bett. Der Graf ermunterte mich nochmals, über seinen Vorschlag nachzudenken, der offensichtlich den Damen bekannt war. Ich küsste der Gräfin die Hand und bekam sogar von Angela einen Wangenkuss vor den Augen ihrer Eltern.

In der Nacht dachte ich an meine kleine Contessa und an die geheimnisvollen Andeutungen des Vaters. Ich hatte den Eindruck, nun sehr aufmerksam sein zu müssen, um meinem Lebenslauf nicht eine ganz andere Richtung als ursprünglich vorgesehen zu geben.

Der Silvestertag verlief durchaus unkompliziert und angenehm. Der Graf fragte mich nicht nach einer Entscheidung. Die Gräfin plapperte ständig amüsante Geschichten und Anekdoten vor sich hin und die reizende Angela wich nicht von meiner Seite. Am Nachmittag unternahmen wir eine Ausfahrt in der gräflichen Kutsche, bei der ich nicht auf dem Bock sitzen sollte, sondern bei der Familie neben der Contessa. Als der Kutscher an der Lichtung vorbeifuhr, wo wir vor Kurzem noch zärtliche Küsse getauscht hatten, suchte ich unter den warmen Decken, in die wir gehüllt waren, Angelas Hand.

Der Abend war der Feier des Jahreswechsels gewidmet und zahlreiche adelige Gäste waren geladen. Martanis Koch hatte sich selbst übertroffen. Ein mehrgängiges, aber nicht zu schweres Menu erfreute die Gäste. Ein älterer Herr in Soutane, unverkennbar ein katholischer Geistlicher fragte den Grafen, ob er auch zur Feier des Tages seine roten Hosen angezogen habe. Ich verstand den Sinn der Frage nicht und verstehe ihn bis heute nicht.

Nach dem Souper gingen alle in die Bibliothek und die Kaminuhr wurde zum wichtigsten Einrichtungsgegenstand. Um Mitternacht erhoben wir die Gläser auf ein glückliches neues Jahr und die Diener schenkten den Gästen ein Getränk ein, das der Graf aus Rom mitgebracht hatte. Ein in Flaschen abgefüllter Wein, der stark perlte und etwas süßlich schmeckte. Danach wurden die üblichen Würste mit Linsen serviert, wie ich es schon von der letztjährigen Silvesterfeier bei Ursetti kannte. Die Linsen stehen für Geldmünzen und sollen im neuen Jahr Reichtum bescheren. Bei diesem Brauch herrschte kein Unterschied zwischen der Familie eines Posthalters und der eines Grafen.

Die meisten Gäste blieben im weiträumigen Schloss über Nacht. Der Graf und seine Gemahlin wünschten allen eine angenehme Ruhe für die erste Nacht des neuen Jahres und wir gingen auseinander. Angela hauchte mir einen Kuss auf die Wange und ich bemerkte, dass der eigenartige Wein eine gewisse berauschende Wirkung bei ihr hinterlassen hatte.

Ich hatte mich schon mit warmem Wasser gewaschen, entkleidet, ins Bett gelegt und die Kerze gelöscht, da wurde die Tür langsam geöffnet. Eine schlanke Gestalt in einem weißen Hemd huschte in das Zimmer. Früher hätte ich vielleicht noch geglaubt, es könnte ein Gespenst sein, wie es bekanntlich in alten Schlössern zum Inventar gehört. Leise Schritte näherten sich und ich roch den Duft von Parfum, jetzt noch stärker als am Abend zuvor. Ohne Zögern hob sie die Decke und legte sich zu mir. Ich spürte ihre warmen Hände und ich zog ihren Kopf an mich heran, während sie mir das Hemd über die Brust streifte und auch sich selbst das seidene Hemd über die blonden Haare zog.

Diese erste Nacht des Jahres 1773 werde ich nie vergessen, denn es war für mich die erste Nacht, mit der ich mit einer Frau so zusammen war, wie es üblicherweise nur Eheleute sind.

Diese Nacht gehört für mich, der ich nun ein alter Mann geworden bin, immer noch zu dem Schönsten, an das ich mich erinnere.

Am Mittag des ersten Januar musste ich schon wieder zurück nach Spello. Ich verabschiedete mich höflich von meinen Gastgebern und dankte für den unvergesslichen Abend. Graf Martani bat mich, am sechsten Januar wiederzukommen, und er hoffte, ich hätte vielleicht bis dahin eine richtige Entscheidung getroffen. Seine Tochter brachte mich noch zu meinem Pferd, das schon gesattelt in den Hof geführt worden war. Sie nahm mich dabei bei der Hand und küsste mich zum Abschied vor den Augen ihrer Eltern.

Die wenigen Tage bis zum sechsten. Januar waren im Nu verflogen. Ich hatte in der Posthalterei genug zu tun, denn Lamberti und Ursetti fuhren wegen des Schnees viele Touren wieder selbst. Am Abend erzählte Raffaele von den Bußübungen im Priesterseminar und davon, dass es unter den Seminaristen gar nicht so keusch zugehe, wie er es erwartet habe. Auch für Fechtübungen mit Michele war noch Zeit und ich stellte fest, dass er sich im Laufe des letzten Jahres zu einem ganz passablen Kämpfer entwickelt hatte.

Am Abend des fünften Januar war ich wieder wie vereinbart auf dem Schloss der Martanis. Der Graf und die Gräfin waren über Nacht bei einer befreundeten Adelsfamilie in der Nähe geblieben und wollten erst am nächsten Tag wieder zurück sein. Im Schloss wartete schon meine Freundin auf mich, die sich sichtlich freute, mich wieder zu sehen. Auch ein gewisser Baron Terni war mit seiner Frau und seinem Sohn anwesend. Terni war, wie ich erfuhr, ein alter Kriegskamerad des Grafen und seine Frau entfernt mit der Gräfin verwandt. Ihr Sohn Archibaldo, etwa so alt wie ich, trug eine mir unbekannte Uniform, die ihn als Offizier kenntlich machen sollte. Da ich es mir mittlerweile angewöhnt hatte, in Adelskreisen mehr zuzuhören als selbst das Wort zu ergreifen, muss ich wohl auch beim Baron und seiner Frau als angenehmer Gesellschafter gegolten haben, denn sie gingen sehr freundschaftlich und vertraut mit mir um. Die Contessa zeigte sich in Vertretung ihrer Eltern als perfekte Gastgeberin, ohne von meiner Seite zu weichen. Mich störte nur, dass Archibaldo sich vor ihr aufführte wie ein balzender Pfau. Doch ich glaubte die Familie Martani mittlerweile so gut zu kennen, dass mir diesmal nicht die gleiche Überraschung drohen würde wie bei der Tochter des braven Schreiners in Spello.

Beim Abendessen unterhielt der Baron die Gesellschaft mit Neuigkeiten aus der großen Welt: Österreich habe nun endlich der Teilung Polens zwischen Russland und Preußen zugestimmt. Sein Sohn machte darauf einige unflätige Bemerkungen darüber, wie die Preußen das Reich und Maria Theresia in Bedrängnis gebracht hätten. Ich vermutete, er wollte mich damit ärgern und erwiderte ganz ruhig, man könne die militärischen Leistungen der Preußen nur loben. Dabei dachte ich an Wussow. Die Baronin brachte das Gespräch geschickt auf belanglosere Themen wie Opernaufführungen in Rom und Gemälde, die sie gesehen habe. Schließlich zog man sich in das Jagdzimmer zurück, bewunderte die Trophäensammlung des Grafen und fand tröstliche Worte für die Contessa, die sicher immer noch sehr betrübt über den Mord an ihrem Verlobten Pavone sei. Der freche Sohn des Barons unterließ es auch diesmal nicht, auf die Reputation des Ermordeten als eines bekannten Frauenhelden hinzuweisen und darauf, dass die Contessa auch in dieser Hinsicht doch den Verlobten sehr vermissen müsse. Mein Engel ging auf diese Anspielungen gar nicht ein, sondern betonte, dass der richtige Ehemann sich schon finden werde.

Es war noch nicht allzu spät, als man auseinanderging. Beim Abschied flüsterte mir Angela noch ins Ohr, dass heute Nacht die brave Hexe Befana bestimmt noch ein schönes Geschenk für mich bringen würde.

Ich wurde nicht enttäuscht. Ich war noch nicht zu Bett gegangen, da kam meine süße kleine Befana schon zu mir. Wir liebten uns in dieser Nacht noch leidenschaftlicher als zuvor und wir hatten viel mehr Zeit. Ich glaube, wir haben immer nur kurze Zeit zärtlich aneinandergeschmiegt geschlafen, bevor unser Liebesspiel von Neuem begann. Ich habe in diesen Momenten des Glücks von Angela Dinge über die körperliche Liebe gelernt, die ich zuvor nicht für möglich gehalten hätte und die dem Diemersteiner Prediger wohl als Verführungskünste des Teufels vorgekommen wären. Heute weiß ich, dass Gott niemals etwas verdammen wird, was er selbst geschaffen hat, und die Liebe zwischen Mann und Frau das Schönste ist, was uns unser Herr geschenkt hat. Das zu verneinen, hieße Gott selbst zu verneinen.

Müde, aber glücklich trennten wir uns. Ich zog mich an, wohlig ermattet und voller starker Gefühle für dieses wunderbare Geschöpf, das mir gerade eine so unvergessliche Nacht geschenkt hatte.

Die Wintersonne war schon aufgegangen als der Graf und seine Frau im Hof vorfuhren. Es hatte getaut und die Wege waren frei. Bald traf man sich zum gemeinsamen Gabelfrühstück und Martani bemerkte, er sei schon früh aufgestanden und nach der langen Fahrt sehr hungrig. Der Baron und unser Gastgeber tauschten Neuigkeiten aus und die Baronin bewunderte das schöne Kleid, das Angela angelegt hatte.

Allein Archibaldo verdarb mir die Stimmung, indem er immer wieder spöttische Bemerkungen über die Österreicher machte und auch über das Haus Thurn und Taxis, das sich seinen Adelstitel ja nur gekauft habe. Ich ging nicht darauf ein, dachte nur daran, was mir mein Bankier Graf Maurizio über die Käuflichkeit italienischer Adelstitel verraten hatte, und schwieg.

Das schien freilich den impertinenten Archibaldo noch mehr zu reizen. Als die Tafel aufgehoben wurde und sich Angela an meine Seite gesellte, bemerkte er, wie erschütternd es doch sei, wenn adelige junge Damen aus alten Familien sich vor aller Welt sichtbar mit dahergelaufenen Österreichern einließen. Die Contessa erstarrte zur Salzsäule. Alle Farbe war aus ihrem Gesicht gewichen. Der alte Terni glaubte nicht recht gehört zu haben und Graf Martani wirkte mehr als verstört. Ich wartete nur darauf, dass Baronin und Gräfin gleichzeitig in Ohnmacht fielen. Die Diener, die noch damit beschäftigt waren, den Tisch abzuräumen, zogen sich eilig außer Sichtweite zurück.

Archibaldo sah, welche Wirkung seine Worte hatten und schürte das Feuer weiter. Ihm könne man nichts vormachen. In der Nacht habe er, ermuntert durch freundliche Gesten der Contessa und um ihr über den Verlust des Verlobten hinwegzuhelfen, das Schlafgemach der Unglücklichen aufgesucht, es aber verlassen gefunden. Aus dem Zimmer des Fremden seien jedoch sehr eindeutige Geräusche zu vernehmen gewesen und wenn es ihm nicht seine adelige Herkunft verboten hätte, so wäre er sogleich hineingestürmt und hätte den frevlerischen Wüstling ermordet.

Jetzt fiel Baronin Terni in Ohnmacht, wurde aber von ihrem Mann aufgefangen, der wohl darin schon einige Übung hatte. Die Martanis waren wie versteinert. Sie waren erfahren genug, um zu ahnen, dass mir ihre Tochter wohl sehr nahegekommen war, und es war ihnen anscheinend auch nicht unangenehm. Aber diese offene Provokation war doch zu stark. Angela begann zu weinen. Der Schändliche war noch nicht am Ende. Er steigerte sich in eine wahre Raserei. Wenn es eine Contessa mit einem Kutscher treibe, dann sei sie nicht mehr wert als jedes Bauernmädchen oder noch schlimmer.

Nun war es genug. Ich stellte mich in voller Größe vor ihm auf: „Monsieur, Ihre Anschuldigungen verletzen die Ehre unserer Gastgeber und insbesondere der verehrten Contessa in unerträglicher Weise. Ich habe Sie aufzufordern, diese schmählichen Beleidigungen auf der Stelle zu revozieren."

Die Umstehenden waren erstaunt und stumm, nur der Rasende fuhr fort.

„Glaubst du Lümmel etwa, ich schlage mich mit einem Kutscher? Ich schicke dir meinen Diener mit der Hundepeitsche."

Nun mischte sich der Graf ein: „Der Cavaliere de Diemerstein verteidigt nur die Ehre meiner Tochter."

Auch den Ternis war das Auftreten ihres Sohnes mehr als unangenehm, doch dieser rief: „Dann soll er doch Genugtuung fordern. Ich bin bereit!" und er lief, um seinen Degen zu holen."

Mich hatte mittlerweile auch die Wut gepackt. Die arme Angela tat mir leid und mein Degen lag nicht weit im Entree bei meinem Gepäck. Der Graf hob beschwichtigend die Hände: „Keine Duelle in meinem Haus. Ihr wisst, Duelle sind streng verboten." Sein Einwand klang indessen eher zurückhaltend. Archibaldo trug nun seinen Degen. „Dann gehen wir eben ins Freie, es ist mir gleichgültig, wo ich diesem Postillion gutes Benehmen lehre."

Wir begaben uns auf die Wiese hinter dem Haus. Es lag frischer Schnee. Ich hatte meinen Degen ebenfalls umgeschnallt. Alle anderen gingen trotz der Kälte mit ins Freie. Vielleicht bedauerte Angela in diesem Moment, dass sie mich noch wenige Stunden zuvor so ermattet hatte.

Der junge Baron zog seinen Degen mit den Worten: „Jetzt zeige ich Dir, wie ein Adeliger einem schäbigen Postillion zeigt, wo er hingehört."

Genauso wütend wie er, schrie ich ihn an: „Und jetzt zeigt Dir ein Reichspostillion, wie er die Ehre des Hauses Martani, die Ehre der Contessa und seine Ehre verteidigt."

Dem ersten Hieb des Angreifers konnte ich nur mit Mühe ausweichen. Als Linkshänder trug ich wie alle anderen auch den Degen an meiner linken Seite und musste die Hand wechseln. Zum Glück nutzte mein Gegner diese Schwäche nicht aus. Er war zu verblüfft, als er die Waffe in meiner linken Hand sah. Ich war ein guter Fechter und mindestens zwei Köpfe größer als Archibaldo. Bald war klar, dass ich in diesem Duell der Überlegene war. Er konnte keinen Treffer landen und wich immer weiter zurück. Ich nahm mir vor, ihn im Laufe des Duells allmählich gegen einen Baum oder eine Mauer zu drängen und dann mit vorgehaltener Degenspitze zum Widerruf seiner Beleidigung und seiner Anschuldigungen zu zwingen.

Mir fiel auch auf, dass der Italiener mit der Hand auf dem Rücken focht. Eine ungebräuchliche Fechthaltung, die ich aber dann auch einnahm, da ich dachte, es sei bei Zweikämpfen unter Adeligen so üblich. Auf einmal kam sein linker Arm hinter dem Rücken hervor, gerade in dem Moment, als er meine Klinge mit der seinen abwehrte und beide Degen über unseren Köpfen schwebten. Diese Situation hatte ich schon einmal erlebt und ich erinnerte mich schlagartig an die Warnung Micheles. Ich hatte recht. Mit der linken Hand stieß der gemeine Hund mit einem Stilett direkt in Richtung meines Herzens. Ich hatte gerade noch Zeit, meinen Degen im Handgelenk zu drehen, sodass die Spitze zwischen meine Brust und Archibaldos Hand kam. Während sich das Messer nur ein wenig durch meine feste Uniformjacke in meine Brust bohrte, spießte Archibaldo mit voller Wucht seine Hand in meine Degenspitze.

Er ließ mit lautem Geheul, das mich irgendwie an die letzten Laute des Pavone erinnerte, seine Waffen fallen, und ich wusste nicht so recht, was ich jetzt mit meinem Degen machen sollte, denn der hatte die Hand vollständig durchbohrt und war auf dem Handrücken wieder ausgetreten. Das sah ziemlich schlimm aus und ich war mir in diesem Moment sicher, in dieser Hand würde nie wieder ein Dolch sein, aber auch keine Gabel oder Ähnliches. Der vorhin noch so freche Jüngling war weinend auf seine Knie gesunken und ich zog die Klinge aus seiner Hand. Dabei vermied ich es, sie nochmals zu drehen, obwohl ich große Lust dazu gehabt hätte.

Ich wischte das Blut mit meinem Halstuch auf und bemerkte erst jetzt, dass auch ich aus der Brustwunde blutete. Es sah wohl schlimmer aus, als es war. Ich hatte keine Schmerzen und hoffte, dass in der Kälte die Blutung bald gestillt sei.

Die Umstehenden rührten sich nicht und das Geheul Archibaldos lockte die Dienerschaft an, die vorsichtig dazu trat und den Verwundeten ins Haus trug.

Ich war unschlüssig, wie ich mich nun verhalten sollte. Also ging ich auf den Grafen zu und entschuldigte mich, seine noble Gastfreundschaft so missbraucht zu haben und bat ihn um Verzeihung. Die Ehre seines Hauses sei unbefleckt. Ohne eine Reaktion abzuwarten verneigte ich mich tief vor der Gräfin und der Contessa, salutierte vor dem Baron und seiner Frau und begab mich in den Hof, wo mein Gepäck und mein Pferd schon auf mich warteten. Hätte ich mich noch einmal umgesehen, wären mir mit Sicherheit die Blutstropfen aufgefallen, die hinter mir im weißen Schnee eine lange Spur bildeten.

Wie ich vermutet hatte, schloss sich die Wunde in der winterlichen Kälte sehr schnell. Die Wege waren frei und in der Nacht war ich wieder in Spello. Ursetti hatte noch auf mich gewartet, neugierig, wie es mir bei meinem neuerlichen Besuch im Schloss ergangen sei.

Ich war sehr froh darüber, denn es tat mir gut, das an diesem Tag Erlebte zu erzählen. Die Nacht mit der Grafentochter ließ ich natürlich weg, aber ich denke, Azzuro war Mann genug, auch in dieser Hinsicht die zutreffenden Vorstellungen zu haben.

Ursetti hörte sich meine Geschichte ruhig an. Er antwortete langsam und bedächtig. Dabei kam er mir vor wie der gelehrte Keralio, als ich mit Max von meinem Ausflug zur Konstanzer Hütte zurückkam: „Mein Sohn, du hast wohl in diesem Jahr Erfahrungen gemacht, die dich bis an das Ende Deines Lebens begleiten werden. Die wichtigste davon ist die, dass du immer weißt, wo dein Platz in der Gesellschaft der Menschen ist. Wir Posthalter sind angesehen und man schätzt uns wegen unserer Erfahrung im Umgang mit Mensch und Tier, wegen unserer Kenntnisse und unserer Fertigkeiten. Wir haben das, was wir sind, selbst erworben und die Güter, die wir haben, selbst erarbeitet. Wir sind unter unseresgleichen anerkannt. Wir werden gebraucht, denn ohne uns würde vieles nicht geschehen können. Das gilt für die meisten Berufe, die mit ehrlicher Arbeit ausgeübt werden. Doch es gibt auch einen Stand von Menschen, die ihre Anerkennung ihrer Herkunft verdanken. Die sind über die anderen Menschen herausgehoben, weil es schon ihre Vorfahren waren, sie sind reich, weil es schon ihre Väter und Großväter waren. Sie glauben, sich in Kriegen Verdienste erworben zu haben, weil viele auf ihre Befehle gehört haben und dabei auf den Schlachtfeldern verblutet sind. Es wird immer eine Mauer sein zwischen den adeligen Herrschaften und den Bürgern. Ebenso wie zwischen uns ehrbaren Händlern, Handwerkern und Posthaltern und dem Gesindel auf der Straße, das seinen Lebenszweck nur in Suff, Fraß und Hurerei findet, sich durch Betteln und Betrug ernährt. Bleibe immer bei dem, was du bist. Versuche nicht diese natürlichen Schranken zu überwinden, die uns von anderen Ständen und anderen Rassen trennen. Wenn du es versuchst, wird es dir im Nachhinein immer leidtun. Du bist ein braver Junge und hast eine gesicherte Zukunft vor dir. Nimm dir die Worte des alten Ursetti zu Herzen."

Ich antwortete nicht. Damals dachte ich noch, beeindruckt von den schlimmen Erfahrungen mit Ruth und bei den Martanis, vielleicht hat er recht. Aber ich erinnerte mich auch an meine adeligen Freunde in Zweibrücken und an die Weisheit von Chaim und Aaron. Heute nach Jahrzehnten und vielen Umwälzungen, weiß ich, dass der Posthalter es zwar gut meinte, aber sich die Welt immer weiterdreht und Mauern und Schranken zwischen den Menschen auch einstürzen können.

Dann kam Ursetti auf einen wesentlich realistischeren Punkt zu sprechen: „Du musst wissen, Duelle sind bei uns streng verboten. Dein Abenteuer auf dem Schloss kann noch ein unerfreuliches Nachspiel haben. Obwohl sich die jungen Leute des Adels gern duellieren, werden Duellanten unnachsichtig verfolgt. Bleibe die nächsten Tage im Haus verborgen und arbeite nicht in der Station. Wenn sie kommen und dich suchen, um dich zu verhaften, werde ich schon Mittel und Wege finden, dich ungeschoren aus dem Land zu bringen."

Das machte mir Angst und ich dankte meinem guten Chef von ganzem Herzen.

Jetzt wollte er sich aber noch meine Brustwunde betrachten. In der Wärme der Stube hatte sie wieder zu bluten begonnen und mein Hemd war ganz rot. Ursetti besah sich die Verletzung und rief nach Gabriela.

Die nächste Zeit verbrachte ich ausschließlich auf meiner Kammer. Ich bekam hohes Fieber und auf einmal stand ein Mönch neben meinem Bett. Ich argwöhnte schon, die treue Gabriela habe einen Priester gerufen, der mir, dem Protestanten, die Sterbesakramente reichen sollte. Aber ganz im Gegenteil: Es war ein heilkundiger Klosterbruder aus einer Abtei in Assisi, ein Cousin Paolos, der ihn zu mir gefahren hatte.

Er versorgte meine Wunde fachmännisch und versprach, in zwei Tagen wieder zu kommen. In der Klosterapotheke wollte er eine Salbe für mich vorbereiten, die alle zwei Tage beim Verbandswechsel aufgetragen werden sollte. Gabriela übernahm gern die Aufgabe, mich regelmäßig einzusalben und das Fieber verschwand allmählich.

Nach etwa zwei Wochen traf ein Brief mit dem Siegel des Grafen Martani, der an mich adressiert war, in der Station ein. Darin versicherte mich der Graf seiner unverbrüchlichen Wertschätzung. Ich hätte die Ehre seiner Tochter und seines Hauses wie ein wahrer Edelmann verteidigt. Mein Verhalten sei in jeder Hinsicht ehrenvoll und für ihn ein weiterer Beweis meiner vornehmen Gesinnung und adeliger Herkunft gewesen. Mit seinem Freund, dem Baron Terni, sei er übereingekommen, den Mantel des Schweigens über die ganze Angelegenheit zu breiten. Er und seine Frau seien mit Angela in ihr Stadthaus nach Rom gefahren und wollten frühestens am Jahresende wieder nach Massa Mantala auf das Schloss zurückkehren. Das sei auch für seine Tochter das Beste, so könne sie von den Ereignissen, die immer noch ihre Seele betrübten, Abstand gewinnen. Er beteuerte am Schluss des Schreibens seine immerwährende Hochachtung und versicherte mich seiner Diskretion in dieser Angelegenheit, wie er auch sicher sei, dass ich aufgrund meiner erhabenen Gesinnung über alles Vorgefallene schweigen würde. Er bedauere, wie er schrieb, zutiefst, dass ich bei seiner Rückkehr aufs Schloss Italien sicherlich bereits verlassen haben würde. Das war ebenso höflich wie eindeutig.

Fast gleichzeitig informierte mich Lamberti, der auch einen Cousin beim Magistrat der Provinzhauptstadt hatte, dort sei bekannt geworden, dass es auf dem Schloss der Martanis ein Duell zwischen zwei Adeligen gegeben habe. Wegen der darin verwickelten Stan desherren sei von ganz oben die Anweisung gekommen, die Angelegenheit nicht weiter zu verfolgen. Nun war ich beruhigt und der gute Ursetti ebenso.

Die nächsten Monate verrichtete ich meinen Dienst in der Posthalterei mit Fleiß und Energie. Ich hatte bei meinem Chef und von Paolo viel gelernt und fühlte mich in allen anfallenden Aufgaben sicher. Wenn ich selbst eine Kutsche übernahm, erfreute ich mich an dem duftenden Frühling und dem beginnenden Sommer in Italien.

Dem Tag meiner immer näher rückenden Abreise sah ich mit gemischten Gefühlen entgegen. Einerseits war ich traurig, die Menschen, die mir nach so langer Zeit vertraut geworden waren, zu verlassen, andererseits freute ich mich auf neue Abenteuer in weiteren Stationen meiner Ausbildung und auch darauf, meine Familie in Diemerstein wieder zu sehen.

Mein Lehrherr hatte den Tag der heiligen Rosalia für meine Abreise bestimmt. Wenn alles gut ging und es nicht zu früh schneien würde, könnte ich bis Weihnachten zu Hause sein.

Zum Abschied gab es ein großes Fest. Ursetti hatte wieder ein Schild über dem Hof anbringen lassen. Darauf las ich „Arrivederci Carlo". Auch diesmal erklangen Lieder zur Laute und ich bemerkte, dass Gabrielas Stimme fester und noch melodischer geworden war als bei meiner Ankunft. Sie war sehr talentiert.

Ursetti gab mir ein Zeugnis mit, das voll bester Beurteilungen war und einen persönlichen Brief an meinen Vater. Dabei wusste ich, dass die beiden Postmeister während meiner Jahre in Italien regelmäßig korrespondiert hatten. Lamberti schenkte mir einen sehr gut gearbeiteten Pugnale, den ein Cousin von ihm, ich weiß nicht, woher, besorgt hatte. Die kleine Gabriela fragte mit traurigem Gesicht, ob ich sie nicht mitnehmen wollte. Sie sei jetzt im heiratsfähigen Alter und habe mich doch so lieb. Die Kleine tat mir leid. Ich tröstete sie damit, dass sie nicht als Matrona in einer Posthalterei im dunklen deutschen Wald enden sollte, denn auf sie würden die großen Bühnen dieser Welt warten.

Heute bin ich erstaunt über meine prophetischen Worte, die eigentlich nur als Trost für das Mädchen gedacht waren. Zum Abschied schenkte ich ihr eine schöne Halskette und sie bedankte sich mit einem Kuss auf den Mund. Das Schmuckstück hatte ich ein paar Tage zuvor bei dem jüdischen Goldschmied in Spoleto gekauft.

Kurz zuvor war ich noch einmal in diese Stadt gefahren, um mich von meinem Bankier zu verabschieden und mir von der verbliebenen Summe einen neuen Kreditbrief ausstellen und ein paar Goldscudi auszahlen zu lassen. Ich hatte in den zwei Jahren kaum etwas von dem Geld verbraucht, das mir mein Vater mitgegeben hatte. Traurig ging ich durch die Straßen der Stadt, in der ich mit Ruth so glücklich gewesen war, mied aber die Judengasse aus Furcht, meine Geliebte könnte zufällig vor das Haus treten.

Die Rückfahrt war eine Reise durch die Jahreszeiten. Ich hielt mich nie lange an den einzelnen Stationen auf. Florenz konnte ich mir auch diesmal nicht ansehen und selbst beim freundlichen Postmeister Ferdinand Obermeier in Triest blieb ich nur eine Nacht. Ich entschuldigte mich damit, dass ich noch über die Alpen kommen wolle, bevor der Schneefall die Straßen unpassierbar mache. Allein in Innsbruck hatte ich einen längeren Aufenthalt. Pflichtgemäß suchte ich dort den Herrn Oberverwalter auf, um ihm - wie befohlen - Bericht zu erstatten. Doch seine Exzellenz wollte es nicht bei einem mündlichen Rapport belassen. Er forderte mich auf, einen schriftlichen Bericht vorzulegen, den ich am nächsten Tag einreichen und am übernächsten Tag mit ihm besprechen sollte. Also verbrachte ich die Zeit mit Feder und Papier, statt mir diese schöne Stadt anzusehen, wie ich es ursprünglich beabsichtigt hatte.

Als ich mich zur Besprechung des Berichtes meldete, führte man mich in einen geräumigen Saal, in dem sich neben dem Oberverwalter noch weitere, mir unbekannte Herren mit wichtigem Gesicht eingefunden hatten. Meine Darlegungen hatten sich im Wesentlichen auf die Angelegenheiten der Posthaltereien auf meiner Hin- und Rückfahrt beschränkt, auf meine berufliche Tätigkeit in Spello, wobei ich den dortigen Posthalter besonders lobend hervorhob, und auf den Zustand der Straßen und Wege in Umbrien. In einigen knappen Sätzen erwähnte ich auch den Überfall auf die Postkutsche, der ja in der Zentrale schon bekannt war.

Zu meiner großen Freude lobte Seine Exzellenz meinen Bericht. Gerade solche Informationen seien für die Reichspost von unschätzbarem Wert und vervollständigten das Bild von der allgemeinen wirtschaftlichen und politischen Lage. Die anwesenden Herren stellten noch weitere Fragen, zum Beispiel ob ich irgendwelche Truppenbewegungen wahrgenommen hätte, ob mir aufgefallen sei, ob in bestimmten Städten neue Kasernen gebaut oder Soldaten ausgehoben worden seien. Ich beantwortete die Fragen nach bestem Wissen und Gewissen und dachte dabei an die Worte Martanis, der wohl schon geahnt hatte, dass die Reichspost über ihre Stationen auch ein gut funktionierendes Spionagenetzwerk aufgebaut hatte. Abschließend kam zu meiner großen Überraschung die Rede auch auf das Duell, das ich mit dem jungen Terni ausgefochten hatte. Diese Causa sei in Innsbruck nicht unbekannt geblieben. Es liege allerdings ein offizielles Schreiben der Herren Martani und Terni vor, in dem die Verwaltung gebeten werde, diesbezüglichen verleumderischen Gerüchten keinerlei Bedeutung beizumessen. Das Verhalten des Charles Chevalier de Diemerstein sei in jeglicher Hinsicht und ohne Einschränkung jederzeit ehrenvoll und tadellos gewesen. Dabei lächelte der Herr Oberverwalter sogar ein wenig. Er gab mir freilich den guten Rat, in meiner Heimat den Degen an die Wand zu hängen, wie er sich ausdrückte, und den Kunden und Gästen so zu begegnen, wie es sich für einen Reichsposthalter gehöre. Dann glaubte er sich einen grausamen Scherz erlauben zu müssen, denn er teilte mir mit, dass ich aufgrund meiner Zeit in Spello kein Postmeistergehilfe erster Klasse mehr sein könnte. Ich war zu Tode erschrocken. Dann lachte er und die anderen Herren am Tisch wussten, wie die Posse enden sollte. Er überreichte mir das Dokument der fürstlichen taxisschen Postverwaltung, das Karl Ritter zum bestätigten Posthalter beförderte und in die Lage versetzte, sich um eine frei werdende Posthalterei zu bewerben. Die Herren erhoben sich, gratulierten mir und entließen mich mit den Bekundungen ihres Wohlwollens.

Leider habe ich es nicht mehr bis zum Weihnachtsfest nach Diemerstein geschafft. Ich verbrachte den Heiligen Abend in der Station zu Augsburg. Die Posthalterfamilie dort lud mich zum Abendessen ein und mit ihnen besuchte ich zum ersten Mal nach fast drei Jahren wieder einen protestantischen Gottesdienst.

Das Jahr 1774 begrüßte ich in Schwetzingen und das ganz allein. Ich war in betrübter Stimmung und dachte an die Silvesternacht vor einem Jahr mit meiner Angela. Wie würde es ihr wohl gehen? War sie jetzt wieder auf dem Schloss und vielleicht auch traurig?

Als die Postkutsche mit mir auf dem Bock neben dem Kutscher endlich in Diemerstein einfuhr, überkam mich ein bisher unbekanntes Gefühl. Ich war noch nie so lange von zu Hause weg gewesen und sah jetzt alles mit anderen Augen. Die Straße war noch die gleiche, die Burgruinen standen noch, auch unsere Posthalterei hatte sich kaum verändert und doch war alles irgendwie nicht so wie vorher. Ab der letzten Station war ich mit einer unserer Kutschen gefahren und der Postillion erzählte mir allerlei Neuigkeiten aus dem Dorf: Der Betrieb meines Vaters floriere sehr gut. Jutzi Peters Witwe sei vor einem Jahr gestorben, auch die alte Dicknas und der Haubenschweiß Schorsch, obwohl er noch keine 40 Jahre alt gewesen sei. Der Schlagfluss habe ihn hinweggerafft. Aus Kaiserslautern sei letztes Jahr ein Rabbiner nach Frankenstein gekommen, um den alten Chaim zu begraben. Da habe man viele seltsame Gestalten auf der Straße gesehen. Mein Vater habe den Rabbiner selbst aus der Stadt abgeholt und wieder zurückgebracht, weil die Kutscher ein ungutes Gefühl hatten und nicht gerne den Juden fahren wollten. Das gab mir einen Stich ins Herz. Wie gerne hätte ich dem alten Chaim noch die Grüße Schlomos überbracht und ihm von Ruth erzählt. Er hätte mich sicher verstanden.

Mein Vater begrüßte mich mit offenen Armen. Die Briefe, die Azzuro ihm geschrieben hatte, waren voll des Lobes für mich gewesen. Er wusste auch über Francesca und Ruth Bescheid, ging allerdings nicht näher darauf ein. Mit großem Stolz betrachtete er meine Urkunde aus Innsbruck und meinte lachend, jetzt könne er sich wohl bald zur Ruhe setzen.

An dieser Stelle muss ich auch noch erwähnen, dass meine beiden Schwestern Charlotte und Marie eine zu dieser Zeit für Mädchen gute Ausbildung erhalten hatten. Sie waren jetzt in einem Alter, in dem sie sich schon Gedanken über einen passenden Mann machen konnten. Auch mein älterer Bruder war mittlerweile verheiratet. Er hatte seine Tätigkeit in der Speyerer Kanzlei aufgegeben und ein Mädchen aus Hochspeyer geheiratet. Mein Vater zahlte ihm sein Erbteil aus, damit ich später einmal die ungeteilte Posthalterei in Diemerstein übernehmen konnte. Von dem Geld kaufte sich Johann ein Gasthaus und einen Bauernhof mit viel Ackerland.

Mein kleiner Bruder Friedrich war zu einem stattlichen Jüngling herangewachsen. Er wollte etwas von der Welt sehen, hatte sich freiwillig beim Zweibrücker Regiment anwerben lassen und lag in der Garnison in Homburg.

Direkt nach meiner Ankunft nahm ich meine Arbeit in der Posthalterei wieder auf und wurde von meinen Freunden in Diemerstein lebhaft begrüßt. Am meisten freute sich Wussow, dem ich ausführlich von dem Postkutschenüberfall und dem Duell erzählte. Ich dankte ihm dabei für seine gute Vorbereitung. Ohne seinen Unterricht wäre ich bestimmt nicht mehr lebend aus Italien herausgekommen. Er platzte fast vor Stolz und bedauerte, dass in Preußen wie überall nur Adelige zu Offizieren avancieren könnten. Ich wäre bestimmt ein ganz passabler Hauptmann oder sogar Major geworden.

Mein Vater hatte andere Pläne und ich auch. Nach seiner Auffassung war meine Ausbildung noch nicht abgeschlossen. Zwischen einem Posthalter auf dem Papier und einem Posthalter in der Praxis sei noch ein gewaltiger Unterschied. Er habe daher schon vor Längerem mit einem berühmten Posthalter in Frankreich Kontakt aufgenommen, um mich in dessen Station unterzubringen.

Ich sollte eine Stelle in Boulogne an der französischen Küste antreten. Der dortige Posthalter sei ihm von mehreren Seiten als allseits bekannt und in vielen Dingen erfahren empfohlen worden. Die mit ihm in dieser Angelegenheit geführte Korrespondenz habe bei ihm den Eindruck hinterlassen, bei Monsieur Cuvillier könnte ich viel für das Geschäft lernen.

Meine Reise würde mich also diesmal nach Norden führen.

Anfang März ging die Fahrt los. Wie beim letzten Mal hatte ich mir vorgenommen, mir die Poststationen unterwegs gut anzusehen und daraus zu lernen.

In der Post in Kirkel traf ich meinen Bruder Fritz. Er war extra hierhergekommen, um mich wiederzusehen. Die weißblaue Uniform seines Regimentes mit den roten Manschetten stand ihm sehr gut. Er hatte mir sehr viel zu erzählen und ich gewann den Eindruck, das Soldatenleben mache ihm Vergnügen. Von ihm erfuhr ich, sein Regiment trage den Namen „Royal Deux-Ponts“, sei vom Herzog von Pfalz-Zweibrücken aus Freiwilligen gebildet und Seiner Majestät, dem König von Frankreich, zur Verfügung gestellt worden. Daher sei es ein wahres königliches Fremdenregiment. Schon nach kurzer Zeit sei er, der Junge aus Diemerstein, als Grenadier ausgewählt worden. Ich wünschte meinem lieben Bruder viel Glück unter ausländischen Fahnen und er spottete zurück, ich sei wohl auch bald ein Mann des Königs von Frankreich.

Mein Weg führte mich zunächst über Metz nach Reims. Über den französischen Geschäftsträger in Zweibrücken und den Gesandten am Hof in Schwetzingen hatte mein Vater mir die notwendigen Pässe für den Grenzübertritt besorgen lassen. Da ich nun allerdings nicht mehr im Gebiet der Reichspost war, musste ich die meiste Zeit der Fahrt, als normaler Passagier mit den anderen Fahrgästen im stickigen Verschlag des Wagens verbringen. Nur ab und zu, und wenn auf den Stationen ein zweiter Mann gebraucht wurde, durfte ich neben dem Kutscher Platz nehmen und musste kein Fahrgeld entrichten. Ich merkte bald, dass diese Reise, anders als meine Italienfahrt, teuer werden würde.

Die Straßen waren alle in einem passablen Zustand, das Wetter war gut und wir kamen von Station zu Station rasch voran. Um mein Französisch zu üben, suchte ich stets das Gespräch mit den jeweiligen Mitreisenden. Mehrere Stationen vor Reims stieg ein Passagier ein, den ich an seinem Akzent sogleich als Italiener erkannte. Er freute sich sichtlich, als ich ihn auf Italienisch ansprach, und mir machte es Freude, wieder einmal diese schöne Sprache zu verwenden. Der Reisende, wenn ich mich recht erinnere hieß er Barbera oder so ähnlich, stellte sich mir als Weinhändler aus Rom vor. Er erzählte mir viel über einzelne Weinsorten, von denen ich noch nie etwas gehört hatte, und von den umfangreichen Lieferungen, die er in die Hauptstadt vermittelte. Von ihm erfuhr ich auch mehr über den eigenartigen perlenden Wein, den ich an Silvester im Schloss der Martanis getrunken hatte und der mir so seltsam vorkam. In genau der Gegend, durch die wir jetzt fuhren, habe man die Herstellungsmethode dafür erfunden und er glaube fest daran, es könne in Zukunft noch ein sehr gutes Geschäft mit diesen Erzeugnissen geben.

Als sich meine Reise allmählich dem Zielort näherte, erwartete ich ein immer flacher werdendes Land, das sich irgendwann dem Meer hin zuneigt. Wir fuhren aber durch waldige Hügel und ich fürchtete schon, der Weg sei noch recht weit. Auf einmal kamen wir auf eine höher gelegene Straße, die durch ein kleines Dorf führte und danach ging der Weg relativ steil nach unten in die Stadt. Ich war angekommen. Boulogne lag augenscheinlich nicht am Meer, sondern im wahrsten Sinne des Wortes über dem Meer.

Boulogne

In der Station meldete ich mich unverzüglich beim Posthalter. Er erwartete mich in seinem Comptoir hinter einem zierlichen Schreibtisch in einem bequemen Lehnstuhl. Schon von außen hatte ich gesehen, dass sein Betrieb mindestens so groß sein musste wie der unsere, möglicherweise sogar noch ausgedehnter. Ich stand also vor meinem neuen Chef und überreichte ihm meine Dokumente, den Pass als Legitimation meiner Person, meine Zeugnisse und die Urkunde der Reichspost, die mich als bestätigten Posthalter auswies. Er nahm die Papiere nur kurz in die Hand, ohne einen Blick darauf zu werfen. Stattdessen musterte er mich von oben bis unten: „Charles, dein Vater bittet mich, aus dir einen brauchbaren Posthalter zu machen. Dann wollen wir sehen, was du kannst und wie wir dich beschäftigen können. Zuerst zeige ich dir deine Unterkunft."

Mit diesen Worten erhob sich Monsieur Cuvillier und ich konnte ihn mir richtig ansehen. Er war ein durchaus stattlicher Mann mit grauen Haaren und einer angenehmen Stimme. Ich schätzte ihn damals auf mindestens fünfzig Jahre. Erst später erfuhr ich, dass er noch keine Vierzig war. Im Hof rief er einen seiner Leute, den er mir als Monsieur Queon vorstellte. „Philippe, das ist unser neuer Mitarbeiter, der Charles aus ...? Wo kommst du her, mein Freund?"

„Diemerstein," ergänzte ich. „Also das ist Charles aus Diemerstein, der ab heute bei uns arbeiten wird. Er war schon in der Posthalterei seines Vaters tätig und soll bei uns etwas lernen. Zeig ihm seine Kammer und stell ihn unseren Leuten vor, die gerade im Haus sind." Dann wandte er sich wieder mir zu: „Wir sehen uns heute beim Abendessen. Gegen acht Uhr. Monsieur Queon wird dir zeigen, wo wir uns treffen." Daraufhin begab er sich in sein Comptoir zurück.

Queon, ein gemütlich aussehender Franzose, half mir beim Tragen meines Gepäcks und führte mich in die Richtung eines großen Stallgebäudes. Unterwegs erzählte er mir, er arbeite seit fast zehn Jahren im Dienst des Monsieur Cuvillier. Er sei in der Station für die Verwaltung, besonders für die Buchhaltung und die Finanzen zuständig. Am nächsten Tag solle ich erst einmal in sein Büro kommen und dann könne er mir die Organisation der Station zeigen und wie ich hier eingesetzt werden würde. Dann führte er mich in meine Kammer. Sie lag über den Pferdeställen in einer Reihe mit anderen Zimmern und ich vermutete, hier seien die Postillione der Station untergebracht. Queon verabschiedete sich und ließ mich allein zurück.

Ich kam mir ein wenig verloren und auch nicht richtig gewürdigt vor. Ich dachte an den herzlichen Empfang bei den Ursettis. Jetzt behandelte man mich, als sei ich ein Postillion auf der Suche nach einer Einstellung. Ich begriff, wie wenig mein Reichsposthalter-Patent hier wert war. Meine Uniform hatte ich sowieso schon in Diemerstein gelassen. Ich beschloss zu zeigen, wer ich war und was ich konnte, um mir so Respekt zu verschaffen.

Die Zeit bis zum Abend wollte ich nutzen, um mir die Stadt anzusehen. Ich verließ den Hof der Posthalterei, denn es war mir unangenehm, untätig herumzustehen, ohne eine Aufgabe und inmitten von künftigen Kollegen, denen ich noch nicht vorgestellt worden war.

Kaum war ich ein paar Schritte gegangen, roch ich schon das Meer und hörte die Möwen schreien. Das erinnerte mich an Triest und den guten Obermeier. Ich ging dem Geruch nach und wollte endlich einmal wieder das Meer sehen. Ich wünschte mir einen so kundigen Führer in der Stadt, wie ich ihn in Triest hatte, denn ich kam erst nach vielen Umwegen zum Hafen, wo sich unzählige Fischerboote dicht an dicht drängten und Netze zum Trocknen aufgehängt waren. Ich wandte mich wieder um, denn ich wollte mich in der fremden Stadt nicht verlaufen.

Zurück in der Posthalterei traf ich zum Glück gleich Queon und fragte ihn nach dem Weg zum Raum, in dem das Abendessen eingenommen werden sollte. Er zeigte mir einen stattlichen Bau neben den Ställen und meinte, er werde bald nachkommen. Nach dem bisherigen Empfang hatte ich erwartet, einen großen Saal zu finden, in dem für alle Postillione ein gemeinsames Abendessen vorbereitet sei, aber im Gegenteil. Kaum hatte ich das Haus betreten, kam eine junge Dienerin auf mich zu, bat mich herein und führte mich in einen kleinen, teuer möblierten Vorraum. Da saß ich nun und wartete. Von irgendwo her schlug es acht Uhr. Kein Queon war zu sehen und erst recht kein Cuvillier. Ich bekam Angst, ich hätte irgendetwas falsch verstanden und die anderen seien jetzt bestimmt schon beim Essen und ärgerten sich über meine Unpünktlichkeit. Das war sicher kein guter Einstand. Die Uhr hatte schon lange viertel Neun geschlagen und ich entschloss mich gerade, die Dienerin zu fragen, wo es das Abendessen gäbe, da tauchte zu meiner Erleichterung Queon auf. Der schien mich nicht zu suchen und war auch nicht in Eile: „Wollen wir einmal sehen, was es heute Gutes zum Essen gibt. Glaub mir, Charles, der Koch von Cuvillier ist ein wahrer Meister seines Faches."

Kurz danach gesellten sich auch der Posthalter mit seiner Frau zu uns und gemeinsam betraten wir den Speiseraum. Bevor wir Platz nahmen, stellte mir der Hausherr seine Gattin vor. Sophie Cuvillier war eine sehr attraktive, schlanke Frau. Ich schätzte sie auf etwa Ende zwanzig. Sie saß an der langen Tischseite ihrem Mann gegenüber. Der Posthalter selbst war an diesem Abend sehr charmant, anders als bei meinem Empfang am Nachmittag. Er lud mich ein, von nun ab jeden Tag bei ihm zu speisen, damit wir uns besser kennenlernen könnten. Ich würde mich bestimmt schnell einleben. Normalerweise säße auf dem freien Platz an der Tafel noch ein weiterer junger Mann aus Deutschland, den sein Vater auch zu ihm geschickt habe, damit er bei ihm das Geschäft lerne. Er wollte wissen, ob ich mit meiner Unterbringung zufrieden sei. In den Zimmern über den

Ställen wohnten nur diejenigen Mitarbeiter, die sein besonderes Vertrauen genießen. Die Postillione und Kutscher wohnten in der Stadt bei ihren Familien.

Augenzwinkernd ermahnte er mich, ich hätte hoffentlich nicht meinen Degen mitgebracht. Die Franzosen seien hervorragende Fechter. Dann brachte er das Thema auf die Geschichte der Stadt und schwärmte davon, schon bei den Römern sei Boulogne das Sprungbrett nach England gewesen, so wie heute. In der Antike habe vor dem Hafen ein Leuchtturm gestanden, der dem berühmten Weltwunder in Alexandria nachgebaut war. Cuvillier und seine Frau waren in der Tat geistreiche Unterhalter.

Als das Essen aufgetragen wurde, erschrak ich. Auf großen Platten wurden einige unförmige und seltsame Gegenstände aufgetischt. Nichts davon kannte ich. Da meine Verblüffung zu offensichtlich war, erklärte man mir, was da vor mir stand, und Madame Cuvillier half mir bei meinen doch recht unbeholfenen Versuchen, diese Nahrung zu mir zu nehmen. Erst später verstand ich, dass der Posthalter mir zu Ehren einige besondere Köstlichkeiten des Meeres hatte zubereiten lassen. Zum ersten Mal in meinem Leben aß ich Seeigel, lernte, wie man Muscheln öffnet und Austern schlürft.

Am kommenden Morgen meldete ich mit bei Queon zum Dienstantritt. Die ersten Monate sollte ich in der Station bleiben und einen Überblick über die Organisation und die Verwaltung erhalten. Ich saß also viele Stunden bei dem Buchhalter und erkannte schon nach wenigen Tagen, dass das Geschäft des Monsieur Cuvillier nicht nur eine Posthalterei war, sondern wesentlich vielseitiger und ausgedehnter. Neben dem üblichen Postbetrieb unterhielt er noch ein enormes Fuhrunternehmen mit den unterschiedlichsten Transportfahrzeugen. Sein Pferdebestand war dreimal so groß wie der unsere in Diemerstein. Im hinteren Teil der Poststation waren nicht nur Kammern für die Reisenden, sondern ein richtiges Gasthaus mit vielen Zimmern, einer gewaltigen Küche, Speiseräumen und intimeren Esszimmern. Ein mehrstöckiges Magazingebäude rundete die Anlage ab. Dort wurden die verschiedensten Waren gelagert, teilweise zum Weitertransport im Rahmen des Fuhrbetriebes, teilweise als Handelswaren, mit denen Geschäfte gemacht wurden. Ich kam aus dem Staunen nicht mehr heraus. Das war eine ganz andere Station als die meines Vaters oder die in Spello.

Das alles verlangte ein differenziertes und aufwendiges Rechnungswesen. Queon war froh, in mir einen fleißigen Gehilfen gefunden zu haben, denn mich interessierte seine Tätigkeit sehr. Ich hatte außer der kleinen Buchhaltung bei uns zu Hause keine Erfahrungen mit Dingen wie Kontenführung, Rechnungserstellung oder der Kostenkalkulation. Queon erklärte mir alles ausführlich. Ich war bemüht, durch besonderen Eifer ihm so viele Aufgaben wie möglich abzunehmen, denn durch seine Unterweisung blieb nur allzu oft seine eigene Arbeit liegen. Beim Übertrag der Kontenlisten sah ich auch, welche gewaltigen Geldbeträge im Unternehmen des Monsieur Cuvillier bewegt wurden. Den Wert der einzelnen Zahlungseinheiten begriff ich sehr schnell. Schon in Italien hatte ich es mir angewöhnt, anhand des Silber- oder Goldgewichtes einer Münze den ungefähren Wert zu bestimmen. In dieser Kunst habe ich von Queon viel für mein späteres Leben dazugelernt.

Schon wenige Tage nach meiner Ankunft konnte ich mit dem zweiten Deutschen in der Station Freundschaft schließen. Er bewohnte die Kammer neben der meinen und hieß Josef Rockinger. Ich nannte ihn Sepp und er mich Karl. Er war schon vor einem Jahr nach Boulogne gekommen. Sein Vater war Posthalter in der Nähe von München. Seine Mutter stammte aus Speyer. Also war er auch ein halber Pfälzer und wir verstanden uns auf Anhieb. Sepps Französisch war etwas eigenartig, wohl durch seine bayerische Mundart geprägt. Indessen war im Norden Frankreichs die Aussprache doch etwas anders, als ich es gelernt hatte, und so fiel der Bayer mit seinem tiefen und rollenden Akzent weniger auf als ich selbst.

Bei den Mahlzeiten saßen wir nebeneinander im Salon der Cuvilliers und hatten viel Spaß. Mit der Zeit lernte ich auch die übrigen Männer kennen, die über den Ställen wohnten. Es waren meist ältere Franzosen, nur zwei waren ausgebildete Postillione, den anderen waren wichtige Tätigkeiten im Unternehmen übertragen worden. Einer davon war der Wirtschafter des Gasthofes, ein anderer der Magazinverwalter und ein Dritter leitete den Fuhrbetrieb.

Ende Mai geriet die Stadt in Unruhe. Von Mund zu Mund verbreitete sich die Nachricht, der König sei gestorben, und Cuvillier erhielt zudem offizielle Depeschen über dessen Tod vom örtlichen Magistrat und aus Paris.

Beim Abendessen war er sehr ernst. Nicht weil ihm der Tod des Monarchen persönlich besonders nahe gegangen wäre, sondern weil er gewisse politische Änderungen befürchtete. Er glaubte mir einen Einblick in die Situation Frankreichs geben zu müssen und holte recht weit aus. Der verstorbene König, der fünfzehnte Ludwig dieses Namens, habe sich bei seiner Krönung großer Beliebtheit im Volke erfreuen können. Allerdings nahm die Zuneigung seiner Untertanen im Laufe der Regierungszeit immer mehr ab. Jetzt komme ein sechzehnter Ludwig auf den Thron und er glaube nicht, dass sich die Lage der Menschen im Land dadurch verbessere.

In der Station war es in diesen Tagen überaus hektisch. Viele Briefe gingen hin und her. Im ganzen Land summte es wie in einem Bienenstock. Mich als Deutschen und Untertan Seiner kurpfälzischen Gnaden ließ diese Unruhe relativ kalt. Ich war zum Briefdienst eingeteilt worden, weil ich mich darin gut auskannte. Dabei lernte ich sehr viel über die französische Post. Eine meiner Aufgaben war es, auf die eingegebenen Depeschen einen Stempel zu drücken, der dokumentierte, dass die Gebühr entrichtet sei. Diese Gebühr bemaß sich nach der Entfernung, welche der Brief bis zum Empfänger zurückzulegen hatte und Queon gab mir eine Liste, auf der ich die einzelnen Beträge ablesen konnte. Meist erhielt der Postillion gleich eine Quittung für die entrichtete Gebühr zusammen mit der Sendung. Es galt in Frankreich als unhöflich, den Empfänger bezahlen zu lassen. Der Absender wusste ja nicht, ob der Brief überhaupt erwünscht war. Es gab auch Doppelquittungen mit schon entrichteter Rückgebühr, damit der Adressat sogleich eine Antwort ausfertigen und wieder zurückgeben konnte. Ein durchdachtes System.

Irgendwann, es muss wohl um die Zeit meines Geburtstages im Juli gewesen sein, forderte mich Cuvillier auf, ihn bei einem Spaziergang durch die Stadt zu begleiten. Die üblichen Sehenswürdigkeiten wie das alte Stadttor, die Kathedrale und die Burg hatte ich bereits mit meinem Freund Rockinger besichtigt, aber in Begleitung meines Chefs war das etwas ganz anderes. Wir gingen zunächst über den Fischmarkt am Hafen. Als wir an den Ständen vorbeischlenderten, kam es mir vor, als sei ich in Begleitung eines Herzogs. Die Männer rissen sich zum Gruß die Kappen vom Kopf, die Frauen machten tiefe Verbeugungen und wenn Cuvillier jemanden ansprach und mit ihm ein paar freundliche Worte wechselte, dann strahlten die Gesichter und man wünschte ihm von allen Seiten eine gute Zeit.

Das ging auch so weiter, als wir durch die Gassen der Krämer und Handwerker kamen. Oft traten die Ladeninhaber eigens vor die Tür, um Cuvillier zu begrüßen. Mit fast allen wechselte er verbindliche Worte, lobte die Beschaffenheit der Waren, die Gestaltung der Auslagen und den Fleiß der Handwerker. Manchmal erkundigte er sich nach dem Wohlergehen bestimmter Familienmitglieder, nach deren Gesundheit oder ob die Tochter oder der Sohn eine schöne Hochzeit gehabt habe. Ich war zutiefst beeindruckt und erkannte, welche wichtige Rolle der Posthalter in dieser Stadt spielte. Doch aus diesem Grund hatte er mich nicht an seine Seite gebeten.

Wir gelangten in die Straße, wo die hohen Stapelhäuser standen. Boulogne war zwar ein wichtiger Fischereihafen, doch auch einige Kaufleute hatten hier ihre Magazine. Zöllner waren gerade damit beschäftigt, die Waren zu erfassen und die anfallenden Abgaben zu berechnen. Mein Chef trat hinzu und wechselte mit ihnen ein paar leise Sätze. Die Amtspersonen behandelten ihn sehr ehrfürchtig. Er ließ sich die Abgabenlisten zeigen und verteilte diskret ein paar größere Münzen. Ich sah, wie die Zöllner eifrig ihre Listen neu schrieben.

„Charles, jetzt konntest du etwas sehr Wichtiges lernen," klärte er mich über das eben Gesehene auf. Der französische Staat braucht Geld. Geld für seine Armeen, für die Schlösser und für königlichen Glanz und Prunk in der Hauptstadt. Das meiste Geld wird freilich für die Zinsen der immensen Schulden des Landes ausgegeben. Und was glaubst du, woher kommt das Geld, das der Staat braucht? Es kommt von den Steuern und Abgaben, die in immer größerer Zahl den Bürgern aufgebürdet werden. Auch den kleinen Fischern, Händlern und Handwerkern, die wir vorhin gesehen haben. Aber das reicht bei Weitem nicht, es werden immer mehr Schulden gemacht und immer mehr Zinsen werden fällig. Der Staat hat seine erwarteten Steuereinnahmen schon viele Jahre im Voraus an sogenannte Steuerpächter verkauft, damit er die Löcher stopfen kann und das Geld sofort fließt. Der Steuerpächter treibt erbarmungslos die Abgaben ein und wer nicht zahlen kann, kommt ins Gefängnis. Ehemals gut gestellte Familien sind so an den Bettelstab gekommen. Den Menschen bleibt oft nicht genug zum Leben. Wenn einer eine Stelle in der Bürokratie des Staates ergattert hat, wird er zum Teil des Systems und darin versorgt. So wollen alle an diesen gefüllten Trog und die Ausgaben steigen umso mehr, obwohl die Verwaltung immer schlechter wird. Unsere Adeligen und die Kirchenmänner müssen keine Steuern zahlen. Das ist ihr Privileg. Auch mir wären schon längst die Haare vom Kopf weggefressen worden, wenn ich das Spiel und seine Regeln nicht durchschaut hätte. Du weißt mittlerweile, dass ich in den differenziertesten Geschäftsfeldern erfolgreich tätig bin. Ich kenne unsere Steuerpächter und ich weiß, dass sie nur einen Teil der Summen, die sie eigentlich entrichten müssten, nach Paris abführen und sie wissen, dass ich es weiß. Daher habe ich vor ihnen einigermaßen Ruhe und die armen Schlucker von Zöllnern im Hafen, die du gerade gesehen hast, sind für eine kleine Zuwendung gerne bereit, die Ladelisten ein wenig zu korrigieren."

Was mir damals mein Chef über die Staatsfinanzen erzählte, habe ich nie vergessen.

Als Postillion arbeitete ich in dieser Zeit lediglich selten. Meist nur, wenn einer der regulären Postillione ausgefallen war und Cuvillier meinte, mit einer Tour in die nähere Umgebung könnte er mir eine Freude machen. Auch Rockinger begegnete ich nur selten in der Post. Er war meist in Geschäften für Cuvillier unterwegs. Manchmal sogar bis nach Paris.

Wenn ich mich recht erinnere, war es Ende September, als eine auffällige Regsamkeit in unsere Poststation kam. Besonders die Frachtabteilung war davon betroffen. Ich wurde beauftragt, eine große Menge Eis aus den Tiefkellern vorzubestellen, unsere acht besten und stärksten Kaltblüter auszuwählen und einen großen, allerdings nicht zu schweren Transportwagen so vorzubereiten, dass er auch eine Fahrt nach Paris in schnellem Tempo unbeschadet überstehen könnte.

Den Anlass für diese Vorbereitungen erfuhr ich bald. Es war in Boulogne das Stadtgespräch. Jedes Jahr zu Beginn der Austernernte machten sich die Fuhrleute auf den Weg nach Paris. Austern waren beim Adel und vor allem in der königlichen Residenz eine begehrte Delikatesse. Die Schlürf-Austern, wie sie auf den Austernbänken am Strand geerntet wurden, waren wegen ihrer festen und muschelartigen Farbe sehr beliebt. Sie wurden aufwendig gewässert und möglichst schnell nach Paris auf den Markt gebracht. Aber sie mussten noch frisch sein, wenn sie ankamen. Daher war zwischen den Fuhrleuten der Stadt ein regelrechter Wettbewerb darüber entstanden, wem es gelingen würde, als erster in Paris anzukommen. Da es damals für die Austernernte strenge Vorschriften gab, starteten die Fahrzeuge alle am gleichen Tag. Es war ein richtiges Fest für die Bewohner, dem Start beizuwohnen und ein noch größeres Spektakel, wenn der Sieger wieder heimkehrte.

Für meinen Chef war es eine Selbstverständlichkeit, an diesem Rennen teilzunehmen, denn damit konnte er den Parisern nicht nur die Schnelligkeit seiner Post, sondern auch die Zuverlässigkeit seines Fuhrunternehmens beweisen.

Mir blieb nicht verborgen, wie wichtig dieses Rennen für ihn war, und ich bereitete zusammen mit Antoine, dem Fuhrverwalter, alles bestens vor. Die eisernen Bänder an den Rädern wurden erneuert, die Achsen ausgewechselt und ich hatte auch die Idee, die Seitenwände des Wagens mit dünnem Blech beschlagen zu lassen, damit das Eis unter den Austern die Kälte länger hielt. Das gefiel Cuvillier und Antoine Gallon, der Fuhrverwalter, ließ die Bleche auf ein dünneres, aber stabiles Schiffsbauholz aufbringen, damit das Gefährt nicht zu schwer wurde.

Es war ein Sonntag, an dem das Rennen gestartet wurde, die Wagen waren voll mit Eis und Austern beladen. Unsere Pferde machten mächtig Eindruck. Mein Chef trug ein Hemd, wie es bei den Fischern im Hafen Tradition war und sah aus, als hätte er sein Leben auf dem Meer oder bei den Austern verbracht. Als die Wagen losfuhren, saß Cuvillier selbst auf dem Bock und knallte mit der Peitsche, neben ihm unser bester und erfahrenster Kutscher. Ich ahnte, sie würden den Platz tauschen, sobald sie außer Sichtweite waren. Schon Tage zuvor hatte ich heimlich sechs Kaltblüter vorausgeschickt, damit auf den Stationen vor Paris die Pferde diskret gewechselt werden konnten.

Wie nicht anders zu erwarten, kam unser Transport als Erster in Paris an. Die Muscheln wurden dem Posthalter fast aus den Händen gerissen. Die meisten landeten allerdings nicht auf den Tischen der Bürger, sondern wurden von Personen des Adels aufgekauft und als die ersten Austern des Jahres der Tafel Seiner Majestät zum Geschenk gemacht.

Die Wagen kehrten gemeinsam wieder nach Boulogne zurück und auf den Straßen wurde gefeiert. Man ließ den Sieger hochleben, auch in der Hoffnung, er würde Freirunden von dem Wein ausgeben, den er von unterwegs als Rückfracht geladen hatte.

Beim Abendessen fragte ich den glücklichen Sieger, ob er das Rennen jedes Jahr gewinne. Er antwortete mir lachend, er habe schon dreimal nicht gewonnen. Das müsste so sein, damit es nicht wie Schiebung aussehe.

Gegen Ende des Jahres, die Dämmerung kam schon recht früh und die Abende waren kalt, beabsichtigte mein Lehrherr, mich in eine besondere seiner Künste einzuführen. Alles begann ganz harmlos. Er fragte mich, ob ich nicht Lust hätte, einmal mit den Fischern hinaus zu fahren. Das reizte mich sehr, denn ich war jetzt schon fast ein Jahr in einer Hafenstadt und noch nie auf dem Meer. Ich freute mich auf die kleine Seereise, obwohl ich sah, dass die Fischer schon begonnen hatten, ihre Boote winterfest zu machen. Einer nach dem anderen kehrte von den tagelangen Ausfahrten zurück und der Hafen füllte sich zunehmend. Cuvillier meinte, es solle nur eine kurze Nachtfahrt werden, damit ich die Lichter der Stadt von der See aus bewundern könne.

Wir gingen zusammen zum Hafen und ich wurde einem älteren Fischer vorgestellt, der sich Kapitän Alphonse nannte. Man bat ihn, mich in der übernächsten Nacht mit hinauszunehmen und mich in alles Notwendige einzuweisen.

Bereits am nächsten Morgen erschien ein gut gekleideter Herr im Büro des Posthalters. Sie schlossen die Tür hinter sich und als der Fremde sich verabschiedete, wurden drei Louisdor in die Kasse gelegt. Zwei davon sollte ich Alphonse geben, einen als Transportgebühr in das Hauptbuch eintragen. Ich stellte keine Fragen.

Am Abend war ich zur vereinbarten Zeit am Hafen, ebenso war der Fremde gekommen und trug ein kleines Gepäckstück bei sich. Der Fischer war zu meiner Überraschung ebenfalls pünktlich. Er wollte mit der Flut auslaufen. Bevor ich sein kleines Boot bestieg, gab er mir noch wetterfeste Kleidung. Ich sollte mich umziehen, denn es könnte nass werden. Den Fremden schickte er in den abgedeckten Teil des Kahns, wo ein weiterer Seemann gewartet hatte und sich nun daranmachte, das Segel zu setzen. Als man mich fragte, ob ich etwas mitgebracht hätte, übergab ich dem Kapitän die beiden Goldstücke

Mit einer frischen Brise vom Land her legten wir ab und kamen schnell aus dem Hafen heraus. Alphonse legte Netze über die Reling. Ich war gespannt, was er fangen wollte. Nach kurzer Zeit eröffnete sich mir von der See aus ein wirklich prächtiger Blick auf die Lichter im Hafen und in den Häusern, die sich den Hügel hinauf zogen. Wir machten gute Fahrt und bald war nur noch das Leuchtfeuer über der Hafeneinfahrt zu sehen. Die Nacht war rabenschwarz und ich wunderte mich, wie unser Fischer den Kurs bestimmte. Als ich ihn danach fragte, antwortete er: „Am Geruch." Ich glaube, es war ein Scherz, bin mir aber bis heute nicht sicher. Die Fischer von Boulogne haben vielleicht Fähigkeiten, die sich ein Posthalter aus dem Wald nicht vorstellen kann.

Je weiter wir auf das Meer hinauskamen, desto komischer wurde es mir. Das Schaukeln des Bootes schien meinem Magen doch nicht so gut zu bekommen. Alphonse sah mir an, dass ich vielleicht seekrank werden könnte und er meinte, das passiere auch erfahrenen

Seeleuten in diesen Gewässern. Er habe schon Matrosen gesehen, die ohne Probleme auf allen Weltmeeren gefahren seien, aber hier in diesem schmalen Ärmel zwischen England und Frankreich sei es ihnen schlecht geworden. Das läge an den für dieses Gewässer typischen Wellen. Ich sei doch das Fahren auf dem wackeligen Kutschbock gewöhnt, ich würde mich sicher sehr schnell an das rollende Boot gewöhnen. Zur Sicherheit bot er mir eine mitgebrachte Metallflasche an. Ich nahm einem kräftigen Schluck dieser wundertätigen Flüssigkeit, die ein wenig nach Kümmel und Anis schmeckte. Mein Zustand besserte sich schlagartig. Ich vermute, ich habe bei dieser Fahrt zum ersten Mal Genever getrunken, aber ich kann mich auch irren. Uns umgab absolute Finsternis. Auch auf dem Boot war nirgends ein Licht entzündet. Der Kapitän unterhielt sich gedämpft mit seinem Matrosen und lenkte das Boot. Unser Passagier war irgendwie verschwunden. Ich bedauerte das, denn ich hätte gerne mehr über den geheimnisvollen Mann erfahren.

Mich wunderte auf dieser nächtlichen Fahrt gar nichts mehr, auch nicht, dass die beiden Seeleute keinerlei Anstalten machten, Netze auszuwerfen und zu fischen. Da für mich alles neu war, verging die Zeit schnell, obgleich wir mehrere Stunden unterwegs waren. Mit einem Mal tauchte in der Ferne ein Signalfeuer auf, nicht wie ein Leuchtturm, sondern als ob irgendwo auf dem Meer ein Lagerfeuer angezündet worden wäre. Als ich nach oben spähte, sah ich riesige Kreidefelsen über uns. Ein überwältigender Anblick. Aus der völligen Dunkelheit hervorgetreten, erhob sich eine weiße Wand, davor ein kurzer Abschnitt Sandstrand. Alphonse steuerte auf das Feuer zu. Ich konnte zwei Männer erkennen, die von den flackernden Flammen beleuchtet wurden. Dann wurde ein kleiner, roh gezimmerte Steg sichtbar. Dort legte das Boot an. Der Fremde kam aus seinem Versteck und wurde von den beiden am Strand begrüßt, die noch kurz zuvor ihr Feuer gelöscht hatten, als sie erkannten, dass wir sie bemerkt hatten. Nun sah ich auch mehrere kleine Fässer, die auf dem wackeligen Steg standen. Zusammen mit Alphonse und seinem Gehilfen lud ich die neue Fracht an Bord, während unser Passagier mit den beiden anderen eilig in der Nacht verschwand.

Hastig wurde wieder das Segel gesetzt und unser Kapitän erklärte mir, wie ich seinem Kameraden dabei helfen konnte. Das machte mir Spaß.

Natürlich wusste ich ab diesem Moment, dass ich nicht auf einem Fischfang, sondern auf einer Schmuggelfahrt war und hatte wie die anderen an Bord großes Interesse daran, möglichst schnell nach Boulogne zurückzusegeln. Im Morgengrauen liefen wir in den Hafen ein. Ich fragte mich, wie Alphonse den anderen Fischern erklären wollte, warum er mit leeren Netzen zurückgekehrt sei. Heute ist mir klar, dass auch die anderen Seeleute sich und ihre Familien nur ernähren konnten, wenn sie ab und zu eine Schmuggeltour nach England unternahmen. Sie stellten keine unnötigen Fragen.

Trotz der frühen Morgenstunde erwartete uns Cuvillier schon am Pier. Er war zufrieden, dass alles gut gelaufen war, und der Kapitän bat darum, bald wieder mit einem so schönen Auftrag beehrt zu werden. Die bestellten Fässer werde er gleich in das Magazin des Kaufmanns Bonhomme liefern.

Den genannten Kaufmann Bonhomme sollte ich am Ende des Jahres kennenlernen, denn er hatte Monsieur und Madame Cuvillier zum Silvesterdiner eingeladen. Als mir mein Chef eröffnete, diese Einladung gelte selbstverständlich auch für mich, wurde mir bewusst, dass ich nun schon fast ein Jahr in dieser bemerkenswerten Stadt weilte.

Für den Abend hatte ich mir bei einem guten Schneider in der Stadt Kniehose, Frack und Weste machen lassen. Dazu trug ich ein weißes Hemd mit Jabot und Manschetten. Cuvillier lachte, in dieser Aufmachung könnte man mich für einen Pariser halten.

Das Wohnhaus der Bonhommes lag in der Stadt nicht weit vom oberen Tor. Louis Bonhomme war ein großgewachsener, schlanker Mann von etwas über 40 Jahren, dessen Haare sich allmählich grau färbten. Seine Angetraute war gut zwei Köpfe kleiner als er, sehr charmant und auffallend beweglich in ihren Gesten. Wie ich erfuhr, war es seine zweite Frau, die erste sei schon vor vielen Jahren verstorben, als seine Tochter noch ein kleines Kind war. Diese junge Frau war mir beim Eintreten sogleich aufgefallen. Sie war ebenfalls sehr hochgewachsen wie ihr Vater und trug ein schönes Samtgewand, das ihre schlanke Figur perfekt zur Geltung brachte.

Über Bonhomme hatte ich schon viel in der Stadt gehört. Zuerst dachte ich, Bonhomme sei sein Spitzname, doch dann klärte mich Queon auf, der Kaufmann heiße wirklich so. Er galt allgemein als der bedeutendste Fernhändler in der Stadt und machte mit Cuvillier gute Geschäfte, wie ich aus den Rechnungsbüchern ablesen konnte. Er hatte mehrere Magazine, einige direkt am Hafen, andere weiter oben in der Nähe unserer Posthalterei.

Sein Haus imponierte mir sehr. Es war mit erlesenen Geschmack eingerichtet und zeugte von einem Mann mit weltläufiger Bildung. Obwohl er sichtbar über einiges Personal verfügte, versicherte uns Frau Bonhomme, sie habe das Silvesterdiner selbst gekocht und ihre Tochter sei ihr dabei fleißig zur Hand gegangen.

Das Menu war wirklich ausgezeichnet. Mittlerweile hatte ich mich an die unterschiedlichsten Fischgerichte gewöhnt und Gefallen am frischen Seefisch gefunden, da wir zu Hause bei uns nur Süßwasserfische kannten. Heringe gab es zwar und andere Fische aus dem Meer, die waren aber gesalzen oder eingelegt und schmeckten ganz anders als frisch vom Fang. Als Vorspeise wurden Leckereien dargereicht, die ich ebenfalls noch nicht kannte, wie eine Pastete aus Gänseleber. Auch für sehr gute Weine hatte der Gastgeber gesorgt und es wurde auch zum Fisch ein kühler, leichter Rotwein gereicht.

Bald kam ein lebhaftes Gespräch zustande. Cuvillier lobte mich und meine Arbeit in seinem Unternehmen über alle Maßen und ich wurde ganz verlegen. Er fabulierte, in Italien hätte ich bei einem Postraub eine Kutsche gegen zwei Dutzend Straßenräuber verteidigt und dabei einer Prinzessin das Leben gerettet. Dafür sei ich vom Kirchenstaat geadelt worden. Ich hatte verständlicherweise nicht den Mut, meinen Chef bei seinen Erzählungen zu korrigieren, dachte mir aber, die Franzosen schätzten schöne Geschichten ebenso wie die Italiener.

Madame Bonhomme konnte ebenfalls von wunderbaren Erlebnissen erzählen. Sie war auf der Insel Martinique geboren, wo ihr Vater eine Zuckerrohrplantage aufgebaut hatte. Um sich vom Verlust seiner Frau abzulenken, habe Monsieur Bonhomme eine längere Handelsreise unternommen und habe damals auch das Gut ihres Vaters besucht. Ihr sei der traurige Mann sofort aufgefallen und als er ihr von seinem Leid erzählte und von seiner Tochter, die er bei einer Amme in Frankreich zurücklassen musste, habe sie sich auf der Stelle in ihn verliebt. Sie habe ihren Eltern Lebewohl gesagt und Martinique verlassen. In Boulogne hätten sie dann geheiratet und sie habe es keinen Tag bereut, hierhergekommen zu sein.

Bei Tisch tauschten sich Monsieur Bonhomme und Cuvillier ganz offen über die allgemeine politische und wirtschaftliche Lage in Frankreich aus. Übereinstimmend waren sie der Meinung, es würde im Land so nicht weitergehen können. Im Übrigen erwarteten sie einen Staatsbankrott in allernächster Zeit.

Auf einmal und ganz unvermittelt redete mich Bonhomme auf Deutsch an. Er hatte zwar einen sehr starken französischen Akzent, aber er sprach fließend. Ich hatte so lange kein deutsches Wort mehr gehört, dass ich beinahe erschrocken war. Er bemerkte mein Erstaunen und erzählte mir teilweise auf Deutsch, teilweise auf Französisch, damit die anderen am Tisch unserer Unterhaltung folgen konnten, sein Leben sei meinem nicht unähnlich. In gleicher Weise, wie ich meinem Vater in seinem Gewerbe nachfolgen soll, so wurde er darauf vorbereitet, einmal das Handelsgeschäft seines Vaters zu übernehmen. Auch er habe in verschiedenen Ländern und bei den unterschiedlichsten Herren seinen Beruf erlernt. Dabei habe er auch drei Jahre in Köln gearbeitet und könne daher noch ein wenig Deutsch. Das war mehr als bescheiden, denn er sprach ausgezeichnet Deutsch.

Unter solch anregenden Gesprächen verging die Zeit bis zum Jahreswechsel sehr schnell. Als die Uhr auf dem Kamin zwölfmal schlug, wünschten sich alle ein glückliches neues Jahr. Wir prosteten uns zu und allgemein wurden Küsse getauscht. Zuerst küsste Bonhomme seine Frau und wünschte, dass es ihnen vergönnt sei, noch viele Jahre zusammen zu leben, dann küssten sich Cuvillier und Bonhomme mit dem Wunsch, dass hoffentlich nicht alles so schlimm kommen möge, wie es derzeit drohe. Dann küsste Cuvillier seine Sophie und flüsterte ihr dabei zu, wie sehr er sie liebe, und zum Schluss küssten alle hintereinander mich. Als letzte die Tochter des Kaufmanns und ich muss gestehen, das war mir nicht unangenehm.

Als wir von unseren Gastgebern vor die Tür geleitet wurden, bewunderte Sophie Cuvillier den Mistelzweig, der über dem Eingang hing und der mir schon bei unserer Ankunft aufgefallen war. Blitzschnell trat die Tochter neben mich und gab mir noch einen Kuss auf die Wange. Die Franzosen klärten mich auf, unter einem solchen Zweig dürfe man sich küssen, ohne dass es als unschicklich galt.

So begann das Jahr 1775, das meiner Heimat so viele Veränderungen bescheren sollte, an die in jener Silvesternacht noch niemand dachte.

Die ersten Monate des neuen Jahres vergingen mit den üblichen Arbeiten in der Station und waren für mich voll ausgefüllt. Ich wurde in den vielfältigen Bereichen der Geschäfte meines Chefs immer sicherer und er zog mich zunehmend in sein Vertrauen. Mit Rockinger unternahm ich Ausritte in die Umgebung und lernte viel über diese schöne Region am Meer.

Die Tochter des Kaufmanns hatte ich allerdings nicht vergessen. Ihr Name war Luise, weil sich Bonhomme einen Sohn gewünscht hatte. Der blieb ihm verwehrt und so hatte das Mädchen praktisch den Namen des Vaters bekommen, der eigentlich für einen Stammhalter gedacht war. Gerne hätte ich sie einmal besucht, doch ich fand keinen rechten Vorwand, ihr meine Aufwartung zu machen und meine Enttäuschungen in Italien waren noch zu frisch.

Mein Chef verfügte über eine ausgezeichnete Menschenkenntnis. Die war bei seinen Geschäften auch unbedingt notwendig. Bei einem Abendessen lobte er meine guten Leistungen. Er sei sehr froh, mich bei sich zu haben. Für den treuen Queon sei ich eine echte Entlastung und im Postbetrieb kenne sich keiner so gut aus, wie ich es mittlerweile täte. Er meinte aber, ich sollte mich bei ihm auch um solche Geschäftsfelder kümmern, die ich zu Hause nicht lernen könnte und die später vielleicht einmal zum Ausbau unserer Diemersteiner Station dienlich sein könnten. Damit brachte er das Gespräch auf den Warenhandel. Er habe bereits darüber mit Bonhomme gesprochen, der mir gerne einmal sein Magazin und die dort eingelagerten Waren zeigen würde. Das war eine gute Gelegenheit Luise wiederzusehen und ich war über den Vorschlag überaus erfreut.

An dieser Stelle muss ich erwähnen, dass ich in Frankreich nicht gerade wie ein Mönch lebte. Die Sitten waren viel freier, als ich es aus Deutschland oder Italien kannte. Die Mädchen waren leichtlebiger und einem Treffen nicht abgeneigt. Unser Prediger in Diemerstein hätte das Treiben zweifellos als verwerflich und sündhaft bezeichnet. Es war damals eine besondere Zeit und Sepp berichtete mir aus Paris Erlebnisse, die uns im Diemersteiner Wald wie Bilder eines Hexensabbats vorgekommen wären. Manches davon rief die Erinnerung an meine Beobachtungen in der Konstanzer Hütte zurück. Das Treiben der Fuhrleute mit den leichtfertigen Frauenzimmern, wie ich es damals gesehen hatte, schien ganz Paris erfasst zu haben, nicht nur die unteren Volksschichten, sondern auch die sogenannten höheren Stände. Alles schien möglich, alles war erlaubt. Der Adel machte es vor und die Bevölkerung machte es nach. Es musste nur Spaß machen. Rockinger wusste von ausschweifenden Orgien in den Ateliers der Maler zu berichten, in denen die Mädchen herumliefen wie Eva im Paradies. Noch schlimmer sei es in den Theatern, der Oper und bei den anschließenden Soupers in den Separees. Es gäbe in ganz Paris sicher nicht eine einzige Schauspielerin oder Sängerin, die ihren Lebenswandel ohne die Zuneigung und vor allem die Zuwendungen eines oder mehrerer Liebhaber bestreiten könnte.

Ich dachte dabei an die kleine Gabriela aus Spello und lobte innerlich den Papst, der im Kirchenstaat keine Frauen als darstellende Künstlerinnen duldete. Den Pariser Lüstlingen hätte eine Behandlung, wie man sie den Kastraten in Rom zumutete, gutgetan. Im Norden war es wohl noch nicht so lasterhaft wie in der Hauptstadt, dennoch machten Sepp und ich bei unseren Ausflügen die Bekanntschaft von Mädchen, die gerne bereit waren, den Pariserinnen nachzueifern.

Wir beide vermieden allerdings intimere Begegnungen, so schwer es uns auch fiel, gerade bei verlockenden Angeboten der örtlichen Schönheiten. Wir hatten von den Gefahren gehört, die dabei lauerten. Ich gedachte der Warnungen des alten Wussow und Rockinger hatte seine Kenntnisse aus den Kaffeehäusern in Paris. Die französische Krankheit, wie wir sie in Deutschland nannten, war weit verbreitet. Wie Sepp erfahren hatte, würden sich die adeligen Damen und die Frauen der Halbwelt nicht nur weiß pudern, weil die vornehme Blässe dem Schönheitsideal entsprach, sondern sie benutzten eine Salbe, die mit Quecksilber hergestellt wurde, um die unschönen Flecken der Lustseuche auf der Haut zu überdecken.. Desgleichen die Männer, die dazu noch weite, ausladende Manschetten trugen, wodurch die Erkrankung verborgen bleiben sollte.

Dennoch ging mir Luise nicht aus dem Kopf und ich freute mich schon darauf, sie bei Bonhomme wiederzusehen. Am vereinbarten Tag erschien ich in seinem Büro und er führte mich in eines seiner Lager am Hafen. Es war ein geräumiger Bau, von oben bis unten mit Regalen gefüllt. Der Kaufmann lagerte hier ausgesprochen wertvolle und begehrte Waren. darunter Chemikalien, die er aus fernen Ländern importierte. Keine Güter des täglichen Gebrauchs wie Lebensmittel oder Stoffe, die waren in anderen Magazinen untergebracht. Ich erinnerte mich daran, was ich bei Chaim und Schlomo über den Warenverkehr dieser Produkte gehört hatte, und ich konnte den Kaufmann mit meinen Kenntnissen beeindrucken. Wir besuchten danach einen seiner Lagerkeller, in denen er Weine und andere erlesene Getränke bevorratete. Er zeigte mir in bauchige Flaschen abgefüllte Flüssigkeiten und betonte, wie teuer sie seien. Für den einfachen Bürger unerschwinglich. Doch in der Hauptstadt giere man nach solchen Spirituosen. Sie würden horrende Preise erzielen, nur die adelige Kundschaft vergesse immer häufiger, die Bestellungen zu bezahlen. Deshalb lieferte er derzeit weniger nach Paris, dafür umso mehr nach Deutschland, wobei ihm seine guten Kontakte in Köln zu Hilfe kamen. Wir besichtigten noch einige weitere Lager und ich lernte an diesem Tag viel über ausländische Produkte wie Kakao, Tee oder Tabak. Besonders der als Schnupftabak veredelte Tabak habe im Laufe der Zeit eine unbeschreibliche Nachfrage gefunden und sei ein exorbitantes Geschäft.

Beim Stichwort Tee kam er auf ein Ereignis, das sich vor kaum zwei Jahren in den englischen Kolonien Amerikas zugetragen habe.

Als Indianer verkleidete Siedler der Stadt Boston hätten ein englisches Schiff im Hafen gestürmt und mehrere Kisten Tee einfach in das Hafenbecken geworfen. Damit wollten sie sich gegen die immer drückender werdenden Steuern und Abgaben und die Bevormundung des britischen Mutterlandes auflehnen. Bonhomme glaubte, aus dieser Aktion würde sich bald eine Revolution der Siedler entwickeln, und ich gewann den Eindruck, er hoffe mehr darauf, als dass er dies fürchtete.

Wir waren einen ganzen Tag bis zum Abend unterwegs. Ich bedankte mich bei dem Kaufmann und er wünschte mir einen guten Nachhauseweg, verbunden mit dem Angebot, bei Gelegenheit wieder einmal bei ihm vorbeizukommen. Er könne mir sicher noch viel Interessantes zeigen. Seine Tochter bekam ich an diesem Tag nicht zu Gesicht.

Meine Enttäuschung blieb meinem Freund Rockinger nicht verborgen. Aber der findige Bayer überraschte mich mit einer genialen Idee. Er lud mich ein, ihn am Pfingstsonntag zur Hauptmesse in die Kirche zu begleiten. Ich wusste nicht, was er vorhatte, und tat ihm den Gefallen. Mit katholischen Messen kannte ich mich ja seit meiner Zeit in Italien aus.

Als wir an diesem hohen Feiertag die Station verließen, begegneten wir auch Cuvillier, seiner Gemahlin und vielen anderen aus seinem Betrieb. Sie waren alle auf dem Weg zur Kirche. Mein Chef machte eine launige Bemerkung in meine Richtung, ob ich als Protestant nun zum rechten Glauben gefunden hätte oder ob ich nur etwas für mein Seelenheil tun wollte.

Gut eine viertel Stunde vor Beginn der Messe hatten wir Platz genommen und das Kirchenschiff füllte sich allmählich, da zog Louis Bonhomme mit seinen Leuten und seiner ganzen Familie ein. Sie setzten sich ein paar Bänke vor uns. Es war wie eine Prozession und für mich noch viel mehr, denn zwischen den Eltern schritt Luise.

Den Gottesdienst verfolgte ich mit großer Inbrunst. Nicht wegen der heiligen Handlungen, sondern weil ich den Blick nicht von dem schönen Mädchen abwenden konnte. Ich sah sie zwar nur von hinten und ihr braunes Haar war von einem Schleier bedeckt, wie ich es aus Italien kannte, aber bisweilen drehte sie ihren Kopf zur Seite und einmal hatte ich sogar den Eindruck, sie lächelte mir zu.

Ich konnte das Ende der feierlichen Messe kaum erwarten. Vor der Kirchentür begrüßten sich die Familien Cuvillier und Bonhomme, wie sie es wahrscheinlich an jedem Festtag taten. Sie tauschten Küsse aus. Ich stand nahe dabei und unversehens war Luise an meiner Seite und küsste mich ebenfalls zur Begrüßung. Ich nahm die Gelegenheit wahr, mich bei ihrem Vater nochmals für seine Unterweisung zu bedanken, und wie erhofft lud er mich und die Familie meines Chefs für den kommenden Sonntag zu einer Landpartie in die Umgebung ein.

Die Woche verging für mich viel zu langsam. Seit der Zeit in Spello war ich nicht mehr so voll freudiger Erregung gewesen. Ich dankte meinem Freund Sepp für seinen trefflichen Plan und er bedauerte, dass er an diesem Sonntag wieder in Geschäften nach Paris reisen müsste und leider nicht dabei sein könne.

Am Sonntag fuhren wir mit zwei leichten offenen Wagen zum Anwesen der Bonhommes, den einen kutschierte ich, den anderen Cuvillier selbst. Am Hause der Bonhommes stiegen die drei zu uns und der Koch brachte noch riesige Esskörbe, die auf dem Wagen des Posthalters verstaut wurden. Der lachte, die Vorräte seien bei ihm sicherer als bei dem Jungen, damit meinte er mich. Das war nicht böse gemeint, denn so war seine Kutsche voll und die Bonhommes mit ihrer Tochter mussten mit mir fahren.

Die Fahrt nach Wimereux, wo die Bonhommes ein kleines Sommerhaus mit Garten hatten, verlief sehr vergnüglich. Madame Bonhomme zwitscherte vor sich hin wie ein Frühlingsvogel und auf den

Hügeln zeigte mir ihr Mann die großen Frachtschiffe, die unterwegs in Richtung Antwerpen waren.

Ich hätte mich gerne häufiger zu der kleinen Luise umgedreht, aber ich musste meinen Blick nach vorn und auf den Weg richten und auf den vorausfahrenden Wagen meines Chefs. Das Refugium der Kaufmannsfamilie war dem ländlichen Stil angepasst, doch sehr komfortabel eingerichtet. Ich vermutete, die Familie würde hier wohl auch die Tage verbringen, wenn es in der Stadt zu heiß wurde. Frau Bonhomme packte die Vorräte aus und bereitete zusammen mit Sophie Cuvillier das Essen vor. Die Männer unterhielten sich über Geschäfte und Politik. Luise wurde aufgefordert, mir den Garten und den schönen Ausblick auf das Meer zu zeigen.

Wir gingen zunächst eine Zeitlang schweigend nebeneinander her. Ich wusste nicht so recht, was ich sagen sollte. Die Situation erinnerte mich zu sehr an Ruth und die Spaziergänge in Spoleto. Das Mädchen hielt mich wohl für sehr schüchtern und begann ganz unbekümmert das Gespräch. Sie wollte wissen, ob alle Deutschen so still und nachdenklich seien. Ein Franzose hätte längst eine amüsante Unterhaltung begonnen, um die Dame in seiner Gesellschaft zum Lachen zu bringen. Ich entschuldigte mich für meine Unhöflichkeit. Mit ihr jetzt allein zusammen sein zu dürfen, habe mich sprachlos gemacht, obwohl ich mich schon tagelang darauf gefreut hätte, der verehrten Mademoiselle wieder zu begegnen. Luise erwiderte, das fände sie sehr gut. Sie sei auch ein eher stilles Mädchen und hasse es, wenn jemand einfach drauflosplappere, nur um sich ins rechte Licht zu setzen. Das gefiel mir. Beim Weitergehen ermunterte sie mich, doch etwas aus meinem Leben zu erzählen, damit sie wisse, mit wem sie da gerade durch die Gegend laufe. Ich schilderte ihr meine Heimat, meine Familie und versuchte ihr eine ungefähre Vorstellung davon zu geben, wo ich herkomme.

Als ich Mannheim und Zweibrücken erwähnte, wusste sie genau Bescheid. Vor allem über Zweibrücken hatte sie viel gehört und gelesen. Man erzählte sich in ganz Frankreich, als der König an Pocken erkrankt war und wegen der großen Ansteckungsgefahr einsam und von seinem Hofstaat verlassen auf dem Sterbebett lag, seien nur seine Maitresse Madame Dubarry und sein Freund, der Herzog von Pfalz-Zweibrücken, bei ihm geblieben. Das sei ein Zeichen für treue Freundschaft und wahre Liebe. Kaum hatte sie das Wort Liebe ausgesprochen, fragte sie mich, ob in Diemerstein Frau und Kinder auf mich warteten. Immerhin sei ich in einem Alter und in einer Position, die es mir ermöglichte, eine Familie zu gründen. Ich verneinte das mit dem Hinweis auf meine noch nicht abgeschlossene Ausbildung. Nun wollte Luise wissen, ob ich schon eine kleine Freundin in Boulogne hätte. Auch das konnte ich mit gutem Gewissen verneinen. Nachdem ich derart persönliche Dinge gefragt worden war, glaubte ich es mir erlauben zu können, meinerseits Luise zu bitten, mir aus ihrem Leben zu berichten.

„Da gibt es nicht viel zu erzählen," entgegnete sie traurig. „Meine Mutter ist in einem fernen Land geboren und unter Schwarzen aufgewachsen. Sie kennt die Welt und die Menschen. Mein Vater hat auf seinen Reisen alle Kontinente besucht. Er war schon in Damaskus, in Kairo, sogar auf den Inseln der Karibik. Er kennt Louisiana in Nordamerika und viele große Städte in Europa. Nur ich habe meine Geburtsstadt nie verlassen." Wie ich weiter erfuhr, war sie in einem Institut von Nonnen in Boulogne sehr gut ausgebildet worden. Ich bekam allerdings den Eindruck, ihre Erziehung hätte das Ziel gehabt, sie vor allem zu einer angenehmen Ehefrau für einen betuchten Kaufmann zu machen. Schließlich kamen wir auf unserem Rundweg wieder im Gartenhaus an, wo die anderen schon mit dem Essen begonnen hatten. Wir setzten uns dazu und Sophie wollte wissen, ob wir uns auch gut unterhalten hätten. Luise bejahte das.

Als wir am Abend auseinander gingen, nachdem ich die Gesellschaft wohlbehalten nach Hause kutschiert hatte, verabschiedete mich das Mädchen wieder mit einem Kuss auf die Wange und ergriff dabei ganz verstohlen meine Hand. Bonhomme lud mich ein, einfach zum Essen bei ihnen vorbei zu kommen, wenn es meine Arbeit in der Station erlaubte.

Diese Einladung nahm ich während des Sommers und Herbstes gerne wahr und wurde ein regelmäßiger Gast in seinem Haus. Bonhomme berichtete mir jedes Mal interessante Neuigkeiten aus der großen Welt und zeigte mir auch seine Warenbestände, wenn er aus Übersee wieder eine Lieferung exotischer Artikel bekommen hatte. Bei diesen Besuchen kamen Luise und ich uns immer näher. Sie war mit ihren 19 Jahren eine ausgesprochene Schönheit und erinnerte mich sehr stark an Ruth. Ich wunderte mich, dass sich keine Heiratskandidaten oder zumindest Verehrer bei den Bonhommes einfanden. Schon zu Beginn unserer Beziehung, und das war es wohl mittlerweile geworden, hatte ich Luise nach einem Verlobten gefragt. Ich wollte diesmal die Enttäuschung von Spello und Francesca vermeiden. Meine Angebetete verneinte lachend und fügte hinzu, ihr Vater sei wie ein treuer Wachhund und lasse keinen Mann in ihre Nähe. Das wunderte mich sehr, denn gerade Bonhomme hatte mir ja den Zugang zu ihr verschafft.

Wir unternahmen in diesen Monaten herrliche Ausfahrten in die Umgebung und viele schöne Spaziergänge. Wenn wir nebeneinander gingen, nahmen wir uns vertraut bei der Hand.

Luise zuliebe hatte ich sogar Gewohnheiten angenommen, die mir bislang fremd waren. Insbesondere regelmäßige Besuche der katholischen Messe, nicht nur an Sonn- und Feiertagen, sondern auch zu Andachten und zur Anbetung des sogenannten Allerheiligsten. Luise und ich saßen nicht getrennt wie in unseren Kirchen üblich, sondern wie Mann und Frau nebeneinander auf der Bank. Diese Nähe machte mich glücklich. Dabei konnte ich auch beobachten, wie viel die Religion Luise bedeutete. Sie war stets ohne irgendwelche Heuchelei in tiefes Gebet versunken. Obwohl ich als Protestant und in der Nähe einer mennonitischen Gemeinde aufgewachsen war, hatte ich zwar zu Gott stets Zutrauen, aber hinsichtlich der einzelnen Religionen und der Kirche war ich für die damalige Zeit sehr liberal eingestellt. Ebenso wie mein Vater, der mir einmal erzählt hatte, dass die Zweibrücker Herzöge niemals Probleme damit hatten, die Konfession zu wechseln, wenn es ihnen vorteilhaft erschien. So sei Christian IV. katholisch geworden, um seine geliebte Marianne zu heiraten, und sein Bruder Friedrich Michael sei sogar vom Papst selbst gefirmt worden, weil der Hof in Wien es ihm nahegelegt hatte, als Reichsmarschall die katholische Konfession anzunehmen. Diese Wechsel fielen den beiden wegen ihrer unkonventionellen Art nicht schwer, obwohl ihre Vorfahren in Deutschland und Frankreich für den Protestantismus sogar Kriege geführt hatten. Mein Freund Max war auch katholisch geworden, was ihm später nicht geschadet hat. Auch er hat seine Toleranz in religiösen Dingen sein Leben lang bewahrt.

An meinem 23. Geburtstag, es war ein Dienstag und der Gedenktag des heiligen Jacobus, begab ich mich zum Anwesen des Kaufmanns. Madame Bonhomme war außer Haus und ihr Mann in einem seiner Magazine. Ich suchte die Tochter in ihrem Zimmer auf, wo sie mich schon erwartet hatte. Sie trug ein wunderbares leichtes Sommerkleid im römischen Stil. Die Sonne schien durch die Fenster und tauchte sie in ein geheimnisvolles, fast überirdisches Licht. Sie ging mir entgegen, fasste mich an beiden Händen und sagte, heute habe sie ein ganz besonderes Geschenk für mich. Ich war verblüfft und konnte mir nicht vorstellen, was das sein sollte. Daraufhin trat sie ganz dicht an mich heran und flüsterte mir zu, heute werde sie mich so küssen, wie es nur die Französinnen könnten. Sie drängte ihre Lippen an die meinen, was ich gerne geschehen ließ, öffnete damit meinen Mund und küsste mich, indem sie mit ihrer Zunge ganz zärtlich meine Lippen aufschloss und sich unsere Zungen verbanden. Mir war sofort klar, diese Art des Kusses stellte für meine Freundin ein gewaltiges Zeichen der Intimität und der Zuneigung dar. Sie glaubte wohl, ich sei von keiner Frau zuvor so geküsst worden. Sie wusste ja nichts von meinen Abenteuern auf dem Schloss der Martanis. Während dieses langen und innigen Kusses drängte sie ihren schlanken Körper ganz dicht an mich und ich war noch verliebter in sie als zuvor.

Im Herbst, als sich die Blätter allmählich bunt färbten, lernte ich an meinem Chef eine ganz neue Seite seines Charakters kennen. Er war beim Diner auf einmal sehr gut gelaunt, machte seiner Frau Komplimente, lobte den Koch für seine Künste und war auch in der Station weniger kritisch als zuvor. Seine bissigen Bemerkungen über den Zustand des Staates wurden seltener und in meiner Beziehung zu Luise ermunterte er mich ganz offen, aufs Ganze zu gehen, wie er es ausdrückte. Er kenne die Bonhommes sehr gut und wisse genau, der Kaufmann könne sich keinen besseren Schwiegersohn wünschen als mich. Der Umstand, dass kein Nachfolger sein Unternehmen weiterführen werde, habe den guten Mann immer sehr traurig gemacht. Wenn jetzt aber eine Person in Sichtweite sei, die seiner Tochter gefalle und deren Fertigkeiten die Nachfolge sicherstellen könnten, wäre er der glücklichste Mann auf der Welt.

Bei anderer Gelegenheit verriet mir Cuvillier, er habe auch ein kleines verschwiegenes Gartenhaus. Er wollte Maquereau, dem Verwalter des Gasthofes der Posthalterei, entsprechende Anweisung geben, dass er mir den Schlüssel gibt und alles schön vorbereitet. Über dieses Angebot war ich sehr erstaunt. Vielleicht war es schon seit langem der Plan meines Lehrherrn gewesen, mich mit der Tochter seines Freundes zu verbinden, und jetzt gedachte er, die Dinge auf angenehme Weise für mich zu einem Abschluss zu bringen.

Der Gasthof in der Station war nicht nur eine Übernachtungsmöglichkeit für Reisende, sondern eine Herberge mit allen Annehmlichkeiten. In der Person des Jacques Maquereau hatte der Posthalter einen tüchtigen Gastwirt gefunden und das Haus zog Gäste von weit außerhalb an. Es trug den bezeichnenden Namen „Vierge de Boulogne".

Als ich Luise von der Möglichkeit eines Treffens außerhalb ihres Elternhauses erzählte, willigte sie gern ein, mich dorthin zu begleiten. Ich war mir unschlüssig darüber, ob sie dabei an das Gleiche dachte wie ich. Dennoch wollte ich es darauf ankommen lassen.

Ich vereinbarte mit dem Wirt einen Termin, zu dem ich das Gartenhäuschen benutzen wollte, und Jacques versicherte mir mit devoter Miene, ich würde dort alles nach meinen Wünschen vorfinden.

Als ich eines Nachmittags meine Freundin bei ihren Eltern abholte, waren beide anwesend. Es wirkte wie selbstverständlich, dass ihre Tochter von einem jungen Mann zu einer Ausfahrt eingeladen worden war und sich mit den Worten verabschiedete, sie sollten nicht mit dem Diner auf sie warten, es könnte später werden.

Jacques hatte mir den Weg genau beschrieben. Unser Ziel lag etwas entfernt von einem kleinen Dorf. Ein schmaler Weg führte durch einen lichten Wald. An den Spuren im Sand konnte ich erkennen, dass vor nicht allzu langer Zeit hier schon ein Wagen gefahren war. Das sogenannte Gartenhaus entpuppte sich als ein zierlicher Pavillon. Daneben stand eine kleine Remise für Pferd und Wagen. Ich versorgte mein Pferd und stellte fest, dass für meinen guten Schecken alles vorbereitet war. Wasser, Futter und eine Decke fand ich zur Stelle. Dann öffnete ich mit dem mitgebrachten Schlüssel die Tür ins Innere. Wir kamen in einen runden Raum, von dem kleinere Zimmer abgingen. Das beherrschende Möbelstück war ein riesengroßes Bett, davor standen ein reich gedeckter Tisch und zwei elegante Stühle. An einer Wand befanden sich eine Kommode und ein Frisiertisch mit einem großen Spiegel. In der Ecke sah ich einen gekachelten Ofen. Es war, als würden wir ein verzaubertes Feenschloss betreten. Dienstbare Geister aus dem Gasthof hatten wirklich alles aufs Beste vorbereitet. Die ganze Szenerie wirkte auf mich wie eine deutliche Einladung an zwei junge Menschen, sich hier den Freuden der körperlichen Liebe hinzugeben.

Ich sah, dass das Arrangement Luise unangenehm war. Ich möchte nicht ausschließen, sie hätte es bevorzugt, mit mir in eine abgelegene Scheune zu fahren, um mit mir dort zusammen zu sein. Um die Situation zu entschärfen, schlug ich einen kleinen Spaziergang vor und sie stimmte zu. In zärtlicher Zweisamkeit gingen wir die alten Bäume entlang und hielten uns bei der Hand. Wir hatten uns seit meinem Geburtstag schon oft wieder geküsst und so lehnte sich Luise an eine Pinie und bot ihren Mund zum Kuss. Ich spürte die aufsteigende Hitze in ihrem Körper.

Wir kehrten zurück in den Pavillon und beschlossen, von den Delikatessen, die hier vorbereitet waren, zu kosten. Das Menu war wirklich von Meisterhand zusammengestellt. Wir fanden die köstlichsten Pasteten, Austern auf Eis, kalten Braten, geräucherten Lachs und eine schöne Auswahl an Süßigkeiten. Auch die Getränke hatte unser stiller Gastgeber nicht vergessen. Bald rötete der Wein Luises Wangen und wir sahen uns an. Ich fragte meine Freundin ganz offen, ob sie schon einmal mit einem Mann zusammen gewesen sei. Sie verneinte kopfschüttelnd. Es sollte nur der Einzige sein, dem sie ganz angehören wollte.

Da es draußen kalt wurde, heizte ich den Ofen mit dem danebenliegenden trockenen Holz. Bald war es im Raum sehr warm. Luise legte sich auf das Bett und knöpfte ihr Kleid und ihr Mieder auf. Ich sah ihre weißen Strümpfe und das Strumpfband, das mit kleinen Herzen verziert war. Hatte sie gewusst, was uns hier erwartete?

Wir beide hatten eine so zärtliche und beglückende Begegnung, dass mich die Erinnerung daran noch heute erwärmt. Es war unbeschreiblich schön mit diesem Mädchen. Obwohl wir sicher die Gelegenheit dazu gehabt hätten, kam es nicht zum Letzten. Wir waren beide durch unser Liebesspiel sehr erhitzt, dennoch hatte ich das Gefühl, Luise konnte sich mir nicht ganz hingeben. Ich meinerseits wollte ihr ein Zeichen meiner edlen Gesinnung geben und verzichtete darauf, die Blüte zu pflücken, die sie sich bewahrt hatte.

Wir lagen zärtlich aneinandergeschmiegt beieinander und ich überlegte, ob wir nicht die ganze Nacht so miteinander verbringen sollten. Endlich beschlossen wir doch wieder nach Hause zu fahren, obgleich es schon sehr spät geworden war.

Lange nach Mitternacht trafen wir in Boulogne ein. Der Torwächter kannte mich und nahm gerne ein kleines Pourboire. Luises Eltern waren noch auf und hatten auf uns gewartet. Allerdings zeigten sie keinerlei Verstimmung darüber, dass es so spät geworden war. Vielmehr fragte Bonhomme, warum wir nicht über Nacht geblieben seien.

Bevor der Winter das Land an der Küste mit glitzerndem Reif überzog, trafen wir uns noch häufig in jenem verschwiegenen kleinen Lustschloss.

Eine besondere Begebenheit erklärte mir die gute Laune, die Cuvillier seit mehreren Monaten versprühte: Als ich nämlich einmal wieder Jacques um den Schlüssel bat, musste er ihn mir zu seinem Bedauern verweigern, der Chef hätte selbst Bedarf angemeldet. Sonst benötige er den Pavillon nur an den Freitagen, aber dies sei ein besonderer Tag, da Mademoiselle Olivia Geburtstag habe. Da ich mittlerweile so etwas wie der dritte Mann in der Hierarchie der Posthalterei war und den geheimen Rückzugsort des Chefs benutzen durfte, glaubte der sonst so diskrete Wirtschafter, ich sei in alles eingeweiht. Ich tat so, als ob ich bereits Kenntnis darüber hätte. Nun konnte ich mir vieles erklären. Wenn mein Chef sich am

Freitagnachmittag zu wichtigen Geschäften verabschiedete und zuweilen erst am Samstagmittag zurückkehrte, dann traf er sich mit seiner Geliebten.

Ganz vorsichtig fragte ich bei meinem Freund Sepp nach, ob ihm der Name Olivia etwas sagte. Er lachte nur und erwiderte, das sei doch in der ganzen Station ein offenes Geheimnis. Wie die adeligen Herren, Fürsten und Könige meine auch Cuvillier, er müsse ebenfalls eine Geliebte haben, eine Maitresse. Gerade weil doch seine Haare immer grauer würden, solle bei seinen Freunden nicht der Eindruck entstehen, er sei ein alter Mann. Das Fräulein Olivia sei die Tochter eines Gastwirtes aus einem nahen Dorf. Ihr Vater sei Pole und wegen der Unruhen in seiner Heimat mit seiner Familie nach Frankreich geflohen. Kolawski sei ein exzellenter Küchenmeister und seine Tochter bediene die Gäste. Das Gasthaus „Au Taureau Excitant" sei sehr beliebt und dort habe unser Chef auch sein Schätzchen kennengelernt. Rockinger, der schon länger in Frankreich war als ich und die Gegebenheiten besser kannte, war der Meinung, hierzulande brauche jeder bedeutende Mann eine Geliebte, sonst schade das seinem Ruf. Verkehrte Welt, dachte ich mir, und wollte von Sepp wissen, ob Madame Cuvillier von den erotischen Eskapaden ihres Gemahls Kenntnis habe. Darauf wusste mein Freund keine rechte Antwort, er sei aber der festen Überzeugung, der Posthalter wolle seine Frau nicht kränken und halte sein Verhältnis mit Olivia ihr gegenüber im Dunkeln. Dazu diene auch die bereitwillige Überlassung seines Lusthauses an mich. Seiner Frau habe er erzählt, die dort getroffenen Vorbereitungen seien nur mir zuliebe erfolgt, damit Luise und ich uns dort ungestört begegnen könnten. Schlau war mein Chef schon, das musste man ihm lassen. Rockinger meinte ganz ungerührt, wenn Sophie klug sei, schaffe sie sich auch einen Liebhaber an wie die Damen in Paris. Erst viel später erfuhr ich, dass das bereits geschehen war und ihr Liebhaber gerade vor mir stand.

Im Dezember erhielt ich von meinem Vater einen langen Brief. Darin berichtete er mir allerlei Neuigkeiten: Christian IV., der allgemein hochgeschätzte Herzog von Zweibrücken, sei am 5. November verstorben. Um seinen Tod kursierten viele wilde Gerüchte. Die offizielle Version sei, der Herzog wäre auf der Jagd von einem Hirsch geforkelt worden und kurz danach den erlittenen Verletzungen erlegen, manche munkelten, ein Leibjäger habe den Fürsten erstochen, wieder andere behaupteten hinter vorgehaltener Hand, der Herzog sei an einer Quecksilbervergiftung verstorben, die er sich bei einem geheimen chemischen Experiment in einem seiner Laboratorien zugezogen habe. Mein Vater wollte diesen Verdacht nicht ganz von der Hand weisen, denn es war bekannt, dass im Herzogtum einige Alchemisten damit beschäftigt waren, Gold zu machen oder zumindest zu vermehren. Dazu wurde Quecksilber verwendet. Als Christian IV. im Sterben lag, habe sogar der Kurfürst in Mannheim seinen Leibarzt zum Schloss des Herzogs geschickt. Reitende Boten seien in der Posthalterei in Diemerstein eingetroffen und hätten die Station alarmiert, einen möglichst schnellen Pferdewechsel mit den besten Pferden der Posthalterei vorzubereiten und gleichzeitig Postillione mit der nämlichen Meldung an die folgenden Stationen abzusenden. Als der Leibarzt in Diemerstein ankam, dauerte der Pferdewechsel nur ein paar Minuten und die Kutsche fuhr in rasender Fahrt weiter. Mein Vater wusste, dass der kurfürstliche Leibarzt ein bekannter Spezialist für die Erkrankungen der inneren Organe war und wunderte sich, warum man nicht bei einem Jagdunfall die erfahrenen Chirurgen, die es im Herzogtum gab, hinzugezogen hatte. Der erst 29-jährige Neffe Christians sei nun der neue Herzog von Pfalz Zweibrücken.

Darüber hinaus wusste mein Vater auch zu berichten, dass die Engländer im Fürstentum Hessen Soldaten für den Krieg mit den Aufständischen in Amerika anwarben. Ein gutes Geschäft für Landgraf Friedrich. Über die Revolution in Amerika hatte ich schon in Boulogne einiges erfahren. In politischen Kreisen wurde es sehr begrüßt, dass die Amerikaner im letzten Jahr ihre Unabhängigkeit gegenüber England erklärt hatten, und man freute sich darüber, dass die Siedler sich gegen die Briten erhoben, die zuvor den Franzosen in dem letzten Krieg auf diesem Kontinent so viel Land geraubt hatten.

Christian IV. kannte ich nur aus Erzählungen, aber mit seinem Nachfolger, der sich nun Karl II. August nannte, war ich als Kind befreundet gewesen. Ich schrieb ihm also einen förmlichen Brief, in dem ich Seiner Durchlaucht zum Regierungsantritt gratulierte und ihm für alle seine Unternehmungen das Glück des Tüchtigen und Gottes Segen wünschte. Unterzeichnet hatte ich als Karl Adolf Ritter, Sohn des Posthalters zu Diemerstein. Im Grunde rechnete ich nicht damit, dass dem neuen Herzog mein Brief überhaupt vorgelegt werde. Zu meinem Erstaunen erreichte mich doch ein Schreiben aus Zweibrücken mit herzoglichem Siegel, in dem mir ein Kanzleibeamter, ein gewisser Simon, mitteilte, der Herzog danke mir für die Glückwünsche, über die er sich sehr gefreut habe.

Auch an meinen Vater schrieb ich und erwartete, dass ihn meine Zeilen um die Weihnachtszeit erreichten. Ich teilte ihm mit, ich hätte in Boulogne durch die Vermittlung meines Lehrherren eine junge Frau aus wohlanständiger Familie kennengelernt. Sie sei mir wegen ihres angenehmen Wesens und ihrer Sittlichkeit im letzten Jahr sehr lieb geworden. Bei ihrer Familie sei ich mit höchstem Wohlwollen willkommen. Ich sei nun im rechten Alter, am Ende meiner Ausbildung und entschlossen, eine Familie zu gründen. Da der Vater meiner Auserwählten in Boulogne ein angesehener und wohl reputierter Handelsmann sei, wäre es mein Wille, im kommenden Jahr um die Hand seiner Tochter Luise anzuhalten. Vor diesem Schritt erbäte ich freilich seinen väterlichen Rat und seinen Segen.

Während ich diesen Brief schrieb, wunderte ich mich über mich selbst. In Italien hatte ich mich für so erwachsen gehalten, dass ich zweimal den Versuch unternahm, mich an eine Frau zu binden, und jetzt, Jahre später, erbitte ich den Rat meines Vaters, obgleich ich mit den Jahren älter und erfahrener geworden war.

Das Jahresende feierten wir dieses Mal im Hause der Cuvilliers. Der Posthalter hatte eine Gesellschaft von etwa zwei Dutzend Personen eingeladen. Darunter selbstverständlich auch die Familie Bonhomme. Ein paar Tage zuvor raunte er mir zu, es kämen einige wichtige Persönlichkeiten zur Feier. Es wäre doch eine brillante Gelegenheit, zum Jahreswechsel meine Verlobung mit Luise bekannt zu geben. Er wollte wissen, ob ich schon mit ihrem Vater gesprochen hätte und wie weit ich mit den Verhandlungen wegen ihrer Mitgift sei. Ich bedankte mich höflich für seine Anteilnahme, würde aber gerne noch den Brief und den Segen meines Vaters abwarten. Mein Chef wirkte etwas enttäuscht und meinte, ich hätte doch meinen Vater einfach nach Boulogne einladen sollen. Dann hätte er die Braut und ihre Familie kennengelernt und auch er selbst hätte sich sehr gefreut, seinen geschätzten Kollegen begrüßen zu dürfen. Mein Vater wäre zweifellos entzückt über meine Wahl gewesen. Ich ärgerte mich, nicht selbst auf diesen Gedanken gekommen zu sein. Andererseits verkehrte ich mit Luise mittlerweile sehr eng, aber hatte sie eingedenk meiner Erlebnisse in Italien noch gar nicht gefragt, ob sie meine Frau werden wolle.

Die Silvesterfeier war ausgesprochen pompös. Der Gastgeber hatte an nichts gespart, um seine Gäste zu beeindrucken. Die Anwesenden stellten die höhere Gesellschaft von Boulogne dar. Reiche Kaufleute, bedeutende Mitglieder des Magistrats, Steuerpächter und Verwaltungsbeamte, auch drei Herren mit wohlklingenden Adelstiteln und ihren Familien waren gekommen. Die Tische im großen Speisesaal bogen sich unter der Last der kunstvoll präsentierten

Delikatessen. Zur Unterstützung seines eigenen Küchenpersonals hatte Cuvillier auch die Mitarbeiter des „Taureau Excitant" hinzugezogen, einschließlich des Wirtes und seiner hübschen Tochter. Der alte Kolawski legte mit geschickter Hand den Gästen die Speisen vor, trug dabei weiße Handschuhe und eine gepuderte Perücke und wirkte wie ein höfischer Lakai. Seine Tochter ging ihm zur Hand. Sie trug ein Kleid, das für meinen Geschmack zu viel Einblicke in diejenigen Körperregionen bot, deren Üppigkeit im Allgemeinen die Augen der Männer auf sich zieht.

Meine Freundin wirkte zwischen all den wichtigen Persönlichkeiten und ihrer Geschwätzigkeit, die bald den ganzen Raum erfüllte, etwas verloren. Sie trug wieder ihr schwarzes Samtkleid, das gerade wegen seiner Schlichtheit einen angenehmen Kontrast zu den schmuckbehangenen Paradiesvögeln um sie herum bildete. Ich stellte mich neben sie, denn schließlich gehörten wir doch zusammen. Cuvillier ging von Gruppe zu Gruppe. Machte dort ein Kompliment, da einen frivolen Witz und schien mir ganz in seinem Element. Mein Freund Rockinger kümmerte sich mit großer Aufmerksamkeit um die Dame des Hauses und Vater Bonhomme diskutierte mit einigen älteren Herren die Aufstände in Amerika und die Finanznöte des Königs. Ich fragte Luise, ob sie jetzt nicht gerne woanders wäre, und sie nickte lächelnd.

So begann für uns beide das Jahr 1776 und der Mitternachtskuss war für mich noch zärtlicher als im Jahr zuvor. Ich freute mich auf ein glückliches neues Jahr.

Mit wachsender Ungeduld erwartete ich den Antwortbrief meines Vaters. Ich ging nach wie vor ganz vertraut im Hause der Bonhommes ein und aus und mit meiner Luise regelmäßig zur Messe und zu verschiedenen Andachten. Obwohl unser kleines Liebesnest wegen der winterlichen Kälte verschlossen blieb, besuchte ich meine Freundin so oft, wie es mir meine Aufgaben in der Station ermöglichten. Wir konnten zusammen sein und das genügte mir. Immer vorsichtiger tastete ich mich an die alles entscheidende Frage heran: Ich wollte wissen, ob sie sicher sei, der einzig Richtige habe schon ein Auge auf sie geworfen und ob sie erkannt habe, dass er sie liebte. Sie bejahte diese Frage mit großer Ernsthaftigkeit und machte mich damit glücklich. Ein anderes Mal fragte ich Sie, ob sie sich ein Leben außerhalb dieses Hauses vorstellen könnte und bereit wäre, den Rest ihres Lebens vielleicht fern von Vater und Mutter zu leben, vielleicht sogar in einer Umgebung mit zunächst unbekannten und fremden Menschen. Auch hier war die Antwort eine eindeutige und mit großem Ernst vorgebrachte Bestätigung. Um ihr meine unverbrüchliche Zuneigung und Liebe zu beweisen, schwor ich ihr, ich sei bereit, meinen protestantischen Glauben aufzugeben und mich katholisch taufen zu lassen, wenn ich meine Ehefrau damit glücklich machen könnte. Luise strahlte vor Freude.

Nach langer Wartezeit, die mir wie eine Ewigkeit vorkam, traf der Antwortbrief meines Vaters in der Posthalterei ein. Mein Vater schrieb mir, dass er mich zu meiner Wahl beglückwünsche und nichts lieber tue, als mir zur Verlobung den väterlichen Segen zu geben. Auch von Cuvillier habe er ein Schreiben in dieser Angelegenheit erhalten. Mein Lehrherr habe Mademoiselle Bonhomme in den höchsten Tönen gelobt. Sowohl ihre gute Herkunft als auch ihre untadeligen Sitten würden sie zu einer idealen Lebenspartnerin für mich machen. Ihre Schönheit würde in ganz Boulogne gerühmt und mein Vater würde sich vom Wahrheitsgehalt dieser Beurteilung überzeugen können, wenn er zur Hochzeit nach Boulogne käme.

Es war gerade Karneval und ich beschloss, mich an Ostern mit Mademoiselle Bonhomme zu verloben. In diesem Jahr sollte mein Aufenthalt in Frankreich sowieso zu Ende sein, wir würden im Sommer heiraten und ich wäre spätestens an Weihnachten mit meiner geliebten Frau wieder zu Hause in Diemerstein.

Am Donnerstag vor Aschermittwoch, den man in Frankreich den „fetten Donnerstag" nannte und alles in gelöster und heiterer Stimmung war, suchte ich meine künftige Frau auf. Ich wollte zuerst mit ihr reden und danach gleich offiziell bei ihrem Vater um ihre Hand anhalten.

Luise küsste mich freudig und zärtlich zur Begrüßung. Als ob sie den Grund meines Besuches geahnt hätte, trug sie wieder das schöne schwarze Samtkleid, das mir an ihr so gefiel. Ich hatte die Kette aus Spoleto mitgebracht, die Ruth einen Sommer lang getragen hatte und stellte mir vor, wie reizend sie auf dem Kleid wirken musste.

Luise hörte mir ruhig zu. Die Worte meines Antrages hatte ich mir schon seit langem überlegt, ich wollte nicht die gleichen Sätze sagen wie einst bei Ruth, doch die Situation, die über unser beider Leben entscheidend sollte, kam mir ebenso weihevoll vor wie damals.

Bisweilen begegnen uns Menschen Situationen, von denen wir glauben, wir hätten sie schon einmal erlebt. Je älter ich werde, desto bewusster werden mir solche Ereignisse aus meinem Leben. Bestimmte Erlebnisse scheinen uns so vorbestimmt zu sein. Sie bringen eine Wiederholung schon einmal gemachter Erfahrungen und lassen jedes Mal die gleichen Gefühle in uns zurück, die uns unser Leben lang nicht mehr loslassen.

Als ich meinen Antrag in allem Ernst vorgebracht hatte, fasste mich Luise an beiden Händen. „Charles, du weißt, ich liebe keinen Menschen so sehr wie dich. Deine Gefühle für mich sind aufrichtig und wahr. Jede Sekunde mit dir hat mich glücklich gemacht. Bei dir habe ich mich als Frau gefühlt und bin erwachsen geworden. Ich habe die Liebe genossen und mit dir die Macht der körperlichen Lust erfahren dürfen. Dein Angebot, wegen mir zum katholischen Glauben zu konvertieren, war das schönste Geschenk, das du mir machen konntest. Doch mein Herz und meine Zukunft gehören einem anderen."

Bei diesen Worten war ich zu Tode erschrocken. Nach all dem, was wir gemeinsam erlebt hatten, nach all den Beweisen ihrer Zuneigung und Liebe, war ich vollständig verwirrt. Ich dachte, der Boden müsste sich unter mir auftun und mich verschlingen. Warum hatte sie mir niemals verraten, dass es noch einen anderen Mann für sie gibt, warum hatte mich Cuvillier, der doch sonst alles wusste, nicht gewarnt?

Wie sich herausstellte, konnte auch mein kluger Lehrherr, nicht einmal die Eltern in die tiefsten Winkel von Luises Seele blicken.

Mit aller Zärtlichkeit und Rücksicht erinnerte sie mich daran, sie habe mir bei unserem ersten Treffen in Cuvilliers Pavillon anvertraut, sie warte nur auf den Einen, dem sie ganz angehören wollte. Dieser Eine habe sie gefunden und es sei ihr Herr und Heiland Jesus Christus. Da sie davon überzeugt war, ich würde heute um ihre Hand anhalten, habe sie gestern Mittag ihren Eltern ihre unverbrüchliche Entscheidung mitgeteilt. Sie wollte den Schleier nehmen und in dem Kloster, in dem sie auch ausgebildet worden war, ihrem Gott als Nonne dienen. Ihr Entschluss stehe fest und sie habe ihn sich wohl überlegt.

Als sie aus meinen Augen mein Entsetzen ablesen konnte, tröstete sie mich: „Mein lieber Charles, ich habe dir vorhin gesagt, ich werde keinen Menschen mehr so lieben wie dich. Du hast mir so viel Liebe geschenkt und Erfahrungen vermittelt. Ich werde niemals in meinem künftigen Leben das Gefühl haben, ich hätte etwas versäumt. Alles, was diese Welt an Schönem zu bieten hat, habe ich bei meinen Eltern und bei dir erleben dürfen. Die Erinnerung an dich und die Liebe zu dir wird mich ein Leben lang begleiten. So wie meine Liebe auch dich immer begleiten wird, wo auch immer du in deinem Leben sein wirst."

Ich kannte meine Freundin zu gut, als dass ich auch nur versuchen könnte, sie umzustimmen. Ihre Entscheidung war reiflich überlegt und nicht umkehrbar. Ich fragte sie nur, wie ihre Eltern diese Mitteilung aufgenommen hätten, und sie versicherte mir, ihr Vater sei ein sehr gläubiger Mensch und die Alternative, eine Braut Gottes zu werden, anstatt die eines jungen Mannes, der ihm als Schwiegersohn sehr recht gewesen wäre, habe er als treuer Katholik demütig akzeptiert. Denn wenn sich Gott für einen Menschen entschieden hat, dann darf auch ein Vater nicht den Willen des Allerhöchsten anzweifeln.

Luise sagte noch: „Ich werde immer für dich beten, dafür, dass du eine gute Frau findest, eine glückliche Familie hast, in Wohlstand und Sicherheit ein hohes Alter erreichen wirst. Ich werde irgendwie immer bei dir sein."

Heute, an dem Tag, an dem ich dies niederschreibe, muss ich erkennen, dass die Gebete meiner treuen Freundin gewirkt und den Segen des Herrn auf mich herabgerufen haben, und dafür bin ich ihr dankbar.

Zu den wertvollsten Erfahrungen meiner Jugend gehört die Fähigkeit, durch ernsthafte Arbeit Enttäuschungen und Bitternisse hinter mir zu lassen. So stürzte ich mich entschlossen in meine Pflichten in der Posthalterei, übernahm so viele Aufgaben wie möglich und war überall zur Stelle, wo meine Dienste gebraucht wurden. Cuvillier und Sophie waren sehr mitfühlend, ihnen war natürlich mein trauriges Geschick bekannt. Der Posthalter litt darunter nicht viel weniger als ich. Da er keine eigenen Kinder hatte, war es seine unausgesprochene Hoffnung, ich würde nach meiner Hochzeit mit Luise in der Stadt bleiben, könnte sein Nachfolger werden und zudem noch die Geschäfte der Häuser Cuvillier und Bonhomme profitabel zusammenführen.

Nachdem meine geliebte Luise an Ostern als Novizin in das Kloster eingetreten war, schrieb mir ihr Vater noch einen langen Brief. Darin gab er seinem tiefsten Bedauern Ausdruck, dass ich nicht sein

Schwiegersohn werden konnte, obwohl seine Frau und er sich das von Herzen gewünscht hätten. Sein Haus stehe mir nach wie vor offen. Er bot mir sogar an, als Associé in sein Unternehmen einzutreten. Ich lehnte höflich ab mit der Begründung, mein alter Vater benötige mich in Diemerstein.

Der Brief an meine Eltern fiel mir besonders schwer. Ich musste meine Abweisung eingestehen und würde im Herbst ohne Frau ankommen.

Mein Kollege Rockinger war so mitfühlend, dass er mich niemals mehr auf Luise ansprach, und im Gegensatz zu Lamberti in Italien hatte er keine Cousinen in Frankreich. Wie weit der sittliche Verfall damals schon fortgeschritten war und wie recht doch meine Luise hatte, sich von dieser Welt abzuwenden, machte mir ein Erlebnis aus dem Frühsommer deutlich.

In den Ladengassen, bei den Fischern am Hafen und besonders in den ärmeren Wohnvierteln, in die mich mein Postdienst nur selten führte, machte sich zunehmende Armut breit. Die Geschäfte Cuvilliers liefen zwar noch ohne Probleme, vielleicht besser als zuvor, dennoch lag eine allgemeine Unzufriedenheit mit der Situation in der Luft.

Ein mit meinem Chef befreundeter Adeliger, der häufig bei uns wegen Darlehen vorsprach oder weil er ein Stück Land verkaufen wollte, schilderte uns die Situation mit bewegten Worten.

In früheren Zeiten, lange vor Ludwig XIV., den man den Sonnenkönig nannte, habe der Adel im Land noch eine wichtige Funktion gehabt. Die Monarchen fürchteten sich vor ihm und es habe auch schon kriegerische Auseinandersetzungen mit dem Herrscher gegeben. Nun habe der König den Adel völlig in seiner Hand. Frankreich sei Paris und Paris sei Versailles. Wer sich nicht ständig am Hof zeige, an den diversen Lustbarkeiten des Herrschers teilnehme, nicht in das Spinnennetz der allgegenwärtigen Intrigen eingebunden sei, habe seine Daseinsberechtigung verloren. Wenn König Ludwig über einen Edelmann sage, er kenne ihn nicht, dann sei dieser und seine ganze Familie in Hofkreisen erledigt und könne sich keine Hoffnung mehr auf irgendeine Stelle oder finanzielle Zuwendungen machen. Das Leben in Versailles sei extrem teuer und die Kosten könne man nur bestreiten, wenn durch die Gunst des Königs eine einigermaßen erträgliche Stellung oder Pension erreicht worden sei. Selbst eine gut dotierte Stelle reiche oft nicht aus, um sich standesgemäß am Hof präsentieren zu können. Viele Adelige seien daher hoch verschuldet und müssten immer mehr der ererbten Güter verkaufen oder beleihen. Das Hofleben bestehe nur aus einer endlosen Reihe von Vergnügungen und Lustbarkeiten, die immer weiter gesteigert würden, je mehr der einmal genossene Reiz verblasse.

Der Baron war im Grunde seines Herzens ein guter, bodenständiger Nordfranzose geblieben, aber um seinem Sohn eine angemessene Stellung bei der Armee zu verschaffen, musste er seine einzige Tochter mit einem fetten Günstling des Königs verheiraten, von dem bekannt war, dass er sich nebenher mehrere Geliebte hielt. Er hatte gehofft, der neue Monarch würde mit der Weiberwirtschaft aufräumen und sich nicht weiter von seinen Maitressen beeinflussen lassen. Doch der interessiere sich mehr für die Marzipanherstellung als für die Politik und die Sittenlosigkeit seiner Höflinge sei durch nichts mehr zu überbieten.

Mich berührten die Erzählungen des Mannes sehr. Ich hoffte nur, unser guter Kurfürst Karl Theodor sei ein weiserer Herrscher und ich hoffte für meinen Freund Karl, der mit der Tochter des sächsischen Kurfürsten offenbar glücklich verheiratet war, in seinem kleinen Herzogtum ginge es anders zu als am Hof des französischen Königs. Damals wusste ich es noch nicht besser.

Eines Tages erteilte mir mein Chef einen Spezialauftrag, wie er es nannte: Es handele sich um eine Angelegenheit von gewisser Delikatesse und erfordere höchste Diskretion, auf die er sich bei mir vollständig verlassen könne. In unserem Gasthof würden bald einige Künstler aus Paris eintreffen, die für ein paar Tage bei uns logieren wollten. Obwohl ich schon seit Langem nicht mehr im Kutschendienst eingesetzt worden war, sollte ich diese Personen zu einem verschwiegenen kleinen Schloss in der Nähe der Stadt bringen, dort auf sie warten und sie sicher wieder zurückfahren. Im Grunde war das eine Aufgabe, die jeder unserer Kutscher hätte genauso gut erledigen können, und ich wunderte mich, warum ausgerechnet ich damit betraut wurde.

Ich war neugierig und am Tag nach der Ankunft der Künstler in der Station begab ich mich zum Gasthof, um mir meine Fahrgäste einmal näher anzusehen. Maquereau zeigte mir den Tisch, an dem sie ihr Abendessen einnehmen sollten. Er hatte seine Gäste schon begrüßt und wusste zu berichten, es seien Tänzer aus dem Ballett der Oper in Paris, drei Frauen und zwei Männer. Als sie aus ihren Kammern herunterkamen, war ich irritiert. Was da kam, waren noch halbe Kinder, keines der Mädchen dürfte älter als siebzehn Jahre gewesen sein. Jacques, der neben mir stand, raunte mir zu, das sei so üblich. Die Karrieren der Künstler würden schon sehr früh beginnen und meist mit einem Engagement im Ballett, denn in den meisten Fällen reiche die Stimme für eine Gesangsnummer nicht aus. Die 13- oder 14-jährigen Mädchen wollten vor allem dem männlichen Publikum gefallen und ihr erklärtes Ziel sei es, sich möglichst rasch einen Liebhaber zu angeln, der sie aushalte. Ich war entsetzt und erwiderte, das seien noch halbe Kinder, doch der Wirt klärte mich auf: Gerade die alten Lüstlinge, die in allen Perversitäten erfahren seien, reize die Jugend der Gespielinnen. Als ich ihn darauf aufmerksam machte, dass auch zwei Jungen bei der Truppe seien, quittierte er meinen Einwurf nur mit einem schmierigen Grinsen.

Am Abend fuhr ich mit einer Kutsche vor und nahm die Schar in Empfang. Sie lachten und schwatzten durcheinander und freuten sich ganz offensichtlich auf das Ereignis, das sie erwartete. Unter weiten, manchmal viel zu großen Mänteln trugen sie Theaterkostüme. Bei der Abfahrt fragten sie mich, wohin die Reise gehe und ich gab ihnen unser Ziel mit dem Namen des Schlosses und seines adeligen Besitzers an. Die Mädchen jauchzten vor Freude und klatschten begeistert in die Hände. Als wir ankamen, war das Gebäude schon rundum hell erleuchtet. Fackeln flackerten im Wind auf dem Weg zum Portal. Davor stand schon eine Reihe großer und teilweise sehr kunstvoll verzierter Karossen. Die Kutscher warteten bei ihren Pferden. Meine Fahrgäste konnten gar nicht schnell genug aussteigen und liefen mit Begeisterung einem Lakaien entgegen, der unsere Ankunft schon erwartet hatte und sie ins Haus führte. Ich gesellte mich zu den anderen Fuhrleuten, die sich um ein Feuer versammelt hatten. Ich stellte mich ihnen als Charles, der Kutscher aus der Posthalterei von Boulogne vor. Sie nahmen mich in ihre Mitte. Ein großer Krug mit Branntwein machte die Runde und ich konnte der Gemeinschaft auch noch etwas Wärmendes aus dem Vorrat unter meinem Kutschbock beisteuern. Die meisten meiner Kollegen waren Bedienstete irgendwelcher adeliger Herren. Sie waren teilweise von weit her angereist und übernachteten in den Adelshäusern der näheren Umgebung. Am kommenden Tag sollten die Kutscher wieder zur Rückfahrt nach Paris bereit sein.

Alle wussten, was sich da gerade im Palais abspielte, denn sie hatten schon häufig solche Reisen unternommen. Die noblen Herrschaften trafen sich in regelmäßigen Abständen in einem abgelegenen Schloss. Dort wurde erst ein üppiges Diner mit viel Wein eingenommen. Frauen waren nicht zugelassen. Die kamen erst später dazu. Meist seien das Künstler aus Paris, die sich sogar noch freuten, zu diesen Gesellschaften eingeladen zu werden. Je jünger, desto besser. Auch junge Männer seien dabei, denn die Gastgeber hätten einen vielseitigen Geschmack. Da die Kinder meist halb verhungert waren, wurden sie zuerst mit den Resten des Buffets abgespeist und mit reichlich Wein betrunken gemacht. Dann sollten sie ein sogenanntes Schäferspiel aufführen, in dessen Verlauf sich auch die anwesenden Herren an der frivolen Handlung beteiligten. Die Darbietung würde regelmäßig in einer wüsten Orgie aller Beteiligten enden und dauere bis zum frühen Morgen.

Ich stellte mich also auf eine lange Nacht ein, versorgte die Pferde und hüllte mich in meinen schweren Kutschermantel. Wir unterhielten uns über dies und das. Ich lernte dabei viel über das Leben des Adels in Versailles kennen und fand die Berichte, die ich darüber bereits gehört hatte, bestätigt. Ein sehr alter Fuhrmann mit schneeweißem Haar bemerkte, er glaube, es gehe so nicht mehr lange gut. Was er damit meinte, verstand ich damals noch nicht.

Der Morgen graute schon und ich hatte wie meine Kollegen ein wenig auf den Sitzen im Wagen geschlafen. Da öffnete sich die Tür des Anwesens. Auch in den anderen Karossen wurde es lebendig. Meine Passagiere vom Vorabend wurden von einem Diener in Richtung meiner Kutsche geführt. Während sie am Abend zuvor noch einigermaßen höflich geleitet wurden, boten sie nun eher das Bild einer Schafherde, die vorangetrieben wird. Ich ließ sie einsteigen. Ihre Kostüme waren teilweise zerrissen. Zwei Mädchen weinten. Ich sah frisches Blut an ihren Strümpfen. Die beiden Jungen zeigten sich gegenseitig mehrere große Goldstücke. Das dritte Mädchen erzählte voll Stolz, ein Baron wolle sie wiedersehen und habe sie zu sich eingeladen. Sie war, wie ich erkennen konnte, ziemlich betrunken. Während der Fahrt zurück schliefen sie alle ein, sogar die weinenden Mädchen waren verstummt.

In der Station übergab ich sie alle dem bereits wartenden Maquereau. Nach kurzer Rast sollten alle auf den Weg nach Paris gebracht werden. Das Gepäck stand bereits im Hof, ein Frühstück war nicht vorgesehen und die Postkutsche stand schon abfahrbereit.

Als ich an diesem Tag den Posthalter in seinem Büro traf, fragte ich ihn ganz beherzt, in welche teuflische Posse er mich da verwickelt hätte. Er bestätigte mir die Erzählungen der anderen Fuhrleute und bewies mir damit, dass er über diese Angelegenheit umfassend informiert war. „Lieber Charles, ich habe dir während dieser Zeit bei mir vieles gezeigt, was du bisher nicht gekannt hast. Du hast dabei Dinge gesehen, die man besser nicht sehen sollte. Aber du solltest diese Dinge gesehen haben, damit sich dein Bild von der Welt abrundet. Es wird hier und auch bei euch in Deutschland viel geschehen, was du dir jetzt noch gar nicht vorstellen kannst. Ich will deinen Blick auf die Menschen und ihr Verhalten erweitern. Du sollst die richtigen Entscheidungen treffen und die richtigen Schlüsse ziehen können, wenn es darauf ankommt. Das wird sehr bald nötig sein."

Das erinnerte mich an die weisen Worte Keralios und ich erkannte, es gibt keinen Unterschied zwischen dem Pöbel und dem Adel, wenn es um die Befriedigung der niedrigsten Bedürfnisse geht.

Meine Zeit in Boulogne ging zu Ende. Das Tagesgespräch war gerade die Loslösung der Rebellenstaaten in Nordamerika vom britischen Mutterland. Die Staaten verkündeten im Juli ihre Unabhängigkeit und hießen nun Vereinigte Staaten von Nordamerika. Sie wollten von einem Herrscher mit königlicher Macht regiert werden, den sie aber Präsident nannten und der vom Volk nur für eine bestimmte, genau begrenze Zeit gewählt werden sollte. Ich fragte mich, ob das gut gehen könnte.

Vor meiner Abreise besuchte ich Monsieur Bonhomme und dankte ihm dafür, mich wie einen Sohn bei sich aufgenommen zu haben. Ich dachte kurz daran, ihn zu bitten, Luise zu grüßen, wenn er sie einmal wieder sehe. Doch ich verzichtete darauf, denn ich wollte weder bei ihr noch bei mir alte Wunden aufreißen.

Zum Schluss verabschiedete ich mich von meinen Kollegen in der Station und begab mich zu Monsieur Cuvillier und seiner Frau. Ich dankte ihnen für alles, was sie für mich in den letzten Jahren getan hatten, und versicherte ihnen stets in Ehrerbietung und Treue verbunden zu bleiben.

Dann setzte ich mich in die Kutsche und machte mich auf den Weg in die Heimat, um viele Erfahrungen, aber auch eine Enttäuschung reicher.

Die lange Fahrt in die Pfalz mit ihren zahlreichen Pferdewechseln und Übernachtungen verlief sehr unterhaltsam. Es gab viel zu sehen und ich hatte eine sehr angenehme Reisegesellschaft. Auch die Zeit von Josef Rockinger in Boulogne war zu Ende gegangen und wir konnten es so einrichten, dass wir gemeinsam fuhren. Bei dieser Gelegenheit gestand er mir sein geheimes Liebesverhältnis zu Sophie und erzählte mir vom tränenreichen Abschied. Dabei riet er mir, Luise zu vergessen, die jetzt eine Braut Jesu sei, und wenn der oberste Chef sich in ein Mädchen verliebt habe, dann sei es schon in Ordnung. Besonders ich als Protestant sollte mich da nicht einmischen. Dabei lachte er.

Rockingers Pläne für sein Leben waren nun etwas anders als vor seiner Lehrzeit bei Cuvillier. Er hatte vor, die Nachfolge in der väterlichen Posthalterei seinem jüngeren Bruder Korbinian zu überlassen, und wollte sich auf das Handelsgeschäft verlegen. Er tadelte mich auch ein wenig, warum ich das generöse Angebot von Bonhomme nicht angenommen habe, mich als Teilhaber in sein Handelsgeschäft aufzunehmen.

Wir unterhielten uns auch lange über die politische Situation in Frankreich. Sepp meinte, sie wäre gar nicht so übel. Geld sei genug in diesem Land, es sei nur in der Hand der falschen Leute.

Unter solchen angeregten Unterhaltungen kamen wir in Diemerstein an. Rockinger blieb noch ein paar Tage in unserer Poststation. Ich zeigte ihm meinen Wald, auf den ich früher so stolz gewesen war und der mir jetzt nach all den Jahren fremd erschien. Auch sonst hatte sich viel verändert

Meine Eltern empfingen mich mit großer Freude. Es machte sie glücklich, mich wieder bei sich zu haben. Mein Vater bedauerte die geplatzte Verlobung, er hätte sich gut eine junge Französin in unserer Posthalterei vorstellen können. Nur meine Mutter und meine Schwestern schienen erleichtert darüber zu sein, dass mit mir nicht eine Frau gekommen war.

Das nahm ich ihnen nicht übel. Meine Mutter war eine sehr liebevolle Frau, deren Zuneigung ich stets spüren konnte, solange sie noch unter den Lebenden weilte. Mein Vater hätte sich keine bessere Frau wünschen können. Sie war ruhig und doch an vielen Dingen interessiert. Sie stammte aus einer Försterfamilie und vermittelte mir die Liebe zum Wald und zur Natur. Die Eltern hatten ein schönes Zusammenleben und waren so für mich immer ein Vorbild.

Mein Bruder Johannes hatte mittlerweile eine kleine Tochter, die auf den schönen Namen Amalie getauft worden war. Auch meine älteste Schwester war bereits verheiratet. Das hatte sie mir nach Frankreich geschrieben. Ich hatte es damals sehr bedauert, dass ich an ihrer Hochzeit nicht hatte teilnehmen können. Charlotte hatte einen Beamten der kurpfälzischen Rentkammer in Speyer geheiratet und erwartete bald ihr erstes Kind. Marie war mit einem Magistratsbeamten aus Zweibrücken verlobt, den sie in unserer Posthalterei kennengelernt hatte. Sie freute sich schon auf die Hochzeit, die im Frühjahr stattfinden sollte, sobald man wieder im Freien sitzen kann.

Nach meiner Rückkehr konnte ich meinem Vater zeigen, was ich in der Fremde gelernt hatte. Die Kutscher und Postillione sahen in mir schon ihren künftigen Chef und nahmen bereitwillig meine Anweisungen entgegen. Ich war längst nicht mehr das kleine Karlchen, sondern Karl Adolf Ritter, der in der Fremde zum Posthalter geworden war.

Die Hochzeit von Marie mit Peter Hudlet in der Station, an der ganz Diemerstein und halb Frankenstein teilnahmen, die Taufe des kleinen Theodor, den meine Schwester Charlotte auf die Welt gebracht hatte und zu der wir nach Speyer fuhren, waren willkommene Abwechslungen.

Das Wichtigste in diesem Jahr war allerdings der Erwerb der alten Schäferei.

Schon in den Jahren, in denen ich in Frankreich weilte, war mein Vater in Verhandlungen mit dem Grafen Casimir Kolb von Wartenberg getreten, um die alte Schäferei und die umliegenden Grundstücke zu erwerben. Der Graf befand sich in permanenten Geldnöten und die Verhandlungen mit der wartenbergischen Verwaltung und deren Beauftragten in Fischbach verliefen zu unserer Zufriedenheit. Der adelige Herr brauchte Geld, gleichgültig von welcher Seite. Als mein Vater dabei den Eindruck erwecken konnte, es sei ihm mit dem Kauf gar nicht so dringend und er hätte anderweitig günstigere Angebote, ging der Graf mit seinen Forderungen deutlich herunter. Gleichzeitig fuhr ich im Auftrag meines Vaters mehrere Male nach Mannheim zur zuständigen Verwaltung der Kurpfalz. Wir wollten mit der neu erworbenen Schäferei nicht Untertan irgendeines kleinen, unwichtigen Fürsten sein, sondern stellten den Antrag, das Gebiet rund um die alte Schäferei, die ja in Urzeiten zum Fischbacher Kloster gehört hatte, der Kurpfalz zuzuschlagen. Damit wären wir sowohl in der Posthalterei in Diemerstein als auch mit dem dazugekauften Land Untertanen Seiner kurfürstlichen Gnaden. Um den Verkauf endlich perfekt machen zu können und weil die Geldnöte wohl immer dringender wurden, stimmte der bankrotte Casimir schließlich dieser winzigen, aber für mich wichtigen Erweiterung des Kurfürstentums zu. Ein Abgesandter der kurfürstlichen Verwaltung in Mannheim überbrachte uns zwei sorgfältig ausgearbeitete Dokumentrollen mit dem Erbbestandsbrief und einem genauen Plan des neuen Besitzes, zu dem auch ausgedehnte Waldungen gehörten. Stolz zeigte ich die farbige Karte mit den Grenzsteinen meinen Eltern.

Die Posthalterei war von dort zu Fuß schnell zu erreichen und mit dem Pferd kam man in wenigen Minuten in der Station an. Wir beauftragten einen tüchtigen Baumeister aus Hochspeyer mit der Errichtung eines Hofgebäudes. Das uralte Haus, in dem früher der Schäfer mit seiner Familie gewohnt hatte, blieb vorerst unverändert, daneben erhob sich bald ein neuer Scheunenbau, darin eine gute Küche, ein geräumiger Gesindesaal und mehrere kleine Kammern für das Personal. Um den Hof wie ein großes offenes Viereck zu umfrieden, wurde an der Ostseite noch ein Wohnhaus errichtet, in dessen Erdgeschoss die Stallungen für das Vieh vorgesehen waren. Die Wohnung im ersten Stock umgaben wir mit einem Wehrgang, zu dem eine Treppe hinaufführte.

In den Türsturz am Eingang zum neuen Wirtschaftsbau meißelte der Steinmetz den Namen meines Vaters, Sigmund Ritter und die Jahreszahl 1778.

Die große Welt außerhalb Diemersteins wurde mir allmählich fremd. Aus den Zeitungen und von Gästen erfuhr ich, unser weiser Kurfürst Karl Theodor habe Mannheim verlassen und seinen Hof nach München verlegt. Er trug nun zwei Kurfürsten-Hüte, den der Kurpfalz und den Bayerns. Die Mannheimer fürchteten den Niedergang ihrer Stadt. München schien unserem Kurfürsten auch nicht sonderlich behagt zu haben. Rockinger schrieb mir von einem unschönen Eklat: Als ein gewisser Bruder Barnabas, Bierbrauer eines Münchener Klosters, auf dem Nockerberg den neuen Kurfürsten mit einem Krug Bier begrüßte und die salbungsvollen Worte sprach: „Gegrüßet seist Du, Vater des Vaterlandes“, habe Karl Theodor den Trunk verweigert und nach Wein verlangt. Das kam bei den Münchnern gar nicht gut an.

Bisweilen kam auch Herr Mannlich auf der Durchreise in unsere Station. Obwohl ich ihn immer wieder herzlich einlud zu rasten oder wie früher ein paar Tage bei uns zu verbringen, eilte er nach dem Pferdewechsel immer weiter. Er entschuldigte sich damit, er sei jetzt leider kein Maler mehr, sondern als Generalbaudirektor in den Diensten des Herzogs. Dieser habe begonnen, in Homburg bei Zweibrücken ein Schloss zu errichten. Vor lauter Arbeit wisse er manchmal gar nicht mehr, wo ihm der Kopf stehe. Auch für seine liebe Frau Barbara und die Kinder habe er viel zu wenig Zeit.

Das einzige außergewöhnliche Ereignis für mich war in diesem Jahr eine Fahrt nach Straßburg.

Ich möchte nicht ausschließen, dass mein Vater vermutete, ich würde mich in der Einsamkeit unserer Station langweilen. Er gab mir den Auftrag, nach Straßburg zu reisen, um in der dortigen Poststation einige Kutschen zu besichtigen, die günstig zum Kauf angeboten würden. Der dortige Posthalter sei in Vermögensverfall geraten und wolle sich von einem Teil seiner Fahrzeuge trennen.

Als ich nach einigen Tagen in Straßburg ankam und die besagte Poststation besuchte, musste ich feststellen, dass die besten der zum Verkauf stehenden Kutschen bereits von Posthaltern der näheren Umgebung aufgekauft worden waren. Was da noch im Hof stand, war verbraucht und unansehnlich und würde nicht einmal mehr die Fahrt nach Diemerstein überstehen.

Vom guten Mannlich hatte ich erfahren, dass mein alter Freund Max in Straßburg weilte, wo er ein hoher Offizier in einem Fremdenregiment, dem sogenannten Royal Alsace geworden sei. Also wollte ich es zumindest einmal versuchen, Max wieder zu sehen.

Ihn zu finden war nicht schwer, denn der Prinz von Pfalz-Zweibrücken hatte ein überaus stattliches Gebäude bezogen und jedermann konnte mir den Weg zum sogenannten Zweibrücker Hof weisen.

Ich sprach beim Wachmann am Eingangstor vor und bat, mich bei Seiner Durchlaucht zu melden. Zu meinem Erstaunen stellte der Posten keine Fragen, sondern verwies mich direkt an die Eingangspforte des Hauses. Dort traf ich auf den Portier und wiederholte meine Bitte, wobei ich hinzufügte, Karl Ritter aus Diemerstein würde sich freuen, Seiner Durchlaucht seine untertänigste Aufwartung machen zu dürfen. Er verschwand im Haus und ich war mir sicher, gleich würde er mit der Meldung zurückkommen, Seine Durchlaucht empfange nicht und ich solle mich mit meinen Anliegen irgendwo anders hinwenden. Zu meinem Erstaunen kam der Mann nach kurzer Zeit wieder, diesmal begleitet von einem älteren Herrn, ich vermutete, dem Majordomus, und teilte mir mit, der Prinz lasse bitten. Ich musste gar nicht lang in irgendeinem Vorzimmer warten. Wie ich schnell bemerkte, ging es im Haus zu wie in einem Taubenschlag. Menschen kamen und gingen. Ich vermutete, es waren weniger Verwaltungsbeamte und Offiziere als Maler, Dekorateure und Tapezierer.

Als ich beim Prinzen vorgelassen wurde, erkannte ich den Max von früher kaum wieder. Aus ihm war inzwischen ein stattlicher, junger und hübscher Kavalier geworden. Er erschien mir größer, als ich ihn in Erinnerung hatte. Ich verneigte mich vor ihm in bester höfischer Etikette und sah nicht zu ihm auf, ehe er mich angeredet hatte. Mit gesenktem Blick begrüßte ich ihn: „Durchlaucht, gestattet es dem pfälzischen Postmeister von Diemerstein, Euer Gnaden seine untertänigste Aufwartung zu machen und die besten Grüße der Menschen dieses Ortes Euch zu Füßen zu legen.“ Mit einer knappen Handbewegung scheuchte Maximilian Joseph die beiden Männer, die mit mir eingetreten waren, hinaus und kam auf mich zu. „Karl, was ist denn mit dir passiert? Du redest auf einmal so wie die Speichellecker in Paris. Komm her und lass dich von deinem Freund Max in den Arm nehmen.“ Er kam auf mich zu und umarmte mich fest. Mir fiel auf, dass er keine Perücke trug, und unter dem Puder waren die schwarz-braunen Haare gut zu erkennen. Seine blaugrauen Augen, die sich nicht verändert hatten, funkelten vor Freude. „Ich freue mich, dass du mich hier besuchst. Ich hoffe, du findest den guten Max nicht zu sehr verändert." Maximilian Joseph nahm sich viel Zeit und ich glaube, er war froh, wieder mit einem alten Vertrauten plaudern zu können. Er schimpfte ganz offen über seinen Bruder, den neuen Herzog, der ihn finanziell an der ganz kurzen Leine hielt und ihm nicht einmal die Herrschaft über die kleinen Ländereien im Elsass überlassen wolle, die er direkt von seinem Vater geerbt habe. Unverblümt klagte er über seine ständigen Geldnöte und wie teuer das Leben in Straßburg, aber besonders bei seinen Besuchen in Paris sei. Beinahe fürchtete ich, er könnte mich anpumpen.

Er erzählte auch viel Interessantes über gemeinsame alte Bekannte. Der gute Keralio sei jetzt wieder bei der französischen Armee in hoher Position. Er organisiere die Ausbildung des Offiziersnachwuchses und die Militärschulen neu. Die liebe Gräfin Forbach habe sich nach dem Tod ihres Mannes Christian nach Forbach in ihr kleines Schlösschen zurückgezogen und ihre Söhne Christian und Wilhelm machten gerade im Regiment Royal Deux-Ponts Karriere. Dass dies auch das Regiment meines Bruders war, vernahm er mit großer Freude. Die Frage, ob ich schon eine Frau gefunden hätte, musste ich verneinen und mein guter Freund ermahnte mich, nicht zu früh eine Bindung einzugehen. Wir beide seien noch jung und viele hübsche Mädchen warteten da draußen. Er verabschiedete mich mit großer Freundlichkeit und trug mir auf, Mannlich zu grüßen, wenn ich ihm wieder begegnete. Sooft ich nach Straßburg käme, sollte ich ihn besuchen, sein Palais stehe jederzeit für mich offen. Ich müsste der Wache am Tor nur die Parole „Diemerstein" zurufen.

Mein Vater war nicht traurig darüber, dass ich keine Kutschen mitbrachte, und ich denke mir heute, er hat mich nur auf diese Reise geschickt, damit ich einmal wieder etwas anderes sehe als die Arbeit zu Hause.

Im nächsten Jahr erfuhr ich, das Regiment des Prinzen von Zweibrücken sei nach Landau verlegt worden und mein Freund Rockinger schrieb mir, jedes Mal, wenn der Prinz nach München käme, sei die Bevölkerung ganz außer sich vor Freude. Maximilian Joseph mische sich ganz unbefangen unter die Leute auf der Straße. Man könne mit ihm reden und er habe für jedermann ein freundliches Wort. Viele würden den jungen Wittelsbacher lieber als Kurfürsten sehen als den stets griesgrämigen Karl Theodor.

Sonst ereignete sich in diesen Jahren nicht viel. Ich war mit meiner Situation zufrieden. Bisweilen sah ich mich unter den Mädchen der Umgebung ein wenig um, doch die Erinnerung an Francesca, Ruth, Angelica und Luise, ließen sie mir wenig begehrenswert erscheinen.

Aus meiner heutigen Sicht muss ich feststellen, dass diese Zeit letztlich nur die Ruhe vor dem großen Sturm war.

Venedig

Meinem guten Vater blieb nicht verborgen, dass ich meine Arbeit in Diemerstein zwar gehorsam und fleißig ausübte, aber meine Gedanken immer wieder hinaus in die Fremde gingen. Ich las mit Begeisterung die Briefe, die mir mein Freund Rockinger aus München schrieb und durch die ich erfuhr, welchen Erfolg er mittlerweile als Geschäftsmann hatte. Bisweilen reiste er auch nach Paris und machte regelmäßig in Diemerstein Station. Er hatte dabei stets viel zu berichten und fand in mir einen interessierten Zuhörer.

Schließlich bat mich mein Vater um ein Gespräch in seinem Büro. Er fühle sich zwar alt, aber dennoch jung genug, die Station mit seinen Leuten eine Zeitlang ohne meine Hilfe zu führen. Das könnte sich aber von einem auf den anderen Tag ändern. Daher sollte ich die Zeit nutzen, um mich noch einmal in der Fremde umzusehen. Ich hätte doch Interesse am Seehandel und es wäre daher günstig, noch eine gewisse Zeit in einer Hafenstadt zu verbringen. Meine Italienischkenntnisse seien eine gute Voraussetzung, um Genua oder Venedig ins Auge zu fassen. Ich war begeistert und dankte dem alten Postmeister aus ganzem Herzen. Mahnend fügte er noch hinzu: „Es ist vielleicht das letzte Mal, dass du so auf Reisen gehen kannst. Später wirst du Diemerstein nie mehr verlassen können. Bei deiner Rückkehr werde ich mich zur Ruhe setzen und dir die Station übergeben."

Diese Worte stimmten mich unendlich traurig. Gleichzeitig, war ich glücklich darüber, noch einmal in die Welt außerhalb unseres Tales hinauszukommen. Inzwischen hatte ich genug Erfahrung und auch Kontakte, diesen Aufenthalt selbst vorzubereiten. Über die Zentrale in Innsbruck bekam ich die Adresse eines Handelsagenten in Venedig und dieser erklärte sich bereit, mich für ein Jahr als Gehilfen in einem venezianischen Handelshaus unterzubringen.

Im Frühjahr 1779 machte ich mich auf den Weg. Die Strecke über die Alpen war für mich wie ein Wiedersehen mit alten Bekannten. Auf manchen Poststationen hatte man mich noch in Erinnerung, obwohl einige Jahre vergangen waren, und nicht selten war man bereit, mich auf dem Kutschbock als Postillion einzusetzen. Da ich keine Angelegenheiten in der Hauptverwaltung zu erledigen hatte, verweilte ich nicht in Innsbruck, sondern fuhr gleich weiter durch Tirol in den Sommer hinein, Richtung Meer.

Die alte Hafenstadt begrüßte mich mit dem schönsten Sonnenschein und ich werde nie vergessen, wie ich zum ersten Mal durch die Kanäle zu meinem neuen Arbeitsplatz fuhr. Das Handelshaus, in dem ich mich vorstellen sollte, war das Unternehmen Fratelli Sciavone und lag im Stadtteil San Polo. Mit einer Gondel, einem kleinen Boot, das von zwei Ruderern durch die engen Kanäle der Stadt fortbewegt wurde, landete ich an dem Gebäude an. Die Eingangspforte lag direkt an der Wasseroberfläche, wie in anderen Städten an einem Weg. Die Kanäle waren hier die Straßen und wurden mit einer gewissen Übertreibung „Rios" genannt. Ein betagter Diener führte mich in den ersten Stock des Handelshauses. Dort empfing mich der Inhaber Signor di Sciavone persönlich. Der Raum war riesengroß, voll wertvoller alter Möbel und dunkler Ahnenbilder. Der Kaufmann erhob sich von seinem lederbezogenen Sessel. Er war schlank und von aristokratischer Erscheinung. Sein Haar war bereits ganz weiß und ich schätzte ihn auf über sechzig Jahre. Seine tiefe und angenehme Stimme gefiel mir: „Herzlich willkommen, Signor Ritter. Es ist mir ein Vergnügen, Ihre Bekanntschaft zu machen. Nehmen Sie bitte Platz." Ich setzte mich auf den Lehnstuhl ihm gegenüber. Es tat mir gut, wieder italienische Laute zu vernehmen, und ich hoffte, mein Italienisch sei immer noch so flüssig wie damals in Spello. „Sie haben mich ersucht, in meinem Handelshaus als Gehilfe mitarbeiten zu dürfen, um das

Geschäft des Warenkaufmanns in einer Hafenstadt zu lernen. Das ehrt mich und mein Unternehmen. Welche Erfahrungen haben Sie bereits in diesem Metier erworben?“ Ich schilderte ihm, ich sei eigentlich bestätigter Posthalter der Reichspost, hätte mir aber während meines Aufenthaltes in Frankreich Grundkenntnisse des kaufmännischen Rechnungswesens und der Warenwirtschaft mit Überseegütern erworben. Sciavone lächelte befriedigt. Wir kamen schnell überein, dass ich schon am darauffolgenden Tag in seinem Kontor arbeiten sollte, er würde mir alles zeigen, was ich zu sehen wünschte und er hoffte, ich würde in Venedig die Angelegenheiten des Seehandels kennenlernen, denen ich mich vielleicht einmal widmen wollte. Zum Abschied gab er mir noch die Anschrift eines Bankhauses, bei dem ich meine Kreditbriefe hinterlegen konnte und die Adresse einer angesehenen Witwe, von der er wusste, dass sie gerne bereit war, Zimmer an Gäste zu vermieten.

Als ich wieder vor das Portal trat, wäre ich fast ins Wasser gefallen. Ein Wasserlauf direkt vor der Tür war für mich ungewohnt. Aus einer vorbeifahrenden Gondel grinsten mich zwei Bootsleute, die meine Unsicherheit bemerkt hatten, unverschämt an und einer von ihnen fragte: „Gondola, Signore?“

Sie brachten mich zum Haus der Witwe und ich traf dort eine ältere Frau von vertrauenswürdigem Aussehen. Sie führte mich in ein kleines Zimmer im zweiten Stock, welches sie mir gern überlassen würde. Der Raum war sauber und angenehm möbliert. Wenn ich mehrere Monate zu bleiben gedächte, könnte sie mir die Kammer nebst einem kleinen Nebenraum gerne vermieten. Der Betrag, auf den wir uns einigten, schien mir recht hoch, doch ich war froh, so schnell untergekommen zu sein. Meine Zimmerwirtin erwähnte, dass in diesem Preis auch ein Frühstück, Reinigung und alle drei Tage frische Bettwäsche inbegriffen seien. Darüber hinaus stehe mir ihre Nichte Signorina Emilia zu meiner Bedienung zur Verfügung, falls ich es wünschte.

Meine erste Nacht in Venedig verbrachte ich in großer Vorfreude. Nachdem ich mich orientiert hatte, unternahm ich einen Spaziergang zum Markusplatz, dem Zentrum der Stadt, und konnte dort das geschäftige Treiben der Gondeln und den Schiffsverkehr auf der Lagune beobachten. Zurück in meinem Zimmer hörte ich das Glucksen der Wellen im Kanal und war bald eingeschlafen.

Am Morgen machte ich mich für meinen ersten Arbeitstag bereit. Ich hatte kaum Gepäck mitgebracht und hoffte, mich am Nachmittag mit Kleidern und Wäsche eindecken zu können. Das Frühstück servierte mir meine Wirtin Frau Mezzana selbst und ließ sich von mir erzählen, woher ich komme und was mich in ihre Stadt geführt habe. Von ihr erfuhr ich im Gegenzug fast ihre ganze Lebensgeschichte. Sie sei eine Cousine des Signor di Sciavone und ihr Mann habe ebenfalls in Venedig ein Handelsgeschäft betrieben. Nach seinem Tod habe Sciavone zu einem sehr guten Preis dessen Waren übernommen und sie vermiete nun Zimmer, um die immensen Kosten für das große Haus zu erwirtschaften. Neben mir habe sie noch sechs andere Mieter. Ich überschlug rasch im Kopf die Summe und kam zu dem Ergebnis, die Witwe sei wohl keine arme Frau. Ihre Kinder seien schon lange aus dem Haus. Ein Sohn sei Gutsverwalter bei einer sehr noblen Familie, der andere ein angesehener Notar. Ihre einzige Tochter sei zu ihrem großen Leidwesen Schauspielerin geworden, habe sich einer Theatertruppe angeschlossen und gastiere auf stets wechselnden Bühnen. Als ich ihr erzählte, ich wolle heute nach dem Dienst noch Kleider und Wäsche kaufen, meinte sie, das sei kein Problem. Sie kenne einen ausgezeichneten Schneider, der komme heute Abend zu mir, werde meine Maße nehmen und in wenigen Tagen könnte ich über eine angemessene Garderobe verfügen. Für die erforderliche Wäsche könne ich mich auf Signorina Emilia verlassen.

Eine Gondel brachte mich wieder zu Signor Sciavone. Comptoir und Magazin befanden sich in dem Haus, in dem ich ihn am Vortag getroffen hatte. Beim Rundgang stellte er mich seinen Mitarbeitern vor. Da war zunächst ein alter Ragioniere mit Namen Antonio, der das Hauptbuch führte, zwei Handlungsgehilfen, ebenfalls schon fortgeschrittenen Alters und ein Magazinverwalter. Ich wunderte mich, wie ein so renommiertes Handelshaus mit so wenigen Bediensteten auskam.

Für heute sollte ich mich an Antonio halten, der mir einen Überblick über die Geschäfte geben würde. Zum Mittagessen erwarte er mich gerne in seinem Portego.

Antonio Malagrida öffnete mir bereitwillig sein Hauptbuch und die Geschäftsunterlagen, die er gerade zur Hand hatte. Ich fühlte mich an meine ersten Tage bei Queon in Boulogne erinnert. Mittlerweile verstand ich von den kaufmännischen Aufzeichnungen schon so viel, dass ich schnell erkannte, wie wenig lukrativ die Geschäfte des Herrn di Sciavone im Vergleich zu den Profiten war, die Cuvillier verbuchen konnte. Als ich die Konten mit den Kosten überflog und mit den Erträgen des letzten Monats verglich, konnte ich schon auf den ersten Blick ein Ungleichgewicht erkennen. Doch ich machte keine Bemerkungen darüber. Vielleicht war dieses Handelshaus sehr stark von saisonalen Schwankungen geprägt.

Gern nahm ich die Einladung meines neuen Chefs an, mit ihm zu speisen. Wir saßen in einem übergroßen Raum, ähnlich dem, in dem er mich empfangen hatte. Zwei ältere Diener servierten das Essen. Wir waren nur zu zweit. Anders als bei Cuvillier versammelten sich nicht alle wichtigen Mitarbeiter beim Prinzipal. Als eine köstliche Fischsuppe aufgetragen wurde, bat mich Signor di Sciavone, doch regelmäßig bei ihm zu speisen. Er würde sich sehr freuen, wenn ich ihm die Ehre meiner Gesellschaft geben würde. Er verriet mir, er fühle sich sehr einsam. Seine Frau sei schon vor Jahren verstorben und Kinder hätten sie keine gehabt. Auch sein Bruder, mit dem er das Geschäft geführt hatte, war schon lange nicht mehr unter den Lebenden. Sein einziger Zeitvertreib seien die Treffen mit anderen Kaufleuten auf dem Rialto, die Besuche in den Caféhäusern, wo ab und zu alte Freunde auf ihn warteten, und die Konzerte, die er regelmäßig besuchte. Er ließ sich viel von meiner deutschen Heimat erzählen, von den Dingen in der Posthalterei und davon, was ich an geschäftlichen Angelegenheiten in Frankreich gesehen und gelernt hatte. Er verfügte über ein eigenes Boot und zwei Gondoliere, und bot mir an, dass diese mich abends nach Hause bringen und morgens abholen könnten.

Am Nachmittag suchte ich noch den mir empfohlenen Bankier auf, präsentierte meine Kreditbriefe und ließ mir eine Summe auszahlen, um meine ersten Ausgaben zu decken. Um nicht so viel Geld bei mir zu haben, bezahlte ich meine Wirtin für ein halbes Jahr im Voraus. Das hätte ich nicht tun dürfen, denn daraufhin hielt sie mich für reich.

Der versprochene Schneider war pünktlich zur Stelle, hatte sogar eine Stoffauswahl dabei und versicherte mir, in spätestens einer Woche hätte ich fünf erstklassige Hosen, drei Anzüge nach französischer Mode und die passenden Westen. Er war noch mit Maßnehmen beschäftigt, da drängte sich ein weiterer Mann in den Raum. Er sei ein Cousin des Schneiders, der beste Schuster in Venedig. Er hatte bereits einige Leisten und ein Maßband dabei und versprach, in wenigen Tagen könnte ich über die schönsten Schuhe in der Stadt aus dem besten Leder verfügen. Ich fühlte mich überrumpelt, aber ich stimmte zu. Als die beiden sich wortreich und mit vielen Verbeugungen verabschiedet hatten, kam Emilia, die Nichte, zu mir. Sie war ein quirliges Mädchen, wohl knapp 18 Jahre alt, mit einer lustigen spitzen Nase und Grübchen auf den Wangen. Sie bot sich an, mir die gewünschte Wäsche, weiße Strümpfe und Tücher zu besorgen. Sie forderte mich auf, meine Hose auszuziehen, damit sie sehen konnte, welche Größe nötig sei. Das verweigerte ich natürlich aus verständlichen Gründen und gab ihr Wäschestücke aus meiner Reisetasche mit, damit sie diese als Muster bei dem Händler vorlegen könne. Als ich ihr auch Geld für den Einkauf mitgeben wollte, verweigerte sie es. Ich sollte erst zahlen, wenn alles zu meiner Zufriedenheit erledigt sei.

Venedig war eine lärmende und geschäftige Stadt, doch sie wirkte auf mich wie eine älter gewordene Frau, die ihre besten Jahre schon hinter sich hatte.

Meine Arbeit im Kontor empfand ich als angenehm und nicht besonders anstrengend. Die Buchhaltung war sehr geordnet und das Kontensystem noch besser, als ich es in Boulogne gesehen hatte. Das schien mir das Ergebnis einer alten Kaufmannstradition und jahrhundertelanger Erfahrung zu sein. Der Hauptbuchhalter war ein geduldiger Lehrmeister und wies mich in alles ein. Malagrida lobte meine deutliche Handschrift, meine Rechenkünste und mein gutes Italienisch. Er arbeitete schon sein Leben lang in diesem Unternehmen und genoss das volle Vertrauen des Prinzipals. Anders als bei Cuvillier wurde hier auch keine Neben- oder Geheimbuchhaltung geführt.

Die beiden Handlungsgehilfen Marco und Nicolo waren ebenfalls schon seit Jahrzehnten in den Diensten des Signor di Sciavone. Der eine schrieb Angebote an die Kunden und der andere fragte bei Lieferanten Mengen und Preise für die Waren an, mit denen gehandelt wurde. Manchmal erreichten uns auch von anderen Kaufleuten oder Reedern umfangreiche Listen mit Gütern, die demnächst im Hafen erwartet wurden, mit der Bitte, Angebote dafür abzugeben. Es war eine ruhige und gleichmäßige Tätigkeit, die sich Tag für Tag wiederholte.

Die Finanzgeschäfte regelte der Inhaber selbst. Man zeigte ihm täglich die Verzeichnisse mit den verfügbaren Geldmitteln, unterteilt in Bargeld und Kreditbriefe, und er entschied, welche Summen für Lagerergänzungen ausgegeben werden durften. Es gab auch eine Liste der sogenannten offenen Posten, in denen die Summen aufgeführt wurden, die von Kunden noch nicht bezahlt waren, falls es sich um einen Kauf auf Kredit handelte, und wann die jeweiligen Beträge zu erwarten seien. War eine Zahlung überfällig, schrieb der Chef selbst an den säumigen Kunden und erinnerte ihn ausgesprochen höflich, aber doch bestimmt, an seine Schuld.

Schon nach kurzer Zeit entwickelte ich Hochachtung für meinen Chef. Cuvillier war zwar dynamischer und sicher auch erfolgreicher, doch Herr Sciavone strahlte stets eine vornehme Ruhe und Gelassenheit aus.

Die Begegnungen mit ihm während der Mahlzeiten genoss ich sehr. Er erklärte mir viele Besonderheiten der kaufmännischen Tätigkeit, die mir bislang fremd waren, und war dabei ganz offen. Sein Handelshaus war schon fast zweihundert Jahre alt und zählte zu den angesehensten in Venedig. Seine Vorfahren hätten zunächst als kleine Tuchhändler gearbeitet und sich durch Sachverstand und Fleiß ein nicht unbeträchtliches Vermögen erworben. Der wirklich gewinnbringende Fernhandel sei ihnen freilich verwehrt geblieben, denn der war ein Vorrecht der Patrizierfamilien. Diese bildeten in der Republik Venedig praktisch den Adel und waren immer sehr bedacht, ihre kaufmännischen Privilegien zu verteidigen.

Um die Staatskasse aufzufüllen, habe sich einst der Rat der Stadt entschieden, gegen die Zahlung von 100.000 Golddukaten reiche Kaufleute in den Adelsstand aufzunehmen. Sein Großvater habe den Betrag aufgebracht, um danach am Fernhandel teilnehmen zu können. Signor Sciavone bemerkte bitter, dieser kühne Schritt habe wohl seine Familie ruiniert. Die gewaltige Summe fehlte von da ab im Geschäft. Für die neuen Aktivitäten im Fernhandel mussten riesige Geldmittel aufgebracht werden, die es auf den Finanzmärkten zu beschaffen galt, teilweise gegen Zinsen von zwanzig Prozent. Unglücklicherweise ging zur gleichen Zeit die Bedeutung der Stadt im internationalen Handel zurück. Die Warenströme verlagerten sich vom Mittelmeer auf den Atlantik und auf den Seeweg nach Indien. Der Export von veredelten Seidentüchern sei nahezu zum Erliegen gekommen und der Gewürzhandel, der früher hier seinen Mittelpunkt gehabt hatte, war fast gänzlich bedeutungslos geworden. Die besten Geschäfte machten noch die Händler, die Erzeugnisse aus den venezianischen Manufakturen anzubieten hatten. Erlesene Luxusartikel, die immer noch in der Welt begehrt waren. Das seien zwar höchst profitable Geschäfte, doch eben kein Massengeschäft mehr wie früher. In dieser Nische hätten sein Bruder und er sich eingerichtet und so könnte auch sein Unternehmen noch überleben.

In den Magazinen fand ich die Aussagen des Kaufmanns bestätigt. Es wurden nur sehr wenige, dafür umso kostbarere Artikel gelagert, wie prächtige Lampen und vergoldete Spiegel. Die meisten dieser Schätze wurden direkt von den Werkstätten angeliefert und nach wenigen Tagen zu den Kunden zum Versand gebracht.

Diese Waren wurden meist nicht über den Seeweg transportiert, sondern mit dem Boot aufs Festland geschafft und dort an verschiedene Frachtstationen übergeben. Der Transport zu Land war ja eigentlich mein Metier und so konnte ich gerade bei diesen Aufgaben meinem Chef sehr behilflich sein, denn niemand in seinem Haus verstand sich auf das Fuhr- und Transportwesen so gut wie ich.

Zu den Freundlichkeiten, die ich von Signor di Sciavone erfahren durfte, gehörten auch manche wohlgemeinten Ratschläge, was ich mir in Venedig ansehen sollte, welche Theater und Konzerte mir bestimmt gut gefallen würden und wohin ich unbedingt einmal einen Ausflug machen sollte.

Wie versprochen, hatte ich durch die Vermittlung meiner Wirtin eine ebenso noble wie teure Garderobe erworben, mit der ich mich überall sehen lassen konnte. Für reichlich Wäsche vom Feinsten hatte Emilia gesorgt, und als ich sie dafür bezahlte, war ich mir sicher, sie habe noch einiges auf den Preis des Händlers draufgeschlagen.

Da die Arbeit im Kontor niemals den ganzen Tag in Anspruch nahm, hatte ich viel Zeit, mich in dieser merkwürdigen Stadt umzusehen. Am Anfang verlief ich mich noch manchmal in den engen Gassen und dem Wirrwarr der Kanäle, doch bald kam ich gut zurecht. Der Niedergang dieser einst so wunderschönen Stadt war unübersehbar. An manchen der alten Prachtbauten bröckelte der Putz. Sciavone hatte mir von ehemals reichen Patrizierfamilien erzählt, die nun verarmt in ihren kalten Palästen hausten, nicht wissend, wo sie Geld für Kleider und Nahrung herbeischaffen sollten, und froh waren, wenn sie einigermaßen vorzeigbare Töchter an reiche Freier vom Festland verheiraten konnten.

Venedig habe ich als eine Stadt in Erinnerung, in der jedermann weit über seine Verhältnisse lebt und nur darauf aus ist, durch Raffinesse, List und vielleicht sogar Betrug an das Geld anderer Menschen zu kommen. Nur mein Chef und seine Leute machten da eine wohltuende Ausnahme. Doch aus eben diesem Grund gingen seine Geschäfte schlecht.

Er hatte mir geraten, mir einmal den sogenannten Fondaco dei Tedeschi von innen anzusehen, ebendort sei in alten Zeiten das Handelszentrum der Kaufleute aus meiner Heimat gewesen und sicher könnte ich dort wertvolle Kontakte knüpfen. Ich war zwar in diesem palastartigen Gebäude, konnte allerdings keinen Nutzen für einen Posthalter aus Diemerstein erkennen. Auch das Arsenal von Venedig besuchte ich auf die Empfehlung des Kaufmannes. Diese gewaltige Werft war schon beeindruckend. Man hatte mir den Namen eines der Verwalter gegeben und dieser war bereit, mich herumzuführen und mir alles zu erklären. Dabei beklagte er, die Stadt würde auch auf dem Gebiet des Schiffsbaus zunehmend an Bedeutung verlieren. Die großen Reeder würden heutzutage nur allzu oft ihre Schiffe in Holland bauen lassen.

Auf meinen Streifzügen durch die Stadt kam ich auch in das sogenannte Ghetto, das jüdische Viertel. Die Erinnerung an Ruth und Spoleto war auf einmal wieder da. Durch eine schmale Brücke und einen engen Torbogen gelangte ich in das Innere eines Häuserviertels, das von außen fast wie eine Festung aussah. Da waren zwei große Höfe, umrahmt von hohen Gebäuden mit acht oder noch mehr Stockwerken. Die Venezianer schienen diesen Bereich ihrer Stadt zu meiden. Irgendwie fühlte ich mich zwischen den aufragenden Bauwerken fremd und doch auf besondere Weise angezogen. Ob es an Ruth und ihrer Familie lag? Ich sah einen alten Juden in schwarzer langer Kleidung. Mit seinem weißen Bart sah er wahrlich biblisch aus. Er saß unter einem einzelnen Baum auf einer Bank und sprach mich an. Nicht abweisend, eher neugierig. Er wollte wissen, woher ich komme und warum ich mich hierher verirrt hätte. Ich antwortete ihm, ich sei Deutscher und zur Ausbildung in dieser Stadt. Meine Heimat sei die Pfalz. Da lächelte der Alte freundlich und wurde ganz offen. Vom einen auf den anderen Moment wechselte er zu meinem Erstaunen vom Italienischen ins Deutsche und forderte mich auf, neben ihm Platz zu nehmen. Er sei in Speyer geboren und kenne meine Heimat sehr gut. Schon vor Jahrzehnten sei er nach Venedig ausgewandert, weil er sich hier bessere Geschäfte versprach. Auf meine Frage hin, ob es ihm in dieser Stadt besser gefalle als in Speyer, meinte er trocken: „Mein Volk muss überall zu Hause sein, seit wir keinen Tempel in Jerusalem mehr haben. Mal ist es da besser, mal dort, fremd sind wir überall."

Als ich ihn nach der Anordnung dieses eigenartigen Wohnviertels fragte, erzählte er mir, hier sei das Ghetto von Venedig. Darin müssten alle Juden leben. Tagsüber könnten sie sich in der Stadt relativ frei bewegen und ihren Geschäften nachgehen, aber nachts müssten sie alle hier sein, die Tore würden geschlossen und die Brücke zur Insel hochgezogen. Alle Häuser, die ich rundherum sehen könnte, seien auf einer Insel mitten in der Stadt gebaut. Hier sei vor langer Zeit einmal eine Gießerei gewesen, die man wegen der Brandgefahr auf einem vom Wasser umgebenen Ort haben wollte. Daran erinnere nur noch das Wort „Ghetto“, das sich mittlerweile auch in anderen Städten verbreitet habe, in denen die Juden in vorgeschriebenen Wohnvierteln leben müssten. Die Verhältnisse hier seien sehr beengt. Man lebe auf engstem Raum beieinander, habe aber eine sehr schöne Bibliothek und sogar zwei Synagogen. Da mir der Mann durchaus sympathisch war, erzählte ich ihm von meiner Ausbildung beim alten Chaim Vitus, von meinen Freunden in Spoleto und schließlich auch von Ruth. Er meinte, die junge Frau hätte sehr klug entschieden und dadurch ihre Liebe zu mir zum Ausdruck gebracht.

Bei meinen Spaziergängen kam ich auch in ein Viertel, ich glaube, es hieß Cannaregio. Dort arbeiteten einige der vielen Bootsbauerwerkstätten. Neugierig beobachtete ich, wie hier die Gondeln gefertigt wurden, die zu Tausenden auf den Kanälen der Stadt fuhren und Menschen und Material beförderten. Das erinnerte mich in besonderer Weise an die Kutschenbauer, die für meinen Beruf so wichtig waren. Diese Boote hatten keinen Kiel und waren sehr flach. Sie verfügten in der Mitte über einen Aufbau wie bei einer Kalesche, sodass die Fahrgäste auch bei Regen im Trockenen sitzen konnten. Vorhänge an beiden Seiten schützten die Passagiere vor neugierigen Blicken. Das Gefährt wurde von zwei sogenannten Gondolieri mit langen Rudern angetrieben und gesteuert. An einer dieser Werkstätten entdeckte ich den Namen Tramontin. Ich erinnerte mich daran, diesen Namen schon einmal gehört zu haben und trat in die Werkstatt ein. Die Arbeiter nahmen kaum Notiz von mir. Vielleicht hielten sie mich für einen Kunden, der sich nach dem Fortgang der Arbeiten an seinem Boot erkundigen wollte oder einfach nur für einen vorwitzigen Reisenden. Ich durchquerte die Werkstatt und gelangte zu einem Innenhof, in dem die unterschiedlichsten Hölzer gelagert waren. Daran schloss sich ein winzig kleiner Garten mit Blumen und Gemüse an.

Dann sah ich sie. Mit einem Säugling auf dem Arm und einem etwa dreijährigen Mädchen an der Hand kam meine Francesca gerade aus dem Wohnhaus. Hinter ihr hüpfte ein lustiger kleiner Junge wie ein Ziegenbock spielend über die Wiese. Sie sah zu mir herüber. Ohne Zweifel hatte sich durch die Geburten ihre Erscheinung geändert, sie war jetzt deutlich rundlicher und fraulicher geworden. Ich trat ein paar Schritte an sie heran und verbeugte mich: „Gestatten Sie, Signora Tramontin, dass Ihnen ein Reisender aus dem fernen Deutschland seine Aufwartung macht?" Nun erkannte Sie mich und kam näher. Über das Kind an ihrer Brust hinweg begrüßte ich sie mit Akkolade, wie ich es in Frankreich gelernt hatte. Die beiden Kinder musterten mich erstaunt. Francesca lachte und meinte, sie habe mich gleich an meinem Akzent und meiner Aussprache erkannt. Schließlich sei sie es ja gewesen, die mir Italienisch beigebracht habe. Spöttisch fügte sie hinzu, die Jahre seien mir gut bekommen, ich hätte wohl nicht nur an Erfahrung, sondern auch an Leibesumfang zugenommen. Mit Letzterem hatte sie wohl recht. Sie bat mich ins Haus, legte das Kleine in eine Wiege und schickte den Großen, um den Vater zu holen, Besuch sei gekommen. Ihr Mann gesellte sich zu uns und bald tauschten wir Erinnerungen und Neuigkeiten aus Spello aus. Wie sie von ihrem Vater, dem alten Bagallio, erfahren habe, gehe es Ursetti so weit gut. Sein ältester Sohn habe seine Studien erfolgreich beendet und arbeite als Notar beim

Rat der Republik Venedig. Ich sollte ihn unbedingt besuchen, solange ich in der Stadt sei. Sie selbst sei eine glückliche Matrona mit drei gesunden Kindern und einem braven Mann. Sie habe leider schon ein kleines Mädchen wenige Wochen nach der Geburt verloren, das ein Fieber hinweggerafft habe, aber ihr Mann habe schon für Ersatz gesorgt. Dabei strich sie sich zärtlich über den Bauch. Marco Tramontin lächelte verlegen. Er wusste viel über den venezianischen Bootsbau zu berichten, was mich überaus beeindruckte. Schon seit Generationen seien die Tramontins berühmte Bootsbauer und sein Vater habe sich auf die sogenannten Gondeln spezialisiert. Mit ihm zusammen habe er an Bootstypen gearbeitet, die noch besser für die Verhältnisse auf den Rios geeignet seien als die bisherigen und er hoffe, sein ältester Sohn Domenico werde diese Tradition fortsetzen. Wir verabschiedeten uns freundschaftlich und im Weggehen strich ich dem kleinen Jungen über die Haare. „Das hätte auch mein Sohn sein können", dachte ich mir und stellte mir dabei Francesca in Diemerstein vor.

Aber aus meiner heutigen Sicht war alles gut so, wie es gekommen ist.

Während dieser Zeit begab ich mich auch einmal zum großen Palast des Rates an der Piazzetta San Marco. Ich bat den Portier, mich bei Dottore Michele Ursetti zu melden, falls jenem mein Besuch angenehm sei. Er schickte einen Boten nach oben in das Gebäude. Als er kurz darauf zurückkehrte, führte er mich durch prunkvolle, lichtdurchflutete Gänge in eines der oberen Stockwerke, wo sich das Arbeitszimmer des Notars befand. In einem kostbar eingerichteten Raum mit unbeschreiblich viel Marmor und Regalen an den Wänden, in denen uralte Folianten lagerten, kam mir Michele entgegen. Die Kanzleigehilfen, die bei ihm waren, zogen sich zurück und bald plauderten wir so vertraut miteinander, als wären seit unserer letzten Begegnung keine sieben Jahre vergangen. Sein Bruder Raffaele sei nun Domicellarius im Kirchenstaat, was seinem Vater allerdings eine hohe Summe Geldes gekostet habe. Aber so müsste Azzuro junior sein Erbe nicht teilen, denn er selbst habe durch seine teure Ausbildung sein Erbteil bereits erhalten. Der kleine Azzuro arbeite fleißig in der Posthalterei mit und ersetze Lamberti, der die Station in seiner Heimatstadt Spoleto übernommen habe. Allein Gabriela mache dem Vater Sorgen. Sie habe den Traum, Sängerin zu werden, niemals aufgegeben, sei mit einem Schauspieler einer fahrenden Theatergruppe einfach auf und davon und reise jetzt irgendwo in Italien umher, niemand wisse wo.

Michele breitete noch viel Wissenswertes über Venedig vor mir aus und gab mir den Rat, wenn ich wirklich einige Details über die Sitten und Gebräuche der Stadt erfahren wollte, dann sollte ich einmal in das Kaffeehaus des Signor Valentino gehen, das dieser von seinem Onkel Floriano geerbt habe. Dort solle ich nach Antonio Pratolini fragen, der fast täglich dort sitze. Der Mann sei so etwas wie das Herz Venedigs und könne ungemein anschaulich erzählen. Allerdings sollte ich politische Diskussionen mit ihm vermeiden, denn er sei ein Spitzel und stehe im Sold des Rates der Republik. Wir vereinbarten uns wieder zu treffen, solange ich noch in der Stadt sei. Er würde mich auch gern am Carneval herumführen. Der werde hier so gefeiert wie nirgends auf der Welt.

Die Gelegenheit, mehr über Land und Leute zu erfahren, wollte ich mir nicht entgehen lassen. Ich begab mich also zu dem besagten Kaffeehaus, das sich unter schönen Kolonnaden nicht weit von der Procuratie di San Marco befand. Der Bedienstete, den ich nach Signor Pratolini fragte, verwies mich an einen kleinen runden Tisch im hinteren Teil des Lokals. Dort saß ein Mann von etwa sechzig Jahren mit einem auffallend scharf geschnittenen Gesicht und gepuderten Haaren. Ich trat näher, stellte mich als Deutscher vor, der mehr über die Stadt erfahren möchte, und man habe mir gesagt, es gebe keinen besseren Kenner der Verhältnisse als ihn. Der Mann erhob sich und ich erkannte, dass er sehr groß gewachsen war. Man sah ihm an, dass er in früheren Jahren sehr gutaussehend gewesen sein musste. Er bat mich bei ihm Platz zu nehmen. Ich rief einen der Bediensteten und fragte Pratolini, was ich für uns beide bestellen dürfe.

Ohne Umschweife kamen wir ins Gespräch. Er fragte mich, ob ich seine Bücher gelesen hätte und deshalb zu ihm gekommen sei. Ich musste verneinen und gestand ein, dass ich in der Literatur nicht sehr bewandert sei und noch nichts von ihm gelesen habe. Daraufhin rückte er näher an mich heran, wobei er mir zuraunte, Pratolini sei nur sein Deckname. In Wirklichkeit sei er in ganz Europa als Chevalier de Seingalt bekannt gewesen. Er habe in Frankreich Zugang zu hohen und allerhöchsten Kreisen gehabt und die Lotterie in diesem Land eingeführt. Er habe auch die Niederlande, Deutschland, Polen und Russland bereist. Der preußische König Friedrich wollte ihm die Leitung einer Bildungsanstalt für junge Adelige übertragen. In jungen Jahren sei er sogar in Konstantinopel gewesen und dort von einem reichen Türken als Schwiegersohn auserkoren worden. Der Papst habe ihn persönlich geadelt. Er plauderte mit so viel Begeisterung, dass ich nicht zu unterbrechen wagte. Doch eigentlich wollte ich bei ihm etwas über Venedig erfahren. Deshalb versuchte ich, dem Gespräch eine andere Wendung zu geben und fragte, warum ein so weltgewandter Mann wie er heute in einem Kaffeehaus in Venedig sitze. Nun holte er noch weiter aus und gestand mir, diese Stadt, die er so liebe und immer noch als seine Heimat ansehe, habe ihn nie geliebt. Wegen seiner offenen Einstellung zum Leben im Allgemeinen und zur Philosophie im Besonderen habe man ihn hier eingekerkert. Ihm sei wohl als Einzigem die Flucht aus den berüchtigten Bleikammern gelungen. Über die Geschichte von Venedig habe er Bücher geschrieben und die Ilias vom Griechischen ins Italienische übersetzt. Aber das habe ihm kein Geld gebracht. Nun sei er als alter Mann praktisch mittellos zurückgekehrt. Er zeigte mir ein Manuskript, an dem er gerade schrieb. Das Buch sollte eine Erwiderung auf die philosophischen Gedanken Voltaires sein. Nach seiner Meinung sei dieser Philosoph weit überschätzt und zudem ein Leugner des Glaubens an Gott. Er seinerseits wolle nun mit den Methoden der Philosophie beweisen, dass ein Mensch sowohl rational vernünftig denken als auch an Gott glauben könne. In den Aufzeichnungen des redseligen Chevaliers konnte ich den Satz lesen: „An meinen Namen, Monsieur Voltaire, werden sich die Menschen noch erinnern, wenn sie den Ihren längst vergessen haben." Schliesslich rückte der Mann noch näher an mich heran und flüsterte mir zu, er habe ein geheimes Rezept, wie man eine Menge Goldes um das Doppelte vermehren könnte. Da ich ihm von Anfang an so sympathisch gewesen sei, wäre er gerne bereit, mir dieses Rezept für vier Goldscudi zu verkaufen. Das investierte Geld hätte ich bald in purem Gold wieder zurück.

Mir war das Gespräch in der Zwischenzeit unangenehm geworden und ich lachte, wegen solcher Rezepte zweifelhafter Alchimisten habe der verstorbene Herzog von Zweibrücken viel Geld eingebüßt. Als er „Zweibrücken" hörte, bemerkte ich sein Erstaunen: „Den lieben Christian habe ich sehr gut gekannt. Wir waren Logenbrüder in der Freimaurerloge zu Paris. Ich habe ihn zum letzten Mal in Metz getroffen, weil er wegen eines betrügerischen Alchimisten meinen Rat suchte. Ich hoffe, der Verbrecher konnte mit meiner Hilfe entlarvt werden, denn er verwendete die gleiche Methode, wie ich sie dir gerade verkaufen wollte: Gold mit Quecksilber zu vermischen." Er wiegte sinnend den Kopf: „Er hatte doch einen sehr netten Hofmaler. Manlio oder so?" „Mannlich", verbesserte ich ihn.

Der Bedienstete kam zu unserem Tisch und fragte nach unseren weiteren Wünschen. Ich bestellte für uns Schokolade und Gebäck und der Chevalier fuhr in seinen Erzählungen fort:

„Weißt du, junger Freund, diesen Maler habe ich sehr gut gekannt und vielleicht ihm und auch anderen Leuten zu ihrem Glück verholfen. Er war Schüler bei Boucher, dem damals berühmtesten und teuersten Künstler in ganz Frankreich. Dieser Mannlich hat für mich das Bild eines wunderschönen Mädchens gemalt. Ein herrliches erotisches Bild einer Nackten, aber keineswegs anstößig. Zufällig wurde das Bild, das eigentlich ich in Auftrag gegeben hatte, dem König gezeigt, der dem Modell persönlich begegnen wollte. Für das Gemälde hat Ludwig XV. eine stattliche Summe aufgewendet, weil es angeblich nicht der Meisterschüler Mannlich, sondern Boucher selbst gemalt hat. Die Kleine wurde die Geliebte des Monarchen und Mannlich hat es für mich noch einmal gemalt. Mit kleinen Änderungen, doch abermals sprechend ähnlich. Wenn ich wieder zu Hause sei und Mannlich treffe, solle ich ihn ganz herzlich von ihm grüßen. Von seinem alten Freund Giacomo Casanova.

Die Tage in der Lagunenstadt genoss ich sehr, wohl wissend, meine Zeit in der Welt würde sich nur allzu bald dem Ende zuneigen. Auf einem Frachtschiff gelangte ich einmal für einen kurzen Ausflug nach Triest, das mir ja schon von meinem letzten Italienaufenthalt bekannt war. Es war meine erste Fahrt über das Mittelmeer und mein Magen blieb ruhig. Ich hatte mir zur Sicherheit einen Flacon Grappa eingesteckt, doch ich brauchte keine Stärkung. Der alte Kapitän Alphonse hatte recht, der Kanal zwischen Frankreich und England ist schlimmer als dieses mediterrane Meer.

In Triest ließ ich mich zur Posthalterei bringen, um dort bis zum nächsten Tag zu übernachten. Zu meinem Leidwesen traf ich den guten Obermeier nicht mehr an. Er war vor zwei Jahren verstorben, sein jüngerer Sohn hatte die Station übernommen. Dieser sagte mir, sein Vater habe sich an einer der Krankheiten angesteckt, wie sie immer noch von Schiffen aus dem Osten eingeschleppt werden und an denen jedes Jahr viele Einwohner erkranken. Er gab mir die

Adresse seiner Schwester. Konstanze wohnte nicht weit entfernt von der Station im Hause ihres verstorbenen Vaters. Sie freute sich über meinen Besuch. Von ihr erfuhr ich, dass der älteste Sohn Obermeiers, der als Nachfolger vorgesehen war, nach seiner Ausbildung nicht aus Bremen heimgekehrt sei. Er habe dort die Tochter seines Lehrherren geheiratet und sei in das Handelsgeschäft des Schwiegervaters eingestiegen. Konstanze wohnte jetzt allein in dem großen Haus. Sie lud mich ein, doch ein paar Tage bei ihr in Triest zu bleiben. Mit dem Hinweis auf dringende Geschäfte, die mich heimwärts nach Italien riefen, lehnte ich das freundliche Angebot ab. Am nächsten Tag reiste ich zurück nach Venedig. Diesmal nicht mit dem Schiff, sondern mit der Postkutsche. Damit konnte ich die strengen Quarantäneregeln umgehen. Alle Passagiere ausländischer Schiffe müssen nämlich für 40 Tage in einem abgeschlossenen Wohnbezirk im Hafen verbleiben, bevor sie in die Stadt dürfen. Damit soll das Einschleppen von Seuchen verhindert werden.

In den darauffolgenden Wochen und Monaten traf ich mich oft mit meinem alten Freund Michele und er zeigte mir viel von Venedig. Da ich erstaunt darüber war, nirgends einen Friedhof in der Stadt gefunden zu haben, fuhr er mit mir nach der Insel San Michele in der Lagune vor der Stadt. Dort war eine ganze, recht große Insel ein einziger Friedhof. Er zeigte mir auch den Lido vor der Stadt, wo die reichen Venezianer ihre Sommerhäuser hatten, und wir verbrachten viele schöne Stunden am Strand in anregender Gesellschaft hübscher Italienerinnen, denen der Dottore eifrig den Hof machte.

Mit Michele zusammen stand ich auch am Rande des Canale Grande, um im September der berühmten „Regatta“ beizuwohnen. Das ist so etwas wie eine Schiffsprozession, bei der Aberhunderte kleine und größere Boote festlich geschmückt den Kanal entlang gerudert werden. Ich erblickte dabei den Dogen in einer vergoldeten Prunkbarke, den Erzbischof und andere hohe Würdenträger. Ich hatte noch nie zuvor etwas so Farbenfrohes und Prächtiges gesehen. Ganz Venedig war auf den Beinen. In den Fenstern der Paläste drängten sich die Menschen und auf den Ufern entlang des Kanals. Die geldgierigen Hausbesitzer hatten sogar Stühle und Sessel herausgestellt, die sie den Schaulustigen gegen eine horrende Gebühr während des Spektakels vermieteten.

Etwa um diese Zeit besuchte ich auch eine Darbietung der zahlreichen Theater der Stadt. Es war ein Singspiel, wie es in dieser Zeit häufig zur Aufführung kam. Das war ganz hübsch anzusehen und mir gefielen die Umgebung und die kunstvollen Kulissen. Einmal glaubte ich, einen Moment lang, die kleine Gabriela aus Spello unter den Sängerinnen zu erkennen. Doch die Künstlerin hatte viel Schminke aufgetragen und trug eine Perücke. Rasch verwarf ich den Gedanken wieder, denn wenn sie wirklich an diesem Ort auftreten sollte, wäre das ihrem Bruder als städtischem Notar sicher nicht verborgen geblieben.

Im November des Jahres nahm mich Signor Sciavone mit nach Murano, um mir dort seine wichtigsten Lieferanten zu zeigen. Die Insel ist durchaus bemerkenswert. Das komplette Eiland schien nur aus Glasbläserwerkstätten zu bestehen. Überall brannten Feuer und links und rechts des Kanals, der mitten durch Murano hindurchführte, herrschte geschäftiges Treiben. Lange Zeit war die Kunst der Herstellung des berühmten Muranoglases und der hier gefertigten Spiegel ein streng gehütetes Geheimnis der Stadt gewesen. Die Glasbläser hatten zwar gut verdient, durften die Insel aber nicht verlassen. Wie Sciavone weiter erzählte, war dieses Monopol der Stadt im Laufe der Zeit durch Glasbläser, die von hier geflohen seien, immer mehr gebrochen worden. Heute werden auch in Frankreich und anderen Ländern Gläser und Spiegel produziert, freilich nicht in der gleichen Qualität wie in Murano. Was ich an prächtigen Glaswaren an diesem Tag zu Gesicht bekam, rief meine Bewunderung hervor, vor allem von der Geschicklichkeit der Glasbläser war ich beeindruckt. Zum Abschluss besuchten wir noch eine kleinere Werkstatt, die sich auf bunte Glasperlen spezialisiert hatte. Manche davon waren richtige Kunstwerke, andere nur farbig schimmernd, eher als Massenware gedacht. Sciavone kam mit dem Meister der Werkstatt rasch zum Abschluss. Man konnte erkennen, wie sehr er den Kaufmann als fairen Geschäftspartner schätzte, der gut und pünktlich bezahlte. Auf der Rückfahrt legte mir mein Chef seine künftigen Pläne dar. Der Handel mit venezianischen Leuchtern und Spiegeln laufe ganz gut und auch die Preise stimmten, er wolle jedoch sein Sortiment um bunte Glasperlen erweitern. Diese seien schon seit Längerem bei den Detailhändlern in Frankreich und Russland sehr begehrt. Bei den Schneidern bestehe ein hoher Bedarf, seit sich die Damen des Adels ihre Roben immer mehr mit diesen Accessoires reich verzieren ließen. Er glaubte fest, die Nachfrage werde bald sprunghaft ansteigen, denn er habe erfahren, gerade in den Kolonien in Afrika und Südamerika würden Glasperlen in enormen Mengen benötigt. Die eingeborenen Fürsten tauschten große Ländereien und exotische Güter gerne gegen Glasperlen.

Mein Leben bei der Witwe Mezzana gestaltete sich sorglos, wiewohl sehr teuer. Die geschäftstüchtige Frau erledigte alle Angelegenheiten, die meinen Lebensunterhalt betrafen, ohne dass ich mich darum kümmern musste. Wenn ich das Bedürfnis nach einem Mantel oder einer guten Flasche Wein, nach bestimmten Büchern oder einer Karte für das Theater hatte, lag das Gewünschte schon am nächsten Tag bereit. Da ich meist den Preis für die Bestellung nicht kannte und bei Mezzana direkt bezahlte, war ich mir sicher, sie hatte dabei einen guten Profit.

Emilia versuchte gleichfalls mir jeden Wunsch zu erfüllen, auch solche, die es offenbar nur in ihrer Fantasie gab. Sie kam jeden Morgen in meine Kammer, angeblich um mich zu wecken, damit ich nicht verschlafe, servierte mir ein leichtes Frühstück und war lediglich mit einem kurzen Hemdchen bekleidet und barfuß. Ich nahm an, dadurch hoffte sie, meine Sinne zu reizen und bereit zu sein, falls ich nicht nur Hunger nach Nahrung hätte. Sie war ein hübsches kleines Ding und gefiel mir ganz gut.

Bekanntermaßen waren in dieser Epoche die Sitten in Frankreich besonders zügellos gewesen. Venedig war da nicht besser. Alles war möglich und das Mögliche war stets teuer. Bereits bei meinen ersten Spaziergängen waren mir die vielen Frauen aufgefallen, die in einer Gasse in der Nähe des Rialtos zusammenstanden. Näherte sich ein Mann dieser Versammlung, löste sich eine Frau aus der Gruppe und sprach den Vorübergehenden an. Eine kleine gebogene Steinbrücke in der Nähe war unmöglich zu überqueren, ohne von einem weiblichen Wesen mit sehr konkreten Absichten angegangen zu werden. Nicht wenige der so eingeladenen Männer verschwanden in einem der umliegenden Häuser. Je weiter die Nacht fortgeschritten war, desto freizügiger war das Angebot und wurde durch völlig enthüllte Brüste noch attraktiver gemacht.

Als ich Emilia auf diese Beobachtung ansprach, denn ich hatte in Frankreich nichts Vergleichbares erlebt, wusste sie mich aufzuklären: Dieser Teil des Rialto werde als Carampane bezeichnet und diene in aller Offenheit den natürlichen männlichen Bedürfnissen. In der Stadt gebe es Tausende von Frauen, die so ihren Lebensunterhalt verdienten. Die Billigeren, ich glaube, sie nannte sie „Putanes", hätte ich auf der Straße gesehen. Mit denen sollte ich mich nicht einlassen, die wären nicht gut. Dagegen würde sich eine sogenannte „Cortigiane oneste" nur einem einzigen Mann hingeben. Das sei ein ehrbarer Beruf und nicht anstößig. Sie wollte selbst gerne eine solche „Cortigiane oneste" werden, solange sie noch jung genug dafür sei. Erfahren genug sei sie schon, wie ich sehr gut wisse. Ich verzichtete darauf, ihr bei diesem Berufswunsch behilflich zu sein.

Den Wechsel zum Jahr 1780 verbrachte ich ruhig und in guten Gesprächen allein mit dem von mir sehr verehrten Signor di Sciavone in seinem Haus. Er hatte eine ausgezeichnete Flasche alten Rotweins geöffnet und in erbaulichen Gesprächen erwarteten wir das Läuten der Glocken der zahlreichen Kirchen von Venedig. Von seinem Balkon aus konnten wir beobachten, wie in der Nähe des Markusplatzes ein spektakuläres Feuerwerk abgebrannt wurde. Sciavone beklagte, wie schnell meine Zeit bei ihm sich nun dem Ende zuneige und er wieder sehr einsam sein werde. Er ermunterte mich, erst nach dem Karneval abzureisen, denn dieser sei ein besonderer Höhepunkt im Jahr. Ich würde es bestimmt nicht bereuen.

Mir als Protestanten war der Karneval mit seinen eigentümlichen Bräuchen immer fremd und ist es bis heute geblieben. Doch diese Festtage in Venedig faszinierten mich. Die Stadt war ein einziger Jahrmarkt. An jedem noch so kleinen Platz traten Gaukler auf. Artisten zeigten Kunststücke, wie ich sie noch nie zuvor gesehen hatte, zum Beispiel eine Menschenpyramide mit acht Stockwerken auf der Piazzetta. Vor dem Campanile hatte ein Puppentheater seine Bühne aufgebaut und veranstaltete ein ansprechendes Ritterdrama, sogar mit Musik und Gesang. Feuerspeier und Jongleure boten ihre Kunst, wilde Tiere wurden vorgeführt. In den Palästen fanden rauschende Feste statt, ebenso in den Theatern. Eintrittsbilletts waren nur gegen horrende Summen zu bekommen. Die Bürger der Stadt schienen sich alle bis zur Unkenntlichkeit zu maskieren. Der Höhepunkt des Treibens war der Donnerstag vor Aschermittwoch. Schon Tage zuvor hatte mich Emilia darauf aufmerksam gemacht, ich könne unmöglich ohne Maske auf die Straße. Sie kenne den besten Maskenmacher der Stadt persönlich und ich solle nur wählen, in welcher Verkleidung ich mich am Treiben beteiligen wolle. Sie schlug Figuren aus der sogenannten Commedia dell'arte vor, den Harlekin, den Bajazzo oder gar den Pantaleone, der sei bei den Herren meines Alters sehr beliebt. Wenn ich Lust hätte, könne sie uns auch Karten für einen der großen Bälle besorgen und sie sei gern bereit, mich dorthin zu begleiten. Ich entschied mich für das Kostüm des Dominos, einen weiten schwarzen Umhang mit Kapuze sowie einer einfachen schwarzen Maske.

Die Maskenmacher in Venedig sind richtige Künstler. Mit Farbe und Goldauflage schaffen sie Masken, die nicht nur das Gesicht ganz oder halb verdecken, sondern zudem den jeweiligen Träger wie ein Wesen aus einer anderen Welt aussehen lassen.

Zusammen mit Michele stürzte ich mich in den Karneval. In einer Nacht, es war wohl der Montag vor Aschermittwoch, riss ihn einfach eine Gruppe scherzender Gestalten mit sich und er war im Trubel verschwunden. Allein zog ich durch die Massen feiernder und lachender Menschen. Auf einer Brücke vor dem Dogenpalast erblickte ich eine recht große Frau, deren Gesicht von einer schwarzen Maske mit einem langen Schleier bedeckt war. Sie trug wie ich einen weiten schwarzen Umhang und auf dem Kopf einen kecken Dreispitz. Die Frau fiel mir auf, weil sie sich offenbar gar nicht an dem ausgelassenen Treiben um sie herum beteiligte, sondern beinahe regungslos dastand und sinnend auf die bunten Boote in der Lagune hinaussah. Ich wollte mich ihr nähern und sie mit der Bemerkung ansprechen, unsere Kostüme würden doch sehr gut zueinander passen, doch mit einem Mal war ich von einer Schar Maskierter umringt, die allerlei Schabernack trieben. Als ich mich aus der Umkreisung befreit hatte, war die schwarze Dame verschwunden.

In der darauffolgenden Nacht besuchte Michele mit einer Freundin einen Ball und ich ging allein zum Markusplatz. Es könnte ja sein, dass ich dieser geheimnisvollen Schönheit wieder begegnete, die mir gestern aufgefallen war. Dabei wusste ich gar nicht, ob sie wirklich eine Schönheit war, denn der weite Mantel hatte sie verhüllt.

Tatsächlich stand sie wieder am Brückenende der Treppe wie eine Statue, wie tags zuvor, sinnend auf die plätschernden Wellen blickend, die das Licht der Fackeln und Lampions an der Promenade widerspiegelten. Ich sprach sie an und mit einer sehr wohltönenden Stimme beantwortete sie meinen nicht besonders geistreichen Satz. Sie freue sich, einen deutschen Domino kennenlernen zu dürfen. Ganz sicher hatte sie mich an meinem Akzent erkannt. Sie gestattete mir, sie in eines der hell erleuchteten Lokale zu führen. In einer der teuren Gaststätten waren auch noch zwei Sitzplätze für uns zu ergattern. Sie fragte mich, ob ich zum ersten Mal zum Karneval in Venedig sei, was ich bejahte. Da warnte sie mich, der Karneval sei gefährlich, man könne sich sehr leicht dabei verlieben. Ich bestellte eine teure Flasche Wein. Geld hatte ich genug dabei, denn ich wollte nie allzu viel davon im Hause der Mezzana aufbewahren.

Als ich nun mit der geheimnisvollen Schwarzen zusammensaß, fiel ihr Umhang etwas zur Seite und ich erkannte, dass sie wirklich eine Schönheit war: wie von einem griechischen Künstler in Marmor gehauen. Noch mehr als ihre Gestalt faszinierte mich ihr Talent zur geistreichen Unterhaltung. Sie war witzig mit sprühenden Einfällen, wechselte problemlos vom Italienischen ins Französische, wenn mir ein bestimmter Begriff nicht einfiel, und kannte sich mit Büchern und Gemälden viel besser aus als ich. Ich bemühte mich ebenfalls geistreich zu sein und versuchte, sie zum Lachen zu bringen. Das schien sie zu amüsieren und ich bemerkte, dass ich ihr nicht unsympathisch war. Wir plauderten so die ganze Nacht miteinander und hätten vielleicht noch das Morgengrauen dort erlebt, wenn nicht meine Schöne, sie hieß Veronica, mich gebeten hätte, sie nach Hause zu begleiten. Das fröhliche Treiben rund um den Platz war mittlerweile abgeflaut. Nur an ein paar Ecken grölten Betrunkene und im Schatten der Kolonnaden küssten sich einige Pärchen. Ich war unschlüssig, ob meine Begleiterin es gestatten würde, sie bei der Hand zu nehmen. Doch als ich noch darüber nachdachte, umfasste sie mit dem Arm meine Hüfte und wir gingen umschlungen weiter. Wir liefen eine Zeitlang in Richtung der Kirche Giovanni e Paolo und standen bald vor einem großen Haus mit schmiedeeisernem Tor. Veronica öffnete und eine schwarze Dienerin kam uns mit einer Laterne entgegen. Ich hatte damals noch keine Menschen mit schwarzer Hautfarbe gesehen und war einigermaßen erstaunt. Meine Schöne hieß sie zu Bett gehen und führte mich über eine Treppe in den ersten Stock.

Das Zimmer, das wir betraten, war im orientalischen Stil dekoriert. Die Wände waren mit Seidentüchern bespannt und über dem breiten Bett in der Mitte des Raumes hing ein dunkelroter Baldachin aus Seide, der einen großen Spiegel umrahmte. Frisiertisch und eine kleine Anrichte mit Getränken und Obst erinnerten mich an das intime Lustschloss von Monsieur Cuvillier. Anders als dort erhoben sich allerdings an der Längsseite des Raumes hohe Regale, die über und über mit Büchern gefüllt waren, ledergebundene Prachtexemplare mit edlem Goldschnitt. Nicht nur aus Höflichkeit bewunderte ich diese erlesene Büchersammlung, während uns Veronica zwei Gläser Wein einschenkte. Ein Schlafzimmer mit Bibliothek oder eine Bibliothek mit Schlafzimmer? Ich war einigermaßen verblüfft. Sie reichte mir ein Glas und nippte an dem ihren, ohne den Schleier ihrer Maske zu lüften. Mit einem Ruck streifte sie ihren Umhang ab und ebenso schnell die Wäsche, die sie darunter trug. Schwarz war wohl ihre bevorzugte Farbe. Sie forderte mich auf, mich nicht zu genieren, sondern es ihr gleich zu tun. Bald lag sie vor mir, wobei der Schein der wenigen Kerzen, die im Raum verteilt waren und die Dienerin wohl schon in Erwartung der Herrin angezündet hatte, ihren Körper noch begehrenswerter erscheinen ließ. Mit meinen 28 Jahren hatte ich noch nie zuvor einen so perfekt gestalteten weiblichen Körper erblickt. Allein mit der schwarzen Maske, ihrem Dreispitz und den Strümpfen blieb sie bekleidet. Die Nacht war schon weit fortgeschritten, im Sommer wäre bald die Sonne aufgegangen, aber wir liebten uns mit einer Sinnlichkeit und Leidenschaft, wie ich sie nicht für möglich gehalten hätte. Sie verwöhnte mich dabei mit besonderer Zärtlichkeit und Raffinesse.

Nach unserem Liebesspiel muss ich für einen kurzen Moment eingeschlafen sein. Sie stand neben dem Bett, immer noch mit Dreispitz und Maske, gehüllt in einen seidenen Morgenmantel, in den Goldfäden eingewebt waren. Sie lächelte mich an und beugte sich zu mir herunter: „Es war sehr schön mit dir, lieber Tedesco. Wenn du Sehnsucht nach mir hast oder einfach nur Lust auf deine Veronica, kannst du mich besuchen, sooft du willst." Ich kleidete mich rasch an und mit einer unvergleichlichen Grazie deutete meine Bettgefährtin auf eine kleine goldverzierte Schatulle auf dem Nachttisch. Nun erkannte ich, die maskierte Schönheit war eine der venezianischen Kurtisanen der gehobenen Art. Ich legte zwei Goldscudi aus meinem Beutel in das Kästchen und wurde mit einem zärtlichen Kuss auf die Wange freundlichst verabschiedet.

Im Nachhinein überlegte ich mir, ob ich mich in dieser Nacht des venezianischen Karnevals, von der Sinneslust übermannt, ebenso animalisch benommen hätte wie die Fuhrleute damals in der Konstanzer Hütte. Heute nach jahrzehntelangem Abstand, kann ich feststellen, dass mein Verhalten zweifellos sittlich verwerflich war, dennoch erfreut mich die Erinnerung daran immer noch.

Nun ging mein Aufenthalt bald zu Ende. Die letzten Tage flogen nur so dahin. Meine Abreise war für den Sommer festgesetzt, damit ich vor Weihnachten wieder in Diemerstein sein konnte. Ich nahm Abschied von Michele und wir vereinbarten, durch Briefe weiter in Kontakt zu bleiben. Meinem edlen Lehrherrn Signor di Sciavone dankte ich auf das Herzlichste dafür, dass er mich in seine Geschäfte eingeführt und mich wie ein Familienmitglied bei sich aufgenommen hatte. Er schenkte mir zur Erinnerung einen kleinen Löwen von San Marco aus Bronze, der von einem Tintenfass und einem Federfach flankiert war und der jetzt, während ich dies schreibe, vor mir auf dem Tisch steht. Ich habe in meinem Leben nicht viele Menschen von so edler Gesinnung kennengelernt wie diesen venezianischen Kaufmann.

Meine Wirtin Mezzana verabschiedete mich mit lautem Weinen. Sie werde mich sehr vermissen, ich sei ein so angenehmer Mieter gewesen und sie bedauere es sehr, dass ich abreisen musste. Bei den Tränen von Emilia war ich mir unsicher, ob sie echt oder gespielt waren.

Kurpfalz und Pfalz-Zweibrücken

Noch vor Ende des Jahres war ich wieder in Diemerstein.

Wie schon vor meiner Abreise angekündigt, übergab mir mein Vater zum Beginn des Jahres 1781 offiziell die Station, die ich fortan als verantwortlicher Posthalter leitete. Er zog sich auf das Altenteil zurück, stand mir freilich noch mit Rat und Tat zur Seite.

In dieser Zeit erhielten wir einen Brief meines Bruders, in dem er mitteilte, sein Regiment werde nach den neu gegründeten Staaten von Nordamerika verlegt. Frankreich hatte sich entschlossen, die Amerikaner militärisch zu unterstützen und schickte sein Regiment Royal Deux-Ponts zur Hilfe. Meine Mutter weinte wegen dieser Nachricht und auch meinem Vater konnte ich die Sorge ansehen. Lange Zeit hörten wir nichts mehr von unserem Friedrich.

Im darauffolgenden Jahr kamen widersprüchliche Berichte über diesen Kriegsschauplatz zu uns. Mal sollten angeblich die Briten einige wichtige Städte erobert haben, mal hieß es, die amerikanischen Truppen seien siegreich.

In welcher Gefahr auch meine eigene Heimat in dieser Zeit schwebte, erfuhr ich erst viel später. Der Kurfürst Karl Theodor war im Begriff, Bayern gegen die österreichischen Niederlande zu tauschen. Damit hätte er die kurpfälzischen Besitzungen am Rhein bis zur Nordsee erweitert und die Bayern mochte er sowieso nicht. Das war unübersehbar. Die Österreicher befeuerten diesen Plan, dessen Verwirklichung ihr Land weit nach Westen verschoben hätte. Doch Herzog Karl August stemmte sich diesen Plänen entgegen. Seine Zustimmung wäre für diesen Tausch notwendig gewesen und diese verweigerte er entschieden. Karl August hätte ja nach dem Tod des Kurfürsten Bayern geerbt. Man munkelte, der Kaiser in Wien wolle die Stadt Kaiserslautern dem Herzogtum Pfalz Zweibrücken zuschlagen, wenn der Fürst zustimme. Das hat er aber nicht getan und das war gut so.

Mittlerweile hatte Karl August seine Residenz von Zweibrücken nach Homburg in sein neues Schloss verlegt. Die Leute verbreiteten fantasievolle Geschichten darüber. Alles sei in diesem Bauwerk auf die Zahl Eintausend ausgerichtet: Eintausend Zimmer, eintausend Pferde, eintausend Jagdhunde. Wenn der König von Frankreich sich in Paris einen wertvollen Sessel anfertigen lasse, dann würde der Herzog von Pfalz-Zweibrücken eine ganze Möblierung davon bestellen. Aber die Leute reden ja viel. In der Nähe des Schlosses sollte es auch einen wunderbaren Park mit vielen Tieren und Wasserspielen geben, zu dem allein der Herrscher Zutritt hätte und keinen anderem den Blick auf diesen Paradiesgarten gewährte.

Dass die Erzählungen des einfachen Volkes von diesem Palast nicht übertrieben waren, konnte ich mit eigenen Augen feststellen. Eines Tages kam Herr Mannlich mit einem besonderen Auftrag zu mir nach Diemerstein. Der Herzog wolle sich eine erlesene Bildersammlung anlegen und habe ihn dafür mit fast unbeschränkten Mitteln ausgestattet. Es sei ihm als Generalbaudirektor und Hofmaler gelungen, einige sehr schöne Arbeiten alter Meister in Düsseldorf zu erwerben. Die Bilder seien bereits nach Frankfurt gesandt worden und bei einem dortigen Händler eingelagert. Er wollte diese Schätze nach Homburg bringen lassen und bat mich, den Transport zu übernehmen. Darüber freute ich mich sehr. Ich wählte zwei unserer geräumigsten Kutschen aus, zwei erfahrene Kutscher und nahm auch den guten Wussow als Schutz mit, denn die Fracht erschien überaus wertvoll.

Mannlich kam persönlich nach Diemerstein, um uns zu begleiten und zu überprüfen, ob in der alten Reichsstadt auch die bestellten Bilder geladen würden. Es war eine mehrtägige Fahrt und ich freute mich, unterwegs eine angenehme Unterhaltung zu haben. Die meiste Zeit saß der Hofmaler neben mir auf dem Kutschbock, denn ich steuerte eine der Kutschen selbst und dabei konnten wir miteinander plaudern.

Ich übermittelte ihm auch die Grüße des Herrn Casanova aus Venedig und er lachte über die Geschichte des Bildes, die ich von diesem sonderbaren Mann erfahren hatte. Mannlich grinste und meinte, er könne sich noch sehr gut an Casanova und die beiden Bilder erinnern. Die Angelegenheit habe ihm damals eine hübsche Summe Geld eingebracht und natürlich handele es sich um Originale aus Bouchers Werkstatt. Dabei blinzelte er mir verschwörerisch zu. Eines dieser Bilder habe er sogar wieder erwerben können, als es in Paris auf den Markt kam. Zunächst hing es in seinem Haus in Zweibrücken als Erinnerung an seine Zeit in Paris und an das Modell, die Morphi, die ein Mädchen des sogenannten Hirschparks des Monarchen geworden sei. Dann habe der Herzog ihm alle seine Bilder abgekauft und als Grundstock für die Galerie in seinem neuen Schloss verwendet.

Mannlich war in seinen Erzählungen über das Hofleben überaus diskret, dennoch erwähnte er den Einfluss, den eine gewisse Madame Esebeck auf den Herzog habe. Die Untertanen hielten sie für seine Maîtresse, doch vor seiner Hochzeit mit der sächsischen Kurfürstentochter Amalie sei jene Augusta, damals Freiin Gayling, seine Jugendfreundin gewesen, die er aus politischen Gründen nicht heiraten durfte. Alles in allem sprach Mannlich sehr wohlwollend über seinen Fürsten, und ich glaube, er tat es nicht, weil er um seine Stellung fürchtete, sondern aus persönlicher Zuneigung. Als ich ihn fragte, ob der Schlossbau und die immensen Ausgaben für die Hofhaltung nicht das kleine Land ruinierten, lachte er nur. Die Leute sehen nur, was ausgegeben wird, aber nicht was hereinkommt. Mit Herrn von Hofenfels habe Karl August einen überaus tüchtigen und treuen Mitarbeiter. Auch seine diplomatischen Vertreter in Paris, Potsdam und Wien arbeiteten sehr zuverlässig. An den europäischen Höfen werde eine weit vorausschauende Politik betrieben. Nach dem Tod des Kurfürsten in München werde Karl August alles erben und dann einer der wichtigsten Monarchen in Deutschland sein. Vielleicht wäre auch ein Wittelsbacher auf dem Kaiserthron wieder denkbar. Von allen Seiten flössen unvorstellbare Geldsummen nach Zweibrücken, um Karl August auf die richtige Seite zu ziehen. Man nenne das Subsidien. Der Herzog habe nicht einmal die Steuern erhöhen müssen, um seinen Prachtbau zu finanzieren. Ich wollte das gar nicht glauben.

In Frankfurt überprüfte Mannlich die bereitgestellten Bilder aufs Sorgfältigste. Wir verpackten sie mit Unterstützung des Kunsthändlers in gepolsterte Kisten und luden die Fracht auf unsere Chaisen. Auf dem Rückweg fuhr Wussow mit grimmigem Gesicht, zwei Pistolen im Gürtel und einem neuen preußischen Gewehr in der Hand auf dem Kutschbock der ersten Kutsche. Mannlich und ich folgten auf dem nachfolgenden Wagen. Auch ich hatte meine gute Reiterpistole im Gürtel.

So gelangten wir sicher nach Homburg und ins Schloss. Mannlich gab Anweisung, die Kisten gleich in die Galerieräume zu schaffen und fragte mich, ob ich nicht beim Auspacken dabei sein wollte. Ich war gerne einverstanden, denn bei dieser Gelegenheit konnte ich mich nicht nur pflichtgemäß von der einwandfreien Durchführung des Transportes überzeugen, sondern hatte auch Gelegenheit, mir diesen Wunderbau von innen anzusehen.

Wir gingen also hinüber in die Galerie und der Generalbaudirektor erläuterte mir, wie geschickt er die Fenster angeordnet hatte. Wir waren gerade dabei, die Gemälde auszupacken, da öffnete sich die Tür und Seine Durchlaucht höchstselbst betrat den Raum. Mannlich und ich verneigten uns, doch der Herzog kam gleich auf uns zu und wollte die Neuerwerbungen begutachten. Wie früher begegnete er Mannlich keinesfalls förmlich, eher freundschaftlich wie mir schien. Dann blickte er mich an, offenbar hatte er mich zunächst für einen Gehilfen des Hofmalers gehalten. „Wir kennen uns doch.

Ist Er nicht der Sohn des Posthalters aus Diemerstein?" „Euer ergebenster Diener, Monseigneur," erwiderte ich. Karl August lachte: „Ich freue mich Ihn wieder zu sehen und hoffe es geht Ihm gut. Bestimmt hat Er schon eine gute Frau gefunden und Kinder." Ich verneinte und Seine Durchlaucht bemerkte zum Abschied. „Es war mir ein Vergnügen, Ihn wiederzusehen. Er ist ein treuer Posthalter meines kurfürstlichen Onkels. Wir hoffen, Er wird, wenn die Zeit gekommen ist, mir die gleiche Zuneigung erweisen können. Grüße Er mir seine Familie in Diemerstein." Mit diesen Worten war ich gnädig entlassen.

Man hat später zahlreiche unschöne Geschichten über Karl August erzählt. Ich habe sie stets für gelogen gehalten, denn er war im Grunde seines Herzens ein guter Mensch. Das erkenne ich auch an einer Begebenheit, die sich in diesen Jahren ereignete.

In einem nahen Dorf lebte eine rechtschaffene und ordentliche Familie, die ihren Lebensunterhalt mit Waldarbeiten verdiente. Ich kannte diese Familie sehr gut. Der Vater ging mit uns auf die Jagd. Als Erbbeständer hatte nämlich der Posthalter mit kurfürstlichem Privileg das Jagdrecht in Diemerstein und der näheren Umgebung. Der alte Gimbel war so etwas wie unser Leibjäger. Er hatte zwei Söhne, die ebenfalls die Jagd mit großer Leidenschaft betrieben. Der ältere von ihnen war ein überaus geschickter Handwerker, der auch ab und zu als Stellmacher bei uns in der Station aushalf. Es gab eigentlich nichts, was er nicht konnte. Wenn irgendetwas nicht funktionierte, er wusste Rat und konnte es reparieren. Die Leute in der Station nannten ihn daher nur den Doktor. Der jüngere Sohn war ebenfalls ein tüchtiger Mann und ein noch besserer Jäger als Bruder und Vater.

In Zeiten, in denen die Jagd ein herrschaftliches Privileg war, litten gerade die Menschen, die wie die Fürsten das Waidwerk liebten, besonders. Wenn die Parforcejagden durch Wald und Wiesen gingen, die Forsten bei Kesseljagden verlappt wurden und die hohen Herren und Damen das zusammengetriebene Wild aus purer Freude abschossen, dann blieb für das einfache Volk nichts mehr übrig, nicht einmal mehr ein Rehrücken zu Weihnachten. Die Wilderei war deshalb sehr verbreitet. Sei es nur um hungrige Mäuler in der Familie zu stopfen, die Felder vor Schaden durch das Wild zu bewahren oder einfach aus Freude an der Jagd.

So konnten die Gebrüder Gimbel auch nicht von ihrer Leidenschaft lassen und wilderten in den verschiedensten Revieren. Eines Tages, es war Winter und wenig Arbeit im Wald, kamen die beiden auf ihren Streifzügen bis in die Nähe von Jägersburg bei Homburg. Sie hatten gerade in der beginnenden Dämmerung drei Keiler erlegt und sich über ihre Beute gebeugt, als sie von allen Seiten von bewaffneten Hofjägern des Herzogs umringt wurden. Aus eigener Anschauung weiß ich, dass die Gimbels in der Lage waren, eine starke Wildsau in weniger als zwei Minuten aufzubrechen. Sie schnitten den Leib des Tieres einfach mit einem Hirschfänger von oben bis unten auf und rissen mit einem Ruck die Eingeweide heraus. Sie mussten so arbeiten, denn der Schuss hatte sie schnell verraten und auf Wilderei standen hohe Kerkerstrafen. So mancher Wilderer wurde hinter Gitter gebracht und ward nie wieder gesehen. Doch diesmal hatten die beiden Pech. Die herzoglichen Jäger waren in der Nähe, hatten die Schüsse gehört und sich lautlos auf die Stelle zubewegt, an der sie den Schützen vermuteten. Ein Entkommen war nicht mehr möglich.

Johannes Gimbel, der Jüngere der beiden, erzählte mir später, in diesem Moment gaben sie sich verloren. An Flucht war nicht zu denken und an Gegenwehr sowieso nicht. Dann sei plötzlich aus der Mitte der Jäger ein stattlicher Herr mit prunkvoller Jagdkleidung herausgetreten und habe die Ergriffenen scharf angeblickt und sie mit strengem Ton gefragt, wer sie seien, woher sie kämen und wieso sie die Frechheit besäßen, in den Wäldern des Herzogs zu jagen. Die beiden hätten sich erhoben, ihren Namen genannt und der Ältere habe noch, wie zur Entschuldigung gemurmelt, er sei Stellmacher in der Posthalterei in Diemerstein. In diesem Moment habe sich die Miene des Mannes aufgehellt, von dem sie heute wissen, dass es Seine Gnaden der Herzog selbst war. Er habe mit Wohlgefallen auf das erlegte Wildschwein geblickt und wollte wissen, ob sie es wirklich so schnell versorgt hätten. Denn zwischen dem Schuss und der Verhaftung wären nur wenige Minuten vergangen. Johannes Gimbel bestätigte ihm, es sei wirklich so gewesen, und wenn ihm sein Bruder geholfen hätte, wäre es sicher noch schneller gegangen. Dann deutete der Fürst auf die beiden noch unversorgten Wildsauen und befahl den Wilderern, eine dieser Sauen aufzubrechen, an die andere schickte er zwei seiner besten Jäger. Die beiden Gimbel verstanden den Wettbewerb sofort, und obwohl die herzoglichen Jäger sehr flink und behände waren, schafften die Brüder ihren Keiler in weniger als der halben Zeit. Das gefiel dem Herzog außerordentlich. Er stellte die beiden vor die Wahl, lebenslänglich in einem Kerker zu landen oder sich ihm als Leibjäger mit Haut und Haaren zu verpflichten. Die beiden wussten sich gar nicht zu halten vor Glück. Sie gelobten ihrem Herrn ewige Treue und wurden noch in der Nacht dem Hofjägermeister übergeben, der sie uniformierte und ihnen ihre Quartiere im Schloss anwies.

Bei den nun seltenen Besuchen in Diemerstein lobten beide ihren neuen Herrn über alle Maßen und versicherten jedem, der es hören wollte, was für ein gütiger und gerechter Fürst der Herzog von Zweibrücken sei. Nicht nur seinen Jägern ginge es gut, sondern auch seinen Hunden. Damit keiner von ihnen auf der Jagd verloren gehe, trage jeder ein Halsband, in das eingraviert war: „Ich gehöre dem Herzog von Zweibrücken. Wer mich zurückbringt, hat ein gutes Trinkgeld zu erwarten." Ich nehme an, das galt für die Hunde und nicht für die Jäger.

Ein freudiges Ereignis in dieser Zeit, wenn ich mich recht erinnere im Jahr 1782, war die Rückkehr meines Bruders Fritz aus Amerika. Er hatte Urlaub bekommen und reiste gleich nach Diemerstein. Kaum war er aus der Kutsche ausgestiegen, wurde er von allen Seiten umringt. Er sah noch besser aus als damals, als ich ihn vor meiner Abreise nach Frankreich getroffen hatte, auffallend muskulös und mit einem selbstbewussten Lachen auf den Lippen. Er trug nun die Uniform eines „Sergent“ und ich erkannte daran, wie erfolgreich der Feldzug gewesen sein musste. Meine Mutter weinte vor Glück, lief sofort in die Küche und bereitete ihm ein üppiges Mahl. Offensichtlich dachte sie, er hätte in der Zwischenzeit nichts gegessen, obwohl man Fritz das Gegenteil ansah.

Wir waren alle begierig, seine Erzählungen zu hören. Mein Bruder Johannes kam aus Hochspeyer und sogar meine Schwester Marie hatte sich, obwohl hochschwanger, aufgemacht, um ihren Bruder zu sehen. Zuerst berichtete er seine Erlebnisse in unserem großen Wohnzimmer, dann im großen Saal der Posthalterei und das ganze Dorf hörte zu.

Viele seiner Schilderungen habe ich im Laufe der Jahre vergessen. Ich erinnere mich noch an die Qualen der Überfahrt von Frankreich nach Amerika und wie froh die Soldaten waren, nach all den Stürmen auf dem Meer wieder festen Boden unter den Füßen zu haben. Am besten habe ich noch seine Schilderung der alles entscheidenden Schlacht vor der Stadt Yorktown im Gedächtnis. Dort hatte sich der britische General mit seinen Truppen verschanzt. Den Zweibrückern unter dem Kommando eines französischen Generals, eines Graf Rochambeau, lagen drei Brigaden der Engländer und ein deutsches Kontingent aus Kassel gegenüber. Fast neuntausend Mann. Auf der Seite der Angreifer waren allerdings ebenso viele Amerikaner, die deren General Washington befehligte, eine Division habe sogar unter dem Befehl eines preußischen

Offiziers gestanden, eines gewissen Baron von Steuben. Wussow nickte an diesem Punkt des Berichtes immer sehr befriedigt. Die Franzosen brachten achttausend Mann in die Schlacht, darunter auch sein Regiment. Fritz meinte, man solle sich von der Überlegenheit der Angreifer nicht täuschen lassen. Die Amerikaner seien meist schlecht ausgebildet gewesen und keine erfahrenen Soldaten, zudem seien die Verteidiger immer in einer besseren Position und dadurch war das Kräfteverhältnis durchaus als gleichwertig anzusehen. Die Engländer waren erprobte Kämpfer und vor allem die Hessen seien sehr gefürchtet gewesen. Sie hätten ein eigenes Trommelsignal gehabt und jedes Mal, wenn die Trommeln der Hessen ertönten, sei den Jungs aus Amerika das Herz in die Hose gerutscht.

Besonders gut im Gedächtnis habe ich das, was mein Bruder über die Stunden vor der Schlacht schilderte. Auf beiden Seiten hätten sich deutsche Soldaten gegenüber gelegen. Rufe auf Deutsch seien zwischen den Stellungen hin- und hergegangen. Bei den Gefechten selbst hätten sich die Zweibrücker in besonderer Weise ausgezeichnet. In einem Sturmangriff hätten er und seine Kameraden die wichtige Redoute Nr. 9 erobert und dadurch nicht nur die Schlacht, sondern den Krieg entschieden. Als der englische General Cornwallis kapitulierte, die Fahnen und seinen Degen übergab, habe ihr Kommandeur Christian von Zweibrücken neben Washington gestanden. Ich freute mich, wieder etwas von Christian zu hören, an den ich in der Vergangenheit oft gedacht hatte und wie mir Fritz erzählte, war auch dessen Bruder Wilhelm mit bei diesem Feldzug.

Mein Bruder wusste auch zu berichten, dass sehr viele der hessischen Soldaten, die von ihrem Landesherrn verkauft worden waren und bei den Engländern gekämpft hatten, gar nicht mehr in ihre Heimat zurückgekehrt seien, sondern als Siedler in dem neuen Land blieben.

Viele Menschen sind der Auffassung, die Zeit vergeht umso schneller, je mehr man erlebt, Neues kennenlernt und jeden Tag einem besonderen Ereignis oder interessanten Personen begegnet. Diese Meinung teile ich nicht. Im Gegenteil, in meinem Leben hatte ich immer den Eindruck, die Zeit rast, sobald ich von morgens bis abends arbeite und in tägliche Routine eingebunden bin. Wenn ein Tag wie der andere ist, dann verfliegen die Jahre umso schneller. In dieser Zeit nach dem Jahre 1782, füllte mich meine Arbeit und meine Verantwortung für die Posthalterei voll aus. Die einzige Abwechslung waren für mich die Briefe, die mir Michele aus Venedig und Sepp aus München schickten. Aber auch die wurden immer weniger, da ich den beiden nichts Spannendes zu berichten wusste.

Es kamen immer wieder bemerkenswerte und auch berühmte Persönlichkeiten in unserer Station vorbei, wurden von mir mit Ehrerbietung begrüßt und nach ihren Befehlen gefragt, meist auf Französisch, denn auch die Deutschen, die etwas auf sich hielten, bedienten sich dieser Sprache. Mein Italienisch wurde im Laufe der Zeit immer ungeübter, denn auch wenn ein Gast aus Italien in der Station vorfuhr und ich ihn auf Italienisch ansprach, dann wechselte er sofort ins Französische, um mir zu zeigen, er wünsche, in dieser Sprache angeredet zu werden. Die meisten Passagiere von Adel blieben sowieso nur zum Pferdewechsel in der Station und reisten gleich weiter.

Einen Gast aus dieser Zeit habe ich jedoch noch sehr gut in Erinnerung. Es war wohl im Jahr 1785 oder 1786, da fuhr eine Kutsche vor und es war nach dem Pferdewechsel zu spät zur Weiterreise. Ich erkannte gleich, einen Standesherrn vor mir zu haben und bot ihm und seiner Begleitung unsere besten Gästezimmer an. Ich versicherte ihm, auch unsere Küche sei vorzüglich. Er solle seine Wünsche äußern, die Station stehe zu seiner Verfügung. In einem separaten Raum würden wir gerne eine Tafel für ihn zum Nachtmahl vorbereiten. Der Gast, ein großer stattlicher Mann, sprach Französisch mit einem mir unbekannten Akzent. Als ich sein Gepäck nach oben bringen ließ und ihn nach seiner Herkunft fragte, obgleich eine derartige Neugier einem Posthalter im Grunde nicht zusteht, antwortete er freundlich, er sei Bürger der Vereinigten Staaten von Nordamerika. Er lebe derzeit in Paris und sei auf der Durchreise zu den Weinanbaugebieten am Rhein. Von diesen Weinsorten habe er schon viel gehört, wolle sie verkosten und vielleicht die eine oder andere Lieferung bestellen. Ich habe es immer bedauert, niemals die englische Sprache gelernt zu haben. Das war zu meiner Zeit auch nicht notwendig, aber heute bin ich mir sicher, diese Sprache wird auf der Welt immer wichtiger werden.

Als ich meinem Gast erzählte, mein Bruder Friedrich sei auch schon in Amerika gewesen, habe dort im Krieg mit dem Regiment Royal Deux-Ponts vor Yorktown gekämpft und sei gesund wieder nach Frankreich zurückgekehrt, lobte er die Tapferkeit der Zweibrücker mit den Worten: „Ohne die tapferen Jungs aus Zweibrücken hätte meine Heimat niemals ihre Freiheit errungen."

In der Begleitung des noblen Gastes befanden sich neben seinem Kutscher noch drei weitere Personen, nämlich seine Tochter, ein lustiges und ganz zutrauliches kleines Mädchen, deren Zofe und sein Koch. Die beiden letztgenannten sorgten für einiges Aufsehen in der Posthalterei, denn sie hatten eine schwarze Hautfarbe. Die meisten Leute in der Station und im Dorf hatten noch nie einen schwarzen Menschen gesehen. Sie waren ganz vorsichtig und hielten staunend Abstand. Ein Kind kam herbeigelaufen und wollte von mir wissen, ob das zwei Teufel wären, die der vornehme Fremde gezähmt hätte. Der schwarze Koch rollte zum Spaß mit seinen Augen, sodass man seine weißen Augäpfel sehen konnte und lachte herzlich, wobei er seine blendend weißen Zähne zeigte.

Die Zofe des Mädchens war auffallend hübsch und ihre bunten Kleider boten einen angenehmen Kontrast zu ihrer Haut. Sie wurde

Sally gerufen und schien mir ein Mischlingsmädchen zu sein. Ihr weißes Häubchen umrahmte ein anmutiges Gesicht mit edlen Zügen.

Mein Gast lobte die bequemen Zimmer in meiner Posthalterei und bestellte eine Abendtafel in einem Nebenzimmer der Gaststube, die ich für ihn schön herrichten und mit vielen Kerzen beleuchten ließ. Er bat allerdings darum, dass sein Koch das Essen zubereiten dürfe, denn der habe in Paris bei mehreren berühmten Köchen gelernt und verfüge über die Fähigkeit, die Speisen auf eine ganz besondere, seinem Herrn gefällige Art zuzubereiten.

Ich gab in der Küche sofort entsprechende Anweisung und befahl, dem fremden Koch alle Gerätschaften, Nahrungsmittel und Zutaten so zur Verfügung zu stellen, wie er es wünschte. Meine Köchin, Frau Weber, war zunächst ziemlich ängstlich, neben einem schwarzen Mann am Herd zu stehen, doch als sich meine alte Mutter zum Küchenpersonal gesellte, war sie beruhigt.

James, wie sich der Koch meines Gastes nannte, war in der Tat ein Meister seines Faches. Wir hatten frisches Lammfleisch in unseren Kühlkellern und daraus zauberte er einen vorzüglichen Lammrücken, von dem ich selbst kosten konnte. Mit den Gewürzen unserer Küche kannte er sich mühelos aus, verfeinerte das Gericht zudem mit verschiedenen Kräutern und Essenzen, die er in seinem „Küchenkoffer" mitführte. Obwohl er in Amerika geboren war, sprach er perfekt Französisch und ich konnte mich gut mit ihm verständigen. Er gestand mir, er habe eine gewisse Vision von der afrikanischen Küche, nach der seine Vorfahren in jenem dunklen Kontinent ihre Speisen zubereitet hätten. Diese mehr als vage Vorstellung, wie der Geschmack seiner Vorväter wohl gewesen sein könnte, versuchte er mit der französischen Küche zu kombinieren. Das war ihm aufs Trefflichste gelungen, wie wir feststellen konnten.

Da Diemerstein mitten im Wald liegt, war selbstverständlich auch gutes Wildbret bei uns vorhanden und James nutzte die Vorräte zu einer köstlichen Wildrahmsuppe. Meine Mutter und die anderen Küchenfrauen, die um ihn herumstanden, durften reichlich kosten und waren alle vollauf begeistert. Nach der Suppe und vor dem Lamm sollte es noch einen Fischgang geben. Das war kein Problem, denn in Windeseile konnten meine Leute ihm mehrere fangfrische Forellen aus dem Glastal präsentieren.

Während James kochte, war Sally, sie war seine Schwester, mit Mary, der Tochter meines Gastes, ein paar Schritte ins Dorf gelaufen. Zur Sicherheit hatte ich ihnen Wussow mitgegeben, der sich rühmte, in Potsdam schon viele Mohren gesehen zu haben, die in königlichen Diensten standen. Sie wurden von der Witwe Pauli in den Stall eingeladen, wo die Kleine die Ziegen streicheln durfte.

Noch vor dem Essen lud mein Vater den Fremden zur Besichtigung des Weinkellers ein. Unser Gast entpuppte sich als ein exzellenter Kenner. Er lobte die Vielfalt und Güte der Vorräte. Für seine Tafel wählte er einige leichte Weißweine vom Rhein aus sowie einen kräftigen Burgunder, der mangels Nachfrage in unseren Kellern alt geworden war.

Das Abendessen schien allen zu schmecken. Meine Mutter und ein Stubenmädchen servierten. Sie wunderten sich, warum der Edelmann mit seinen Bediensteten an einem Tisch saß, wie er es angeordnet hatte. Ich dachte mir, so sehe wohl der Umgang in einem neuen Staat aus, in dem der Adel unbekannt ist, Religion, Rasse und Stand keinen Unterschied machen. Der Gedanke, alle Menschen seien gleich geboren, gefiel mir damals sehr gut.

Am kommenden Morgen brach die ganze Gesellschaft recht früh zur Weiterfahrt auf. Der vornehme Besucher hinterließ sogar einen lobenden Eintrag in unserem Gästebuch, den er mit Thomas Jefferson, Botschafter der Vereinigten Staaten von Nordamerika in Frank reich, unterzeichnete.

Wie ich Jahre danach in den Zeitungen lesen konnte, wählte ihn sein Volk zum Präsidenten. Es gereicht meiner Familie und meiner Posthalterei zur Ehre, hier einmal einen späteren amerikanischen Präsidenten zu Gast gehabt zu haben.

Von Wussow, der mit Sally länger zusammen war, erfuhr ich, dass die junge Frau und der Koch Sklaven von Jefferson waren. Somit sein persönliches Eigentum. So etwas gab es in diesem neuen Staat also doch noch. Da allerdings die Sklaverei in Frankreich verboten sei, müsse er ihnen hier sogar ein Gehalt zahlen. Jener Besuch der Amerikaner war noch für Wochen das wichtigste Gesprächsthema in der Station und im Dorf. Unser Stubenmädchen heizte das Gerede noch weiter an. Sie erzählte überall herum, sobald die kleine Mary eingeschlafen sei, wäre die Schwarze in die Kammer des Mannes geschlüpft und habe die Nacht bei ihm verbracht.

Nun war ich schon über dreißig Jahre alt und immer noch unverheiratet. Mein Vater hatte in diesem Alter schon fünf Kinder aufgezogen. Mein Bruder war in Hochspeyer neben seiner Tochter Amalie bereits mit zwei Söhnen gesegnet, meine Schwester in Speyer konnte mittlerweile vier Töchter und einen Sohn vorweisen und die in Zweibrücken war stolze Mutter eines Sohnes und einer Tochter. Man glaubte in mir schon einen reichen Onkel zu erblicken, der ohne Erben aus der Welt gehen würde.

Mit den Jahren kränkelte mein Vater immer mehr. Das Laufen fiel ihm schwer und er klagte über Schmerzen im Rücken und zunehmende Atemnot. Aus diesem Grund zog er auch nicht auf unseren Hof, sondern lebte weiter in der Poststation, wo er sein ganzes Leben verbracht hatte. So konnte ich mich auf dem Hof einrichten, was mir sehr recht war, denn seit meiner Kindheit liebte ich den Wald sehr.

Mein Vater sagte immer häufiger, er habe ein gutes Leben gehabt, doch er wünsche sich vor seinem Tod noch den Jungen zu sehen, der im Mannesstamm einmal die Station übernehmen würde. Mit Friedrich rechnete er gar nicht mehr, obwohl er ihn auch sehr liebhatte. Doch der trieb sich als Soldat in Frankreich herum.

Es gab damals in den Dörfern rund um Diemerstein keinen begehrteren Junggesellen als mich. Man lud mich zu verschiedenen Familien ein und präsentierte mir die dort vorhandenen heiratsfähigen Töchter. Meine Tante aus Alzey gab regelmäßig ganze Listen mit Mädchen aus ihrem Bekanntenkreis zur Post. Ich solle nur zu ihr in die Stadt kommen und mir einmal die Auswahl der Schönheiten ansehen, die sie für mich vorgesehen hatte. Meine Schwestern waren in diesen Bemühungen nicht anders. Immer wieder luden sie mich zu sich ein, um irgendwelche beste Freundinnen kennenzulernen, die mir bestimmt gefallen und gut zu mir passen würden. Ich kam mir vor wie ein Hirsch bei der Treibjagd.

Wie lange war es her, seit ich mit Francesca, Ruth oder Luise den Bund fürs Leben schließen wollte? Es erschien mir wie eine Ewigkeit. Das Feuer, das mich damals mit brennender Liebe erfüllt und meine Sehnsucht nach einem nahen Menschen genährt hatte, war in mir erloschen.

Bei manchen Gelegenheiten besuchte ich die bäuerlichen Tanzvergnügen in Hochspeyer und Frankenstein, ließ mich auf den Festen im Jahreslauf sehen, bei Kindtaufen und Hochzeiten. Das war jedoch mehr meinem Beruf als Posthalter und meiner Stellung in der Bevölkerung geschuldet, als dem Wunsch dabei Frauen kennenzulernen.

Die Mädchen aus den mennonitischen Familien in Diemerstein waren gottlob alle brav und senkten den Blick, wenn ein Mann an ihnen vorbeiging, doch die Stubenmädchen der Station, die aus den umliegenden Dörfern stammten, wurden immer kecker. Während ich einer von ihnen den Tagesplan im Gästehaus vorlas, setzte sie sich eng neben mich und rieb ganz ungeniert ihren Oberschenkel an dem meinen. Ich verfügte daher, dass diese jungen Dinger nur wenn unbedingt notwendig in der Station schlafen sollten, wenn ich selbst dort übernachtete, denn ich fürchtete, irgendwann eine von ihnen unverhofft in meinem Bett zu finden. Sie sollten sich lieber an unsere Postillione halten.

Mein ganzes Leben lang war ich der festen Überzeugung, unser Leben wird von einem liebenden Gott gelenkt, der uns führt, auf den rechten Weg weist und uns niemals allein lässt. Der Mensch kann sich getrost seiner Hand anvertrauen und auf seine Hilfe hoffen.

So ging es auch mir.

Es war 1787, als ein Fremder nach Diemerstein kam. Er nannte sich Jan Ammann und kam von irgendwo her aus dem Norden. Ein bemerkenswerter Mann. In seiner Heimat war er früher ein geschätztes und anerkanntes Mitglied der mennonitischen Gemeinde gewesen. Er wirkte sogar als Prediger. Das änderte sich freilich, nachdem er sich in eine Frau aus dem Nachbarort verliebt hatte, die lutherischen Glaubens war. Als er sie heiratete und seine Tochter in der protestantischen Kirche taufen lassen wollte, war er nicht mehr wohlgelitten. Die Mennoniten vertreten nämlich die Auffassung, ein Kind, das sich nicht zum Glauben bekennen kann, darf nicht getauft werden, sondern erst nach eingehender Unterweisung und eigenständiger Entscheidung als Erwachsener. Oft werden die Mennoniten daher auch als Wiedertäufer bezeichnet und verfolgt. So geriet der arme Mann immer mehr zwischen die Fronten des Glaubens.

Als gebildeter Mensch und tüchtiger Landwirt wurde er gerade noch so geduldet. Freunde hatte er keine mehr. Schließlich starb seine Frau, vielleicht aus Gram. Sein Sohn, den er im mennonitischen Glauben erzogen hatte, wollte nach dem Tod der Mutter nicht mehr bleiben. Er ließ sich bei den Soldaten anwerben, die der Landgraf von Hessen nach Amerika schickte, und leistete dabei einen Eid auf den Fürsten. Das war zu viel. Eine Glaubensgemeinschaft, die streng nach der Bibel lebt, Gewalt ablehnt und den Eid verbietet, konnte eine solche Familie nicht mehr in ihrer Mitte dulden. Jan Ammann wurde gebannt und verließ bettelarm seine Heimat. Nur sein fester Glaube an Gott und seine Tochter waren ihm geblieben. Zu Fuß wanderten sie durch das Land. Er ernährte sich und seine Agnes durch Gelegenheitsarbeiten. Er vertraute darauf, Gott würde ihm, wie damals dem Volk Israel den rechten Weg weisen.

Als er in Diemerstein ankam, suchte er in der mennonitischen Gemeinde Schutz. Ich weiß nicht, auf welchem Weg, doch auch hier wussten seine Glaubensbrüder über ihn Bescheid. Aber Ammann hatte Glück, die Diemersteiner Mennoniten nahmen das Gebot der Barmherzigkeit ernst und er durfte hier wohnen bleiben. Sie überließen ihm sogar ein einfaches Backsteinhaus in der Ortsmitte, das eigentlich für den Viehhirten vorgesehen war, und ein kleines Stückchen Land im schattigen Teil des hinteren Ortsausganges.

Da meine Familie immer gut mit den Leuten im Dorf zusammengelebt hatte, besuchte ich eines Tages auch den Neuankömmling. Er hatte sich in den winzig kleinen Zimmern sauber und ordentlich eingerichtet. Die wenigen Möbel waren ihm von mitleidigen Menschen geschenkt worden. Die wichtigste persönliche Habe, seine Bücher, hatte er fein säuberlich auf einem selbst gezimmerten Regal aufgereiht. Da er bei seiner Ankunft nur mit einem Rucksack durch meine Station wanderte, waren diese vielen Bücher sein einziger Besitz. Er forderte mich auf, Platz zu nehmen, indem er sich vom einzigen Stuhl erhob, was mir sehr unangenehm war. Ich fragte ihn nach seinen weiteren Plänen, und weil er einen sehr guten und kultivierten Eindruck auf mich machte, überlegte ich, ob ich ihm nicht ein Auskommen in der Posthalterei beschaffen könnte. Bevor ich diesen Vorschlag darlegen konnte, stellte er sich mir höflich vor. Er nannte seinen Namen und erzählte, er sei als Lehrer ausgebildet, aber er kenne sich auch in der Landwirtschaft und allen damit verbundenen Tätigkeiten aus. Er freute sich über das kleine Stückchen Land, das er jetzt kultivieren durfte, und hoffte, hier inmitten der Menschen, die seinen Glauben teilten, glücklich zu werden. Mir gefiel die unkomplizierte und zuversichtliche Art des Mannes.

In diesem Moment wurde unser Gespräch unterbrochen, denn seine Tochter betrat den Raum. Sie musste sich unter dem niedrigen Türrahmen bücken, um in die Stube einzutreten. Sie war sehr hochgewachsen, schlank und mit ausdrucksvollen, doch lieblichen Zügen. Ihr langes blondes Haar war zu einem Zopf zusammengebunden. Im Arm hielt sie zärtlich ein winzig kleines Kätzchen, das ihr gerade die Witwe Pauli geschenkt hatte. Sie war nicht mehr allzu jung, 26 Jahre alt, wie ich später erfuhr. In diesem Alter waren die meisten Frauen im Dorf und auch in der mennonitischen Gemeinde längst verheiratet und hatten mehrere Kinder. Sie trat vorsichtig hinzu, stellte sich neben ihren Vater und legte den Arm um seine Schultern. Ein wunderbares Bild, das sich kein Maler schöner hätte ausdenken können.

Da der Raum mit uns dreien und der kleinen Katze fast vollständig gefüllt war, verabschiedete ich mich höflich und bot meine Hilfe an, falls die Ammanns etwas benötigten.

Als ich in der Nacht zu Bett ging, war ich mir sicher, heute meine künftige Ehefrau gesehen zu haben, und Ich hatte den festen Glauben, dass es mir besser ergehen würde als mit Francesca, Ruth und Luise.

Vater Ammann traf ich regelmäßig bei seinem kleinen Acker. Er begnügte sich damit nicht, sondern begann, einen völlig verbuschten Teil des Gemeindewaldes neben seinem Grundstück zu roden. Das hatte hier noch niemand versucht. Er ging dabei sehr überlegt und erfahren vor. Von der Witwe Pauli lieh er sich Ziegen aus, umzäunte das Gelände, das er urbar machen wollte, und entfernte

Hecken und Strauchwerk inmitten einer kleinen Ziegenherde. Seine Tochter half ihm dabei. Der Gemeindevorsteher erkannte sehr rasch, wie nutzbringend Ammanns Werk für sie alle war und bald halfen viele dem wackeren Mann bei seinem Vorhaben.

Fast jeden Abend besuchte ich ihn. Irgendwann, ich weiß nicht, woher er überhaupt die Zeit dazu nahm, hatte er eine schöne Sitzgelegenheit gezimmert und vor seinem Haus aufgestellt. Wenn ich kam, holte er für mich den Stuhl aus der Stube und er und seine Tochter konnten bei mir auf der Bank sitzen. Es war wirklich wohltuend, sich mit diesem Mann zu unterhalten. Er hatte viele Schicksalsschläge hinnehmen müssen und doch nie seinen Mut verloren. Obgleich er noch nicht viel von der Welt gesehen hatte, war er sehr gebildet und überaus belesen. Seine Tochter hatte er selbst unterrichtet und das merkte man ihr an. Sie konnte mühelos jedem Gespräch über Religion, fremde Länder und die allgemeine Lage folgen und dazu sehr geistreiche Bemerkungen machen. Sie verfügte wie ihr Vater über ein umfassendes Wissen von der Natur, den Pflanzen und Kräutern. Tiere hatte sie besonders in ihr Herz geschlossen. Das kleine Kätzchen wich nicht von ihrer Seite und schon nach wenigen Wochen hatte sie mit viel List einen Jungfuchs gezähmt, der seine Mutter verloren hatte und jetzt zum Haus gehörte.

Da Ammann auf dem neu hinzugewonnenen Land Pflanzen anbauen wollte, die wenig Sonne benötigen, erbat ich von ihm eine Liste und bestellte die erforderlichen Sämereien auf meine Kosten bei einem Händler in Mannheim.

Unterdessen waren meine regelmäßigen Besuche beim alten Hirtenhäuschen nicht verborgen geblieben. Man tuschelte bereits im Dorf und der Posthalterei über das Verhältnis des Posthalters zu der Jungfer Ammann.

Ich liebte es, im Spätsommer mit Ammann und seiner Tochter im Freien zu sitzen und ihm zuzuhören. Fast jeden Abend ging ich zu ihnen, brachte Brot, Wein und etwas Fleisch mit. Die Dinge, über die Jan sprach, waren ganz anders als das, was ich von Cuvillier oder di Sciavone gehört hatte. Hier ging es nicht um Geschäfte oder die Entwicklung von Märkten und Handelsströmen, sondern um den Sinn des Lebens, die Verantwortung, die der Mensch gegenüber der Natur und seinen Mitmenschen hat, und um die Zeichen, die Gott uns gibt, damit wir erkennen, nie tiefer fallen zu können als in seine Hand.

Da ich in den Sommermonaten meist auf dem Hof lebte, fragte ich Ammann, ob ich seine Tochter auf einen Spaziergang dorthin einladen dürfte. Er meinte nur, seine Tochter sei erwachsen, sie könne auch ohne seine Erlaubnis überall hingehen, wohin sie wolle.

Als wir gemeinsam durch die Wiesen des Diemersteiner Tales gingen, das ringsum von hohen Bäumen umgeben war, bemerkte ich auf einmal, dass ich zum ersten Mal mit Agnes allein war. War es zu früh, ihr meine Liebe zu gestehen? In meinem Alter und mit den Erfahrungen meiner Jugend sollte das doch für mich kein Problem sein. Doch ich wusste nicht so recht, wie sie wohl reagieren würde. Schweigend gingen wir eine Zeitlang nebeneinander her. „Du kannst ruhig Agnes zu mir sagen", brach sie das Schweigen. „Das ist lieb, wie möchtest du mich nennen" erwiderte ich, „Karl oder lieber Charles oder Carlo? Auf all diese Namen habe ich in meinem Leben schon gehört." Sie lachte, blieb unvermittelt stehen und sah mich an: „Am liebsten würde ich dich meinen lieben Mann nennen."

An dieser Antwort erkannte ich, hier haben zwei Menschen zusammengefunden, die für immer zusammengehören.

Als ich meine künftige Frau meinen Eltern vorstellte, war mein Vater voller Glück. Er nannte Agnes ein „munteres Rehlein" und nahm sie herzlich in die Familie auf. Meine Mutter war zunächst etwas skeptisch. Sie fragte nach ihrer Herkunft, nach den Erlebnissen während ihrer Wanderschaft und lud sie ein, ihr doch bei Gelegenheit in der Küche der Station zu helfen. Alle diese Examinationen überstand Agnes mit Bravour. Meine Mutter zeigte sich sehr zufrieden mit ihr und meinte, ich hätte keine bessere Frau finden können. Trotz des langen Weges kamen meine Schwestern mit ihren Kindern angereist. Auch bei Ihnen bemerkte ich zunächst eine gewisse Zurückhaltung. Man konnte fast den Eindruck gewinnen, eine fremde Frau würde ihnen den Bruder wegnehmen wollen. Ich wunderte mich über ihr Verhalten, denn noch vor nicht allzu langer Zeit waren gerade meine Schwestern so eifrig bemüht gewesen, mich zu verheiraten. Als es jetzt ernst wurde, waren sie unsicher, was sie von der unbekannten jungen Frau halten sollten. Agnes ließ alles klaglos über sich ergehen und fand auch schnell die Zuneigung und den Respekt aller Mitarbeiter in der Posthalterei.

Besonders freute es mich, wie gut sich mein Vater mit Jan Ammann verstand. Die beiden saßen gerne zusammen und unterhielten sich über Gott und die Welt. Vor allem Ammanns fundierte Kenntnisse in der Landwirtschaft beeindruckten meinen Vater. Er riet mir, die Verwaltung des Hofgutes, welches in der alten Schäferei entstanden war, meinem künftigen Schwiegervater zu übertragen.

Unsere Verlobung feierten wir gemeinsam in der Poststation. Es wurde eine Tafel aufgebaut und alle, die in den umliegenden Orten wichtig waren oder sich für wichtig hielten, kamen zur Gratulation, auch der Vorsteher der mennonitischen Gemeinde. Diese hatte Ammann wieder in ihrer Mitte aufgenommen und die „Verfehlungen" verziehen. Er durfte vor der Gemeinde predigen und fungierte für die Kinder als Lehrer. Auch die Tatsache, dass seine Tochter einen Protestanten heiraten würde, wurde akzeptiert. Schließlich war ich mit den mennonitischen Kindern aufgewachsen, sie kannten mich und meine Familie gut und der Posthalter war eine wichtige Persönlichkeit.

Die Hochzeit war für den August des Jahres 1788 angesetzt. Agnes wollte mithilfe der Frauen der Gemeinde ihr Hochzeitskleid selbst nähen und all die Dinge vorbereiten, die traditionsgemäß zur „Aussteuer der Braut" gehören.

Da ich noch andere Geschäfte im Elsass zu erledigen hatte, beschloss ich kurzerhand nach Straßburg zu fahren, um dort die schönsten Stoffe für Agnes einzukaufen, die zu finden waren. Auch ein Brautgeschenk wollte ich aus Frankreich mitbringen.

Die Stadt kam mir verändert vor. Zuerst dachte ich, es läge daran, dass ich die Pfalz länger nicht verlassen hatte. Doch es war etwas anderes. Die teuren Läden der Händler, die ich aufsuchte, waren nach wie vor gut bestückt. Man konnte mir dort die erlesensten Stoffe und feinsten Tücher vorlegen. Die Preise schienen mir durchaus angemessen und die Verkäufer waren alle sehr entgegenkommend. In den kleinen Läden und bei den offenen Marktständen bot sich mir ein anderes Bild. Die Bäcker stellten kaum Ware in ihre Auslagen und die Bauern aus der Umgebung hatten ihre Stände nur mit dem bestückt, was sie gerade am Vortag geerntet hatten. Keine Spur von dem reichhaltigen und üppigen Angebot, das ich in dieser Stadt beim letzten Besuch gesehen hatte. Die Menschen auf den Straßen wirkten zudem gereizt und unzufrieden.

Pferd und Wagen hatte ich in der Posthalterei untergebracht, wo ich auch übernachten wollte. Mit dem dortigen Posthalter führte ich ein kollegiales Gespräch und ich beschrieb ihm meine Eindrücke. Er bestätigte meine Beobachtung. Das Land befinde sich in einer schweren Finanzkrise. Frankreich sei im Grunde bankrott. Der König sei ein Schwächling und stehe völlig unter dem Einfluss seiner Frau, die dazu noch Österreicherin sei. Hinter vorgehaltener Hand vertraute er mir mehrere intime Details aus dem Lotterleben dieser Frau an. Ich wunderte mich, wie ein Straßburger Posthalter so gut informiert war, als habe er auf der Bettkante der Königin gesessen. Auf deren Betreiben sei der Finanzminister entlassen und verbannt worden. Die Steuern sollten noch weiter erhöht werden. Das Volk stöhne schon jetzt unter den Abgaben und viele hungerten, da die Geschäfte so schlecht gingen, dass sie keinen Lohn mehr erhielten. Nur die Adeligen in Paris hätten noch genug zum Fressen und zum Saufen und verbrächten den lieben langen Tag mit Spiel und Hurerei.

Ich war erschrocken über die offene Art, wie der Mann von seinem Land und seinen Herrschern sprach.

Wenn ich schon einmal in Straßburg war, wollte ich es mir nicht nehmen lassen, meinen alten Freund Max zu besuchen, denn ich hatte erfahren, er sei wieder in der Stadt.

An der Schildwache gab ich dem Posten nicht einfach die Parole „Diemerstein", wie er es mir beim letzten Besuch aufgetragen hatte, sondern ich ließ mich melden, wie es sich gehört, und wurde zum Portier gebracht. Dieser erinnerte sich wohl noch am mich und schickte mich in Begleitung eines Pagen gleich in die oberen Gemächer.

Dort wurde ich mit der Bitte, mich ein wenig zu gedulden, in einen Salon geführt. Seine Durchlaucht, der Prinz, werde mich empfangen, sobald es ihm möglich sei. Ich hatte eine Zeit gewartet und mir dabei die Einrichtung und die Bilder im Raum angesehen, da gesellte sich ein junger Mann zu mir. Zunächst dachte ich, er wolle hier ebenfalls warten, doch er sagte, der Hausherr habe ihn zu mir geschickt, damit ich etwas Unterhaltung hätte. Der Prinz selbst sei mit dienstlichen Angelegenheiten beschäftigt, wolle aber gleich zu mir kommen und freue sich sehr über meinen Besuch.

Der Junge machte auf mich einen ungemein vorteilhaften Eindruck. Er parlierte ausgezeichnet Französisch und wechselte unmittelbar ins Deutsche, als er in mir einen Landsmann erkannte. Ich stellte mich als Karl Ritter vor und er meinte, ich könnte einfach Wenzel zu ihm sagen. Er war ein ebenso geistreicher wie unterhaltsamer Plauderer. Wie ich dabei erfuhr, studierte er in dieser Stadt die Rechte und setzte dabei seinen Schwerpunkt auf das Staatswesen. Sein Vater sei ein höherer Beamter beim Kurfürsten in Trier und er beabsichtige auch irgendwann an einem Fürstenhof seinem Herrn durch sein Wissen nützlich sein zu können. Da sein alter Herr mit dem Prinzen persönlich befreundet sei, habe er diesen gebeten, ihn während seines Studiums in Straßburg im Zweibrücker Hof aufzunehmen und ein wenig auf ihn aufzupassen. Dabei lachte er und meinte, der Prinz sei auch kein Kind von Traurigkeit und so gehe es ihm hier sehr gut. Er berichtete mir von den berühmten Professoren, die an der Universität lehrten und den Freundschaften, die er bereits geschlossen habe. Er sah es als ausgesprochen wichtig an, mit Franzosen aus guten Familien Verbindungen zu knüpfen, auf die er vielleicht früher oder später zurückgreifen konnte. Ich war mir sicher, dieser Jüngling würde einmal seinen Weg gehen und ich freute mich, wie offen und unkompliziert er mit einem einfachen Posthalter redete. Ich konnte nur von meinen Einkäufen in der Stadt erzählen und dass ich hier noch ein schönes Hochzeitsgeschenk für meine Frau suche. Da gratulierte er mir herzlich zur bevorstehenden Vermählung und empfahl mir einen Goldschmied, der für seine außerordentlichen Arbeiten berühmt sei.

Im Gespräch verging die Zeit, ohne dass ich es merkte, und auf einmal stand Maximilian Joseph im Raum. Er ließ jede höfische Etikette beiseite, nahm mich gleich in den Arm, klopfte mir auf die Schulter und stellte mir nun ganz offiziell den jungen Mann vor, den er mir zu meiner Unterhaltung geschickt hatte. Es war Klemens Wenzel von Metternich.

Als Maximilian vom Zweck meiner Reise erfuhr, wünschte auch er mir alles Gute und wenn ich endlich eine Wahl getroffen hätte, dann sei es sicher die Richtige. Da er zeitlich sehr angespannt sei und Wenzel zurück in sein Seminar müsse, solle ich doch einfach noch mal am Abend zum Souper bei ihm vorbeikommen. Seine

Frau und die Kinder seien bei den Großeltern in Darmstadt und er freue sich über die Abendgesellschaft. Ich fühlte mich überaus geehrt, zum Tisch Seiner Durchlaucht des Prinzen von Zweibrücken gebeten zu sein.

Als ich das Palais verließ, suchte ich den empfohlenen Goldschmied auf. Er arbeitete in einer Gasse, in der mir auf den ersten Blick die Namen der einzelnen Handwerker auffielen, und ich hatte recht. Monsieur Pere hatte seinen Namen der Sprache des Gastlandes angepasst und war unter seinesgleichen als Abraham bekannt. Sein Laden und seine Werkstatt wirkten wie die Schatzkammer Salomons. Ich erinnerte mich an den Goldschmied in Spoleto und bittersüße Gefühle stiegen in mir hoch. Ich wusste noch genau, wie mir Ruth die Symbole auf der Kette gedeutet hatte, und ich erwähnte den Namen eines der geheimnisvollen Zeichen. Im selben Moment wurde der Mann sehr vertraut und bat mich, einen Moment zu warten. Er verschwand in einen Nebenraum und ich vernahm, wie er eine schwere Eisentür öffnete und wieder schloss. Dann kehrte er zurück und hielt zwei Armreife und ein Stirnband in der Hand, die ebenso gearbeitet waren wie die Kette von Spoleto. Es sah so aus, als habe sie derselbe Künstler geschaffen. Abraham bemerkte meine Verblüffung und lächelte. Das seien sehr alte Stücke, in einer Tradition angefertigt, die nur noch wenige verstünden. Hier in Frankreich seien sie unverkäuflich im wahrsten Sinne des Wortes. Sie waren vor Langem einmal für eine Hochzeit angefertigt und seit der Zeit seines Großvaters im Schrank aufbewahrt worden. Keiner wusste, warum sie niemals abgeholt wurden, obwohl sie schon bezahlt waren.

Da ich ihm erzählte, es solle ein Brautgeschenk sein, lächelte er. So haben die Schmuckstücke doch noch ihre Bestimmung gefunden und er machte mir einen sehr annehmbaren Preis.

Obwohl ich keine festliche Kleidung bei mir hatte, bereitete ich mich auf den Besuch im Zweibrücker Hof vor. Ich betrat pünktlich das Palais und wurde in einen kleinen intimen Speiseraum geleitet. Der junge Metternich war schon da und das Essen auch. Bald gesellte sich auch Maximilian Joseph zu uns. Ich empfand es als enorme Auszeichnung, in dieser familiären Runde aufgenommen zu sein. Ich hatte erwartet, der Prinz soupiere allabendlich in großer Gesellschaft. Wir pflegten wie früher eine lockere und heitere Unterhaltung. Der Gastgeber erzählte, was er mittlerweile erlebt hatte, auch von seinem Bruder, dem Herzog, und seinen politischen Besprechungen in München beim Kurfürsten. Dabei erfuhr ich auch, wie die beiden den Landtausch verhindert hatten. Neu war für mich, dass der Kurfürst in seinen Landen die Freimaurer und den Orden der Illuminaten nicht mehr duldete. Maximilian meinte allerdings, das wäre für Pfalz-Zweibrücken gar nicht so schlecht. Schon sein Onkel und sein Vater seien Freimaurer gewesen und sein Bruder, der Herzog, würde die Verfolgten gerne aufnehmen. Ein junger talentierter Mann mit Namen Mongelas, ein Illuminat, sei auch auf diesem Wege nach Zweibrücken gekommen. Er habe ihn in München kennengelernt und er sei ein Gewinn für die herzogliche Verwaltung. Vielleicht könne er später sogar den treuen Hofenfels ersetzen, der im letzten Jahr viel zu früh verstorben sei.

Als wir mitten im Gespräch waren, wurde ein junger französischer Offizier gemeldet, der dem Prinzen seine Aufwartung machen wollte. Sein Besuch wurde offenbar schon erwartet, denn es war bereits ein viertes Gedeck aufgelegt. Max bat ihn gleich herein und forderte ihn ohne große Umschweife auf Platz zu nehmen. Der junge Mann entschuldigte sich für seine Verspätung und dafür, erst am Vortag um einen Empfang bei dem Fürsten gebeten zu haben. Er wirkte etwas unsicher und schüchtern. Relativ klein gewachsen, trug er die Uniform eines Leutnants. Er komme direkt aus Auxonne und sei von seinem Kommandeur mit wichtigen Depeschen zu elsässischen Truppenteilen entsandt worden. Daraufhin habe er beschlossen, einen kleinen Umweg über Straßburg zu nehmen, weil es ihn drängte, dem Prinzen von Pfalz-Zweibrücken zu begegnen und ihm die herzlichsten Grüße von Marschall Keralio zu übermitteln.

„Der gute Agathon", seufzte Max, „wie geht es ihm? Ich habe schon so lange nichts mehr von ihm gehört. Befindet er sich wohl? Mir wurde berichtet, er sei jetzt in ganz Frankreich für die Militärakademien und die Ausbildung der Offiziere zuständig." Dann wandte er sich zu Metternich: „Du musst wissen, Agathon Keralio war mein Erzieher. Ein weiser Mann. Ich habe so viel von ihm gelernt. Auch Karl kennt ihn gut." Ich nickte zustimmend.

Bei dem jungen Leutnant war mir gleich sein eigentümlicher Akzent aufgefallen. Ich dachte zunächst, es handele sich um einen Italiener, denn solche Laute hatte ich in Italien oft gehört. Da er sich mit Leutnant Bonaparte vorgestellt hatte, war ich mir nicht sicher. Aber ich wollte ihn nicht unterbrechen.

Schnell bestätigte sich meine Vermutung, denn er pries den Marschall in den höchsten Tönen. Ihm verdanke er es, dass er als Korse, dem man immer noch anhöre, woher er stamme, in die Militärakademie aufgenommen worden sei. Ohne diesen großartigen Menschen wäre ihm eine militärische Laufbahn nicht möglich gewesen. Keralio habe ihm oft von Zweibrücken und dem Prinzen erzählt und ihn dringend gebeten, seine Grüße auszurichten, wenn er einmal die Gelegenheit dazu hätte. Maximilian Joseph war sichtlich gerührt: „Grüßen Sie ihn bitte ebenso herzlich von mir zurück. Ich bin mir ganz sicher, ein so erfahrener Mann mit all seiner Menschenkenntnis hat bestimmt keinen Fehler gemacht, Ihnen, lieber Freund, diesen Weg zu öffnen. Man wird noch viel von Ihnen hören, mon lieutenant."

Wir unterhielten uns noch über verschiedene Themen. Monsieur Bonaparte besaß eine umfangreiche Allgemeinbildung und erstaunte sogar unseren Gastgeber mit seinem Wissen. Der junge Mann wurde aufgefordert, noch eine Nacht zu bleiben und erst am nächsten Tag weiter zu reisen. So saßen wir nach dem Souper noch lange Zeit bei mehreren Flaschen guten Weins zusammen. Der Gast erzählte viele schöne Dinge über seine Heimatinsel und über seine Familie, die eine wie die andere hatte er zweifellos sehr lieb. Metternich bemerkte, in diesen Zeiten müsse ein junger Mann die Entscheidung treffen, ob er in der Staatskunst oder beim Militär Karriere machen wolle. Er habe sich für die Politik entschieden und der Korse für das Militär. Er würde sich nicht wundern, wenn sie sich später in hohen Positionen wieder begegneten und dann würden sie Freunde sein. Sie sollten daher doch alle Förmlichkeiten lassen, er dürfe ihn einfach mit Wenzel anreden. Der etwas ältere Bonaparte lachte und meinte, das sei ihm sehr recht, er solle dann einfach Napoleon zu ihm sagen. „...Oder Napoleone", warf ich auf Italienisch ein und fügte den Satz hinzu: „Die Korsen antworteten Cäsar, sie würden nie einem Kaiser untertan sein, der nicht Korse sei." Der Leutnant freute sich darüber, dass ich Italienisch sprach, obwohl wir sogleich wieder ins Französische wechselten. Er lachte: „Dann müsste ich aber Kaiser von Frankreich werden, denn meine Heimat gehört jetzt zu Frankreich." Maximilian gefiel diese lockere Unterhaltung und er wollte, obwohl er Angehöriger eines regierenden Hauses war, nicht hinter den beiden zurückstehen und bot in seiner umgänglichen und liebenswürdigen Art an, der Korse solle ihn künftig Maximilian nennen. Dieser verneigte sich tief vor dem Prinzen und antwortete: „Wenn ich einmal Kaiser bin, werde ich dich zum König machen." Wir alle lachten und hatten damals noch keine Ahnung davon, welchen Weg die Weltgeschichte gehen würde und welches Schicksal der Baumeister der Welt für uns vier vorgesehen hatte.

Wir verbrachten noch einige vergnügte Stunden miteinander und gingen spät in der Nacht, von Wein und guten Gesprächen beseelt, auseinander.

Mit meiner Hochzeit war mein Glück vollkommen.

Agnes war die schönste Braut, die man sich vorstellen konnte. Bei der Feier trug sie die Kette, die niemand anderes tragen sollte, als die mir auf Ewigkeit verbundene Frau. Mit dem Stirnreif und dem Armschmuck aus Straßburg sah sie wahrlich wie eine Prinzessin aus. Wir wurden in der Kirche in Hochspeyer getraut.

Zum anschließenden Festmahl in der Posthalterei erschienen noch mehr Menschen als zur Verlobung. Zahlreiche Bewohner von Diemerstein, Frankenstein, Hochspeyer und Fischbach waren gekommen, um uns Glück zu wünschen und wurden in der Station an langen Tafeln bewirtet. Selbst der gute Abbé Diehl, mein Französischlehrer, mittlerweile Pfarrer in Kaiserslautern, machte sich auf den Weg, um uns zu segnen. Natürlich war auch mein Bruder mit Frau und Kindern da und meine Schwestern zusammen mit ihren Ehemännern und vielen Kindern. Am meisten freute uns, dass Fritz sich bei seinem Regiment in Frankreich Urlaub erbeten hatte, um der Hochzeit seines großen Bruders beizuwohnen. Er sah mit seiner Unteroffiziersuniform wirklich beeindruckend aus und die jungen Mädchen drängten sich um ihn. Als er zum tausendsten Mal von Amerika erzählen sollte und wie sein Regiment unter den Hessen aufgeräumt habe, wurde Agnes traurig. Sie hatte keine Nachricht von ihrem Bruder mehr erhalten, der nach Amerika verkauft worden war, und sagte zu Fritz, es könne durchaus sein, dass er, ohne es zu wissen, seinen künftigen Schwager getötet habe. Der alte Ammann rettete die Situation: „Der Krieg ist immer ein Unglück. Für die Besiegten ebenso wie für die Sieger. Gewalt wird immer Gewalt hervorrufen. Nur wenn die Menschen einmal Gottes Rat annehmen, auf jegliche Gewalt verzichten und es keine Waffen mehr gibt, dann wird Frieden auf Erden sein."

Die Gäste aus der Familie füllten die Zimmer auf der Station bis unter das Dach. Aus diesem Grund hatte ich alles darangesetzt, dass unser Hof an der alten Schäferei zu diesem Tag für mich und meine

Frau hergerichtet war. Neue Möbel waren bereits geliefert worden und so konnte ich mich am Ende dieses Tages mit meiner Braut dorthin zurückziehen. Als wir uns von der Gesellschaft verabschiedeten, die noch fröhlich weiter feierte, kam auf einmal eine Delegation der Juden aus Frankenstein zu uns. Der Vorsteher der jüdischen Gemeinde, der auch als Kantor in der kleinen Synagoge wirkte, trat an uns heran und wünschte uns alles Gute und viel Glück. Agnes hatte noch ihren schönen Brautschmuck angelegt, und als er diesen erblickte, hob er seine Hände zum Himmel und sang ein kurzes Lied, wie ich annehme auf Hebräisch. Er wandte sich zu mir und sagte feierlich: „Nun weiß ich, dass der Gott Abrahams euch und eure Nachkommen immer beschützen wird und die Seinen niemals verlässt." Wir waren alle wegen dieser Worte sehr ergriffen.

Die Gebrüder Gimbel, die für den Tag meiner Hochzeit vom Herzog Urlaub erhalten hatten, überraschten mich dadurch, dass sie die schönste Kutsche der Posthalterei mit allerlei Waldgrün liebevoll geschmückt hatten. Sie luden das Hochzeitsgut der Braut auf den Wagen und halfen ihr, sich neben mich auf den Kutschbock zu setzen.

Ich fuhr an und viele Kinder liefen noch eine Zeitlang lachend und singend neben dem Wagen her. Vor dem Haus des Vorstehers der Mennoniten, nahe dem Dorfausgang von Diemerstein, wartete schon die Gemeinde auf uns. Die Leute waren schon etwas früher von der Feier gegangen, denn das lärmende Treiben und die Lustbarkeiten waren ihrem eher stillen Wesen fremd. Agnes hatte während der Fahrt ihren Schmuck abgelegt und trug nur noch ein ganz schlichtes Kleid. Es war schon dunkle Nacht. Meine Braut stellte sich nun offiziell und nach altem Brauch der Gemeinde ihres Vaters vor und der Vorsteher segnete uns beide.

Danach fuhren wir schweigend durch das Diemersteiner Tal, den gewundenen Waldweg zum Hof. An der Stelle, wo wir uns zum ersten Mal unsere Liebe gestanden hatten, hielt ich die Pferde an.

Unter einem prächtigen Sternenzelt umarmten wir uns und küssten uns voll zärtlicher Liebe.

Als wir auf dem Hof ankamen, erwarteten uns schon mein Schwiegervater und ein Stallknecht, den ich vorausgeschickt hatte.

Nachdem Jan Ammann die Verwaltung des Hofes übernommen hatte, war er in das renovierte Schäferhaus gezogen. Er konnte zusehen, wie ich seine Tochter die Treppe hinauf in die Wohnung und über die Schwelle trug.

Freude und Leid liegen oft ganz eng beieinander. Mein Vater, der noch immer mit meiner Mutter in der Station lebte, wurde von Tag zu Tag kränker. Bald konnte er gar nicht mehr aufstehen. Agnes, die sich mit Heilkräutern gut auskannte, versorgte ihn mit einer schmerzlindernden Salbe. Aus Kaiserslautern und sogar aus Mannheim rief ich erfahrene und berühmte Ärzte an sein Krankenbett. Doch diese konnten uns nur wenig Hoffnung machen. Sie meinten, mein lieber Vater würde bald sterben und er wusste es auch, ohne dass wir es ihm sagen mussten. Mit Freude bemerkte er, wie sich der Bauch meiner Agnes allmählich rundete, und er hoffte inständig, noch seinen Erben im Arm halten zu können, bevor der allmächtige Herr ihn zu sich rufe. In der katholischen Kirche in Hochspeyer stiftete ich mehrere baumdicke Kerzen und war sicher, die Protestanten in Hochspeyer, die Mennoniten in Diemerstein und die Juden in Frankenstein beteten dafür, dass ihm dieser Wunsch noch erfüllt werde. Manchmal legte er sein Ohr an Agnes Bauch, um den Herzschlag des Ungeborenen zu hören.

Leider war es ihm nicht vergönnt, seinen Enkel in die Arme zu schließen. Die letzten Nächte hatte ich ununterbrochen an seinem Bett gesessen und wir sprachen miteinander. Als er starb, war ich bei ihm. Vier Wochen vor der Geburt meines Friedrich ist er sanft und ohne Schmerzen eingeschlafen. Ich hatte ihm so viel zu verdanken und werde ihn niemals vergessen.

Doch damit war die Zeit meiner Sorgen nicht vorüber. Nach dem Vater wollte ich nicht auch noch die geliebte Frau verlieren. Die Geburt unseres ersten Kindes sollte nicht auf dem Hof, sondern in der Posthalterei stattfinden. Ich dachte mir, die aus Kaiserslautern bestellte Hebamme wäre schneller in der Poststation als auf dem abgelegenen Hof. Zudem wohnte meine Mutter noch in der Station und freute sich schon darauf, Agnes nach der Geburt zur Seite stehen und sich um das Kind kümmern zu können. Wir hatten ein schönes Zimmer vorbereitet. Die Räume peinlich genau gesäubert. In der Küche standen Töpfe und Wannen, um heißes Wasser vorzubereiten und unter dem Herd brannte immer Feuer.

Als in der Nacht die Wehen einsetzten, wurde die Witwe Pauli gerufen, die Hebamme bei den Mennoniten, die schon vielen Kindern auf die Welt geholfen hatte. Sie war sofort zur Stelle. Die erfahrene Frau schien den Geburtstermin genau vorhergesehen zu haben, denn kaum war sie alarmiert, stand sie schon bei uns mit allem, was sie benötigte. Ich vermutete, sie hatte sich in dieser Nacht gar nicht zum Schlafen niedergelegt.

Schon am Tag zuvor hatte ich unsere beiden besten Pferde nicht im Postdienst eingesetzt, sondern sie in der Station gehalten. Der alte Wussow wollte unbedingt die Kutsche nach Kaiserslautern fahren, um dort die Hebamme abzuholen. Doch war der treue Mann mittlerweile schon sehr hinfällig geworden und ich gab ihm unseren zuverlässigsten Postillion mit, um den Wagen sicher zu lenken. Wussow sollte sich um die Hebamme kümmern. Die beiden verließen in rasender Fahrt die Station.

Die Nachricht, die Posthalterin liege in den Wehen, verbreitete sich in Windeseile.

Neugierige versammelten sich auf der Straße vor dem Haus. Ich wollte gerade nach Agnes sehen, die schon von der Witwe Pauli auf die Geburt vorbereitet wurde, da trat der Vorsteher der jüdischen

Gemeinde zu mir. Bei sich hatte er einen Mann mittleren Alters, den ich noch niemals in Frankenstein gesehen hatte. Der Jude stellte ihn mir als Glaubensbruder vor, der vorgestern aus Frankreich angekommen und Arzt in Paris sei. In der ganzen Aufregung hatte ich seine Ankunft in der Posthalterei übersehen. Der Arzt versicherte mir, er kenne sich in der Geburtshilfe gut aus und falls die Hebamme seine Unterstützung für erforderlich halte, stünde er jederzeit zur Verfügung. Die Anwesenheit dieses Mannes, der auf mich einen sehr besonnenen und erfahrenen Eindruck machte, beruhigte mich sehr. Er ging mit mir nach oben, stellte sich freundlich der Witwe Pauli vor und hörte die Herztöne des Kindes ab, das sich anschickte, auf die Welt zu kommen. Zustimmend nickte er der Hebamme zu.

Die Wehen kamen immer häufiger und die mennonitische Hebamme verkündete, es sei jetzt bald so weit. Agnes war sehr tapfer, obwohl ich ihre Angst bemerkte. Zu viele Frauen waren schon im Kindbett gestorben. Da hörten wir schon von weitem das Tuten des Posthornes. Wussow blies so fest, wie es seine alten Lungen hergaben, um die Ankunft der Kutsche anzukündigen und die Zufahrt zur Station freizumachen. Der junge Postillion neben ihm peitschte die Pferde und ließ die Zügel frei, um die Tiere zur äußersten Geschwindigkeit anzutreiben. Die Menschen, die noch auf dem Weg standen, stoben auseinander. Wussow zerrte die Hebamme aus der Kutsche und trug die alte Dame auf seinen Armen nach oben, damit sie schneller zu meiner Frau käme.

Die Witwe Pauli war über die Unterstützung durch eine erfahrene Hebamme froh und der jüdische Arzt besah sich die Instrumente, die sie mitgebracht hatte, legte die seinen daneben und ging damit in die Küche, um die Geräte in einen Topf mit siedendem Wasser zu legen.

Ich war bei Agnes, hielt ihr die Hand. Die drei Geburtshelfer verständigten sich durch Gesten und manchmal musste ich für den Arzt, der kein Deutsch konnte, übersetzen.

Niemand kann sich vorstellen, wie glücklich ich war, als die Witwe Pauli das kleine Wesen, das da nun das Licht der Welt erblickt hatte und seine ersten Schreie in unserer Posthalterei tat, zuerst mir überreichte und dann meiner Frau in den Arm legte. Agnes war erschöpft und müde, doch sie lächelte. Nun trat auch ihr Vater in den Raum. Er gratulierte mir zu einem Stammhalter, segnete Mutter und Kind und meinte, wir sollten sie jetzt ein wenig schlafen lassen.

Im großen Saal der Posthalterei drängten sich in dieser Nacht die Menschen. Sie ließen den stolzen Vater hochleben und freuten sich über das Freibier, das ausgeschenkt wurde. Ammann brachte die Pauli nach Hause und dankte ihr von Herzen für die Hilfe. Ich selbst zog mich mit der Hebamme in einen Nebenraum zurück und wollte von ihr wissen, ob alles in Ordnung sei. Sie beruhigte mich, das Kind sei wohlauf und gesund. Meiner Frau gehe es den Umständen entsprechend gut. Bei einer Erstgebärenden sei eine Geburt immer mit Risiko verbunden. Dann berichtete sie mir von Fällen, in denen die Frau dabei verstorben sei und dank ihrer Erfahrung wenigstens das Kind gerettet werden konnte. Ich wollte solche Geschichten gar nicht hören. Zum Glück kam Wussow gerade hinzu, brachte eine Flasche besten Likörs und schenkte der Frau ein großes Glas ein. Er entschuldigte sich dafür, sie vorhin in der Nacht aus dem Bett geholt und ihr kaum Zeit gelassen zu haben, ihre Nachthaube auszuziehen. Die Hebamme meinte, das sei schon in Ordnung gewesen, nur die rasende Fahrt nach Diemerstein habe ihr mehr Angst gemacht als die Geburt. Dann nahm sie einen kräftigen Schluck.

Als der jüdische Arzt am nächsten Tag die reguläre Postkutsche bestieg, um wieder nach Paris zu fahren, wollte ich ihm mit einigen Louisdor meine Dankbarkeit zum Ausdruck bringen. Doch er lehnte jegliche Honorierung ab. Ich fragte ihn nach seinem Namen und warum er gerade in dieser für mich so wichtigen Nacht den Weg nach Diemerstein gefunden habe. Da lächelte er: „Schon vor Wochen hat mich meine Schwester gebeten, zu dieser Zeit nach Diemerstein zu reisen. Mein Name ist David, Aarons Sohn." Dann stieg er in die Kutsche.

Ich werde nie verstehen, welche Geheimnisse unser Leben manchmal umgeben und wie die Liebe zwischen zwei Menschen eine mystische Verbindung bleibt, auch wenn sie sich niemals wieder begegnen. Weniger rational denkende Menschen könnten glauben, die Kette aus Spoleto verfüge über eine heimliche Zauberkraft.

Französische Revolution

Der Kleine war unsere große Freude und half uns ein wenig über den Verlust meines Vaters hinweg. Wir beschlossen, ihn nach meinem Bruder auf den Namen Friedrich taufen zu lassen. Er sollte der Pate des jüngsten Sprosses der Familie Ritter sein. Mit Eilpost hatten wir ihm die freudige Nachricht übermittelt und baten ihn, unseren Sohn aus der Taufe zu heben.

Abseits unseres Tales hatten sich, von uns vorerst unbemerkt, bemerkenswerte Dinge ereignet. In Frankreich war der Volkszorn entbrannt und wie ich aus den Zeitungen lesen konnte, war offensichtlich das ganze Land in Aufruhr. Fritz schrieb mir zurück, er wolle gern bei meinem Sohn Gevatter sein, doch sei es ihm unmöglich, nach Diemerstein zu kommen. Das Regiment, bei dem er Dienst tat, sei wegen der dortigen Unruhen in die Hauptstadt verlegt worden. Die Kommandeure würden bevorzugt Deutsche einsetzen, weil man hoffte, sie würden sich nicht mit den Revolutionären verbünden. Diese hätten eine eigene Armee aufgestellt, die sich Nationalgarde nannte und ausgerechnet sein alter Oberbefehlshaber aus dem amerikanischen Krieg, der Marquis de La Fayette, sei dort der Kommandeur. Die Lage sei mehr als kompliziert.

Aus diesem Grund bat ich den greisen Friedrich Wussow, stellvertretend für meinen Bruder als Pate zu fungieren. Der alte Haudegen fühlte sich überaus geschmeichelt und freute sich schon darauf, dem Jungen das Schießen und Fechten beibringen zu können wie seinem Vater. Auch würde er ihm vom großen Friedrich erzählen, dem vorigen preußischen König, der ja auch diesen Namen trug.

Die Geschehnisse in Paris warfen in den folgenden Monaten immer größere Schatten, die auch bei uns die Stimmung verdüsterten. Düstere Nachrichten kamen aus Frankreich und in der Posthalterei trafen mit jedem Tag mehr Menschen ein, die auf der Flucht waren. Es fiel mir auf, wie viele adelige Herrschaften auf einmal in Diemerstein zum Pferdewechsel eintrafen, und die regulären Postkutschen waren jeden Tag bis auf den letzten Platz besetzt. Es kam immer wieder zu unschönen Szenen. Da wegen des großen Andrangs nicht genug Pferde in der Station waren und immer mehr Wagen nach Osten abgingen, als von dort zurückkamen, musste ich Postillione in die Stationen schicken, um meine Pferde wieder zurück nach Diemerstein zu bringen.

Es war gut, dass die meisten meiner Leute kein Französisch verstanden und sich so nicht die wüsten und teilweise vulgären Beschimpfungen der hochgeborenen Reisenden anhören mussten. Ich versuchte die Herrschaften zu beschwichtigen, aber es ging nicht immer gut. Manchmal prügelten sie auf meine Stallknechte ein, ein anderes Mal wurde ich als dummer Bauerntölpel bezeichnet, der nicht in der Lage sei, eine primitive Poststation zu leiten. Umso mehr schätzte ich es, wenn auch kultivierte und vernünftige Gäste vorüberkamen. Ein alter Graf, der zunächst mein gutes Französisch lobte und mit Frau und Töchtern aus Frankreich geflohen war, schilderte mir sehr scharfsinnig die Situation: Sein Land sei nun nicht mehr dasselbe. In Debattierklubs redeten die Bürger und auch manche Herren des Adels, die sich fortschrittlich vorkamen, über die neue Verfassung. Der König sei praktisch entmachtet und die Vorrechte, die der Adel bisher genoss, würden wohl bald dahin sein. Aus diesem Grund verließen viele seiner Standesgenossen das Land in der Hoffnung, nach der Revolution, wenn die alte Ordnung wiederhergestellt wäre, in ihre angestammten Positionen zurückkehren zu können. Daran glaubte er allerdings nicht, sondern habe sich mit seiner Familie auf den Weg nach Wien gemacht, wo einer seiner Cousins eine einflussreiche Stellung am Hofe habe. Auf seinem Wege sei er über Homburg gekommen, wo der Herzog von Pfalz-Zweibrücken residiere, dieser kleine Ort und auch die Stadt Zweibrücken seien voll von Flüchtlingen. Man höre auf den Gassen mehr Französisch als Deutsch.

In dieser Zeit der allgemeinen Verunsicherung war auch Herrmann Ruby gestorben, einer der angesehensten Bürger von Hochspeyer, dessen Vorfahren schon kurz nach dem Dreißigjährigen Krieg hier eingewandert waren. Er diente der Gemeinde über 20 Jahre als Schultheiß. Das war für die Bewohner ein großer Verlust. Daher wählten sie meinen Bruder Johannes in diese Funktion. Einer der Ortsräte meinte, er sei doch jetzt als Gastwirt und Grundbesitzer einer der ihren.

Gegen Ende des Jahres erreichten immer mehr schlimme Nachrichten unser Tal: Der französische König sei von einer Horde wilder Weiber in seinem Schloss in Versailles gezwungen worden, mit ihnen nach Paris zu ziehen, wo er jetzt, praktisch jeder Macht beraubt, wie ein Gefangener leben müsse.

An einem kalten Novemberabend, es hatte schon ein leichter Schneeschauer eingesetzt, ritt ein einsamer Reiter in die Station ein. Ein kräftiger Mann mit einem weiten schwarzen Umhang. Mit seinem gemütlichen Gesicht und seiner einfachen Kleidung fiel er keinem sonderlich auf. Ein Stallknecht übernahm das völlig entkräftete Pferd und wies dem Fremden den Weg in die wärmende Gaststube. Beim Eintreten verlangte er nach dem Posthalter und zog den Hut tief ins Gesicht. Ich wurde sogleich hinzugerufen und schob den Ankömmling durch die Seitentür in mein Geschäftszimmer. An Gestalt und Bewegungen hatte ich ihn sofort erkannt. Es war mein Freund Max, der ganz allein und ohne Gefolge nach Diemerstein gekommen war. Mit allem hätte ich jetzt gerechnet, nur nicht mit dem Besuch des Prinzen von Zweibrücken. Ich nahm ihm seinen Mantel ab und schob einen Stuhl an den warmen Kachelofen in der Ecke. Aus dem Schrank nahm ich eine Flasche des französischen Branntweins, den ich dort für besondere Gäste aufbewahrte, und goss ein großes Glas ein. Max lächelte dankbar. Ich merkte, wie völlig durchgefroren er nach einem langen Ritt war: „Karl, ich brauche deine Hilfe. Du kannst dir nicht vorstellen, was bei uns in Straßburg gerade los ist. Vor dir sitzt praktisch ein mittelloser Flüchtling." Ich war völlig erstaunt. War es nicht kaum länger als ein Jahr her, seit ich mit dem Prinzen, dem jungen Metternich und Bonaparte in gemütlicher Runde in seinem Palais in Straßburg gesessen hatte? Damals schien mir mein Freund glücklich und zufrieden und jetzt sollte er in einer solchen bedauernswerten Situation sein? Mit wenigen Worten setzte er mich ins Bild. Die Revolution sei auch in Straßburg ausgebrochen, der Pöbel entfesselt wie überall in Frankreich. Als die Kutsche seiner Frau Auguste, die mit den Kindern und einer Zofe durch die Stadt fuhr, von den Revolutionären angegriffen und die Damen belästigt worden seien, sei für ihn das Maß voll gewesen. Noch in der gleichen Nacht habe er die Seinen persönlich über den Rhein hinüber in Sicherheit gebracht. Auguste, der kleine Ludwig und die anderen Kinder seien auf dem Weg nach Darmstadt. Max stützte seinen Kopf in die Hände: „Du kannst dir nicht vorstellen, was meine Familie mir bedeutet. Ihr gehört meine ganze Liebe. Auf alles kann ich verzichten, nur auf meine Familie nicht. Gusti hat eine schwache Lunge und ich habe solche Angst um sie und meine Kinder." Ich legte tröstend meinen Arm um ihn. „Was kann ich für dich tun?" „Ich muss so schnell wie möglich nach Mannheim. Mein Pferd ist halb totgeritten und ich habe alles, was ich an Geld hatte, meiner Frau mitgegeben. Ich kann mir nicht einmal mehr einen Platz in der Postkutsche leisten und niemand darf mich erkennen." „Mach dir keine Sorgen, Max. Bleib heute Nacht in der Station. Du kannst hier in meinem Büro übernachten, ohne dass dich jemand sieht. Morgen in aller Frühe fahre ich dich selbst nach Mannheim."

Dankbar blickte er mir nach, als ich kurz den Raum verließ und ein Essen in der Küche bestellte. Aus einer Kammer holte ich Bettzeug, Kissen und warme Decken, um meinem Gast auf dem Sofa ein Nachtlager zu bereiten. Mit großem Appetit verzehrte Max die heiße Suppe und den Braten, den ich ihm selbst servierte. Niemand in der Station bemerkte etwas von meinem außergewöhnlichen Besucher. Ich schickte einen Kutscher auf den Hof, um Agnes zu berichten, der Postmeister bleibe heute über Nacht in der Station, um am nächsten Tag in aller Herrgottsfrühe eine wichtige Fahrt nach Mannheim selbst zu übernehmen.

Wir tranken noch ein Glas Wein zusammen und Max sank todmüde auf sein Nachtlager und war sogleich eingeschlafen. Ich machte es mir auf einem Sessel gemütlich und legte meine Pistole griffbereit. Es hätte ja sein können, der Prinz würde verfolgt und gedungene Mörder trachteten ihm nach dem Leben.

Schon vor Morgengrauen machten wir uns auf den Weg. Ich gab Anweisung, eine Kutsche als Extrapost vorzubereiten und die besten Pferde anzuspannen. Ich weckte Max, der nach dem Ritt der Vortage noch ruhig schlief. Als er sich angekleidet hatte, nahm ich die zehn Louisdor, die ich immer für besondere Notfälle in einer eisernen Kassette in der Station aufbewahrte, und gab sie Max. „Die schenke ich dir, damit du die nächsten Tage überbrücken kannst." Wir fanden beide nichts dabei, dass ein einfacher Posthalter einem Prinzen Geld zusteckt. Es war ein Geschenk unter Freunden. Max nahm die Münzen, er bedankte sich und wir fuhren los. Da mein Freund unbedingt bei mir auf dem Kutschbock sitzen wollte und wir eine lange Fahrt vor uns hatten, erfuhr ich auf diesem Weg viel über die Situation in Frankreich, besonders in Straßburg. Bereits an dem Tag, als sich die Nachricht von der Erstürmung der Bastille herumgesprochen hatte, waren Unruhen ausgebrochen. Häuser wurden geplündert und das Rathaus verwüstet. Der Kommandant habe zu zögerlich gehandelt und viel zu spät Soldaten geschickt. Die Revolutionäre hätten schnell gemerkt, dass das Militär nicht ganz

Ernst mache. Auf die französischen Soldaten sei ohnehin kein Verlass mehr gewesen. Nur Max eigenes Fremden-Regiment, das Royal Alsace hatte sich noch als brauchbar erwiesen. Als er bei Nacht und Nebel seine Familie in Sicherheit gebracht hatte, wurde ihm das vom Kommandeur als unerlaubtes Entfernen von der Truppe ausgelegt und er selbst sei als Oberst seines Regimentes in Arrest gesteckt worden. Bei erstbester Gelegenheit habe er die Flucht ergriffen und sei unerkannt bis zur mir nach Diemerstein gekommen.

„…und was hast du jetzt vor?", fragte ich ihn. Max wiegte den Kopf. „Ich muss mir erst selbst über meine neue Lage klar werden. Als ich das letzte Mal am Hof in Versailles war, verwendete sich die Königin dafür, mir den Rang eines Generalleutnants zu verschaffen. Damit wäre ich Oberkommandierender im Elsass geworden, das Patent ist bestimmt schon auf dem Weg nach Straßburg und ich bin hier auf der Flucht. Vielleicht kann ich in Mannheim die Stelle eines Statthalters des Kurfürsten einnehmen." Mein Freund schwieg lange, völlig in Gedanken versunken. „Der Kurfürst wird es aber nicht vergessen haben, dass ich und mein Bruder den unsäglichen Landtausch verhindert haben. Der wird mich am langen Arm verhungern lassen. Von Karl August kann ich nicht viel erwarten, er ist schwach. In meiner kleinen, ererbten Herrschaft Rappoltsweiler tobt die Revolution, von da kommt auch nichts mehr." Er wandte sich zu mir um und lachte: „Vielleicht kann ich bei dir als Kutscher anfangen."

Unter solchen Gesprächen verging die Fahrt und als wir in Mannheim ankamen, war es schon sehr spät. Wir verabschiedeten uns herzlich und umarmten uns. Ich wünschte meinem Freund viel Glück und er ermahnte mich, in dieser unruhigen Zeit gut auf meine Familie aufzupassen.

Der Strom der Flüchtlinge hatte im Laufe des Jahres 1790 etwas nachgelassen, oder kam es mir nur so vor, weil ich die Anzahl der Pferde verdoppelt hatte? Es waren auch erheblich mehr Kutscher und Postillione in der Station beschäftigt als je zuvor, allein um das immer größer werdende Aufkommen an Briefen und Zeitungen zu bewältigen. Wie gerne hätte ich jetzt Beistand in der Posthalterei gehabt, denn der gute Wussow wurde immer hinfälliger und vergesslicher. Ich schlug meinem Bruder vor, er möge doch seine Uniform an den Nagel hängen und zu meiner Unterstützung nach Hause kommen. Leider blieb mein Brief unbeantwortet. Ich schrieb an die Zentralverwaltung der Reichspost, ob es nicht möglich wäre, einen jungen Anwärter zu mir zu schicken, so wie ich damals in Italien und Frankreich war. Mein Antrag wurde ablehnend beschieden.

Als unser kleiner Fritz gerade zwei Jahre alt war, überraschte mich meine liebe Frau mit einer frohen Nachricht, die mir wie ein Sonnenstrahl in dieser Zeit vorkam. Wir würden im kommenden Jahr nicht mehr zu dritt, sondern zu viert sein. Ich freute mich sehr.

Die Zeitungen verbreiteten im Sommer eine weitere verwirrende Nachricht: Der französische König, der wohl die ganze Zeit so etwas wie ein Gefangener im eigenen Land war, habe versucht, Frankreich zu verlassen, und sei nun gezwungen worden, einen Eid auf die neue Verfassung zu leisten.

Bei meinem Bruder in Hochspeyer wurde diese neue Verfassung von politisch interessierten Bürgern eifrig diskutiert. Die einen meinten, die Ideen von Freiheit und Gleichheit seien nachahmenswert. Andere verstanden nicht, warum ein König seiner eigenen Entmachtung zustimmen könne. Der Vorsteher der jüdischen Gemeinde äußerte sich zwar erfreut, dass nun endlich in einem Land die Juden volle Bürgerrechte erhalten hätten, aber er habe schon zu viel Schlimmes erlebt, um dieser Freiheit zu trauen.

Mein Schwager, der Beamter der herzoglichen Verwaltung in Zweibrücken war, glaubte mir, als er auf dem Weg nach Mannheim bei mir Station machte, aus erster Hand berichten zu können: Auf dem Schloss in Homburg sei man über die geplante Flucht des französischen Königs informiert gewesen. Er wurde auf Schloss Karlsberg erwartet. Eines der großen Appartements sei für die königliche Familie vorbereitet und das Prunkbett für Ludwig XVI. extra frisch bezogen worden. Die Flucht sei nur missglückt, weil der König in der Grenzstation noch frühstücken wollte. Das sei ihm zum Verhängnis geworden. Im Übrigen sammle man in der Verwaltung alle Berichte aus Paris und die Protokolle der Beschlüsse der Nationalversammlung. Der französische Geschäftsträger im Herzogtum, Monsieur Desportes, treffe sich regelmäßig mit Seiner Durchlaucht Karl II. August, um ihm die Lage zu erläutern.

Im Frühjahr des Jahres 1792 kam meine Tochter Charlotte zur Welt. Die Geburt verlief ohne Komplikationen und die gute Pauli stand meiner Agnes in gewohnter Weise bei. Fritz freute sich über das Schwesterchen. Doch Agnes und ich fragten uns, ob es vernünftig sei, Kinder in diese unruhige Welt zu setzen, die sich immer mehr verfinsterte.

Um den König und seine Frau, einer Schwester des Kaisers in Wien, zu schützen, drohten die Österreicher den Revolutionären mit schlimmen Strafen. Damit erreichten sie genau das Gegenteil. Zuerst erklärte Frankreich den Österreichern und wenige Monate später den Preußen den Krieg.

Wussow griff immer ganz aufgeregt zur Zeitung, die in der Station eintraf. Aufmerksam verfolgte er den Vormarsch der alliierten Truppen und als die Preußen die ersten Siege auf französischem Boden meldeten, war er ganz aus dem Häuschen. Meine Mutter und ich machten uns dagegen Sorgen um meinen Bruder, der wohl jetzt in französischen Diensten auf der anderen Seite kämpfen musste.

Im Herbst erreichte uns die Nachricht, die Franzosen und Preußen hätten sich bei Valmy gegenübergestanden. Nach einem langen Artillerieduell hätten sich die Alliierten zurückgezogen. Die Franzosen seien daraufhin bis Mainz vorgestoßen und hätten die

Stadt besetzt. Im September hieß es, Speyer, wo meine Schwester Charlotte lebte, sei in der Hand der Franzosen, im Oktober waren die Revolutionstruppen in Dürkheim. Das war die nächste große Station der Reichspost zwischen Diemerstein und dem Rhein. Als im Oktober ein Spähtrupp des Generals Custine mit französischen Reitern, von Süden über das Tal des Speyerbachs kommend, unsere Posthalterei passierte und in Richtung Kaiserslautern ritt, regte sich der gute Wussow so sehr auf, dass sein altes Kriegerherz den Dienst versagte. Noch bevor Hilfe eintraf, war er in meinen Armen gestorben. Ich ließ diesen treuen Weggefährten meiner Familie neben meinem Vater bestatten. Seinen Degen gab ich ihm mit ins Grab.

Nun überschlugen sich die Ereignisse und mein Schwiegervater prophezeite, der Krieg werde bald zu uns kommen. Ich hoffte, er habe unrecht, da sich das Herzogtum Pfalz-Zweibrücken, die Kurpfalz und Bayern für neutral erklärt hatten. In Frankreich riefen die Revolutionäre die Republik aus.

Auch bei uns brodelte es. In einigen Orten des Herzogtums verlangte man ebenfalls nach den Errungenschaften der Revolution. Freiheit, Gleichheit und Brüderlichkeit waren doch zu verlockend. Im nahen Bergzabern wurde ein sogenannter Freiheitsbaum gepflanzt. Der Herzog konnte seine treuen Untertanen nicht vor den Revolutionären schützen, die mit wohlwollender Billigung der Franzosen zusammen mit anderen herzoglichen und kurpfälzischen Gemeinden eine Art Republik gründeten. Die im Elsass gelegenen Länder von Pfalz-Zweibrücken hatte sich das revolutionäre Frankreich bereits einverleibt.

Das Weihnachtsfest des Jahres 1792 feierte ich noch in friedlicher Ruhe mit meiner Familie auf dem Hof, der allgemein Ritterhof genannt wurde. Ich mochte diese Bezeichnung nicht. Denn, gewarnt von den Jugenderlebnissen in Italien und der französischen Übersetzung meines Namens, hielt ich diese Bezeichnung gerade jetzt für unpassend, wenn nicht sogar für gefährlich. Ein enges Tal, das auf steilem Weg von der Straße beim Speyerbach hinaufführte, nannten die Holzmacher Klaftertal. Diesen Namen benutze ich stets für mein Anwesen: „Klaftertaler Hof".

Zu Silvester war meine Schwester Marie mit ihrem Mann Peter und den Kindern zu uns gekommen, damit wir zusammen mit meiner Mutter den Jahreswechsel feiern konnten. Auch Agnes' Vater war da, bei dem mittlerweile die Frau Pauli mit ihrer Tochter Derte eingezogen war. Offiziell um ihm den Haushalt zu führen. Agnes und ich vermuteten allerdings eine engere Verbindung.

Maries Mann, der herzogliche Beamte, wusste aus erster Hand vom prächtigen Weihnachtsfest auf Schloss Karlsberg zu berichten, welches noch feierlicher begangen wurde als die Jahre zuvor. Trotz des Krieges war vom Herzog Normalität als Maxime ausgegeben worden, um seinen Untertanen zu zeigen, dass er und seine Administration noch immer alles im Griff hätten. Im Gegensatz zum permanent zur Schau getragenen „Alles in Ordnung"-Lächeln des Fürsten seien die Nerven aller bis zum Zerreißen gespannt. Mein Schwager war der Ansicht, die Bewohner auf Schloss Karlsberg hätten das Gefühl, sie lebten auf einem Vulkan, der jederzeit ausbrechen könnte, um alles zu verschlingen. Zu allem Überfluss gebe es da noch einen gewissen Rühl, einen ehemaligen Kollegen meines Schwagers, der unehrenhaft aus dem Dienst entlassen worden und nach Frankreich gezogen sei. Der sei nun ein besonders übereifriger Jakobiner und hetze bei den Delegierten der Nationalversammlung gegen den Herzog. Er verbreite Schauergeschichten über den „Hundskarl", die ihm umso mehr geglaubt würden, je blutrünstiger und entsetzlicher sie seien. Er fordere, diesen Despoten nach Paris zu schleifen und vor ein Revolutionstribunal zu stellen.

Peter meinte, mit der Neutralität des Herzogtums sei es nicht weit her. Vom Hauptquartier der Koalitionstruppen habe der Herzog Nachricht erhalten, General Brentano sei mit drei Bataillonen Infanterie und einer Division Kavallerie an die Grenzen seines Landes unterwegs, um die mit einem Einfall drohenden Franzosen in Schach zu halten. Zwar habe im November Botschafter Desportes dem Herzog die Anerkennung der Neutralität bestätigt, aber gleichzeitig in besonders scharfem Ton, den man von diesem Diplomaten nicht gewohnt war, die unverzügliche Auslieferung der Flüchtlinge, denen der Herzog Asyl gewährte, gefordert. Danach habe sich Desportes in die Weihnachtsferien verabschiedet und sei abgereist. Kein gutes Zeichen.

Nun verstand ich auch, warum in den letzten Wochen mehrere Fuhren mit sorgfältig verschlossenen Kisten von einem Kaufmann aus Kaiserslautern zum Weitertransport nach Rohrbach bei Heidelberg in meiner Station angeliefert worden waren. Darin waren zweifellos Wertgegenstände, die von zuverlässigen Leuten verpackt, in möglichst kleinen, unauffälligen Partien in das ehemalige Schloss des herzoglichen Vaters in Sicherheit gebracht wurden. Wie ich bald erfahren sollte, handelte es sich um die Münzsammlung, das Silber und Kassetten mit Juwelen.

Als dann noch im Januar 1793 der gesalbte Monarch Ludwig XVI. in Paris öffentlich enthauptet wurde, entwickelte sich der Strom der adeligen Flüchtlinge zu einer wahren Flut. Von der herablassenden Art der Vorjahre war nichts mehr geblieben. Ich spürte die nackte Angst. Mir wurden große Geldsummen für Pferde und Kutschen geboten, nur um auf die andere Seite des Rheines zu kommen. Ich widerstand der Versuchung, aus der Not dieser Menschen Kapital zu schlagen, verkaufte weder Wagen noch Pferde und forderte nie mehr als die von der Reichspost festgesetzte Beförderungsgebühr.

Ende Januar kam der Chef der Leibjäger des Herzogs, ein Oberst Schügens mit Johannes Gimbel zu mir in die Station. Wir zogen uns in einen Nebenraum zurück und Schügens erläuterte mir in groben Zügen die Lage: Die Franzosen seien mittlerweile mit ihrer regulären Armee in fast alle Landstriche bis zum Rhein vorgedrungen. In Landau habe sich General Custine verschanzt und kontrolliere von dort das ganze Rheinufer von Germersheim bis Mainz. Die Rheinarmee unter General Monnier sichere mit zehntausend Mann die Rheinschanze und die Übergänge über den Fluss. Die Moselarmee unter General Ligneville habe die Stellungen an der Saar verlassen und stoße in Richtung auf Pfalz-Zweibrücken vor. Zu allem Überfluss gebe es da auch noch die sogenannte Legion Kellermann, ein übler Haufen von revolutionärem Bodensatz und entsprungenen Kerkerhäftlingen. Diese verwilderte Schar habe der Stadt Saarbrücken mit Diebereien und Plünderungen arg zugesetzt und bewege sich noch vor den regulären Truppen Lignevilles.

Kurz zusammengefasst: Seine Durchlaucht, der Herzog könnte sich sehr kurzfristig gezwungen sehen, von Schloss Karlsberg über den Rhein zu fliehen.

Daraufhin kam er zum Fluchtplan: „Seine Durchlaucht lässt Ihnen durch mich seine besten Grüße übermitteln. Er lässt ausrichten, er habe seinen lieben Jugendfreund nie vergessen und hoffe auch in dieser schwierigen Zeit auf seine Treue und Verbundenheit, der er sich jederzeit sicher sein könne. Der Herzog plant seine Abfahrt nicht in einer der fürstlichen Reisekutschen, obgleich eine solche jeden Tag im Hof aufgestellt und reisefertig beladen wird. Sie verlässt regelmäßig den Karlsberg, um dann in der Nacht ungesehen zurückzukommen. Damit sollen Spione getäuscht werden. Wenn die Flucht unumgänglich sein sollte, beabsichtigt Seine Durchlaucht mit einem schnellen Jagdwagen und nur von wenigen Leibjägern begleitet das Schloss zu verlassen. Er wird dann hier bei Ihnen ankommen und bittet Sie, als seinen Vertrauten und Freund alles in die Wege zu leiten, um von Diemerstein sicher auf die andere Rheinseite zu gelangen. Die ihnen bekannten Gebrüder Gimbel werden den Herzog begleiten. Ich muss Ihnen gegenüber nicht betonen, welcher hohen Geheimhaltung dieser Plan bedarf."

Schügens verabschiedete sich nach Homburg und Johannes Gimbel blieb noch in Fischbach, um einige Vorbereitungen zu treffen, wie er mir augenzwinkernd versicherte. Wir vereinbarten, der Herzog solle, wenn es so weit sei, nicht bis zur Station fahren, sondern auf den Klaftertaler Hof.

So geheim wie der Plan des Herzogs auch war, so schnell sprach es sich in Posthalterkreisen herum, dass die Flucht des Herzogs unmittelbar bevorstand. Mein Kollege Johann Jacob, Leiter der Poststation in Rohrbach bei Homburg, hielt es für erforderlich, mich durch einen seiner zuverlässigsten Postillione zu informieren, der Herzog benutze die Poststationen zwischen Saarbrücken und Homburg als geheimes Informationsnetzwerk und lasse sich täglich über den Vormarsch der Franzosen unterrichten.

Bereits vor Wochen hatte ich meine Postillione und Kutscher angewiesen, nicht mehr die Abzeichen der Reichspost an ihren Uniformen zu tragen, sondern sich mit einer Kokarde in der Farbe der Trikolore am Hut und an den Jacken zu schmücken, denn sie fuhren überwiegend durch ein Gebiet, das die Franzosen schon eingenommen hatten. Die Wagen wurden zwar kontrolliert, kamen aber immer unbeschadet zurück.

Am 10. Februar 1793 war es dann so weit.

Wie in jeder Nacht zu dieser Zeit war ich erst sehr spät aus der Posthalterei gekommen. Dort standen eine gute Kutsche und vier ausgeruhte Pferde bereit.

Ich war mit meiner Familie auf dem Hof. Agnes und die Kinder schliefen schon fest. Leise schlich ich mich in das Schlafzimmer und hatte bereits mein Nachthemd angezogen, da hörte ich vom sogenannten Hochspeyerer Stich her ein Posthorn. Das war das geheime

Signal, das nur die Brüder Gimbel kannten.

Wenig später galoppierte Hans Gimbel auf dampfendem Pferd in den Hof, rannte die Treppe zur Wohnung hinauf und hämmerte gegen die Tür. Ich zog rasch die Hose an, stopfte das Nachthemd hinein und sprang in die Stiefel.

Draußen wurde es schnell lebendig. Die Lichter wurden entzündet. Ammann trat vor die Tür und weckte das Gesinde in den oberen Stockwerken neben der Scheune.

Gimbel meldete, der Jagdwagen mit dem Herzog, seiner Gemahlin und einem gewissen Abbé Salabert seien unmittelbar hinter ihm. In rasender Fahrt kam darauf der besagte Jagdwagen in den Hof. Ein Leibjäger zu Pferd voraus und Edmund Gimbel auf dem Kutschbock. Als der Wagen zum Stehen gekommen war, half ich den Passagieren beim Aussteigen und erbot dem Herzog und seiner Gemahlin Amalie sowie dem dicken mitreisenden Geistlichen meine Referenz.

Mein Stallknecht schirrte die völlig erschöpften Pferde aus und brachte sie in den Stall zum Abreiben. Mit der Hand schoben er und der Leibjäger die leichte Kutsche in die Scheune.

Im Gegensatz zu mir hatte sich meine Agnes mittlerweile ordentlich angekleidet und bat Ihre Durchlaucht Herzogin Amalie um die Ehre, sie in ihren Salon zu begleiten, um sich dort von der Fahrt ein wenig zu erholen und zu erfrischen. Unterdessen schürte Ammann im großen Speisesaal des Hofes Feuer und Frau Pauli bereitete eine Stärkung für unsere erlauchten Gäste vor. Ich wusste noch von früher, wie gerne mein Freund Karl kalten Braten aß und ich hatte mich nicht getäuscht. Mit großem Genuss verzehrte der Herzog die Brote, die ihm Derte, Paulis Tochter, servierte. Auf der Ofenplatte erhitzte ich gewürzten Wein, damit sich die Flüchtenden nach der stundenlangen Fahrt durch die winterliche Kälte aufwärmen konnten. Allmählich kam wieder Leben in die durchfrorenen Reisenden.

In aller Offenheit und in einer Vertrautheit, die mich an die schönen Kindertage erinnerte, schilderte mir der Fürst seine dramatische Flucht aus Homburg. Ein Postillion aus Kirkel mit Namen Nikolaus Pfeiffer sei kurz vor neun Uhr in der Nacht zum Schloss geeilt und habe Schügens vor dem Eintreffen der Franzosen gewarnt. Diese seien, ohne der Landstraße zu folgen, durch die Wälder vorgedrungen und stünden schon vor Homburg.

Da bereits alles gut vorbereitet war, standen der Jagdwagen und die Pferde schon in der Remise bereit. Die Brüder Gimbel wurden alarmiert und ein Leibjäger aus Bruchmühlbach mit Fackeln begleitete sie zu Pferd. Sein alter Erzieher und Berater Salabert sollte mit ihm und der Herzogin fliehen und hätte fast alles verdorben, weil er unbedingt noch etwas Gepäck aus seinem Stadthaus holen wollte.

Edmund Gimbel, der gerade zur Tür hereingetreten war, meldete, der Herzog sei nun erst einmal in Sicherheit. Unmittelbar nachdem die Kutsche den Hof erreicht habe, seien schwere Fichten quer über den Weg gekracht, die seine Brüder schon vor Tagen entsprechend vorbereitet hätten. Mit Stämmen und Ästen sei der Weg nun für Verfolger versperrt.

In dieser Nacht dankten die Brüder dem Herzog sein Wohlwollen mit ihrer Treue.

Ich wusste, die Zeit drängte. Agnes brachte mir meine gefütterte Wildlederjacke und ich drängte zum Aufbruch. Spätestens zur Mittagszeit würden die Verfolger an der Rheinschanze sein. Der Herzog musste vom Erdboden verschwinden und zwar im wahrsten Sinne des Wortes.

Schnell hatten sich die Flüchtlinge wieder angezogen und ich führte sie mit einer Laterne ein Stück in den Wald. Keine hundert Schritte vom Hof lag der Eingang zum unterirdischen Gang, der zur Poststation führte. Bevor ich mit den dreien in den Stollen betrat, drehte ich mich noch einmal zu Agnes um, die uns bis hierher begleitet hatte. Ich nahm sie in den Arm und küsste sie. Ohne etwas zu sagen, wusste sie, auf welches gefährliche Abenteuer ich mich jetzt begab. Vor einundzwanzig Jahren hatte ich als junger Mann zwei Posträuber abgewehrt und einer Contessa das Leben gerettet. Jetzt war ich ein ganzes Stück älter und nicht mehr so geübt. Damals war ich unbeschwert und leichtsinnig, jetzt musste ich meine geliebte Frau und meine Kinder zurücklassen und es konnte wohl sein, dass sie mich nie wieder sehen würden.

Ich empfahl meine Lieben dem Schutz unseres Herrgotts und tauchte mit der herzoglichen Reisegesellschaft hinein in die Dunkelheit.

Die Herzogin war ruhig und gefasst, der dicke Geistliche prustete und stöhnte, doch der Herzog schien wieder ganz wie früher zu sein: „Monsieur Ritter, genau hier waren wir doch als kleine Buben. Ich kann mich noch genau erinnern. Bald sind wir wieder in der Posthalterei."

Die Erinnerung schien Seine Durchlaucht zu beleben und wir kamen sicher in der Station an. Das schmiedeeiserne Tor hatte ich wohlbedacht schon seit Tagen geöffnet.

In den Wohnräumen meiner Mutter, die noch immer hier lebte, konnten die Gäste einen Moment verschnaufen. Dort schlüpfte Herzogin Amalie in die Kleider, die ihr die kluge Frau in weiser Voraussicht schon bereitgelegt hatte.

Mit dem Herzog verschwand ich in meinem Dienstzimmer und wir maskierten uns als Postillion Karl Ritter und Postillion August Becker aus Diemerstein. Seine Durchlaucht fand, ihm stehe die Postuniform ganz vorzüglich, nur hatte er Hemmungen, den Hut mit der Kokarde aufzusetzen. Er, der Herzog von Pfalz-Zweibrücken, sollte die Trikolore des revolutionären, königsmörderischen Frankreichs tragen? Ich erinnerte ihn daran, dass er selbst im Vorjahr an die Posthalter im Herzogtum die Order ausgegeben hatte, dort, wo französische Truppen erschienen, das kaiserliche Postwappen abzunehmen, die gelben Röcke auszuziehen und einstweilen blaue Röcke zu tragen. Es gab da auch noch zwei weitere Vorschriften, die der Herzog vielleicht noch gar nicht kannte: Am 25. Januar dieses Jahres, dem Jahr zwei der Republik, hatte das französische Hauptquartier in Mainz durch eine Verordnung an sämtliche Postbeamte zwischen Frankreich und dem Rhein die Reichsposthalter vorläufig bestätigt und sie aufgefordert, „ihren Dienst nach der bisherigen Einrichtung zu versehen.“ Berichte und Abrechnungen seien bei der provisorischen General-Postdirektion in Mainz einzureichen. Vor vierzehn Tagen wurden die betroffenen Reichsposthalter angewiesen, dafür Sorge zu tragen, dass die Nationalfarben der Französischen Republik an der Uniform der Postbediensteten sichtbar seien und stets die französische Nationalkokarde am Hut getragen werde.

Mit einer schnellen Handbewegung an der Kehle vorbei riet ich Seiner Durchlaucht: „Lieber die Farben am Hut als den Kopf unter dem Schafott.“ Der Herzog schluckte und setzte den Hut mit den revolutionären Farben auf.

Wir gingen beide als einfache Postillione gekleidet zum Stall, holten die bereitgestellten Pferde, machten ein gutes Vierergespann fertig und rüsteten die Kutsche, die bereits als Eilpost neben der Station stand. Im Gepäckbehälter wurden die mitgebrachten Koffer verstaut, die vor kurzem als sogenanntes unbegleitetes Reisegepäck von Homburg nach Diemerstein aufgegeben worden waren. Dazu befestigte ich noch die Reisetasche des Herrn Salabert, die dieser ächzend und stöhnend durch den Stollen geschleppt hatte.

Der Postillion Becker alias Herzog Karl II. August half unseren Fahrgästen in den Verschlag. Ich hatte nach dem Besuch von Schügens sogar echte Pässe aus Mainz kommen lassen. Es reisten der Bürger Arthur Schneider aus Landstuhl und seine Frau Emelie. Der Herzog nahm auf dem Kutschbock Platz.

Während ich die Positionslampen entzündete, machte ich meinen neuen Kutscher auf die Schiebeklappe unter seinem Sitz aufmerksam. Darin waren ein kurzes zweiläufiges Jagdgewehr und zwei Pistolen verborgen. Zwei weitere Reiterpistolen versteckte ich unter der Schabracke des Leitpferdes. Wegen der Dunkelheit ritt ich auf diesem Pferd.

Es war vier Uhr morgens und der Jahreszeit entsprechend noch stockfinster, als wir die Station verließen und ich war mir nicht sicher, ob es ein Abschied für immer sei.

Zunächst waren wir eine ganz normale Postkutsche auf einer ganz normalen Poststraße mit ganz normalen Passagieren.

Auf dem Reitpferd kam ich gut durch die Finsternis. Die Strecke hatte ich schon oft gefahren und kannte sie im Schlaf. Auch der Herzog auf dem Kutschbock machte keine schlechte Figur. Er dirigierte die doppelten Zügel des Gespanns überaus gekonnt. Mit diesen Fähigkeiten hätte er jederzeit in meinem Betrieb eine Stelle gefunden.

Ich machte mir Gedanken über unsere Passagiere in der Kutsche. Sicher war die Herzogin, ermüdet und von den sanften Schwingungen des gut gefederten Wagens gewiegt, erschöpft eingeschlafen. Der dicke Geistliche erkannte nun den Ernst seiner Lage und warum Seine Durchlaucht ihn eingeladen hatte, an der Flucht teilzunehmen: Falls die Verfolger die Kutsche erreichten und stellten, würden die beiden Postillione einfach davonrennen und in die Dunkelheit flüchten. Man würde sie laufen lassen, waren es doch auch nur zwei arme Schweine. Würde die Kutschentür aufgerissen, dann säßen im Wagen der Herzog und die Herzogin. Dann könnte er noch so oft beteuern, er sei doch der Abbé Pierre Salabert, man würde ihm nicht glauben. Wenn man irgendwann doch entdeckte, dass man statt des Herzogs den Falschen erwischt hatte, würde man kurzen Prozess mit ihm machen. Auf irgendeiner Landstraße endete dann sein irdisches Dasein als Hundefutter.

Es war immer noch dunkel, als wir in der Poststation von Dürkheim einfuhren. Wir ließen die Tiere nur kurz rasten und machten uns auf die Weiterfahrt nach Maxdorf. Die Sterne funkelten über uns, als wir die bewaldeten Hänge der Haardt hinter uns ließen, und der Wagen rollte gleichmäßig über die gut ausgebauten Straßen der Ebene. Dem Herzog machte das Kutschieren Spaß und noch immer waren keine Franzosen in Sicht.

Als wir Maxdorf erreichten, herrschte in der Station trotz der frühen Stunde schon reges Treiben. Die regulären Linienkutschen waren bereits abgefertigt und die Postbediensteten warteten auf die große Nachtkutsche aus Frankfurt, die auch die Briefpost beförderte. Die Eilpost aus Diemerstein über Dürkheim mit ihren zwei Passagieren fand dagegen kaum Beachtung.

Langsam wurde der Himmel grau und noch immer waren keine französischen Patrouillen in Sicht. Über den Haardtbergen, dort im Westen, wo der Herzog sein Traumschloss hinter sich gelassen hatte, ging ein großer fahler Mond unter.

In der Poststation Oggersheim war es mit der Ruhe vorbei und französische Uniformen tauchten auf. Postillione mit ihren Kokarden scharten sich um die Reisenden, die sich trotz der frühen Stunde hier eingefunden hatten. In den Ecken lümmelten einige unrasierte Gestalten herum, mit blau-weiß-rot gestreiften Hosen.

Wie ich sehen konnte, wurde die Frankfurter Post gerade entladen. Der Posthalter, der mich zum Glück nicht erkannte, rief mit lauter Stimme die Passagiere nach Kaiserslautern, Homburg, Saarbrücken und Metz auf. Aber an diesem Morgen blieben die Plätze leer. Keiner hatte Lust, der Legion Kellermann entgegen zu reisen. Wir durften jetzt so wenig wie möglich auffallen.

Meine Kutsche wurde auf den Platz für Eilposten eingewiesen. Der Pferdewechsel ging mir viel zu langsam, doch ich durfte mir nichts anmerken lassen.

Vom Leitpferd abgesessen stand ich neben dem Wagen. Ein französischer Offizier kam hinzu und fragte mich als dem Postillion nach dem Reiseziel. „Mannheim", gab ich zur Antwort. Der Offizier gab mir die Anweisung, die Pässe zur Kontrolle für den Posten an der Rheinschanze bereitzuhalten und fügte hinzu: „Es wird sich nicht vermeiden lassen, dass dort eine Untersuchung wegen möglicher Konterbande vorgenommen wird." Er sagte das in fast entschuldigendem Ton.

Wir verließen die Station. Nach kurzer Fahrt erreichten wir die Postenkette. Es war ein richtiges Kriegslager, Befehle und Flüche flogen hin und her, Pferde schnaubten, in der Ferne vernahm ich Trompetensignale. Ich musste die Postkutsche an den Wegesrand steuern, um eine Abteilung Chevaulegers vorbeizulassen und rollte dann langsam auf die Straßensperre zu. Die Offiziere waren noch mit dem Wachwechsel beschäftigt. Wir hielten an, ich stieg ab und beruhigte die Pferde. Als endlich der Offizier, vermutlich ein Hauptmann der ersten Wache, an den Postwagen herantrat, reichte ihm der Fahrer auf dem Kutschbock die Papiere der Reisenden vom Wagen herab. Ein kurzer Blick auf die Dienstausweise, August Becker und Karl Ritter. Ein Blick in die Augen des Postillions. Hier kam dem Fürsten sein bürgerliches Aussehen wieder zugute. Wie sein Bruder Max hatte er ein Gesicht, das man eher bei einem mittleren Postbeamten als bei einem Herzog vermutete.

Der Franzose öffnete die Wagentür, um sich den Bürger Schneider und dessen Frau anzusehen. Die Pässe waren natürlich in Ordnung. Freundlich fragte er den Bürger Schneider nach dem Zweck seiner Reise nach Mannheim. „Eine Stelle als Hauslehrer und Hofmeister antreten," log der Abbé ohne rot zu werden. Allerdings in perfektem Französisch. „Die Kurpfälzer Bürger haben erkannt, wie wichtig es ist, ihre Jungen im perfekten Umgang mit der französischen Sprache zu unterweisen. Es beginnt eine neue Zeit."

Diese Antwort gefiel dem Hauptmann. Sei es aus Freundlichkeit oder aus Bequemlichkeit, er verzichtete auf eine Untersuchung der Kutsche und gab dem Postillion die Papiere zurück: „Sei vorsichtig vor der Schiffsbrücke. Allerlei Gesindel treibt sich dort herum. Es hat dort schon oft Ärger mit den Kutschen gegeben. Wir haben eben Revolution."

Die Straßensperre wurde zur Seite geräumt und die Pferde trabten langsam an. Ich konnte fast hören, wie dem Herzog ein Stein vom Herzen fiel.

Die Erleichterung kam freilich zu früh, wie sich bald herausstellen sollte.

Links und rechts von der Straße lagerten die Franzosen. Geschütze standen hinter Faschinenwällen und Nebelschwaden waberten vom Rhein her über die Wiesen. Über allem lag ein summendes Gewirr von Stimmen und Geräuschen wie bei einem Bienenschwarm. Je näher der Wagen der Rheinschanze kam, desto gemischter wurde das Aussehen der Revolutionsarmee.

Ich konnte bereits die Befestigungswerke der Rheinschanze in der Ferne erkennen. Die Vorwerke und Gräben wirkten wie ein Zigeunerlager. Hier war kaum mehr eine Uniform der regulären Truppen zu sehen, fast nur noch Sansculotten und mehr oder weniger verkommene Erscheinungen, die hier die Streitmacht der republikanischen Armee repräsentierten.

Der Herzog bemerkte leise, die Preußen würden mit einem solch verlotterten Haufen wohl schnell fertig, und ich lenkte die Kutsche über die Zufahrtsbrücken der Rheinschanze entgegen. In knapp einer Viertelstunde könnten wir auf der anderen Seite und in Sicherheit sein.

Wir kamen auf den Hauptzufahrtsweg zur Brücke. Der Himmel färbte sich im Osten schon rötlich. Die Nacht war vorüber. Doch mit einem Mal tauchte noch eine Sperre vor uns auf. Im Vergleich mit der regulären Barriere, die der Wagen bereits vorhin passiert hatte, wirkte sie fast lächerlich. Eilig und liederlich aus einigen Balken und Möbelstücken zusammengezimmert und mit weiblichen Bekleidungsstücken in den Farben der Republik verziert, lag sie über unserem Weg.

Ich fühlte mich mit einem Mal an die Situation am Monte Martani und den Überfall erinnert. Um die Sperre herum standen ein paar Sansculotten und auf ihren Mienen das nämliche Grinsen, das auch damals der Posträuber auf seiner Visage gezeigt hatte. Ich war nach der letzten Kontrolle wieder auf das Leitpferd gestiegen und hielt das Fuhrwerk knapp zehn Schritte vor der improvisierten Sperre an. Aus der Gruppe löste sich eine Gestalt. Ein dicker Bauch hing über dem Bund seiner rot-weiß-blau gestreiften Hose, darüber eine viel zu kleine Weste mit den Rangabzeichen eines Korporals. Dieses Uniformstück hatte sicher schon bessere Tage gesehen. Eine breite Schärpe in den Nationalfarben sollte zusätzlich den Eindruck von Amtsgewalt erwecken. Unter der roten Jakobinermütze ein unrasiertes Gesicht mit Narben, die auf eine bewegte Vergangenheit schließen ließen.

Noch heute, viele Jahre später, habe ich dieses Bild unauslöschlich in meinem Gedächtnis.

„Kontrollstation der Französischen Republik, Bürger Postillion," eröffnete der Mann seine Amtshandlung, „der Wagen wird durchsucht und die Passagiere sollen aussteigen und ihre Wertsachen gegen Quittung der Kontrollkommission übergeben. Aber schnell!"

„Wir haben es eilig, Bürger", erwiderte ich ihm auf Deutsch, denn im verstümmelten Französisch des Revolutionärs hatte ich sofort den Landsmann entdeckt, „der Postillion wird dir eine angemessene Kontrollsteuer und eine Straßenbenutzungsgebühr ohne Quittung auszahlen. Ihr könnt auf die Formalitäten einer Durchsuchung verzichten. Es ist bloß eine arme Lehrerfamilie, die heute Morgen ihren Dienst in Mannheim antreten muss und kaum das besitzt, was sie am Leibe trägt. Spart euch die Arbeit für einen fetteren Fisch."

„Dann wollen wir uns doch einmal den armen Lehrer betrachten." Der Wegelagerer öffnete die Wagentür, während einige seiner Kumpane den Postwagen umringten. Zwei von ihnen kletterten wie die Affen auf das Fahrzeug und machten sich an der Gepäckhalterung zu schaffen.

Mit wüsten französischen Beschimpfungen bellte auf einmal Salabert den Eindringling an. Er dachte wohl, in der Vergangenheit habe es immer genutzt, wenn man dem Pöbel gegenüber einen scharfen Ton anschlug. Aber die Zeiten hatten sich geändert.

Der Republikaner packte ihn an der Jacke und forderte ihn in schönster pfälzischer Mundart auf, noch einmal auf Deutsch zu sagen, was er eben von sich gegeben habe. Verwirrt über die unerwartete Reaktion, antwortete Salabert auf Französisch.

Nun erkannte der Sansculotte, dass hier etwas nicht stimmte. Mit füchsischem Grinsen rief er zu den anderen; „Ich glaube, wir haben eins von den verdammten adeligen Schweinen erwischt. Alles aussteigen!"

Der Herzog und ich wechselten einen raschen Blick. Ich bestieg wieder das Leitpferd und er knallte die Peitsche über die Pferde hinweg. Die Tiere zogen ruckartig an und galoppierten los. Der selbst ernannte Revolutionskontrolleur purzelte aus dem noch offenen Wagenschlag und seine beiden vorwitzigen Genossen kippten vom Gepäckständer.

Jetzt musste alles auf eine Karte gesetzt werden.

Das Gespann raste auf die Sperre zu. Bretter splitterten und krachend donnerte die Kutsche durch den Verhau. Ein roter Unterrock verhedderte sich in der Tür und wurde von Salabert mit spitzen Fingern entfernt. Plötzlich peitschten Schüsse und Kugeln flogen um uns herum, eine kurz am Kopf des Herzogs vorbei, eine andere durchschlug die Kutsche und ließ das Holz neben seinem Sitz splittern. Die Sperre war schon ein gutes Stück hinter uns, als das Leitpferd stürzte. Das Fahrzeug schob noch einen Moment weiter und schlingerte im Halbkreis. Nur mit Mühe war ein Umkippen der Kutsche zu verhindern. Ich blieb unverletzt, aber das Pferd war unter mir weggeschossen worden. Schnell sprang ich auf die Beine, zog mein Messer aus dem Stiefel und mit schnellen Schnitten befreite ich das Leitpferd und das Pferd daneben aus dem Geschirr.

Als Karl August sah, dass ich unverletzt war, wendete er sich wieder den Sansculotten zu, die jetzt aus allen Richtungen auf die liegen gebliebene Kutsche zuliefen. Er hatte gerade noch Zeit, das Gewehr aus dem Fach unter dem Sitz zu reißen, als einer der Revolutionäre neben ihn auf den Kutschbock sprang. Der Fürst war ein hervorragender Schütze und traf den Mann zwischen die Augen. Auch der zweite Schuss saß und ein weiterer lebloser Körper rollte den Angreifern vor die Füße. Währenddessen war es mir gelungen, das Geschirr zu zerschneiden. Ich hatte meine beiden Pistolen unter der Schabracke hervorgezerrt. Mit dem ersten Schuss erlöste ich das verwundete Pferd von seinen Leiden und mit dem zweiten schickte ich den nächsten Straßenräuber in die Hölle. Das Gespannpferd, das jetzt frei war, ging durch und galoppierte in Richtung der Angreifer davon. Ich nutzte die Verwirrung und schwang mich auf den Kutschbock. Der Herzog warf die Riemen des vorderen Gespanns vom Wagen und ich zog die Zügel des verbliebenen Gespanns an mich. In Panik rissen die Pferde den Wagen nach vorne. Wieder fielen Schüsse, doch die Sansculotten zielten schlecht.

Nun musste ich zeigen, wozu ein Reichsposthalter fähig ist. Ich fuhr wie der Teufel. Die jetzt leere vordere Deichsel ragte wie ein Rammsporn heraus. Ich trieb die Tiere zum Äußersten. Eine verirrte Kugel durchbohrte sogar noch meinen Hut. Nur mit Mühe konnte sich der Herzog auf dem Kutschbock festhalten und im Inneren wurden die Herzogin Amalie und Salabert ganz schön durchgerüttelt. In tollkühner Fahrt kamen wir an die Auffahrt zur Schiffsbrücke. Ich dachte gar nicht daran zu verlangsamen. Hinter uns war die Hölle los. Die Räder der Postkutsche rumpelten über die Planken. Die ersten kurpfälzischen Uniformen am anderen Ende der Brücke kamen in Sicht. Soldaten stürmten aus den Wachhäusern und an die leichten Kanonen links und rechts der Brücke.

Wir waren gerettet.

Mit größter Mühe brachte ich mein Gespann vor den Uniformierten zum Stehen. „Was war denn da los bei euch?", fragte der herbeigeeilte kurpfälzische Wachoffizier. „Ein paar revolutionäre Straßenräuber," gab ich zur Antwort. Der Wachhabende seufzte, das käme in diesen Tagen häufiger vor. „Die Regulären können den revolutionären Abschaum nicht mehr unter Kontrolle halten. Manchmal bringen die sich dort drüben auch gegenseitig um. Kann uns ja nur recht sein. Aber ich will hier keinen Ärger haben. Wie ist dein Name, Postillion?"

Ehe ich etwas erwidern konnte, antwortete mein „Kollege": „Karl II. August, Pfalzgraf bei Rhein, Herzog von Pfalz-Zweibrücken, Graf von Sponheim…" Der Wachoffizier ließ ihn gar nicht erst seine ganzen Titel aufzählen, sondern unterbrach ihn: „…und ich bin der Zar von Russland, es genügt, wenn du mir die zuständige Poststation und den Posthalter nennst."

Ich reichte ihm meine Ausweispapiere: „Reichspost Diemerstein, Posthalter Karl Adolf Ritter." Die Kutsche durfte weiterfahren.

Die total ermatteten Pferde gingen jetzt nur noch im Schritt. An einer Ausweichstelle vor den Toren Mannheims hielt ich die Kutsche an. Der Herzog, Salabert und auch ich hatten das Bedürfnis, uns zu erleichtern. Gemeinsam standen wir an einer alten Linde am Straßenrand. In dieser Situation kam mir in den Sinn, was ich in einer Zeitung über die drei Stände in Frankreich vor der Revolution gelesen hatte: Der Adel, der Klerus und das Bürgertum. Gerade jetzt standen diese drei Stände einträchtig nebeneinander an diesem Baum, in allzu menschlicher Beschäftigung. Hatte es dazu wirklich einer Revolution bedurft, mit all ihren Nöten, dem Blut und der Verzweiflung?

Während auch die Herzogin Amalie hinter einem der Büsche verschwand, holte ich einen Koffer vom Kutschendach. Im Wagen zog sich der Herzog um, er legte die Postuniform ab und wieder höfische Kleidung an. Unverkennbar wollte er nicht als sein eigener Kutscher, sondern wie der Herzog von Zweibrücken in der Stadt empfangen werden. Dermaßen herausgeputzt nahm er die Glückwünsche Salaberts entgegen. Ich half der Herzogin und dem dicken Geistlichen beim Einsteigen, wie es einem Postillion geziemt.

So, dachte ich, geht der kurze Schein von Gleichheit und Brüderlichkeit zu Ende. Aber ich hatte mich getäuscht.

Der Fürst umarmte mich herzlich: „Ich danke dir, mein Freund, ich danke dir nicht als Herzog, sondern als Freund. Nimm meinen Degen, es ist der Degen meines Großvaters Christian. Möge er dich und deine Nachkommen immer an diese Nacht erinnern, in der du dem Herzog von Zweibrücken das Leben gerettet hast." Dann bestieg er die Kutsche.

Ich brachte meine Passagiere sicher nach Mannheim, als über der Stadt schon ein heller blauroter Winterhimmel mit einigen weißen Wölkchen strahlte. Die bislang gefährlichste Nacht meines Lebens war vorbei.

Über die Neckarschanze, aus Süden kommend und auf Umwegen, erreichte ich wohlbehalten wieder Diemerstein. Ein unbeschreibliches Gefühl durchwärmte mich, als ich endlich wieder meine geliebte Frau und meine beiden Kinder in die Arme schließen konnte. Agnes weinte vor Glück und ermahnte mich, ich solle mich nie wieder auf ein solches Abenteuer einlassen. Anders als damals in Italien sei ich jetzt nicht mehr allein, sondern hätte Verantwortung für die Kinder, für sie und die Menschen in der Station, die mir anvertraut seien. Das versprach ich ihr und hängte den Degen des Herzogs neben den Degen aus Spello. Schade, dass der gute Wussow nicht mehr lebte. Diese die Geschichte hätte ihm sicher gefallen.

Doch was nützen die besten Vorsätze und der Entschluss, sich wegen Frau und Kindern nicht mehr in Gefahr zu begeben, wenn die Gefahr selbst auf einen zukommt? Wie es mein Schwiegervater vorhergesehen hatte, kam der Krieg auch nach Diemerstein.

Das Schloss in Homburg war im Februar in die Hände der Revolutionsarmee gefallen. Das Kriegsglück wogte anscheinend hin und her, denn eines Tages erhielt ich einen Brief von Mannlich, in dem er mich dringend aufforderte, mit meinem größten Wagen und den zuverlässigsten Kutschern nach Homburg ins Schloss zu kommen. Die preußischen Truppen hätten Zweibrücken und Homburg von den Franzosen befreit, er wisse aber nicht wie lange. Die herzogliche Bildergalerie und die Bibliothek habe er noch, als die Revolutionäre im Schloss hausten, heimlich geborgen und in Kisten packen lassen. Diese wertvolle Fracht müsse jetzt schnellstens nach Mannheim gebracht werden, ehe es zu spät sei.

Also machte ich mich mit meinen besten Leuten und einigen Wagen auf den Weg, ungeachtet des Versprechens, das ich Agnes gegeben hatte, mich keiner Gefahr mehr auszusetzen. Auf den Straßen begegneten wir keinen Franzosen und kamen sicher im Schloss an. Wie verändert war es seit meinem letzten Besuch. Die Sansculotten hatten wirklich wüst gehaust und wäre es dem listigen Mannlich nicht gelungen, Bücher, Bilder, Möbel und andere Schätze vor ihnen zu verstecken, wären auch diese sicher verloren gewesen. Zum Glück halfen uns preußische Soldaten beim Verladen.

Mit Interesse hörte ich von Mannlich, was sich seit der Flucht seines Herrn zugetragen hatte. Die Jagdkutsche war gerade vom Schloss in den Wald abgebogen, da sprengten schon die ersten französischen Reiter in den Hof. Mit blanken Waffen wollten sie den Tyrannen ergreifen, um ihn nach Frankreich vor ein Revolutionstribunal zu schleppen. Das sei ein sehr kritischer Moment gewesen, denn im Wald waren noch die Fackeln der Leibjäger neben der herzoglichen Kutsche zu sehen. Der misstrauische französische General fragte, was das zu bedeuten habe. Er wurde mit der Auskunft beruhigt, es seien Köhlerfeuer im Wald und der Fürst sei schon am Mittag abgereist. Mannlich nahm diese Aussage, die alle Bediensteten im Schloss bestätigten, als Beweis ihrer Treue gegenüber dem Herzog. Als man den Gesuchten nicht ergreifen konnte, sei im Schloss die Hölle ausgebrochen. Einer der Sansculotten habe sich in Stiefeln im Paradebett Seiner Durchlaucht gewälzt, es wurde geplündert, gesoffen und die Wut an den wertvollen Spiegeln ausgelassen. Die eigenen Wachleute hätten wie befohlen keine Gegenwehr geleistet.

Ich stellte bald fest, dass wir mehrere Touren mit den Kostbarkeiten aus der Gemälde- und Büchersammlung unternehmen mussten. Wir brachten zuerst einige Lieferungen bis nach Diemerstein und von dort weiter nach Mannheim. Es war wichtig, die Zeit zu nutzen, in der die alliierten Truppen die Wege freihielten.

Bevor der letzte Wagen dorthin abging, kam auch noch einmal Mannlich mit seiner Frau Barbara und den Kindern zu mir nach Diemerstein. Nachdem er sich von der gelungenen Evakuierung überzeugt hatte, wusste er nicht so recht, wie es mit ihm und seiner Familie jetzt weitergehen sollte. Er war ohne Einkünfte, hatte nur das Haus in Zweibrücken, das ihm der Herzog geschenkt hatte und ein kleines Stück Land in der Stadt. Der Herzog hatte ihm befohlen, mit einem vom Karlsberg geretteten Wagen sich unverzüglich nach Mannheim zu begeben. Die Trennung von seiner Heimat schmerzte ihn sehr. Mit bewegenden Worten erinnerte er sich noch daran, wie Seine Durchlaucht in der Nacht der Flucht von ihm Abschied genommen habe. Er vertraute ihm praktisch als letzten Wunsch die Rettung der Sammlungen auf dem Schloss an und sei mit dem Satz: „Bleibe Er immer mein Freund," von ihm geschieden. Der gute Mann tat mir leid. Ich hätte ihn und die Seinen noch gerne auf meine Kosten bei mir behalten, doch er musste weiter, dem Ruf seines Herrn folgend.

Wie ich später erfuhr, ist seine Frau in Mannheim verstorben und unter großer Gefahr war er selbst über Worms und Meisenheim mit den Kindern wieder in das von Franzosen besetzte Zweibrücken zurückgekehrt.

Das Schloss auf dem Karlsberg wurde noch im selben Jahr bis auf die Grundmauern niedergebrannt, als die Franzosen wieder die Oberhand bekamen. Die Gemälde und die Bücher konnten wir freilich sicher auf die andere Rheinseite schaffen.

Es war im Herbst des Jahres 1793, da stürmte unvermittelt eine Abteilung französischer Kürassiere in den Hof der Posthalterei. Ein höherer Offizier gab Befehle an seine Leute aus, schickte Meldereiter in verschiedene Richtungen und erteilte die Order, mit der Hauptmacht seiner Einheit die Straße entlang Richtung Kaiserslautern vorzustoßen. Die Reiter tränkten ihre Tiere und verschwanden so unmittelbar, wie sie gekommen waren. Nur der Kommandant blieb hoch zu Ross mitten in der Station stehen. Durch den Tumult aufmerksam geworden, trat ich aus dem Haus und erbot dem hohen Herrn meine Referenz.

Wie war er anzureden, mit Bürger Kommandant? Vielleicht besser nicht. Die Uniform war schon beachtlich und die Schulterstücke zeigten mir, es müsse sich wohl um einen höheren Offizier handeln. „Darf ich als Posthalter dieser Station Eure Exzellenz willkommen heißen und Sie auf eine Erfrischung in meine Gasträume einladen?" Der so Angesprochene sprang behände vom Pferd. Er war erkennbar mit Pferden aufgewachsen und ein perfekter Reiter. Ohne seinen beeindruckenden Helm abzunehmen, schob er mich vor sich her in das Gebäude und in das Geschäftszimmer des Posthalters. Es verwirrte mich, wie gut er sich bei uns auskannte. Dann nahm er seinen Helm ab und lachte mich an. Es war mein Bruder Fritz.

Wir umarmten uns und er erzählte mir, das Militär in Frankreich sei auch unter die Räder der Revolution gekommen, aber das sei für ihn vorteilhaft gewesen. Während zuvor nur Adelige in die Offiziersränge aufsteigen konnten, seien diese Herren nun fast alle aus dem Dienst entfernt worden, manche sogar unter das Fallbeil gekommen. Der Mangel an fähigen Kriegsleuten ermöglichte Männern wie ihm nun den Aufstieg in der Revolutionsarmee. Er sei nun Bürger der Französischen Republik und Major. Ich kam aus dem Staunen nicht mehr heraus. Doch die Warnungen, die er mir durch seinen Besuch zukommen lassen wollte, waren mehr als beunruhigend. Die Preußen seien, nachdem sie Mainz zurückerobert hatten, bis in die Nähe von Kaiserslautern durchgebrochen. Sein General wolle sich von Süden kommend zur Schlacht stellen. Er riet mir dringend, alle Pferde und Wagen, die nicht in der Station benötigt würden, auf den Klaftertaler Hof zu schaffen. In der Station würden sie entweder von den Franzosen oder von den Preußen und Österreichern requiriert werden. Dann stieg er wieder aufs Pferd und jagte seinem Korps hinterher. Ich konnte mich gar nicht richtig verabschieden.

Wir verlegten ohne zu zögern einen großen Teil der Tiere und Fahrzeuge auf den Hof. Bald konnten wir den Kanonendonner aus der Ferne hören. Die Schlacht dauerte offenbar mehrere Tage. Danach zogen französische Truppen in geordnetem Zug die Straße entlang. Eine ganze Reihe Verwundeter wurde in die Station gebracht, mit der Aufforderung, sie hier zu versorgen. Die Republik würde zu gegebener Zeit für alle Kosten aufkommen. Die Hoffnung, meinen Bruder wieder zu sehen, erfüllte sich leider nicht. Von einem der verwundeten Offiziere, die bei mir untergekommen waren, erfuhr ich zu meiner Erleichterung, Fritz sei unverwundet, habe mit seinen Reitern den Rückzug gedeckt und sei schon auf dem Weg nach Bergzabern.

Große Hoffnungen, jemals die Kosten für die Versorgung und Pflege der Franzosen zu erhalten, machte ich mir nicht. Diesen armen Menschen zu helfen, war einfach ein Gebot der Nächstenliebe. Wenn mein Bruder irgendwo verwundet werden sollte, wünschte ich, er würde dort auch so gepflegt werden wie seine Kameraden bei uns.

Ich sah in jedem verwundeten Franzosen meinen Bruder Fritz.

Viele starben schon in den ersten Tagen. Der katholische Pfarrer aus Hochspeyer war gekommen, um den Sterbenden beizustehen und ihnen die Sakramente zu reichen. Die guten Frauen aus Diemerstein und Frankenstein halfen, wo sie nur konnten. Ein Arzt war nirgends zu erreichen. Bald waren nur noch zehn Franzosen bei uns, denen es aber von Tag zu Tag besser ging. Ein Hauptmann, dem ich die Nachricht vom Überleben meines Bruders verdankte, erholte sich recht rasch. Ein Geschoss hatte ihm den Arm in Fetzen gerissen und unser Stationsschmied führte die Amputation durch. Mit glühendem Eisen verschloss er die Wunde. Trotz des großen Blutverlustes überlebte der Mann. Von ihm erfuhr ich auch, die Alliierten hätten die Schlacht bei Kaiserslautern zwar gewonnen, doch aus unerklärlichen Gründen die Verfolgung des Feindes unterlassen. Als er wieder transportfähig war, schickte ich ihn mit einem meiner Kutscher nach Bergzabern.

Das Weihnachtsfest verbrachten wir alle in gedrückter Stimmung. An Besuche meiner Schwestern war nicht zu denken, worüber meine Mutter sehr traurig war. Mein Bruder Johannes besuchte uns auf dem Hof und brachte auch Frau und Kinder mit. Während der Festtage sprachen wir viel über die politische Lage und wie es wohl mit uns weitergehen würde. Wir dachten an unseren Bruder Friedrich, der hoffentlich bei der Armee auch ein ruhiges Weihnachten feiern konnte, ohne von Gefecht zu Gefecht stürmen zu müssen und an unsere arme Marie, die uns in den wenigen Briefen, die uns von dort erreichten, die Zustände in Zweibrücken geschildert hatte. Die Stadt litt unsäglich unter der Einquartierung. Plünderungen und Misshandlungen seien an der Tagesordnung. Ihr Mann sei ohne Besoldung, da die herzogliche Verwaltung nach Mannheim verlegt worden sei, und bemühe sich um eine Anstellung beim französischen Stadtkommandanten als Schreiber. Nur durch die Unterstützung der Schwiegereltern mit ihrem Bauernhof könnten sie gerade noch so überleben.

Vor den Kindern versuchten wir unsere Ängste soweit es nur ging zu verbergen. Mein kleiner Friedrich war jetzt drei Jahre alt und der Stellmacher in der Posthalterei hatte ihm ein schönes Wägelchen mit zwei Pferden aus Holz gezimmert, mit dem er begeistert spielte. Agnes erinnerte daran, dass ich im kommenden Jahr 42 Jahre alt würde und bis Fritzchen so weit wäre, dass er die Station übernehmen könnte, würde noch viel Zeit vergehen. Ich sollte mich nach einem tüchtigen Gehilfen für die Posthalterei umsehen, wie ihn mein Vater in Wussow gehabt hatte. Damit hatte sie wohl recht.

Im Frühjahr, gerade als die schönsten Blumen ringsum blühten und sich Wald und Wiese von ihrer besten Seite zeigten, war der Krieg wieder in unserem Tal. Diesmal noch heftiger als zuvor. Wieder saßen wir direkt an der Frontlinie. Abermals versuchte die preußische Armee die Franzosen zurückzudrängen. Diese hatten ihre Soldaten um Kaiserslautern konzentriert und zwischen Speyer und Neustadt Abwehrstellungen bezogen. So viel wussten wir und konnten uns die Situation gut vorstellen, denn auf unserer Landstraße fand praktisch kein Post- und Briefverkehr mehr statt. Mein Bruder, der Bürgermeister von Hochspeyer, kam zu mir auf den Hof und wollte mich über die neuesten Entwicklungen informieren.

Wie er in Erfahrung bringen konnte, würden die Franzosen größere Truppenkontingente aus der Gegend abziehen, weil der Feldzug in Holland immer mehr Soldaten erforderte. Johannes warnte mich, die Preußen würden bald diese Schwäche ausnutzen und er erwartete erneut Gefechte in unserer Gegend. Er sollte recht behalten.

Ammann hatte unsere eigenen Tiere gehorsam aus den Ställen entfernt. Ich wollte die Pferde lieber nicht nach Diemerstein zurückbringen und schickte sie nach Fischbach auf das Anwesen, das dort die Familie Gimbel bewirtschaftete. Das übrige Vieh wurde auf den Hof meines Bruders Johannes in Hochspeyer getrieben. Zwischen Preußen und Franzosen holten wir dann unsere Kühe und Schweine zurück.

Da die Franzosen die ganzen Landstriche bis zum Rhein unter ihrer Kontrolle hatten, konnte ich mit der vorläufigen Genehmigung der zuständigen Stellen den Postbetrieb weiter aufrechterhalten. Obgleich ich nun mit dem Eintreffen französischer Zensurbeamter, die den Verkehr der Briefpost überwachen sollten, täglich rechnete, blieb ich von dieser Maßnahme verschont, ich weiß nicht, warum. Der Kutschenverkehr hatte erheblich nachgelassen und die in Sicherheit gebrachten Pferde benötigte ich nicht.

Mein Schwiegervater hatte den landwirtschaftlichen Betrieb zwischenzeitlich zu einem Musterhof ausgebaut. Die Ernteerträge waren so reichlich wie noch nie zuvor. In der Folge der Kriegsereignisse stiegen die Preise für Lebensmittel und ich hatte mehr Einkünfte aus meiner Ökonomie als durch die Station. Im Winter beorderte ich einige Männer aus der Posthalterei in den Wald rings um den Hof, die, angeleitet von erfahrenen Holzhauern, Rodungen vornahmen, um zusätzliche Anbauflächen zu gewinnen. Durch diese Maßnahme konnten wir auch einen stattlichen Holzvorrat anlegen. Die Gebrüder Gimbel, die dem Herzog so treu gedient hatten und die nunmehr als Leibjäger beschäftigungslos waren, hatte ich bei mir eingestellt. Sie brachten manch gutes Wildbret auf unseren Tisch.

Der jüngere der Gimbelbrüder hatte eine hübsche Tochter, die sich vor einiger Zeit mit einem tüchtigen jungen Mann aus Frankenstein verheiratet hatte. Er hieß Dieter Schuck und war von einem erfahrenen Meister für das Zimmererhandwerk ausgebildet worden. Da er nicht nur in diesem Handwerk überaus geschickt war, sondern auch noch über zahlreiche andere wertvolle Fertigkeiten verfügte, besonders aber weil er sich ebenso gut auf die Führung von Menschen wie von Pferden verstand, nahm ich ihn in meine Dienste, in der Absicht, ihn zu meinem Gehilfen heranzuziehen. Wegen der unruhigen Zeit und weil er fürchtete, bei seiner Wanderschaft von den Franzosen oder den Preußen zum Kriegsdienst eingezogen zu werden, ging er nicht auf die „Walz“, wie es sonst bei jungen Handwerkern üblich war.

Zum Jahreswechsel in das Jahr 1795 kam meine ganze Familie mit Ausnahme von Friedrich wieder zusammen. Wir feierten im Gasthof meines Bruders Johannes in Hochspeyer und er versuchte uns so gut wie möglich aus Küche und Keller zu verwöhnen. Ein Brief meines Bruders Friedrich war einige Tage vor dem Weihnachtsfest eingetroffen und meine Mutter bezeichnete das als ihr schönstes Geschenk. Jeder von uns erzählte, was er wusste, oder glaubte in Erfahrung gebracht zu haben. Charlotte und ihr Mann waren ohne Probleme aus Speyer gekommen. Die Straßen seien frei und keine Sansculotten mehr zu sehen. Maries Mann war nun Schreiber bei den Franzosen und damit zufrieden, eine Anstellung zu haben. Die Stadt sei wieder einigermaßen ruhig und die Homburger versorgten sich aus den Resten des abgebrannten Schlosses mit Baumaterialien.

Mir selbst erschien die Kriegslage nach wie vor unübersichtlich. Die mit Preußen verbündeten Österreicher hatten offensichtlich die Initiative ergriffen und das revolutionäre Mainz und die sogenannte Mainzer Republik zurückerobert. Marie erzählte, auch die

Österreicher hätten sich in Zweibrücken gegen die Franzosen gut geschlagen, aber dennoch die Stadt nicht halten können und sich zurückgezogen.

Als wir auf das neue Jahr anstießen, gedachte ich auch meiner Freunde außerhalb unseres Tales: Michele Ursetti, Sepp Rockinger, Francesca, Ruth, Angelika und Luise. Wie würde es ihnen in diesen Zeiten der Unruhe, die den ganzen Kontinent ergriffen hatte, wohl gehen. Meine zärtlichsten Gedanken galten aber meiner Frau Agnes, die zum dritten Mal schwanger war, obwohl wir eigentlich kein Kind mehr der Gefahr des Krieges und dieser mörderischen Zeiten hatten aussetzen wollen.

Mit dem neuen Jahr kam auch das Postgeschäft wieder etwas besser in Gang. Hochgestellte Persönlichkeiten reisten jetzt kaum noch und unsere Gästezimmer blieben die meiste Zeit leer. Wenn einer meiner altgedienten Mitarbeiter aus den Diensten ausschied oder sich ein junger Kutscher an einem anderen Ort seinen Lebensunterhalt verdienen wollte, dann ersetzte ich die frei gewordene Stelle nicht. Der junge Schuck machte sich sehr gut und in ruhigen Tagen führte ich ihn in die Methoden der Rechnungslegung ein und zeigte ihm, wie die Bücher der Station zu führen seien. Ich schöpfte bereits Hoffnung, in unser Leben würde wieder Ruhe einkehren.

Im März erblickte unsere kleine Marie das Licht der Welt. Die Geburt verlief ohne jegliche Komplikationen unter der bewährten Mithilfe unserer alten Hebamme, die seit Anfang des Jahres nicht mehr die Witwe Pauli war, sondern die rechtmäßige Ehefrau meines Schwiegervaters Jan Ammann. Somit war sie nicht nur meine Stiefschwiegermutter, sondern auch die Stiefgroßmutter meiner Kinder, die sie abgöttisch liebten. Ihre Tochter Derte, die von Tag zu Tag immer erwachsener wurde, half Agnes in allen Dingen und wir konnten uns kein besseres Kindermädchen wünschen.

Zur Taufe unseres dritten Kindes in der Kirche zu Hochspeyer traf auch meine Schwester als Patin mit ihrer Familie aus Zweibrücken ein. Im Vergleich zu den Familienfesten, die früher in der Posthalterei gefeiert wurden, war nun alles viel stiller und weniger fröhlich. Nur mein kleiner Friedrich hatte seinen Spaß, denn er durfte mit seinen fünf Jahren auf dem Pferd reiten und wurde von seinen Cousinen bewundert.

Aus Mannheim kam die Nachricht, der Herzog von Pfalz-Zweibrücken sei plötzlich verstorben. Einige Schandmäuler behaupteten, er sei im Bett seiner Geliebten, einer gewissen Madame Sartoirs tot aufgefunden worden. Ich halte das auch heute noch für eine glatte Lüge und glaube vielmehr den Berichten, der edle Fürst sei an einem Schlaganfall dahingeschieden.

Auch meiner Familie blieben Schicksalsschläge nicht erspart. Von Osten her kommend und mit Sicherheit von den fremden Soldaten eingeschleppt, breitete sich auch ein Fieber in unseren Orten aus. Zuerst in Dürkheim, dann in Frankenstein und schließlich auch bei den Menschen in Diemerstein. Ich verbot meiner Frau und den Kindern ins Dorf zu kommen und blieb selbst die meiste Zeit in der Station, wie schwer es mir auch fiel. Eines Tages, auch im Dorf hatte das Fieber manchen Einwohner hinweggerafft, kam Derte zu mir, ich sollte schnell nach Hause kommen, meine Frau sei erkrankt. Sofort machte ich mich auf den Weg und fand meine liebe Agnes im Bett mit glühendem Kopf. Frau Ammann war bei ihr und klärte mich darüber auf, meine Frau habe schon seit drei Tagen Fieber, das nunmehr von Stunde zu Stunde ansteige. Die Kinder habe sie sofort in die Verwalterwohnung geholt, um sie vor Ansteckung zu schützen. Ich war zu Tode erschrocken, bat meinen Schwiegervater schleunigst einen Wagen fertigzumachen und fuhr nach Kaiserslautern, um einen Arzt an das Krankenbett zu rufen.

Der untersuchte meine Frau und bestätigte, es handele sich um das Fieber, das jetzt überall grassiere. Er stellte eine Liste von fiebersenkenden Medikamenten zusammen, die mir der Apotheker zubereiten sollte. Er versprach, in zwei Tagen wieder zu kommen, wenn ich ihm einen Wagen nach Kaiserslautern schicken könnte. Die Arzneien waren schnell beschafft und meine Schwiegermutter versuchte auf ihre Weise mit Wadenwickeln die Temperatur zu senken, kochte für alle und unterstützte Jan Ammann bei seinen Gebeten für das Leben seiner Tochter.

Nach etwa vier Tagen ging es Agnes wieder etwas besser, das Fieber hatte ein wenig nachgelassen, doch sie war immer noch schwach und nicht in der Lage aufzustehen. Am meisten Kummer machte sie sich um die kleine Marie, die noch nicht entwöhnt war. Vom alten Chaim hatte ich gelernt, in der Muttermilch seien viele wertvolle Stoffe, die dem Schutz des Kindes vor Krankheiten dienen. Ich gestattete es daher Frau Ammann die kleine Marie zu ihrer Mutter zu bringen, obwohl sie sich bereits in Fischbach nach einer Milchamme umgehört hatte. Noch heute verfluche ich mich wegen dieser Entscheidung.

Innerhalb weniger Tage erkrankten auch meine beiden Kinder Fritz und Charlotte. Sie waren kräftig und gut ernährt, viel an der frischen Luft gewesen und zuvor noch niemals ernsthaft krank gewesen. Der Arzt, der immer noch regelmäßig zu Agnes kam, stellte auch bei ihnen das gefährliche Fieber fest. Agnes, die wieder für ein paar Stunden das Bett verlassen konnte, war verzweifelt und wir alle fürchteten einen schweren Rückfall. Die Station hatte ich seit mehr als einer Woche nicht mehr betreten, als der treue Schuck zu uns heraufkam und meldete, auch dort gebe es mehrere Kranke, darunter auch meine Mutter, der es gar nicht gut gehe.

Ich war hin und hergerissen. Doch ich wollte meine Mutter nicht allein lassen. Ich fuhr nach Kaiserslautern und brachte diesmal den Arzt nach Diemerstein. Als wir ankamen, ging es der Patientin gar nicht gut. Sie war kaum noch bei Bewusstsein, doch sie erkannte mich noch und lächelte tapfer, als sie mich sah. Die Frauen aus dem Dorf hatten sich zwar gut um sie gekümmert, doch sie lag bereits seit fast einer Woche danieder. Ich schalt zu Unrecht meinen Stationsvertreter, warum ich nicht früher informiert worden war. Meine Mutter hatte ihm jedoch ausdrücklich verboten, auf den Hof zu reiten, damit ich mit meiner kranken Frau nicht unnötig beunruhigt werde. Der Arzt machte mir keine Hoffnung. Die alte Dame sei sehr schwach und er rechnete in den nächsten zwei Tagen mit ihrem Ableben. Die Mennonitinnen, mit denen sie ihr Leben lang zusammen war, kümmerten sich rührend um sie. Beratschlagten, welche Heilmittel der Natur noch anzuwenden seien und beteten den ganzen Tag für das Leben der alten Posthalterin. Ich saß Tag und Nacht an ihrem Bett und hielt ihre heiße Hand, bis sie auf einmal kalt wurde. Meine Mutter war in der Station, in der sie mit meinem Vater die meiste Zeit ihres Lebens verbracht hatte, verstorben.

Obwohl ich drei Nächte nicht geschlafen hatte, spürte ich keine Müdigkeit und ritt nach Hochspeyer, um meinem Bruder die traurige Nachricht zu überbringen. Er versprach mir, mit dem Pastor alles für die Beerdigung zu regeln und auch dem Schreiner die notwendigen Anweisungen zu geben. Dann ritt ich zurück auf den Hof. Derte lief mir gleich entgegen, Fritz und Charlotte gehe es wieder viel besser. Die Arzneien hätten gut gewirkt und sie hätten kein Fieber mehr. Doch meiner Agnes gehe es gar nicht gut. Sie hätte einen schweren Rückfall und erkenne die Umgebung nicht mehr, wenn sie wach sei, dann weine sie und rufe nach mir. Sofort lief ich nach oben, um meine geliebte Frau in den Arm zu nehmen und zu trösten. Doch auf der Treppe kam mir schon Frau Ammann entgegen und trug die kleine Marie auf dem Arm, die vor Fieber glühte.

Die nächsten Stunden und Tage waren die schlimmsten in meinem ganzen Leben. Das kann ich heute, während ich dies schreibe, mit Recht sagen.

Ich schickte Derte zurück in die Station. Schuck sollte so schnell wie es nur ging, den Arzt aus Kaiserslautern holen und zu uns bringen. Am Abend kam der gute Mann auch, der sich nicht sogleich von seinen vielen Patienten in Kaiserslautern hatte lösen können und teilte mir mit, er sei schon die Tage zuvor bei Agnes gewesen. Das Fieber habe nach seiner Meinung zu einer Lungenentzündung geführt, die in diesen Stunden ihrem Höhepunkt zustrebe. Falls meine Frau die nächsten zwei Tage überlebe, dann sei sie gerettet, wenn nicht, würde sie den gleichen Weg gehen müssen wie meine Mutter. Noch schlimmer: Für die kleine Marie habe er keine Hoffnung mehr. Der Säugling sei zu schwach, um die Krankheit zu überstehen. In diesem Fall sei seine Kunst am Ende.

Niemand kann sich meine Verzweiflung vorstellen. Ich bedankte mich für seine ehrliche Einschätzung und wusste, mein Platz müsste jetzt an der Seite meiner Frau sein.

Als ich zu ihr ins Zimmer trat, erkannte sie mich nicht. Vielleicht bemerkte sie mich nicht einmal. Ich küsste ihre heiße Stirn und ihre Hände, setzte mich auf den Stuhl neben unserem Bett und faltete die Hände. Ich betete, dass Ruth, die mir irgendwie durch die Zauberkette auf mystische Weise verbunden war, meine Not spüren und den Gott ihrer Väter um meinetwillen für die Errettung meiner Agnes anflehen möge. Ich betete, Luise, die sich in ihrem Kloster Jesus besonders nahe fühlte, solle spüren, was mich quält, und mein Flehen verstärkt vor das Angesicht Gottes tragen. So schlimm es ist, Vater und Mutter zu verlieren, es ist nichts im Vergleich zum Verlust der geliebten Ehefrau. Ich dachte in dieser Nacht auch an unsere kleine Marie, die vielleicht bald ein Engel sein würde und die gar nicht genug Zeit gehabt hatte, sich von uns lieben zu lassen.

Am Morgen kam Agnes für kurze Zeit zu Bewusstsein. Sie sprach verwirrt, doch sie erkannte mich neben dem Bett. Sie rief laut nach der kleinen Marie und streckte die Arme aus, als wolle sie das Kind an sich ziehen. Noch bevor es hell wurde, kam Frau Ammann mit einem Tee und den Medikamenten. Sie fragte mich, ob ich auch etwas zu mir nehmen wünschte, aber ich lehnte ab. Hunger und Durst spürte ich schon seit Tagen nicht mehr. Ich fragte, wie es Marie gehe, doch sie schüttelte nur den Kopf.

Während des Tages war Agnes immer wieder wach, lächelte mich an, zu schwach zum Sprechen. In der Nacht wurde das Fieber wieder stärker, Agnes rief immer wieder nach Marie, immer verzweifelter, sie rief auch nach mir und ich küsste sie, streichelte sie beruhigend und hielt ihre Hand. Das tat ich, während sie wieder eingeschlafen war, und mich quälte die Vorstellung, in wenigen Stunden nur noch eine kalte Hand zu halten.

Als der Morgen heraufdämmerte und die ersten Waldvögel zwitscherten, hielt ich immer noch ihre Hand. Agnes lebte noch. Sie öffnete die Augen und erkannte mich sofort. Jan Ammann kam voll Sorge um seine Tochter zu uns und stellte mit sicherem Blick fest, dass das Fieber nachgelassen hatte. Er warf sich in der Kammer auf die Knie und dankte Gott für die Erhörung seiner Gebete. Ich streichelte Agnes über das Gesicht und küsste sie zärtlich. Sie war noch sehr schwach und müde, fragte aber als Erstes nach der kleinen Marie. Da sah sie, wie ihrem Vater die Tränen über die Wangen liefen. Sie schmiegte sich in meine Arme und weinte bitterlich.

Während Frau Ammann Agnes wusch und versuchte, ihr etwas Tee und Arzneien einzuflößen, ging ich mit meinem Schwiegervater in die Verwalterwohnung. Derte hatte ihr Zimmerchen geräumt und die Fenster geöffnet. Auf dem Bett lag Marie in ihrem weißen Kleidchen, um sie herum waren die schönsten Feldblumen gestreut und das Mädchen hatte ihr sogar einen Kranz aus Blüten geflochten und um den Kopf gebunden. Sie lag da wie ein kleiner Engel.

Meine kleine Marie war vor zwei Nächten gestorben. Vielleicht zu der Zeit, als Agnes ängstlich nach ihr rief und die Arme nach ihr ausstreckte. Sie hatte sie nicht halten können.

So stand ich am Totenbett meiner jüngsten Tochter, 45 Jahre alt, und ich schämte mich meiner Tränen nicht.

Mein Bruder war von Ammann informiert worden, er hatte Fritz und Charlotte zu sich nach Hochspeyer geholt und in der Zwischenzeit alles so organisiert, dass meine kleine Tochter und meine Mutter gleichzeitig zu Grabe getragen werden sollten. Der Schreiner wollte einen schönen weißen Kindersarg fertigen und auf den Hof bringen.

Ich hielt es aber für richtig, Agnes auch die Gelegenheit zu geben, sich von ihrem toten Kind zu verabschieden. Ich trug sie, in Decken gehüllt, hinunter zu Ammanns Wohnung und setzte sie auf einen Stuhl neben das Bett. Da saß sie nun und hatte vor Schmerz keine Tränen mehr. Ich hatte das Gefühl, sie würde lieber tot da liegen als am Totenbett unseres kleinen Lieblings zu sitzen.

Sie war noch zu entkräftet, um bei der Beerdigung dabei sein zu können, was alle verstanden. Meine Schwestern kamen und wir betteten meine Mutter und die kleine Marie in unser Familiengrab. Wenn ich heute an dieser Stelle stehe und an die Meinen denke, die mir nach Gottes Ratschluss vorausgegangen sind, dann bin ich zufrieden, eines Tages auch selbst hier meine letzte Ruhe finden zu können und nicht irgendwo in fremder Erde.

Agnes erholte sich in den folgenden Tagen und Wochen. Doch die Trauer und die Erinnerung an den Verlust blieben.

Es muss Ende Mai gewesen sein, denn meine Agnes hatte für sich und die beiden Kinder wunderschöne Kränze von den Feldblumen auf der Wiese vor dem Hof gebunden, da erschienen mit einem Mal Reiter auf dem Klaftertaler Hof. Diesmal keine Franzosen, sondern preußische Kavallerie. Es wurden immer mehr. Bald stand der Platz zwischen den Gebäuden voll mit Wagen, Pferden und abgesessenen Soldaten. Ammann kam aus seiner Wohnung und war ganz verwirrt.

Er, ein Mann, der den Krieg hasste und alles, was damit zusammenhing, war mit einem Schlag von kriegerischen Erscheinungen umgeben. Man hielt ihn für den Bauern und teilte ihm mit, der Hof sei beschlagnahmt, die Ställe seien unverzüglich zu räumen, ebenso die Wohnräume, die für die Einquartierung vorgesehen seien.

Geistesgegenwärtig schickte er die kleine Derte los, sie solle sich zwischen den Soldaten hindurchschlängeln und mich in der Station alarmieren.

Das Mädchen muss geflogen sein, so schnell war sie bei mir in Diemerstein. Ich holte mein Pferd aus dem Stall, setzte die Kleine vor mir auf den Sattel und ritt zu meiner Familie.

Als ich ankam, hatte Agnes, tüchtig und selbstbewusst wie sie war, die Situation unter Kontrolle gebracht. Ein Offizier bat mich höflich, nach oben zu meiner Frau zu gehen, wo bereits der Herr Oberst ihr seine Aufwartung mache. Schnell eilte ich die Stufen hinauf und traf dort meine Frau inmitten einer Anzahl höherer preußischer Offiziere, mit denen sie sich ganz unbefangen und scherzend unterhielt.

Der Oberst stellte sich mir als ein Herr von Blücher vor und entschuldigte sich für die Unannehmlichkeiten, die er uns bereite. Er habe gerade erfahren, ich sei Reichsposthalter von Diemerstein und der stolze Eigentümer dieses Anwesens. Er versicherte mir, für mich und meine Familie bestehe nicht die geringste Gefahr und auch sonst kein Grund zur Sorge. Die alliierten Truppen hätten die Chance erkannt, den Franzosen einen entscheidenden Schlag zu versetzen. Er werde die Linie zwischen dem Ort Fischbach und Johanniskreuz mit seinen Truppen halten und die vereinigten Armeen würden die Franzosen aus Kaiserslautern und weiter bis nach Frankreich zurückdrängen. Hier auf meinem Hof wollte er sein Hauptquartier aufschlagen. Das sei doch sicher auch in meinem Sinne, denn einen besseren Schutz für die Meinen und mich könnte man sich wohl nicht vorstellen. Die Einquartierung betreffe nur seine eigene Person und die höheren Offiziere seines Stabes. Insgesamt etwa zwanzig Mann. Er bat darum, die Ställe für deren Pferde zu räumen und bereit zu machen. Selbstverständlich werde er bei dieser Aufgabe mit seinen Soldaten behilflich sein. Auch brauchten wir uns über die Verpflegung der Einquartierten keine Sorgen zu machen, diese werde über seinen Stabsquartiermeister erledigt. Im Übrigen wolle er sich nochmals für den Schrecken entschuldigen, den er meiner Frau eingejagt habe, doch wegen der besonderen militärischen Lage und der damit verbundenen Geheimhaltung sei eine Anmeldung nicht möglich gewesen.

Ab diesem Tage begannen ereignisreiche Wochen. Oberst Blücher richtete sich im großen Saal auf dem Hof seinen Lageraum ein. An den Wänden hingen bald Karten der Gegend um Kaiserslautern, die von seinen Adjutanten täglich aktualisiert und von den Leuten seines Stabes gezeichnet wurden. Ich hatte zuvor noch nie so gute Pläne der Landschaft rund um den Klaftertaler Hof und der umliegenden Ortschaften gesehen. Fast stündlich gingen Meldereiter vom Hof ab und kamen mit neuen Nachrichten über die Bewegungen des Feindes zu uns. Mit großem Aufwand wurde längs der Straße von Fischbach nach Hochspeyer ein breiter Höhenweg angelegt und mit Schanzen befestigt. Bald rollten darauf die Kanonen und wurden in ihre Stellungen gebracht.

Herr von Blücher war ein sehr umgänglicher Mann, etwa zehn Jahre älter als ich und in seinem Metier ungemein erfahren. Wir rückten in der Wohnung zusammen und stellten ihm unsere beiden besten Zimmer zur Verfügung. Hier logierte er mit seinem Burschen, der Agnes auch gerne bei der Arbeit half, Holz und andere schwere Lasten für sie trug. Der hohe Gast gab sich weniger wie ein Adeliger alten Stils, sondern eher wie ein typischer Mann des Volkes. Das merkte man nicht zuletzt am fast väterlichen Umgang mit seinen Untergebenen. Selbst die einfachsten Infanteristen behandelte er mit Respekt. Die Soldaten liebten und vertrauten ihm.

Bis unter das Dach waren alle anderen Zimmer und Stuben belegt. Sogar auf dem Heuboden hatte Blücher Quartiere anlegen lassen. In der Verwalterwohnung teilten sich vier Stabsunteroffiziere den Raum mit Ammann, Frau Pauli und Derte. Mit dem Krieg unter einem Dach leben zu müssen war für den guten Mennoniten ein unerträglicher Gedanke.

Aus der Station brachte ich einige Flaschen guten alten Weins mit. Es ist besser, die edlen Tropfen Blücher und seinen Offizieren anzubieten, als dass sie irgendwann von plündernden Sansculotten ohne Sinn und Verstand ausgesoffen werden, dachte ich mir.

In diesen Tagen gab es sogar ruhigere Abende, so selten sie auch waren, an denen wir mit dem Oberst und dem einen oder anderen aus seinem Stab bei einem guten Glase zusammensaßen. Blücher erzählte wenig von sich, doch erkennbar war er ein Kriegsmann durch und durch. Seine Familie war nicht reich, eher bitterarm und das habe ihn hart gemacht. Als ich ihm einmal die Geschichte unseres alten Wussow erzählte und was ich von ihm gelernt hätte, bemerkte er, dieser Mann sei ein typischer Preuße gewesen. Mit diesen Tugenden würden sie auch bald die Franzosen dorthin jagen, wo sie hingehörten.

Heute, viele Jahre später, erinnere ich mich gern daran zurück, die Bekanntschaft dieses berühmten Feldherrn gemacht zu haben, und immer noch zeige ich meinen Gästen den Stuhl, auf dem Blücher in unserem großen Saal gesessen hat. Wir wissen jetzt, wie recht er mit seiner Prophezeiung gehabt hatte, allerdings erst viel später, als er dachte.

So unvermittelt wie die Preußen gekommen waren, so schnell zogen sie auch wieder ab. Im Juli war die Kampagne vorbei und die Franzosen wieder da.

Napoleon

Am Ende des Jahres war Frieden. So könnte man es nennen, wenn man Frieden als das Ende kriegerischer Auseinandersetzungen bezeichnet. Freilich war alles nicht mehr wie zuvor.

Da ich als Posthalter die Gelegenheit hatte, die unterschiedlichsten Zeitungen zu studieren, glaubte ich mich gut informiert: Frankreich hatte mit Preußen Frieden geschlossen und besaß nun alle Ländereien auf unserer Rheinseite. Die linksrheinische Kurpfalz und das Herzogtum Pfalz-Zweibrücken existierten nur noch auf dem Papier, wenn überhaupt. Die Reichspost auf dieser Seite war offiziell französisch und meine Familie und ich zu Franzosen geworden. Französisch galt als Amts- und Postsprache.

Jetzt kam mir meine Ausbildung in Frankreich zugute und nicht wenige meiner Kollegen aus den umliegenden Poststationen kamen zu mir, um von mir Näheres über die Abläufe und Besonderheiten der Post in Frankreich zu erfahren. Obwohl sich seit meiner Zeit in Boulogne einige Änderungen ergeben hatten, konnte ich mich schnell mit den Neuerungen vertraut machen. Ein höherer Vertreter der Generalpostdirektion besuchte mich sogar in Diemerstein, lobte meine detailreichen Kenntnisse sowie mein exzellentes Französisch und bot mir die Stelle eines Direktors bei der Generalpostdirektion an. Ich lehnte ab, denn ich wollte weder meine Familie verpflanzen noch meine ererbte Station im Stich lassen.

Im darauffolgenden Jahr schloss auch Österreich Frieden mit den Königsmördern. Dieser Friedensschluss erfolgte in Italien und der unterzeichnende Feldmarschall war mir noch aus Straßburg bekannt. Es war der junge Offizier, den ich bei Max kennengelernt hatte, Napoleon Bonaparte.

Er hatte mit der französischen Italienarmee glänzende Siege errungen und schließlich dem Feind den Frieden abgetrotzt. Die Landkarte Italiens hatte er dabei von Grund auf verändert. Da so viel in der Welt geschehen war und auch der Postbetrieb ohne Kriege immer flüssiger wurde, schrieb ich meinem Freund Michele nach Venedig, um von ihm aus erster Hand Neuigkeiten über die Situation in Italien zu erfahren. Dabei versäumte ich nicht zu erwähnen, dass ich ab sofort kein Reichsposthalter mehr sei, sondern Bürger der Republik Frankreich.

Schon nach drei Wochen hielt ich den Antwortbrief in den Händen. Fast ironisch gratulierte er mir zu meinem Staatswechsel und wies darauf hin, es gehe ihm ebenso. Früher sei er Bürger der freien Republik Venedig gewesen und nun, nach dem Friedensschluss, mit einem Mal Österreicher. Es war nämlich ein Teil des Abkommens, die österreichischen Niederlande und die neu entstandenen oberitalienischen Republiken der französischen Einfluss-Sphäre zuzuschlagen, im Gegenzug habe Napoleon die Republik Venedig und alle zugehörigen Inseln und Ländereien den Österreichern zugesprochen. Er selbst sei davon weniger betroffen, denn auch die neuen Herren brauchten auch einen erfahrenen Notar in der Verwaltung. Es mache ihn aber traurig, wie die Weltpolitik über die alte traditionsreiche Stadt Venedig hinweg entschieden worden sei. Er grüßte mich auch ganz herzlich von Francesca Tramontin, bei der er jetzt, wie ich damals in Spello, zum Sprachunterricht gehe. Allerdings müsse er bei ihr nicht wie ich Italienisch, sondern Deutsch lernen. Die Frau sei immer noch eine ansehnliche Erscheinung und ihre ältesten Söhne arbeiteten beim Vater fleißig mit. Der Sohn Domenico sei gerade dabei, die Gondelbauweise zu revolutionieren. Er selbst sei nicht verheiratet, lebe aber mit einer hübschen Freundin zusammen, die er vielleicht auch einmal ehelichen werde. Immerhin gehe er auf die fünfzig zu. Sein Bruder Raffaele sei als Geistlicher gut versorgt und werde immer fetter. Azzuro junior leite nach dem Tod des Vaters die Station ganz ordentlich. Über das Leben seiner Schwester Gabriela gebe es nichts zu berichten.

Wie im Großen, so änderten sich auch im Kleinen die Zuständigkeiten und die Landkarten.

War Hochspeyer früher im Besitz mehrerer Kleinfürsten und Diemerstein Teil der kurpfälzischen Lande gewesen, so gehörte nun alles auf einmal zu Frankreich. Die Verwaltungsordnung wurde entsprechend vereinheitlicht und mein Bruder Johannes nicht mehr Schultheiß oder Bürgermeister, sondern Maire. Zu seiner Mairie gehörten die Orte Hochspeyer, Frankenstein, Fischbach, Diemerstein und Waldleiningen. Damit hatte er nicht nur eine große Verantwortung, sondern war auch für mich als Bürger in behördlicher Hinsicht mein Vorgesetzter.

Im Übrigen wurde das Leben in dieser Zeit wieder etwas ruhiger. Mit Agnes und den Kindern unternahm ich Ausflüge in den Wald und im Sommer fuhren wir nach Dürkheim, um das schöne Wetter zu genießen. Manchmal besuchten wir auch meine Schwestern in Speyer und Zweibrücken, damit die Kinder miteinander spielen konnten. Mit Hans Gimbel ging ich im Herbst auf die Jagd.

Die folgenden Jahre vergingen ohne große Ereignisse. Ich glaubte, nachdem das Schicksal so erbarmungslos zugeschlagen hatte, empfand der gnädige Gott Mitleid mit mir und meiner Familie. Wir genossen unser stilles Glück und das, was wir uns erarbeitet und erhalten hatten. Mit meiner Agnes blieb ich in inniger Zuneigung verbunden und das gemeinsame Leben auf dem Klaftertaler Hof erfüllte uns immer mehr mit Zufriedenheit.

Unser Fritz wuchs heran und wurde wie die anderen Kinder in Diemerstein von seinem Großvater aufs Trefflichste in den elementaren Fächern unterrichtet. Ich erwog, ihn auf die Lateinschule und später auf das Gymnasium in Zweibrücken zu schicken. Die kleine Charlotte war unser Sonnenschein und machte Agnes und mich sehr glücklich.

Manchmal dachte ich an meinen alten Freund Max, der ja nominell noch als Herzog des untergegangenen kleinen Fürstentums herumgeisterte und zu anständig war, auf den Tod des Kurfürsten Karl Theodor zu warten. Dieser machte sich sogar Hoffnung auf einen legitimen Erben. Nachdem die Kurfürstin kinderlos verstorben war, hatte er sich wieder verheiratet. Mein Freund Rockinger schrieb mir aus München, diese Ehe mit der jungen Österreicherin habe den ohnehin schon verhassten Fürsten bei den Bayern der Lächerlichkeit preisgegeben. Er, der 71 Jahre alte Greis, habe eine 17-Jährige geheiratet. Das sei wohl ein verflixter Zahlendreher. Er wollte sich diese unappetitliche Vereinigung, aus der sich der alte Knacker auch noch Nachwuchs erhoffte, gar nicht bildlich vorstellen. Freilich sei diese Maria Leopoldine sehr hübsch und man munkelte in München, der Prinz Maximilian mache ihr ganz unverhohlen den Hof.

Ich hoffte nur inständig, dass sich mein guter Max nicht den Kopf verdrehen ließ und im Bett leichtfertig die Aussicht auf das Erbe der Kurwürde verspiele. Dem alten Karl Theodor konnte das nur recht sein.

Den Eintritt in das Jahr 1798 konnten wir alle zusammen wieder bei meinem Bruder feiern. Er gab in seinem Gasthaus einen großen Empfang für viele wichtige Würdenträger, zu dem er die führenden Bürger der ihm unterstellten Gemeinden eingeladen hatte. Auch meine Schwestern mit ihren Ehemännern waren da und nicht zuletzt Schuck, für den ich bei der Generalpostdirektion die Bestätigung als Posthaltergehilfe erwirkt hatte. Der kluge Johannes lobte in seiner Ansprache die Errungenschaften der Republik, die Gleichheit der Bürger und die neuen Freiheiten. Gleichzeitig verkündete er die Neuerungen, die in der Verwaltung nun im kommenden Jahr das Leben der Einwohner bestimmen würden. Im Zuge dieser Maßnahmen sollten zukünftig nicht mehr die Geistlichen der beiden Gemeinden Geburten, Hochzeiten und Sterbefälle in die Kirchenbücher eintragen, sondern dies sei künftig die Aufgabe der Gemeindeverwaltung. Wer also einen Sohn oder eine Tochter, einen hingeschiedenen Verwandten oder seine bevorstehende Hochzeit melden wolle, müsse dies bei ihm vornehmen. In seinem Büro würden die entsprechenden Standesbücher geführt und wie in der Kirche nach öffentlichem Aushang die Eheschließungen genehmigt. Zu diesem Zweck werde die Stelle eines weiteren Gemeindesekretärs besetzt.

Es folgte allgemeines Gemurre, wobei sich die anwesenden geistlichen Herren besonders hervortaten. Ich hielt dieses französische Personenstandswesen für eine gute Einrichtung.

Mein Friedrich wurde in diesem Jahr zehn Jahre alt. Sein Großvater lobte seine Fortschritte in der Schule, riet mir aber ab, ihn auf die Lateinschule zu schicken: „In der Stadt kommt er nur mit Dingen zusammen, die seiner Seele nicht guttun. Wenn er auf das Gymnasium soll, wird sein Geist mit Unnötigem belastet und mit heidnischen Gedanken verwirrt. Lasst ihn bei euch so lange es geht." Agnes stimmte ihrem Vater zu und ich wollte ihr nicht wehtun, indem ich ihr den Sohn wegnahm.

Wie mein Vater es mir vorgemacht hatte, versuchte ich auch für Friedrich eine zweckmäßige, auf seine künftige Tätigkeit ausgerichtete Bildung zu organisieren. Doch diesmal gab es keinen Abbé Diehl mehr, der in Frankreich gelebt hatte und auch niemanden in der jüdischen Gemeinde, der so war wie der alte Chaim.

Ich selbst bemühte mich, meinem Fritz das Schießen und das Fechten beizubringen, stieß allerdings auf den erbitterten Widerstand meines Schwiegervaters, der sich in den Kopf gesetzt hatte, alle Waffen von seinem Enkel fernzuhalten. Auch die Leidenschaft für die Jagd konnte ich nicht in ihm entfachen, sosehr sich Gimbel und ich uns auch bemühten.

Sooft es ging, sprach ich mit ihm Französisch, um ihm diese Sprache, die jetzt so wichtig war, geläufig zu machen. Doch auch in diesem Fall musste ich feststellen, dass sein Schwesterchen die Sprache schneller lernte als er. Bald zwitscherte Charlotte die Worte wie ein kleines Vögelchen, und wenn sie bei mir in der Station war, entzückte die kleine Französin die durchreisenden Gäste.

Ich schrieb an den jungen Azzuro in Spello, ob es möglich sei, in einigen Jahren meinen Friedrich zur Ausbildung zu ihm in die Station zu schicken. Ich selbst sei zwar kein Reichsposthalter mehr, sondern leite eine Station der französischen Post, wäre ihm aber dankbar, wenn er meiner Bitte aus alter Verbundenheit zu seiner Familie entsprechen könnte. Wie bereits seinem Bruder Michele schrieb ich auch ihm auf Italienisch, denn es machte mir stets Vergnügen, diese schöne Sprache zu verwenden.

Azzuro antwortete mir prompt. Auch er sei nun kein Reichsposthalter mehr. Die Franzosen hätten den alten Kirchenstaat erobert und daraus eine römische Republik gemacht. Wie das Postwesen weiter organisiert werde, sei noch nicht geregelt. Das ganze Land leide unter dem Krieg und den damit verbundenen Unruhen. Sobald sich die Dinge geklärt hätten, werde er mich sofort benachrichtigen.

Ich beruhigte mich mit dem Gedanken, dass Fritzchen ja noch ein Kind und für seine Ausbildung noch Zeit war.

Die Jahre, die unaufhaltsam verrinnen, täuschen uns mit der Ruhe, die uns umgibt. Die Station war gut beschäftigt, Dieter Schuck war mir eine enorme Hilfe und vertrat mich in vielen Dingen. Seine Frau hatte das zweite Kind zur Welt gebracht und die vier lebten auf dem großen Anwesen der Familie Gimbel in Fischbach, das er mit eigener Hand um einen stattlichen Anbau erweitert hatte. Ich musste also keine Angst haben, dass er mich und die Station irgendwann verlassen könnte. Mein Schwiegervater hielt den Hof in bester Ordnung und die neu angelegten Felder brachten guten Ertrag. Jeden Morgen las ich die Zeitung in der Hoffnung, dass keine neuen Kriege unser Glück zerstören und unser stilles Tal beunruhigen würden.

Im Jahr 1799 konnte ich etwas sehr Erfreuliches aus der Zeitung entnehmen. Der alte Kurfürst in München war verstorben und mein Freund Maximilian Joseph konnte endlich sein Erbe antreten. Wenige Tage später schrieb mir Rockinger, ganz München sei vor Freude aus dem Häuschen, so beliebt sei der neue Herrscher. Schon als der alte nach einem Schlaganfall im Sterben lag, sei Maximilian aus Ansbach angereist, da die Münchener argwöhnten, die Österreicher würden dem Sterbenden noch den unsäglichen Landtausch abtrotzen. Aber Maximilian sei rechtzeitig angekommen und von seinen Münchnern herzlich empfangen worden. Gut informierte Kreise in der Stadt wollten auch wissen, die junge Kurfürstin sei beim Ableben ihres Gemahls schwanger gewesen, habe allerdings einen heiligen Eid geschworen, das Kind sei nicht von ihrem Mann. Sepp meinte, diesen Schwur, der bestimmt kein Meineid sei, werde ihr Maximilian nie vergessen und sie habe sehr klug gehandelt.

Ich freute mich für Max und gratulierte in einem förmlichen Brief, obwohl ich nicht erwartete, dass meine Zeilen vor das Angesicht Seiner Durchlaucht gelangen könnten.

Doch ich hatte mich getäuscht. In meiner Station traf ein Brief mit dem Siegel des bayerischen Kurfürsten ein, unterzeichnet vom Staatsminister Pierre de Salabert. Es war ein sehr persönliches Schreiben, das ich bis heute in meinen Unterlagen aufbewahrt habe. Darin bedankte sich der Minister im Namen Seiner Durchlaucht für meine Glückwünsche. Unzählige Ergebenheitsadressen seien von überall her in München eingetroffen und die Kanzlei habe nur die wichtigsten, also die von Königen und hochrangigen Fürsten für Maximilian Joseph zur Vorlage aufbereitet. Als verantwortlicher Staatsminister sei es natürlich seine Aufgabe gewesen, in dieser

Angelegenheit jederzeit den Überblick zu behalten und so sei ihm mein Brief nicht verborgen geblieben. Er erinnere sich noch sehr genau an unser Abenteuer und mit welchem Mut und erwiesener Treue zum Geschlecht der Wittelsbacher ich die Flucht des mittlerweile verewigten Herzogs zu einem guten Ende gebracht hätte. Aus diesem Grund sei es ihm ein Vergnügen gewesen, meine Glückwünsche in die Mappe derer zu positionieren, die Maximilian Joseph persönlich vorgelegt werden sollten. Der Kurfürst habe sich sehr gefreut und ihn gebeten, mir mitzuteilen, er habe mich und meine Hilfe in der Not niemals vergessen, er wünsche mir und meiner Familie ebenfalls alles Gute für die Zukunft und ich solle ihm auch weiterhin meine persönliche Freundschaft bewahren.

Die Franzosenzeit, wie man sie heute allgemein nennt, bleibt mir als eine Zeit im Gedächtnis, in der zwar Europa umgestaltet wurde, die jedoch für uns am Rande der großen Weltpolitik ruhig und beschaulich war. Meine Kinder wuchsen heran, in der Posthalterei ging alles seinen Gang und auf dem Hof wirtschaftete mein Schwiegervater mehr als erfolgreich. Derte lebte mit ihrer Mutter und dem Stiefvater bei uns, kümmerte sich um die Kinder und half Agnes im Haushalt. Mein Schwager in Zweibrücken kam gut mit seinen neuen Herren zurecht, während meine Schwester in Speyer und ihr Mann immer wieder davon sprachen, nach Bayern auszuwandern, denn sie fühlten sich als Deutsche, nicht als Franzosen.

So verging Jahr um Jahr. An meinem fünfzigsten Geburtstag, den ich mit der ganzen Familie und meinen Leuten in der Station feierte, wurde mir deutlich, welch großer Teil meiner Lebenszeit bereits verflossen war. Ich hatte das Ererbte nicht nur bewahrt, sondern auch vermehrt und hatte eine Frau, wie ich sie mir nicht besser und liebevoller hätte wünschen können. Der Respekt und das Vertrauen der Menschen, die für mich arbeiteten, waren mir sicher. Doch was würde noch kommen? War ich auf mögliche Schicksalsschläge gut vorbereitet, wie könnte ich die Zukunft meiner Kinder sichern, damit es ihnen gut gehe, vielleicht sogar noch besser als mir? All diese Fragen stellte ich mir, bedrückt von der Vorstellung, ich könnte plötzlich und unvermittelt diese irdische Welt verlassen und die Meinen, wenn nicht mittellos, so doch schutzlos zurücklassen. Agnes wollte solche Gedanken, die mich beunruhigten, gar nicht hören.

Jetzt, wo ich dies niederschreibe, wünsche ich mir, damals mehr Vertrauen auf Gott und seine Güte gehabt zu haben.

Wenn ich erwähne, dass die ganze Familie zu meinem Ehrentag zusammenkam, dann gilt das auch für meinen Bruder Friedrich. Er hatte nun den Rang eines Obersten. In Hochspeyer, wo er im Gasthaus meines Bruders zusammen mit seinem Adjutanten und seinem Diener untergebracht war, wurde er auf der Straße bewundert und ehrerbietig gegrüßt. Die Menschen versammelten sich vor dem Haus, nur um ihn zu sehen. Auf dem Fest in der Station war er noch mehr als das Geburtstagskind der Mittelpunkt des allgemeinen Interesses.

Als wir am Abend ruhig bei einer Pfeife zusammensaßen, fragte ich ihn, ob er wirklich keine Lust hätte, die Uniform abzulegen und zu mir in die Posthalterei zu kommen. Das Geschäft würde ausreichen, uns beide gut zu ernähren, und er würde bald eine passende Frau entdecken. Das jedenfalls erachtete ich als den besseren Weg, als auf irgendeinem Schlachtfeld, das ihn gar nichts anging, Gliedmaßen durch eine Kanonenkugel zu verlieren oder gar den Tod zu finden.

Friedrich hingegen lachte nur. Ich würde schon reden wie mein friedensvernarrter Schwiegervater. Er habe sich nun mal vor langer Zeit für den Kriegsberuf entschieden. In diesem Metier kenne er sich aus und sei erfolgreich. Tüchtige Offiziere fänden immer und überall ihr Auskommen. Er könne sich nicht vorstellen, das öde Leben eines Posthalters zu führen, dessen tägliche Aufregung allein in der Lektüre der Zeitungen bestehe. Das sei nicht sein Ding und als Kriegsmann sei es auch nicht klug, Frau und Kinder zu haben. Wenn er Lust auf weibliche Gesellschaft verspüre, dann diene allein seine Uniform als ausreichendes Aphrodisiakum. Es würden in diesen Zeiten große Dinge vorbereitet. In der Hauptstadt schwinge sich in diesen Tagen Napoleon Bonaparte auf, die Herrschaft über Frankreich zu übernehmen. Er habe sich gerade zum Konsul auf Lebenszeit wählen lassen und das sei bestimmt noch nicht das Ziel seines Weges. Dieses politische Genie werde bald die französische Nation weiter von Sieg zu Sieg führen und er, Friedrich Ritter, werde dabei sein. Vielleicht auch einmal als General der siegreichen Armeen Napoleons. Mich beeindruckte sein Enthusiasmus und ich kam mir dabei klein und lächerlich vor. Mein älterer Bruder, Bürgermeister von mehreren großen Ortschaften, mein jüngerer Bruder Oberst eines scheinbar unüberwindbaren Landes und ich selbst nur ein unbedeutender Posthalter in einem finsteren Tal an einer unwichtigen Straße. Vielleicht aus Trotz oder nur um mich vor mir selbst zu rechtfertigen, antwortete ich: „Ich kenne Bonaparte, ich rede ihn mit Napoleon an und er sagt Charles zu mir oder Carlo."

Das wollte mir Fritz gar nicht glauben und vielleicht stimmte es auch schon nicht mehr.

Friedrich hatte sich in Napoleon nicht getäuscht. Bereits zwei Jahre später krönte sich der Korse zum Kaiser der Franzosen und setzte seinen Siegeszug fort. Ich weiß gar nicht mehr, wie oft er gegen Preußen, Österreicher und Russen ins Feld zog und sie immer wieder geschlagen hat. Mit Befriedigung las ich in den Zeitungen, wie entschieden sich Kurfürst Maximilian Joseph auf die Seite Frankreichs gestellt hatte und nun von dessen Armee gegen die Begehrlichkeiten Österreichs beschützt wurde. Allein um meinen Bruder Friedrich hatte ich Angst, dem bei all diesen Schlachten mit Tausenden von Toten und Verwundeten die Kanonenkugeln um die Ohren flogen.

In diesen Jahren kam es zu einer bemerkenswerten Begegnung in unserem Pfälzer Wald: Nicht weit von Diemerstein bei Johanniskreuz befand sich damals eine kleine Siedlung mit einer Handvoll Höfen, die von ehemaligen fürstlichen Jägern und Holzhauern bewirtschaftet wurden. Die Leute nannten diesen kleinen Ort Stüterhof, denn seit dem dreißigjährigen Krieg lebten in den von dichten Wäldern umgebenen Auen dieses Landstriches Herden von Wildpferden. Im Grunde waren es keine echten Wildpferde, sondern Tiere, deren Vorfahren vor Jahrhunderten während dieser grässlichen Zeit von den Bauern im Wald versteckt und dann nie wieder heimgeholt worden waren, oder um versprengte, reiterlos gewordene Kavalleriepferde aus den blutigen Schlachten. Diese armen, herrenlosen Geschöpfe hatten überlebt und sich im Schutz des Waldes weiter vermehrt. Die Besten und Stärksten gaben ihre guten Erbanlagen immer weiter, bis sich ein natürlicher Bestand an ausgezeichneten Tieren herausgebildet hatte. Sie waren kräftig und widerstandsfähig und sowohl perfekte Reit- als auch Zugtiere. Die Bewohner des Stüterhof besserten ihr Einkommen damit auf, dass sie die Reste dieser Herden einfingen, zähmten und mit ihnen eine erfolgreiche Zucht betrieben. Ich kaufte regelmäßig Pferde dieser ausgezeichneten Zucht für meine Posthalterei und war dort ein gern gesehener Gast.

Damals hatten die Franzosen den Plan, eine fast kerzengerade Straße von der ehemaligen Landesgrenze bis nach Kaiserslautern anzulegen. Von dort sollte die Strecke wohl ausgebaut werden und bis nach Mainz und an den Rhein führen. Damit wäre der alte umständliche Postweg über die Höhe überflüssig geworden. Diese neue Straße wurde später Kaiserstraße genannt, denn das Projekt war direkt vom Kaiser der Franzosen befohlen worden. Das Ziel war die schnellere Truppenverlegung für die künftigen Feldzüge. Um sich vom Fortschritt der Arbeiten persönlich zu überzeugen, kam der Herrscher auch nach Kaiserslautern und erfuhr dort von den Pferden des Stüterhof.

Wie es der Zufall so wollte, kam ich exakt am gleichen Tag dort an wie Napoleon Bonaparte. Ich weiß das Datum noch ganz genau, es war der 6. Dezember. Als ich durch das große Tor einritt und den Weg zwischen die Hofgebäude nahm, standen schon überall Pferde und Wagen. Es wimmelte nur so von prächtigen Uniformen und Offizieren in ihren langen, schwarzen Wintermänteln. Ganz verloren wirkten die Förster und Bauern mit ihren Hüten in der Hand. Obwohl am Zufahrtsweg Posten standen, durfte ich passieren. Meine stattliche Uniform als Beamter der französischen Postdirektion schien Zugangsberechtigung genug. Den kleinen Mann in der Mitte der Offiziere hätte ich fast übersehen, so sehr war er von baumlangen Gestalten abgeschirmt. Ich ritt heran und weil ich auf dem Pferd die Umstehenden überragte, drehten sich alle Köpfe zu mir um, auch der des Mannes in der Mitte mit dem quer aufgesetzten Hut. Um nicht für einen Attentäter gehalten zu werden, stieg ich sofort ab und die Einheimischen waren froh, mich zu erkennen. Sie sprachen kein Französisch und wirkten überaus erleichtert, dass ihnen nun der Posthalter aus Diemerstein zu Hilfe kam. Sie kannten mich ja von früheren Besuchen. Die Offiziere bildeten sofort einen Halbkreis und ich stand Napoleon Bonaparte gegenüber. Wer mich kennt, weiß, ich habe in diesen Momenten keine Hemmungen und auch keine Scheu vor hohen und höchsten Persönlichkeiten. Ich trat vor, zog meinen Hut und verneigte mich vor dem Kaiser mit den Worten: „Sire, Ihr untertänigster Diener. Sollten sie heute meinen Dienst als Dolmetscher oder als Kenner dieser Pferdezucht benötigen, erwarte ich ergebenst Ihre Befehle." Einige Herren aus der Begleitung Napoleons nickten freundlich und zustimmend, wohl froh, einen Übersetzer gefunden zu haben. Auch der Kaiser blickte leutselig und keineswegs abweisend.

Ein älterer Herr aus der Umgebung Napoleons stellte sich mit Namen vor. Er sei der Generalstallmeister von irgendwie und seine Majestät wolle sich die Zucht ansehen, von der man ihm berichtet habe. Ich trug den biederen Deutschen den Wunsch des Kaisers vor und sofort löste sich ihre Erstarrung. Einige liefen zu den Häusern, um Schnaps und Schinkenbrote zu holen, andere eilten zum Stall, um die schönsten Tiere zu präsentieren. Derweilen erzählte ich den Anwesenden von den besonderen Eigenarten dieser Zucht und wie sie entstanden sei. Der Kaiser nickte befriedigt.

Ihm wurde ein prächtiger Rappe vorgestellt, muskulös, mit dichtem Winterfell. Ein Tier, wie ich es selbst zuvor noch nicht gesehen hatte. Er würde seinen Reiter sicher bei jedem Wetter durch jede Schlacht tragen können. Obwohl Napoleon einen Schimmel bevorzugte, wie es bei den Feldherren schon seit den Zeiten der Antike üblich war, zeigte er Gefallen an dem Pferd. Das beruhte offensichtlich auf Gegenseitigkeit. Der Hengst, der schnaubend und stampfend herangeführt worden war, verhielt sich auf einmal ganz ruhig, ließ sich vertraut den Hals tätscheln und rieb seinen Kopf an der Brust des Kaisers. Der wandte sich zu mir um und fragte, welchen Namen das Tier habe. Ohne zu übersetzen und die Antwort der Bauern abzuwarten, antwortete ich: „Nickel", denn es war ja der Tag des heiligen Nikolaus. Das gefiel seiner Majestät und der Hengst schien den Namen auch zu mögen, denn er spielte mit seinen Ohren, als er damit angeredet wurde. Napoleon gab einen kurzen Befehl an einen Mann seiner Umgebung, und sogleich brachte man ihm einige Scheiben des schwarzen Soldatenbrotes, das er sorgfältig in seiner Hand zerkrümelte. Sanfte Worte flüsternd verwöhnte er das Pferd mit den Brotkrumen. Mir fiel auf, dass er dabei italienisch redete: „Buon per Nickel."

Die Bauern freuten sich, wie gut Kaiser und Pferd miteinander zurechtkamen und erhofften sich ein gutes Geschäft. Sie raunten mir zu, welchen Preis sie verlangen sollten. Ich riet ihnen, sie sollten dem Kaiser das Pferd schenken. Das taten sie dann auch in Anbetracht der hohen Ehre, die ihnen zuteilwurde, und wie ich später erfuhr, haben sie es nicht bereut.

Ich übersetzte noch kurz den Dank Seiner Majestät an die geschickten Züchter, sah, wie man große Goldstücke unter sie verteilte, und blieb einfach neben Napoleon stehen. „Die Korsen haben, wie von Cäsar vorhergesagt, wieder einen Kaiser, der Korse ist," redete ich ihn auf Italienisch an. Der Kaiser wandte seinen Kopf zu mir: „Glaube nicht, dass Napoleon jemals ein Gesicht vergisst, dem er einmal begegnet ist, Carlo." Nun wurde ich vor freudiger Erregung ganz unruhig und der Kaiser fügte ebenfalls auf Italienisch hinzu: „Unseren Freund Maximilian werde ich auch zum König machen, wie ich es versprochen habe." Er lächelte mir zu, stieg auf sein Pferd und entschwand mit seiner ganzen Entourage und Nickel.

Die Bewohner des Stüterhofs blieben ergriffen zurück. Sie waren dem Mann begegnet, der die Welt veränderte und auf ihren Gesichtern sah ich ein ungläubiges Staunen, als wäre eine Geisterarmee gerade durch ihre beschaulichen Gehöfte gezogen. Sie dankten mir für meine Hilfe und zählten das viele Gold, das der Kaiser ihnen hatte zukommen lassen.

Der Kaiser hielt Wort. Noch im gleichen Jahr wurde mein Freund Max als Maximilian I. König von Bayern. Aus der Zeitung erfuhr ich, wie gut es unser gemeinsamer Freund mit ihm meinte. Das von den Franzosen eroberte Tirol machte er ihm zum Geschenk. Die Ländereien bis hinunter zum Mittelmeer, die einst österreichisches Reichsgebiet waren, gehörten nun zu Bayern. Damit hatte dieses Alpenland sogar Zugang zum Meer. Ich freute mich sehr für den guten Max.

Auch dieses Mal gratulierte ich ihm zur neuen Würde, doch eine Antwort blieb diesmal aus. Es war doch zu viel verlangt, wenn ein

König einem Postmeister antworten sollte. Erst viel später erfuhr ich, wie sehr sich Max über meine Aufmerksamkeit gefreut hatte.

Im nächsten Jahr formte Napoleon aus den von ihm neu geschaffenen Staaten und mit den Fürsten, die auf seiner Seite standen, wie die Kurfürsten, die er zu Königen gemacht hatte, einen Staatenbund, der sich Rheinbund nannte. Damit war das alte Reich der Habsburger Geschichte und konsequenterweise legte der Kaiser in Wien die Krone des Heiligen Römischen Reiches Deutscher Nation nieder. Er war nur noch der Kaiser von Österreich und der darin zusammengefassten Fürstentümer und Königreiche.

Wir in Diemerstein waren ja Franzosen und von diesen Entwicklungen nicht betroffen. Ich malte mir aus, was diese Umwälzungen für die gute alte Reichspost bedeuteten und für das Haus Thurn und Taxis, dem ich mich immer noch irgendwie verbunden fühlte.

Ich erinnere mich noch genau. Es war im Herbst dieses Jahres, Jahres, als eine sehr gut ausgestattete Kutsche in der Station ankam. Ich war gerade dabei, zusammen mit Schuck die Postwagen für die nächsten Tage einzuteilen, während mein mittlerweile 17-jähriger Sohn mehr lustlos als mit Begeisterung die Briefpost sortierte und die Quittungen vorbereitete. Immer wenn hoher Besuch kam und erlauchte Gäste durchreisten, wurde der Posthalter selbst informiert. Man rief mich also hinzu und ich sah, wie meine kleine Tochter mit vollendeter Grazie und im perfekten Französisch bereits die Gäste willkommen hieß. Dem Wagen entstieg ein gut gekleideter älterer Herr mit feinen Manieren und eine etwas füllig gewordene Dame in auffallender Robe, die nach meinem Geschmack ein wenig zu grell geschminkt war. Sie fuhren mit eigenem Wagen und Kutscher und wechselten nur die Pferde auf den einzelnen Stationen. In ihrer Begleitung befanden sich noch ein Diener und eine Zofe. Ich begrüßte die Gäste, wie es sich gehört, und bat sie, in der Station eine Erfrischung zu sich zu nehmen, solange die Pferde gewechselt würden. Der Herr streichelte meiner Charlotte über die blonden Haare und informierte mich in überaus höflichem Ton, sie gedächten zwei Nächte hierzubleiben und wollten erst am übernächsten Tage in Richtung Paris weiterreisen. Darüber war ich einigermaßen erstaunt, denn meine Posthalterei lag nicht an der Strecke, die üblicherweise von Reisenden nach Paris bevorzugt wurde. Ich versicherte aber „Seiner Hochwohlgeboren", denn diese Anrede hatte ich mir auch nach der Revolution nicht abgewöhnt, er würde in meiner Station Küche und Gästezimmer zu seiner vollen Zufriedenheit vorfinden. Mit vielen Komplimenten führte ich die Herrschaften ins Haus, während sich ihre Bedienten zusammen mit meinen Leuten um Gepäck und Pferde kümmerten. Die kleine Charlotte wich nicht von meiner Seite.

Die Dame, die mit uns in die Gaststube eintrat, war etwa in den Vierzigern und hatte die Zeit ihrer blühendsten Schönheit bereits hinter sich. Fortwährend flatterte ein Fächer vor ihrem Gesicht. Der Herr trug sich als Baron von Plonjawy mit Begleitung in das Gästebuch ein. An seinem Französisch hatte ich ihn sogleich als Polen erkannt. Ich führte ihn zu unseren besten Zimmern und fragte ihn nach seinen Wünschen für das Souper. Selbstverständlich würde ich für ihn und die Dame einen schönen separaten Speiseraum herrichten lassen. Die Gäste verschwanden auf ihren Zimmern und ich beauftragte unsere Köchin, alles für ein mehrgängiges Menu vorzubereiten. Dann rief ich meinen Friedrich, denn er sollte lernen, mit vornehmen Gästen umzugehen.

Die Dame kam als Erste wieder herunter und setzte sich ganz selbstverständlich in unsere große Gaststube, die noch von anderen auf den Pferdewechsel wartenden Reisenden bevölkert wurde. Sie bestellte sich bei der Serviererin eine Tasse Schokolade und fragte Charlotte, die sich zu ihr gesellte, ob sie auch etwas Süßes haben wollte. Die Kleine bedankte sich und erzählte der fremden Frau von unserer Station, dem Wald, ihren Eltern und was einem vierzehnjährigen Mädchen so alles einfällt. Als ich mit der Frage hinzutrat, ob Frau Baronin bisher alles zu ihrer Zufriedenheit vorgefunden habe, nahm die Fremde ihren Fächer vom Gesicht, sah mich an, lachte herzlich und meinte auf Italienisch: „Du bist aber ganz schön grau geworden, lieber Carlo."

Da erkannte ich, wer vor mir saß. Es war Gabriela aus Spello.

Wie in alten Zeiten setzte ich mich neben sie, ohne eine Aufforderung dazu abzuwarten. Ich fühlte mich mit einem Schlag wieder ganz jung, obwohl die Jahre bei uns beiden deutlich sichtbare Spuren hinterlassen hatten.

Charlotte war ganz verblüfft. Sie verstand nicht, was die Dame gesagt hatte, und war noch verwirrter, als sie ihren Vater in einer fremden Sprache reden hörte: „Was hast du in den ganzen Jahren gemacht? Wie geht es dir? Von Michele habe ich nur erfahren, du seist Schauspielerin geworden und dann irgendwo verschwunden." Gabriela legte ganz vertraut ihre Hand auf meinen Arm: „Das ist eine lange Geschichte mit vielen, viel zu vielen Episoden. Es ist einiges passiert, nachdem wir uns in Spello zum letzten Mal gesehen haben. Doch wie geht es dir? Das kleine Mädchen ist sicher deine Tochter, das erkenne ich an der Ähnlichkeit. Hat sie das gute Französisch von dir gelernt?"

Die Serviererin brachte die Schokolade. Gabriela nippte daran und Charlotte hatte nur große Augen für diese eigenartige Frau, die sich da mit dem Vater ganz vertraut in einer fremden Sprache unterhielt: „Ich komme gerade aus Dresden, wo ich zwei Jahre an der Oper als Primadonna engagiert war, und fahre zu meinem neuen Engagement an die Oper in Paris. Auch dort hat man mir die Position einer Primadonna angeboten, denn das Publikum liegt mir zu Füßen. Ich muss das ausnutzen, solange ich noch auftreten kann und man mich in großen Rollen sehen will. Theaterschminke und Perücken werden mich vielleicht noch ein paar Jahre jung halten, doch ich muss mir jetzt zahlungskräftige Liebhaber suchen, um für die Zeit danach vorzusorgen."

„Wie den Baron Plonjawy?" Gabriela nickte: „Er ist ganz vernarrt in mich und sehr großzügig. Er wollte mich unbedingt nach Paris begleiten, weil er Angst hat, er könnte mich dort an einen noch reicheren Kavalier verlieren. Vielleicht hat er auch recht. Im Grunde ist er ein ganz netter Kerl und auch schon so alt, dass er nicht mehr besonders anstrengend ist. Ich habe ihn gebeten, einen Umweg über Diemerstein zu nehmen, um dich noch einmal wieder zu sehen. Du warst nämlich meine erste große Liebe und ich habe dich nie vergessen." Dabei sah sie mich so zärtlich an, dass Charlotte auf ihrem Stuhl ganz nervös hin und her rutschte.

Um etwas abzulenken, fragte ich, wie sie mich hier gefunden habe und sie erzählte, dass sie die ganze Zeit über Kontakt zu ihrem jüngsten Bruder gehabt habe. Selbst nachdem sie von der Familie als sittenlose Schauspielerin verstoßen worden sei. Welch eine Heuchelei! Michele lebte ganz ungeniert mit seiner Maitresse zusammen und Raffaele hatte sich schon vor Jahrzehnten dem männlichen Geschlecht zugewandt. Allein der gute Azzuro sei ihr verbunden geblieben und ähnele mit den Jahren immer mehr seinem Vater. Mit ihm habe sie Briefkontakt und von ihm auch meine Adresse in Diemerstein erhalten.

Ich freute mich sehr über diese unverhoffte Begegnung und empfand wie früher große Zuneigung für sie. Als sie mich jedoch nach meinem Leben fragte, bat ich sie, vom Italienischen ins Französische zu wechseln, damit meine Tochter keinen falschen Eindruck bekäme.

Auf Gabrielas Gesicht erschien wieder jenes fröhliche, kindliche Lachen, das ich immer so an ihr gemocht hatte, sie streichelte mit der einen Hand zärtlich Charlotte und dann mich und fuhr auf Französisch fort: „Wie du meinst."

Ich erzählte ihr von meinem Leben, ohne die Erlebnisse zu erwähnen, die nicht unbedingt für die Ohren meiner Tochter bestimmt waren. Ich beschrieb ihr mein Schicksal während des Krieges, das Leben in der Station und im Dorf, wo ich meine Frau kennengelernt hatte, und welches Leid mit dem Fieber über uns gekommen war. Gabriela wollte unbedingt meine Frau kennenlernen und Charlotte, die uns jetzt wieder verstand, lud die fremde Frau ganz zutraulich zu uns auf den Klaftertaler Hof ein.

Unterdessen gesellte sich auch der alte Baron zu uns. Er hatte, ermattet von der Reise, einen erholsamen Nachmittagsschlaf gehalten und ich unterbreitete ihm die Menuvorschläge, die mir die Köchin zugereicht hatte. Er wählte eine Ochsenschwanzsuppe mit altem Sherry und danach geräucherte Forelle nach Art des Hauses. Zum Dessert sollte es selbst gebackenen Apfelkuchen und Mocca geben. Dazu entschied er sich für einen leichten Rheinwein und eine Karaffe Quellwasser.

Charlotte holte sich schnell ihr kleines Pferd aus dem Stall, mit dem sie am Morgen hierher geritten war, und trabte zum Hof, um Agnes vom Besuch der mysteriösen Dame zu berichten. Ich vergaß zu erwähnen, dass meine beiden Kinder, angeleitet von Schuck, zu sehr passablen Reitern herangewachsen waren. Fritz konnte sogar eine zweispännige Kutsche steuern und beide Kinder hatten ihre eigenen Pferde in der Station stehen. Es war immer meine Absicht gewesen, Fritz so schnell wie möglich an die Arbeit mit den Tieren zu gewöhnen.

Am Abend soupierte das Paar in einem sorgfältig hergerichteten kleinen Speisezimmer, das mit vielen Kerzen und Tüchern dekoriert worden war. Die Bediensteten versorgte ich im großen Raum in der Station mit meinen übrigen Gästen. Nachdem der Mocca serviert worden war und der Baron mein Arrangement gelobt hatte, offerierte ich ihm noch ein Glas Zwetschgenwasser aus der Dorfbrennerei. Er nahm es gerne an. In diesem Moment kam Agnes in das Separee, von ihrem Vater mit dem Wagen zu uns gebracht, und wünschte, den Gästen vorgestellt zu werden. Sie trug ein ausgesucht schönes Kleid und hatte ihre langen blonden Haare zu einem Zopf gebunden. Charlotte, ebenfalls in einem hübschen Kleidchen und mit Bändern in den Haaren, stand wie zur Entschuldigung für das unvermittelte Eindringen neben ihr.

Beide sahen so entzückend aus, dass meine Gäste ihr Eintreten in keiner Weise als Störung empfanden, sondern der Baron sich höflich von seinem Sitz erhob. Ich stellte ihm Agnes als meine Frau und die Mutter der kleinen Charlotte vor. Zu meiner Überraschung sprach der Herr von Plonjawy fließend Deutsch und tadelte mich, warum ich meine reizende Gemahlin nicht schon früher präsentiert hätte.

Wenn Agnes durch die Schilderungen meiner Tochter hinsichtlich meines vertrauten Umgangs mit Gabriela möglicherweise eifersüchtig oder gar misstrauisch geworden war, so war es nun an mir, eifersüchtig zu sein, als ich bemerkte, mit welchem Wohlwollen der Blick des Alten auf meine Frau fiel. Er stellte sich ihr als Baron Anton von Plonjawy, geheimer Hofrat Seiner Majestät des Königs von Sachsen vor und seine Begleiterin als Madame Gabriele de Winterberg, gefeierte Künstlerin an der königlichen Dresdener Oper auf dem Weg nach Paris. Agnes und ich wurden aufgefordert, am Tisch Platz zu nehmen, und der alte Schmeichler gefiel sich mit dem Kompliment, er hätte es nie für möglich gehalten, in einem so verlassenen Tal einer derartigen Schönheit wie meiner Frau zu begegnen.

Die schlaue Künstlerin entschärfte die Situation, indem sie vorschlug, in meiner Gaststube einige Kostproben ihrer Kunst zum Besten zu geben. Dieser Gedanke fand allgemeine Zustimmung und wir begaben uns nach unten, wo um diese Zeit noch zahlreiche Gäste versammelt waren.

Gabrielas Gesang hatte ich in Spello häufig gehört, wenn sie mit ihrem Vater zusammen musizierte, doch nun klang ihre Stimme viel voller und noch wohltönender, als ich es in Erinnerung hatte. Sie war wirklich zu einer vollkommenen Opernsängerin geworden und benötigte zu ihrer Darbietung nicht einmal Musikanten. Sie trug nicht nur Lieder aus verschiedenen Singspielen vor sondern auch lustige italienische Volksweisen, von denen die Waldarbeiter, die sich zu einem Abendbier in der Station eingefunden hatten, ganz begeistert waren. Sie klatschten und trommelten mit den Füßen und erbettelten sich so noch zwei Zugaben.

Als sich Gabriela vor dem ungewohnten Publikum verneigte wie auf einer großen Bühne, hatte sie alle Herzen gewonnen. Ein angesehener Frankensteiner Bürger, der mit vielen Gesellen ein großes Sägewerk betrieb, trat an die Sängerin heran und bat sie in recht gutem Französisch, sie habe allen eine so große Freude mit den Darbietungen gemacht, die nicht nur ein Genuss, sondern hier eine Seltenheit seien. Er könne ihr kein Honorar bieten, wie sie es sonst gewohnt sei, aber wenn sie am kommenden Abend die Gunst eines weiteren kleinen Gastspieles gewähren würde, dann könnte er auch seine Familie und alle Musikliebhaber der Umgebung dazu einladen. Für eine instrumentale Unterstützung würde er schon sorgen, denn zu seiner Familie würden auch begnadete Musikanten gehören, für die es eine Ehre wäre, mit der Madame aufzutreten.

Gabriela sagte nicht Nein. Das Gastspiel wurde auf acht Uhr abends festgesetzt und die Musiker sollten eine Stunde früher kommen. Wegen einer Gage sollte er sich keine Sorgen machen, dafür werde schon der Posthalter sorgen. Dabei lachte sie mich wieder spitzbübisch an.

Wir schieden an diesem Abend fröhlich und gut gelaunt voneinander und Charlotte erneuerte ihre Einladung, am nächsten Tag zu uns auf den Hof zu kommen. Agnes unterstützte diesen Vorschlag und der Baron, der ja noch einen Tag bei uns verweilen wollte, war ganz begeistert.

Als wir durch die Nacht zum Hof zurückfuhren, lenkte Jan Ammann den Wagen. Er brummte vor sich hin, eine solche Person sei kein Umgang für Agnes und Charlotte. Schauspieler seien die Diener des Teufels und wo sie seien, seien Sünde und Laster nicht fern. Unseren guten Friedrich sollten wir unbedingt vor dieser Person schützen und ihn von ihr fernhalten.

Am kommenden Tag brachte ich meine Gäste zum Hof. Ich hätte niemals daran gedacht, Gabriela einmal hier bei mir zu haben. Agnes und sie begrüßten sich wie alte Freundinnen mit Küssen auf die Wangen. Der Baron übersetzte die Worte der Italienerin ins Deutsche und lobte die geschmackvolle Einrichtung unserer Wohnung. Um ihn nicht zu lange in der Nähe meiner Frau zu haben, hatte ich Hans Gimbel zu mir bestellt und schlug dem Baron vor, mit uns einen kleinen Jagdausflug zu machen. Offensichtlich war er nicht nur ein leidenschaftlicher Schürzenjäger, sondern auch ein passionierter Waidmann und nahm freudig die Einladung an. Eine gute Büchse für ihn hatte mein erfahrener Jäger bereits mitgebracht. Charlotte blieb bei den Damen, um zu dolmetschen.

Als wir am späten Nachmittag von der Pirsch zurückkamen, waren die beiden Frauen wirklich Freundinnen geworden. Sie hatten sich viel erzählt und waren gemeinsam über die Wiesen geschlendert. Gabriela trug jetzt auch einen Blumenkranz, wie sie Agnes so unvergleichlich flechten konnte. Sie berichteten zudem, mein Bruder Johannes, der in Hochspeyer vom Besuch einer berühmten Künstlerin in meiner Station gehört hatte, sei zu Besuch gekommen. Er wollte sich wohl überzeugen, ob es stimme, was man sich im Ort erzählte. Nun fahre er im Dorf herum und lade alle Bekannten zu dem geplanten Konzert ein.

Auch der Baron war zufrieden. Gimbel hatte ihm einen guten Bock vor die Büchse gebracht, den er sich zum Souper wünschte. Der gute Hans versprach, bis zum Abend das Wildbret aus der Decke zu schlagen und es bratfertig zuzubereiten.

Wie nicht anders zu erwarten, war der Andrang zu Gabrielas Konzert überwältigend. Ich hatte nicht nur die Gaststube geöffnet, sondern auch den großen Saal, der sonst nur bei Hochzeiten oder anderen Festen benutzt wurde. Wir konnten kaum genügend Stühle und Bänke herbeischaffen. Manche Zuschauer mussten sogar stehen. Gabriela hatte mit den Musikern zuvor ein wenig geprobt und lobte deren Talent. Es waren echte Liebhaber der Musen und trafen sich auch sonst regelmäßig, um gemeinsam zu musizieren. Sogar einige Stücke von Mozart hatten sie in ihrem Repertoire.

Die Künstlerin kam in großer Robe in den Saal und wurde mit warmem Applaus empfangen. Sie dankte auf Italienisch für die freundliche Aufnahme und begrüßte ihre Zuschauer, als stehe sie auf der großen Bühne eines Opernhauses. Ihre Muttersprache hatte sie gewählt, weil sie schöner klang und sie zurecht vermutete, dass in diesem deutschen Publikum nicht nur Franzosenfreunde saßen. Für das Konzert seien keine Billetts verkauft worden, doch sie würde sich freuen, wenn ihre Kunst durch eine kleine Spende auf dem Teller honoriert werde, der am Ende herumgereicht würde. Ich übersetzte.

Eine solche Darbietung hatten die Anwesenden noch nicht erlebt und werden ihn auch bestimmt nicht mehr erleben.

Als nach dem Auftritt der berühmten Primadonna der Teller herumging, reichte er bald nicht mehr aus. Drei große Suppenschüsseln mit Münzen wurden eingesammelt. Gabriela gab noch zwei Zugaben und verkündete, das gesammelte Geld solle dem Bürgermeister übergeben werden, damit er Gutes für die Armen im Ort tun könne. Der Saal tobte und mein Bruder bedankte sich bei der edlen Spenderin mit tiefen Verbeugungen.

Zum anschließenden Souper im engen Kreis wurde ein köstlicher Rehrücken mit Preiselbeeren und Pilzen aus unserem Wald aufgetragen. Davor eine Wildrahmsuppe. Gabriela lobte den Jagderfolg des Barons und er gab amüsante Jagdgeschichten aus den polnischen Wäldern von sich. Was der wackere Jäger nicht wusste: Serviert wurde nicht der alte Bock, den er an diesem Tag geschossen hatte, sondern ein zartes Schmalreh aus unserer Kühlkammer.

Schon früh am Morgen machten sich meine Gäste wieder auf. Auch Agnes und Charlotte waren gekommen, um sie zu verabschieden. Friedrich war nirgends zu sehen. Hans Gimbel überreichte dem Baron zum Abschied das Gehörn des erlegten Bockes, welches er selbst auf ein schönes Eichenbrett montiert hatte. Ich vermute stark, es war eines aus seinem Vorrat, denn so schnell konnte er den Schädel gar nicht gebleicht haben. Plonjawy zeigte die Trophäe stolz herum und steckte Gimbel ein reichliches Trinkgeld zu.

In der Aufbruchsunruhe trat ich nochmals an Gabriela heran und stellte ihr eine Frage, die mir schon seit gestern auf der Seele brannte: „Der Graf hat dich als Madame de Winterstein vorgestellt. Ist das nicht ein eigenartiger Künstlername für eine Italienerin?“ Sie lachte nur, ich habe schon Aligona und Zaremba geheißen. Ich war dreimal verheiratet, zuletzt mit einem Baron von Winterstein. Er ist leider mit 78 Jahren im Bett verstorben, wenn du verstehst, was ich meine.“ Ich verstand und sagte: „Bist du glücklich mit deinem Leben?“

Gabriela lachte bitter: „Ich reise um die Welt, hatte viele Liebhaber und freue mich, die Menschen mit meinem Gesang glücklich zu machen. Wirklich zufrieden wäre ich nur als deine Frau und die Mutter deiner Kinder in einem finsteren Tal am Ende der Welt geworden. Leb wohl, lieber Carlo. Gott schütze dich.“

Sie küsste mich vor den Augen meiner Frau und meiner Tochter auf den Mund und bestieg die Kutsche. Ich habe Gabriela nie mehr wiedergesehen.

Im Jahr 1809 war mein Sohn Friedrich 20 Jahre alt geworden und meine Tochter Charlotte mit ihren 18 Jahren zu einer blühenden Schönheit herangewachsen. Sie glich ihrer Mutter immer mehr. Agnes schien überhaupt nicht zu altern und man hätte sie durchaus für Charlottes ältere Schwester halten können.

Ich feierte meinen 57. Geburtstag, oder besser gesagt, ich feierte ihn nicht, denn mich quälte der Gedanke, immer schneller ein alter Mann zu werden.

In der Absicht, ein guter Vater zu sein, führte ich Friedrich sorgfältig in die Geschäfte der Posthalterei ein, doch ich merkte immer mehr, wie wenig er Lust verspürte, seinem Großvater und Vater in diesem Beruf nachzufolgen. In seinem Alter war ich bereits als bestätigter Hilfsposthalter erster Ordnung in Spello zur Ausbildung. Ich sprach Französisch und Italienisch und hatte meine ersten Liebschaften. Ganz anders mein Fritz. Mein Vorschlag, zu Azzuro nach Spello zu fahren und es dort seinem alten Herrn gleich zu tun, lehnte er rundweg ab. Italien sei schon seit den Zeiten der heidnischen Römer ein Sumpf der Sünde und in der Bibel sei Rom als die Hure Babylon dargestellt. Selbst meine Bitte, seine Ausbildung zum Posthalter in der Nähe, zum Beispiel in Oggersheim oder Schwetzingen zu vervollkommnen, stieß auf taube Ohren. Er wollte lieber bei seinem gottesfürchtigen Großvater bleiben und ihn auf dem Hof unterstützen. Das Leben in und mit der Natur sei von Gott gewollt, nicht das Treiben in einer Poststation, in der Tag für Tag die absonderlichsten Gestalten ein- und ausgingen. Die Menschen hätten sich immer mehr dem Schöpfer entfremdet und der Rückweg zum Paradies könne nur durch die Rückbesinnung auf die Natur eröffnet werden.

Ich machte mir große Vorwürfe, ob sich der Junge durch die tägliche Arbeit in der Station und die wenige Zeit, die mir für meine Familie blieb, von mir entfremdet haben könnte. Hatte ich Fritz zu wenig Zuneigung gewährt, im Glauben, die Liebe des Vaters zum

Sohn sei eine Gesetzmäßigkeit der menschlichen Natur und müsse nicht durch tägliche Beweise der Zuneigung erneuert werden?

Meine Frau überraschte ich regelmäßig mit kleinen Geschenken, mit Blumen oder mit schönen Ausflügen in benachbarte Orte, um sie immer von Neuem von meiner Liebe zu überzeugen. Hatte ich das bei Friedrich versäumt?

Die Sorgen wegen unseres Sohnes besprach ich oft mit meiner Agnes. Sie beruhigte mich und meinte, jeder Mensch müsse seinen eigenen vorbestimmten Weg gehen. Es sei nur zu natürlich, wenn ein Vater in seinem Sohn sein eigenes Abbild zu sehen wünsche. So gehe es auch mir. Fritz sitze abends oft mit seinem Großvater zusammen und beide erörterten den Sinn des Lebens. Ihr eigener Vater suche diesen Sinn in Gott und der Bibel. Sein Erziehungsideal sei zudem von Rousseau geprägt. Eine durchaus interessante Mischung, der Fritz viel abgewinnen könne. Ich sollte meinen Sohn in seiner Entwicklung und in seinem Leben nicht einengen. Ich müsse mich damit abfinden, dass er nicht die Station übernehmen wolle und auch kein Verständnis für meine materielle Sicht der Dinge habe. Er wolle sein Leben anderen Idealen weihen. Dafür sollte ich ihn nicht weniger lieben.

Charlotte war das genaue Gegenteil. Als ihr der Unterricht bei ihrem Großvater nicht mehr ausreichte, bat sie mich, sie bei einer der Nonnen im Konvent der Dominikanerinnen in Kaiserslautern zum Privatunterricht anzumelden. Sie wolle täglich mit der regulären Postkutsche in die Stadt und zurückfahren. Abends könne sie ja dann mit dem Pferd von der Station zum Hof kommen.

Diese Bitte gewährte ich ihr gerne, da das Haus der frommen Schwestern nicht weit weg von der Station in Kaiserslautern und der Kollege dort mit mir befreundet war. Allerdings wollte ich mir zuvor ein Urteil über die Güte des Unterrichtes machen und begleitete meine Tochter dorthin.

Die Nonne, die von der dortigen Oberin für Charlotte ausgewählt worden war, trug den Klosternamen Magdalena, war etwa vierzig Jahre alt und machte auf mich einen sehr guten und erfahrenen Eindruck. Sie war bereit, dreimal in der Woche der jungen Dame Privatstunden zu erteilen. Schwester Magdalena sprach nicht nur ein perfektes Französisch, sondern auch ausgezeichnet Italienisch. Als ich sie fragte, wo sie diese Sprache gelernt habe, erklärte sie mir, sie habe viele Jahre in einem Konvent in Rom gelebt, wo sie entsprechend der Aufgabe ihres Ordens in den verschiedensten Wissenschaften unterwiesen worden sei, um einmal eine gute Lehrerin zu werden. Natürlich könne sie Latein und sei in der Lage, auch Bücher der Naturwissenschaften und der Philosophie zu lesen und falls von mir gewünscht dies auch meiner Tochter näher zu bringen.

Ich war überaus beeindruckt. Nicht nur, weil ich bei meinem Besuch im Haus der Dominikanerinnen ein wenig an meine Luise dachte und daran, ob diese weltgewandte Schwester Magdalena nicht vielleicht dieselben Erfahrungen genossen hatte wie meine Freundin und sich dann aus freien Stücken für Jesus als ihren Gemahl entschieden hatte.

Meine Einstellung zu Gott war immer fest und von Vertrauen geprägt. In meinem Leben hatte ich die verschiedensten Formen seiner Verehrung und des Gottesdienstes kennengelernt. Ich war unter Mennoniten aufgewachsen und hatte eine Frau und einen Schwiegervater aus dieser Gemeinschaft, obwohl ich selbst protestantisch getauft, konfirmiert und geraut worden bin. In Spello und Boulogne hatte ich katholische Freundinnen und besuchte mit ihnen die heilige Messe und auch die Riten der Juden und ihr Verständnis zum Gott ihrer Väter waren mir nicht fremd. Ich habe mich mein Leben lang in jeder Religion zurechtgefunden, denn der Baumeister der Welt ist für alle Menschen ein liebender Vater und setzt den Schlussstein unseres Lebens.

Diese Gedanken über meine Kinder und deren Entwicklung kamen mir auch in den Sinn, als mein alter Freund Rockinger aus München seinen Besuch in Diemerstein ankündigte. Wir waren uns in Herkunft und Ausbildung gleich und doch war unser Leben ganz unterschiedlich verlaufen.

Sepp kam mit einer großen Kutsche bei mir in Diemerstein an. Er hatte Kutscher und Diener bei sich und war teuer gekleidet. Fast hätte ich Herr Rockinger zu ihm gesagt. Doch abgesehen von mehreren Pfunden, die er wie ich mit sich herumtrug, war er immer noch der Alte geblieben. Wir umarmten uns herzlich und er fragte, ob er wieder das gleiche Zimmer in der Station haben könnte wie bei seinem letzten Besuch. Das konnte er natürlich nicht, denn ich hatte ihm das Gästezimmer auf dem Hof vorbereiten lassen. Er sollte auch meine Familie kennenlernen.

Bevor wir uns auf den Weg machten, saßen wir noch einen Moment in der Posthalterei bei einem Bier zusammen, damit sich Sepp von der Fahrt erholen und seinem Kutscher entsprechende Anweisungen geben konnte.

Zunächst wollte ich von meinem Freund wissen, wie es ihm gehe und wie er die letzten Jahre verbracht habe. Einiges hatte ich bereits aus seinen Briefen erfahren: Die väterliche Poststation hatte in der Tat der jüngere Bruder Korbinian übernommen und er selbst war Handelsmann.

„Karl, das Geld liegt heutzutage auf der Straße, man muss es nur aufheben. Das Frankreich Napoleons wächst und bietet jeden Tag neue Chancen," schwärmte er. „Es ist eine neue, offene Gesellschaft aus den Trümmern der Revolution entstanden. Adel und Geburt sind nicht mehr der alleinige Maßstab. Tüchtige Männer gehen ihren Weg und werden reich. Wer es geschafft hat, zeigt es auch." Dann beugte er sich über seinen Bierkrug hinweg zu mir: „Die Bedürfnisse sind aber noch die alten geblieben wie vor der Revolution.

Gerade bei den Neureichen wird gesoffen, gefressen und gehurt wie ehedem. Das menschliche Verhalten bleibt immer gleich. Das neue aufstrebende Bürgertum imitiert den alten Adel in jeder Hinsicht."

Rockinger wusste auch zu berichten, dass viele der alten Adelsfamilien geflohen seien, um den Kopf auf den Schultern zu behalten. Sie kehrten allmählich wieder zurück und erfreuten sich durchaus des kaiserlichen Wohlwollens. Auch ein ganz neuer Adel sei entstanden. Erst im vergangenen Jahr sei ein Gesetz erlassen worden, mit dessen Hilfe ehemals Bürgerliche in den Adelsstand erhoben werden konnten. Diese Praxis stoße bei den führenden Schichten in Frankreich keinesfalls auf Ablehnung.

Er selbst sei in Frankreich und im Königreich Bayern gut im Geschäft. Er handele mit allem, wessen der Markt bedürfe. Wenn man in München etwas brauche, das schwer zu beschaffen sei, dann wende man sich an Rockinger. Da es wegen der von Napoleon verhängten sogenannten Kontinentalsperre keine guten Stoffe aus England mehr gebe, habe er darin eine Gelegenheit gewittert, ins Geschäft einzusteigen. In Schlesien habe er auf eigene Kosten Manufakturen errichtet und zahlreiche Weber verpflichtet. In Frankreich kaufe er Weine und Liköre in großem Stil ein und Seine Majestät König Maximilian I. habe auch geruht, ihn in die Liste der Hoflieferanten aufzunehmen. Obgleich er sich ein kleines Palais in München erbaut habe, sei er immer nur auf dem Weg zwischen München, Wien, den Hansestädten und den französischen Metropolen. Ein Leben, wie er es sich gewünscht habe. Er verbringe immer noch die meiste Zeit in der Kutsche und komme gerade aus Paris. Den Umweg über Diemerstein habe er nur auf sich genommen, um mich nach langer Zeit einmal wieder zu sehen.

Als ich von ihm wissen wollte, ob er verheiratet sei, lächelte er mitleidig. Dafür habe er keine Zeit. Vielleicht später, wenn er alt sei, aber jetzt müsse er sein Geschäft am Laufen halten. Warum auch heiraten? Schöne Mädchen gebe es überall und je größer seine Kutschen seien, umso attraktiver werde er für die Frauenwelt. Diese Erfahrung habe er mittlerweile gemacht.

Bei seiner letzten Tour nach Frankreich sei er in Boulogne vorbeigekommen. Dort sei auch wieder Ruhe eingekehrt, nachdem es während der heißen Revolutionsphase ziemlich drunter und drüber gegangen sei. Der Mob der Sansculotten habe die Magazine des Kaufmanns Bonhomme gestürmt und alles mitgehen lassen, was ihnen in die Hände gefallen sei. Der arme Mann, der doch niemals jemandem etwas zuleide getan hatte, musste mit ansehen, wie sogar sein Wohnhaus geplündert wurde. Kurz danach habe man ihn erhängt vom Strick schneiden müssen. Seine Frau habe sich daraufhin so schnell wie möglich in die Karibik eingeschifft und lebe jetzt bei ihrem Bruder in Martinique. Über die Geschehnisse im Kloster berichtete Rockinger nichts. Ich nehme an, er wollte mich schonen, denn auch bei uns waren Geschichten herumgegangen, wie die Revolutionäre die Klöster stürmten, die Nonnen misshandelten und den jüngeren von ihnen Gewalt antaten.

Besser war es freilich unserem gemeinsamen Lehrherren Cuvillier gegangen. Als die ersten Unruhen in Paris ausbrachen, habe er inmitten des Hofes der Station einen sogenannten Freiheitsbaum errichten lassen, lief nur noch mit Jakobinermütze durch die Stadt und habe sich praktisch an die Spitze der Republikaner gesetzt. Bald sei er Vorsitzender des Revolutionskomitees der Stadt geworden und habe in den Versammlungen das große Wort geführt. So sei er schließlich auf den Wogen des Umsturzes immer oben geschwommen. Als dann die Jagd auf die Adeligen losging, war er wieder zur Stelle. Freilich nicht, um sie als Volksschädlinge verhaften und zur Hinrichtung nach Paris bringen zu lassen, sondern um deren Rettung zu organisieren. Mit seinen befreundeten Fischern, oder soll man besser Schmugglern sagen, brachte er die Unglücklichen nach

England und wurde von ihnen mit Gold und Juwelen reich belohnt. Die Verfolgten waren bereit, alles zu veräußern, nur um Frankreich verlassen zu können. Wenn unser ehemaliger Chef zuvor begütert war, dann wurde er in dieser Zeit richtig reich. Er kaufte sich ein leer stehendes Palais in der Nähe von Paris und ein paar nette kleine Häuschen für seine zahlreichen Geliebten. Die Poststation bewirtschafte ein angestellter Verwalter.

Rockinger schwärmte geradezu vom guten alten Cuvillier, der wohl mittlerweile schon über 70 sein musste, aber immer noch gut im Geschäft sei. Dabei zwinkerte mir Sepp zu und machte eine unsittliche Handbewegung. Er habe ihn erst neulich in Paris besucht, sich vom blendenden Aussehen seiner jüngsten Favoritin überzeugen können und mit ihm und anderen wichtigen Geschäftsleuten die Erhebung Cuvilliers in den Adelsstand gefeiert. Er sei nun nicht mehr Citoyen Cuvillier, sondern Marquis de Cote und unsere gute Sophie sei so auch zur Marquise geworden. Der Titel und der Champagner trösteten die alte Dame über vieles hinweg.

Auf dem Hof freute sich Agnes, meinen Jugendfreund, von dem ich so viel erzählt hatte, nun einmal persönlich kennen zu lernen. Sepp hatte sich seinem Wesen nach nicht verändert. Er sagte immer noch offen und ehrlich, was er dachte. Seine Sprache war direkt und schnörkellos. Zumindest in dieser Umgebung, in der er sich nicht verstellen musste. Das gefiel Agnes. Zu meiner Überraschung setzte sich auch Fritz zu uns an den Tisch. Endlich einmal ein Gast, der Deutsch sprach und den er verstand. Er bat Rockinger, von seinem Leben als Geschäftsmann zu erzählen, von seinen Reisen quer durch Europa und vom Leben in den großen Städten. Ich freute mich über das Interesse meines Sohnes und ermunterte ihn, meinem Freund auch Fragen zur Welt außerhalb unseres Tales zu stellen, die er besser beantworten könne als ich. Das tat Fritz auch und er führte mit dem ihm unbekannten Mann ein sehr vernünftiges Gespräch. An einem Punkt kam er auf die Wirkung von Revolutionen und Kriegen zu sprechen. Rockinger vertrat die Ansicht, obwohl man vordergründig beides nicht vergleichen könnte, so hätten sie etwas gemeinsam. Er habe in Frankreich einmal den Satz gehört: „Die Revolution frisst ihre Kinder." Das gelte auch für die Kriege. Revolution und Kriege könnten niemals von einer Seite gewonnen werden und hätten für die meisten Menschen nur Not und Trauer zur Folge. Wer aber die Gesetzmäßigkeiten erkannt habe, die dabei regelmäßig die Geschichte bestimmten, der könne auch aus Kriegen und Revolutionen Gewinne erzielen. Beide Ereignisse krempeln die Welt um, was einmal an der Spitze war, kann versinken, was unten war, kann aufsteigen. Wer sich anpasst und die richtigen mutigen Entscheidungen trifft, der kann nach oben kommen und sogar sehr reich werden.

Friedrich wollte wissen, ob diejenigen, die Gewinne machen, nicht unsittlich handeln, denn sie würden ja auf Kosten ihrer Mitmenschen reich werden und aufsteigen. Da lachte Sepp sein tiefes bayerisches Lachen: „Da hast du nicht unrecht. Aber was bedeutet hier unsittlich. Wenn sittlich das ist, was man dem Volk als gutes Verhalten beigebracht hat, dann stimmt das, was du sagst. Wenn sich aber die Auffassung von Gut und Böse im Laufe der Zeit ändert, dann werden diejenigen auch vom Volk bewundert, die es verstanden haben, nach oben zu kommen." Fritz wollte wissen, welchen Wert der Reichtum für Rockinger habe und was sein Lebensziel sei. Dieser antwortete ganz ruhig: „Reichtum ist für mich kein Lebensziel, sondern die Freiheit. Dafür haben die Revolutionäre in Frankreich am Anfang auch gekämpft. Ebenso wie für die Gleichheit. Dein Vater kann sich noch gut an die Zeit erinnern, als der Adel ganz oben stand und uns Bürgerliche wie Nutztiere behandelte, über die einfach verfügt wurde. Mein Reichtum ist für mich kein Selbstzweck, sondern er garantiert mir meine Freiheit. Heute kommt der alte Adel wieder hervor, pocht auf Abstammung und Geburt, doch die Ungleichheit von früher wird es nicht wieder geben. Was ich besitze, habe ich erarbeitet. Dadurch fühle ich mich nicht nur denen gleich, die auf ihre Herkunft pochen. Ich bin gleich, weil ich es mir verdient habe und ich will es bleiben. Mein Reichtum sichert meine Freiheit. Verstehst du das?“

Fritz nickte. Er hatte die Denkweise meines alten Freundes verstanden. Ich bezweifelte allerdings, dass er sie akzeptierte.

Als Rockinger von den sogenannten Brüdergemeinden im Rheinischen berichtete, die er besucht hatte, da dort exzellente Handwerker lebten, deren Erzeugnisse überall begehrt waren, spitzte Fritz die Ohren. In diesen Gemeinschaften herrschte absolute Gleichheit, die Menschen sähen ihren Fleiß und ihre gegenseitige Wertschätzung als Gottesdienst an. Es gebe kein Eigentum einzelner Personen, denn alles gehöre allen gemeinsam. Niemand wolle besser oder reicher als sein Nachbar sein. Bescheidenheit und Bildung würden als besondere Tugenden dieser in jeder Hinsicht sittsamen Gemeinden gelten.

Wir verbrachten noch viele Stunden in angenehmer Plauderei. Sepp machte Agnes Komplimente und scherzte auf Französisch mit Charlotte. Zu mir gewandt riet er, nur gut auf meine Tochter aufzupassen. Sie sei hübsch, im heiratsfähigen Alter und ich sollte einen hohen Zaun um den Hof ziehen.

Am nächsten Tag verließ uns mein alter Freund wieder. Ich hatte viel zum Nachdenken, vor allem, was er über Charlotte gesagt hatte. Für mich war sie immer noch mein kleines Mädchen, doch die meisten Gleichaltrigen waren schon verheiratet. Da würde noch ein Problem auf mich zukommen.

Die Hoffnung darauf, mein Sohn Friedrich könnte einmal mein Nachfolger in der Posthalterei werden, hatte ich mittlerweile aufgegeben. Da sein Großvater, der alte Ammann, auch nicht jünger wurde, sondern die siebzig bereits überschritten hatte, tröstete ich mich mit dem Gedanken, ihm den Klaftertaler Hof vererben zu können, denn für die Landwirtschaft zeigte er großes Geschick. Ich erwartete von ihm, bald eine gute Frau nach Hause zu führen und mich zum Großvater zu machen, denn mein 60. Geburtstag stand unmittelbar bevor.

Da Fritz gut aussah und als Erbe eines stattlichen Hofes galt, wiederholte sich das Spiel, das ich schon am eigenen Leibe erfahren hatte. Seine Tante aus Zweibrücken kam zu Besuch, ermunterte meinen Jungen, allmählich auf Brautschau zu gehen und lud ihn auf einen der Bälle ein, welche in der alten Residenzstadt regelmäßig veranstaltet wurden. Dort präsentierten die „guten Familien" ihre Töchter und für ihn wäre bestimmt etwas Passendes dabei. Fritz hatte keine Lust. Wenn er sonntags mit dem Wagen in die Kirche nach Hochspeyer fuhr, lauerte schon ein ganzes Rudel junger Mädchen nach dem Gottesdienst auf ihn, um ihn in ein Gespräch zu verwickeln. Er beachtete sie gar nicht. Zum Glück kam er jetzt nur noch selten in die Posthalterei, denn ich hatte Angst, eines unserer Stubenmädchen würde ihn zu sich in die Kammer ziehen, um ihn durch ein Kind an sich zu binden.

Derte wohnte noch immer bei uns auf dem Hof und hatte sich schon damit abgefunden, einmal als alte Jungfer zu sterben, doch sie hatte eine Cousine im Dorf, von der sie häufig besucht wurde. Anna war zwar in meinen Augen ein recht unscheinbares Wesen, doch freundlich und hilfsbereit, wo immer sie benötigt wurde. Agnes machte mich darauf aufmerksam, dass Fritz mit der jungen Frau abends gerne auf der Bank vor dem Hof in der Frühlingssonne saß und sich mit ihr stundenlang unterhielt. Wenn es spät geworden war, brachte er sie mit dem Wagen zurück nach Diemerstein. Meine Frau hatte sogar bemerkt, sie hielten sich bisweilen scheu an der Hand, wenn sie durch den Wald schlenderten.

Rasch machte das Gerücht über den Posthaltersohn und die junge Mennonitin in der Station und in den Dörfern die Runde. Nicht wenige Sippen in Frankenstein und Hochspeyer hätten sich gerne mit meiner Familie verbunden und die kleine Anna hatte bestimmt keine Freundinnen bei den Mädchen in Frankenstein hinzugewonnen.

Ebenso wie ich meinen Sohn nicht mehr bei der Gestaltung seines Lebensweges beeinflussen wollte, lag es mir auch fern, ihm irgendwelche Vorschriften hinsichtlich der Wahl seiner Lebenspartnerin zu machen. Ich kannte Annas Familie flüchtig und hörte mich diskret um. Im Dorf wusste man über die Eltern nur Gutes zu berichten. Der Vater war ein tüchtiger Bauer und hatte das Feld, das Ammann in Diemerstein angelegt hatte, übernommen und geschickt weiter ausgebaut. Geschwister gab es keine, denn wie mir Frau Ammann anvertraute, war Annas Geburt sehr schwierig gewesen und die Mutter habe danach keine Kinder mehr bekommen können. In Erinnerung an mein eigenes Leben enttäuschte mich die Wahl meines Sohnes doch ein wenig. Aber jeder Mensch sucht sein Glück auf andere Weise und ich hatte meines auch nicht in der Fremde, sondern in Diemerstein mit meiner Agnes gefunden.

Als Fritz im Juni des Jahres 1812 an mich herantrat, ich möge, wie es sich gehört, beim Vater der Braut um die Hand der Tochter anhalten, war ich doch ein wenig verwirrt. Bei den Mennoniten sei es üblich, dass nicht der Mann um die Hand der Tochter anhalte, sondern der Vater des Bräutigams in dessen Namen. Sein Großvater Ammann bestätigte das. Vorsichtshalber fragte ich meinen Sohn, ob er bereits mit seiner künftigen Frau gesprochen habe und ob sie schon zugestimmt habe. Ich wollte ihm meine Erfahrung mit Francesca ersparen. Fritz bejahte und fügte hinzu, der Herr habe sie füreinander bestimmt.

Agnes freute sich über den Entschluss unseres Sohnes, wünschte sie sich doch auch Enkelkinder.

So zog ich nach langer Zeit wieder meine Galauniform an, die mir Derte im Rücken und um den Bauch herum ein wenig erweitern musste, und begab mich zu den künftigen Schwiegereltern meines Sohnes. Auf dem Weg dorthin dachte ich mir, es sei sicher eine gute Zeit für Hochzeiten, denn auch der Kaiser Napoleon hatte sich vor zwei Jahren mit der österreichischen Prinzessin Marie-Louise verheiratet, in der Absicht, mit ihr eine eigene Dynastie zu begründen. Die Scheidung von seiner bisherigen Frau Josephine war unschön, sicherte aber zumindest den Frieden mit Österreich. Ein Glück, dass ich als einfacher Posthalter keine Rücksichten auf derartige politische Überlegungen nehmen musste.

Die Familie Stauter erwartete mich schon in ihrer Stube. Die Brauteltern waren schlicht, aber festlich gekleidet, ihr kleines Anwesen sauber und geordnet. Fritz und Anna warteten vor dem Haus, zusammen mit Ammann. Bald gesellten sich viele Mitglieder der mennonitischen Gemeinde zu ihnen. Niemand sprach ein Wort.

Hatte ich geglaubt, mein im Namen meines Kindes vorgebrachter Antrag sei eine bloße Formsache und die Eltern würden sich geehrt fühlen, so fand ich mich alsbald enttäuscht. Im Stehen musste ich mein Anliegen vortragen und Vater Stauter examinierte mich über meine Bibelkenntnisse, die Erziehung meines Sohnes zum rechten Glauben und die Unbescholtenheit meiner Familie.

Ich hatte erwartet, danach gefragt zu werden, ob mein Sohn in der Lage sei, eine Familie zu ernähren und was später sein Erbteil sein sollte. Nun musste ich mir Fragen gefallen lassen, auf die ich nicht vorbereitet war. Ich bekannte Stauter gegenüber meinen festen Glauben an Gott und seine Gebote, zitierte eine Bibelstelle, wonach die Braut ihre Eltern verlassen solle, um mit ihrem Mann ein Fleisch zu werden, und betonte, Fritz hätte seine religiösen Unterweisungen von seinem Großvater erhalten, der ja bekannterweise als Prediger vor der Gemeinde auftrat. Meine Frau sei zwar wie ich protestantischen Glaubens, doch mit den Gebräuchen der Gemeinde vertraut, in deren Mitte sie gelebt habe. Stauter nickte befriedigt, ließ aber nicht locker: Warum sei mein jüngerer Bruder, Friedrichs Pate, dem Götzen des Krieges verfallen und habe einen Eid auf seinen Fürsten abgelegt? Darüber hinaus sei es bekannt, in meiner Station beherbergte ich zuweilen Personen zweifelhaften Standes, die mit Gesang und Tanz die Menschen verdürben.

Nun kam ich wirklich ins Schwitzen. Nur meinem Fritz zuliebe blieb ich gelassen und antwortete: „Meinem Bruder kann ich keine Vorschriften machen, denn er ist ein erwachsener Mann, und als Posthalter verpflichtet mich das Gesetz, allen Reisenden Herberge zu bieten." Dann erinnerte ich daran, auch Gideon und die anderen Helden der Bibel hätten das Schwert ergriffen, der König David habe vor der Bundeslade gesungen und getanzt und Jesus Christus selbst habe sich mit Zöllnern und Dirnen umgeben, weil Gott auch diese Menschen liebe.

Nun wurde mein Schwiegervater hereingerufen, um meine Angaben zu bestätigen. Er versicherte, sein Enkel sei, wie es sich gehörte, unterwiesen worden und führe ein tadelloses und sittenstrenges Leben. Selbstverständlich sei er auch bereit, sich nun als Erwachsener zu seinem Glauben zu bekennen und sich taufen zu lassen.

Mein Fritz ein Wiedertäufer! Jeder andere gut protestantische Vater hätte jetzt das Haus verlassen, aber ich war nicht gut protestantisch und wollte nur, dass mein Sohn glücklich wird. Wäre ich doch selbst in meiner Jugend für Luise katholisch geworden oder für Ruth sogar zum jüdischen Glauben übergetreten.

Zum Abschluss meiner Brautwerbung durften Fritz und Anna eintreten. Vater Stauter legte ihre Hände ineinander und sie verließen das Haus, von allen Seiten beglückwünscht. Auch Agnes war vom Hof heruntergekommen.

Die Hochzeit war für den Tag meines 60. Geburtstages festgesetzt worden. Die Brautleute wünschten keine große Feier und mir, der ich mich vor dem Altern fürchtete, war es ganz recht.

Ammann hatte mir ganz beiläufig versichert, mein Sohn habe stets ein keusches Leben geführt und das Gleiche gelte auch für seine Braut. Das war bestimmt als Anerkennung gedacht, mir aber war, ehrlich gesagt, nicht wohl bei dem Gedanken, die beiden würden sich völlig unerfahren in ihrer körperlichen Liebe begegnen. Als ich Fritz mit größter Vorsicht auf dieses Thema ansprach, ließ er mich stehen. Er und seine Braut würden bei der Vereinigung dafür beten, von Gott vor sündhafter Lust bewahrt zu werden.

Am Tage der Hochzeit sprach mein Sohn sein Glaubensbekenntnis vor der Gemeinde, wurde getauft und in den Kreis der Mennoniten aufgenommen. Mein Schwiegervater glaubte möglicherweise, er habe dadurch seine Verfehlungen wieder gesühnt. Für seinen verlorenen Sohn habe er seinen Enkel zur Seligkeit geführt. Bei der anschließenden Hochzeitszeremonie in schlichtem Rahmen nahmen Agnes und ich teil. Für das junge Paar hatten wir bei uns eine schöne Wohnung über dem großen Saal auf dem Klaftertaler Hof vorbereitet. Ammann fuhr die beiden zusammen mit Agnes nach Hause. Ich begab mich noch in die Station, um die Glückwünsche meiner Mitarbeiter entgegenzunehmen und auf meinen Geburtstag mit ihnen anzustoßen.

Ich war zu Fuß gegangen. Schon auf halbem Weg kam mir Schuck entgegengerannt. Ich sollte unverzüglich kommen. Es sei hoher Besuch da.

Eilig beschleunigte ich meine Schritte, so gut es mein Alter zuließ. Vor der Station standen mehrere Pferde und französische Soldaten. Als ich das Haus betrat, fand ich den Gastraum liebevoll dekoriert vor. Meine Leute hatten meinen Geburtstag also nicht vergessen. An der Tür salutierte zu meiner Überraschung ein französischer

Wachposten und ein Offizier in großer Uniform hatte sich auf einem Stuhl niedergelassen und wurde mit Wein bewirtet.

Als er mein Kommen bemerkte, erhob er sich schnell, trat auf mich zu und umarmte mich:

„Herzlichen Glückwunsch zum Geburtstag, Karl." Es war mein Bruder Friedrich.

Er hatte extra den Umweg über Diemerstein genommen, um mir für das neue Lebensjahrzehnt alles Gute zu wünschen und bei der Hochzeit seines Patenkindes dabei sein zu können. Er war enttäuscht, als ihm Schuck die näheren Umstände auseinandersetzte und vorsichtig andeutete, seine Anwesenheit könnte möglicherweise als unpassend empfunden werden. Das tat ihm leid, denn er hätte auch meine Familie gerne wiedergesehen.

Mein Bruder war nun als Oberst der napoleonischen Armee auf dem Weg zu seinem Regiment, voll Zuversicht, der Kaiser würde diesmal einen glänzenden Sieg erringen. Die Engländer seien auf ihrer Insel eingesperrt und jetzt gehe es gegen die Russen als dem letzten verbliebenen Gegner. Diesmal stand Frankreich nicht allein. Gegen den Feind zögen auch seine ehemaligen Gegner als Bundesgenossen: Die Preußen und die Österreicher. An seiner Seite stünden sowieso die treuen Verbündeten Bayern und Sachsen. Friedrich meinte, hier würde die größte Armee aufmarschieren, die jemals in einen Krieg gezogen sei. Eine halbe Million Soldaten auf der Seite Napoleons. Der Zar sei im Grunde schon vor der ersten Schlacht besiegt. Es werde nicht lange dauern und der Kaiser werde in Moskau einziehen. Er selbst war sich sicher, bald zum General befördert zu werden. Nach erfolgreichem Feldzug sei er zudem reif für ein Adelsprädikat. Er überlegte schon, wie er sich nennen sollte, „Frederik de Ritter" oder doch „de Diemerstein". Mit der üppigen Pension eines Generals könnte er sich auch hier in der Nähe zur Ruhe setzen, vielleicht sogar heiraten. Er war guter Dinge, als wir uns verabschiedeten, und rief mir noch vom Pferd aus zu, er hoffe, ich sei endlich Großvater, wenn er aus dem Krieg wiederkäme.

Ich habe meinen Bruder Friedrich nie wieder gesehen.

In den kommenden Jahren überstürzten sich die Ereignisse. In der Welt da draußen wie in unserem Tal. Die mächtigen Armeen des korsischen Cäsaren gingen im eisigen russischen Winter unter. Moskau wurde noch erreicht, aber auf dem Rückmarsch erfroren und verhungerten die Soldaten, in der Eiswüste immer wieder vom Feind drangsaliert. Nur ganz wenige kamen zurück in die Heimat. Das hinderte Napoleon nicht, in Frankreich neue Heere auszuheben und sich bei Leipzig wieder zur Schlacht zu stellen. Diesmal hatte er aber ganz Europa gegen sich. Die Preußen und Österreicher, seine alten Widersacher, wechselten die Seiten, die Engländer schickten Truppen und die schwedischen Einheiten kommandierte einer seiner früheren Marschälle, der dort Kronprinz geworden war und die Strategien Napoleons genau kannte. Die Sachsen und Bayern hatte er noch auf seiner Seite. Der schlaue Max kam freilich mit seinem Heer zu spät zur Schlacht, die man bald danach als Völkerschlacht bezeichnete, und wechselte im wirklich allerletzten Moment auf die Seite der Sieger.

Es vergingen nur wenige Monate, dann ritten russische Kosaken durch das Tal des Speyerbaches, denn die vereinigten Armeen der europäischen Fürsten verfolgten die geschlagenen Franzosen bis nach Paris. Napoleon wurde abgesetzt und an seine Stelle trat wieder ein König, der sich Ludwig XVIII. nannte und ein Bruder des geköpften Monarchen war. Napoleon kam zwar für hundert Tage wieder, aber nur um bei Waterloo geschlagen und dann endgültig auf eine einsame Insel verbannt zu werden.

Wie würde es jetzt mit uns auf der linken Rheinseite weitergehen? Darüber verhandelten die Herren der Welt in Wien auf einem großen Kongress.

Für kurze Zeit gehörten wir anscheinend zu Österreich und ich schickte mich an, der Thurn und Taxischen Postverwaltung meine Station wieder betriebsbereit zu melden.

Königreich Bayern

Meine Gedanken galten nicht nur den großen politischen Ereignissen. Wichtigeres ereignete sich in meiner Familie. Fritz und Anna bekamen ihr erstes Kind, das wie die Mutter den Namen Anna erhielt und erst als erwachsene Frau getauft werden sollte. Die Geburt verlief rasch und ohne Komplikationen. Am Tage der Niederkunft hatte die junge Frau noch ihrem Vater auf dem Feld geholfen. Als die Wehen einsetzten, brachte Ammann seine Frau als Geburtshelferin ins Dorf. Da war das Mädchen schon fast auf der Welt. Ich hielt das kleine Würmchen in den Armen und empfand kaum Großvaterstolz. Bald würde mir aus einem fröhlichen Mund das Wort Großpapa entgegenschallen. Agnes dagegen war überglücklich.

Bei meinen Plänen für die Zukunft der Station rechnete ich schon lange nicht mehr mit meinem Fritz. Mein Verwalter Schuck war zwar ungemein tüchtig und bereit, sich weiterzubilden, doch ich hätte gerne einen Nachfolger gehabt, der aus der Familie stammt.

Immer häufiger kamen die Söhne der benachbarten Posthalter zu uns. Angeblich zufällig oder in Dienstgeschäften von ihren Vätern beauftragt. Regelmäßig fragten sie nach Charlotte und wollten ihr gern vorgestellt werden. Das Mädchen war mit ihren 23 Jahren eine selbstbewusste Frau geworden, die durchaus in der Lage war, sich ihren Mann auszusuchen. Sie wollte auch nicht mehr zu lange warten. Mit den jungen Männern scherzte sie gerne, ließ sich auch auf Kutschfahrten einladen und genoss es, umschwärmt zu werden, ohne einem von ihnen größere Hoffnungen zu machen. Einmal dachte ich, sie hätte sich in Toni, den jungen und stattlichen Forstamtmann aus Enkenbach verkuckt, doch das ging nach einiger Zeit wieder auseinander. Ich weiß nicht warum. Genauso war es mit dem durchaus passablen Gerichtsassessor Wolf aus Zweibrücken, den sie über ihre Tante kennengelernt hatte. Sie fuhr ein paar Mal zu ihm, um sich ausführen zu lassen. Er besuchte uns auf dem Klaftertaler Hof. Aber schließlich schlief diese Beziehung ein. Charlotte meinte, der Jurist habe revolutionäre Ideen und das gefalle ihr nicht.

Eine für mich durchaus glückvolle Begegnung ereignete sich in dieser Zeit. Theobald, der älteste Sohn meines Bruders Johannes, war nach Hochspeyer gekommen und hatte mich unmittelbar nach seiner Ankunft in der Posthalterei besucht. Er war zu einem stattlichen und vernünftigen Mann herangewachsen. Als er sich bei mir vorstellte, erkannte ich ihn im ersten Moment gar nicht, denn ich hatte ihn schon lange nicht mehr gesehen. Ich wusste nur, sein Vater hatte ihn nach Jena zur Universität geschickt, wo er die Rechte studieren sollte. Mein Bruder hätte ihn gerne als Richter oder Notar in Kaiserslautern gesehen. Als er nun vor mir stand, wirkte er auf mich mehr wie ein Soldat als ein Studiosus. Sein Auftreten war sicher und bestimmt: Ein Mann der Tat, der wusste, was er wollte. Das gefiel mir. Er trug eine schwarze Hose, eine schwarze Jacke mit goldenen Knöpfen, roten Manschetten und Kragenspiegeln wie bei einer Uniform. Das war sie auch wirklich. Theobald hatte sich wie viele andere Studenten aus den verschiedensten deutschen Staaten dem Freikorps des Majors von Lützow angeschlossen, um für die Befreiung von der Franzosenherrschaft und gegen Napoleon zu kämpfen. Kurzentschlossen hatten die Freiwilligen ihre Kleidung schwarz gefärbt und mit goldfarbenen Knöpfen verziert. Mein Neffe war bei den berittenen Lützower Jägern und vor Waterloo obendrein mit Marschall Blücher zusammengetroffen. Auf die Frage, woher er stamme, habe er dem Feldherren Hochspeyer genannt und dieser konnte sich sogar an den Klaftertaler Hof und die Familie erinnern, bei der er damals einquartiert war.

Theobald wollte nicht auf die Universität zurück. Er hatte gesehen, wie junge Männer aus allen Teilen des Landes zusammen gegen den

Feind gekämpft hatten und er wollte dieses Ziel, Deutschland aus der Kleinstaaterei herauszuführen, in seiner Heimat weiterverfolgen. Er sei nicht geboren, um als Advokat in einer Kanzleistube zu versauern, sondern wolle eine praktische Arbeit, die ihn mit Menschen aus ganz Deutschland zusammenbringe.

Kurz gesagt, er bat mich, ihn als Gehilfen in der Posthalterei, die nun keine französische mehr war, anzunehmen und ihn zum Posthalter auszubilden. Seit dem Krieg kenne er sich mit Pferden und Wagen gut aus, er könne Französisch, auch ein wenig Englisch und falls es gewünscht würde, natürlich auch die alten Sprachen. Vielleicht sei ihm das Postwesen in die Wiege gelegt worden, denn sein Urgroßvater und sein Großvater seien Posthalter gewesen und natürlich auch sein lieber Onkel. Damit meinte er mich.

Hätte mein Vater im Himmel dieses Gespräch anhören können, wäre ihm das Herz vor Freude aufgegangen. Auf einmal ergaben sich völlig neue Perspektiven für die Entwicklung der Station, da nach mir wieder ein Ritter hier Posthalter sein könnte. Ich dankte meinem Neffen für sein Angebot, das ich gern annahm und bat ihn, zusammen mit seinen Eltern zu mir auf den Hof zu kommen. So könnte er auch meine Familie kennenlernen und wir alles Weitere besprechen.

Meine Erwartungen in Theobald wurden nicht enttäuscht. Er hatte nicht zu viel versprochen. Der tüchtige Mann hatte nicht nur auf der Universität viel gelernt und war mir in rechtlichen Dingen eine große Hilfe, sondern er konnte sich in alle Bereiche sehr schnell einarbeiten. Theobald war geschickt mit Tieren und Fahrzeugen. Was ihn aber besonders auszeichnete war sein Talent im Umgang mit Menschen, sowohl mit den Mitarbeitern als auch mit unseren Passagieren. Hatte ich anfangs Bedenken, der gute Schuck würde sich zurückgesetzt fühlen, wurde ich bald eines Besseren belehrt. Die natürliche Autorität meines Neffen und seine angenehme Wesensart ließen die beiden schnell Freunde werden. Bereitwillig ging er für einige Monate nach München zu Korbinian Rockinger, um dort praktische Erfahrungen zu sammeln. Ich gab ihm ein Empfehlungsschreiben an meinen alten Freund Sepp mit und an Herrn von Mannlich, der mittlerweile schon seit Jahren in München wohnte und sich gewiss noch an mich erinnern konnte. Er bekam zudem einen Brief an meine Schwester Charlotte mit, die sich mit ihrem Mann in München niedergelassen hatte. Ihr Gemahl Karl Hauck stand in den Diensten des städtischen Magistrates und war nicht ohne Einfluss. Ich erwartete ihre Hilfe für unseren Neffen während seines Aufenthaltes in der Hauptstadt.

Charlotte war ein wenig traurig, als sich Theobald auf den Weg in die bayerische Residenz machte. Ich bemerkte, wie sehr sie für ihren Cousin schwärmte und ihn bewunderte. Ich ermunterte sie sogar, Theobald in München zu besuchen, um sich einmal die Stadt anzusehen und möglicherweise einen passenden Mann zu finden.

Gerade als meine Tochter sich für die Fahrt vorbereitete, geschah etwas, was das Leben in unserer Familie völlig aus dem Gleichgewicht brachte.

In diesen Tagen erreichte ein Brief aus Amerika die Station. Er war über zwei Jahre lang unterwegs gewesen und die Anschrift darauf mehrfach durchgestrichen und neu geschrieben. Daraus wurde sichtbar, welche Irrwege die Post genommen hatte. Nur der Name auf der Adresse war gleich geblieben, Jan Ammann.

Eigenhändig lieferte ich diesen Brief an den Empfänger aus. Mein Schwiegervater öffnete die Seiten, wurde zunächst leichenblass, dann feuerrot. Ich befürchtete, ihn würde auf der Stelle der Schlag treffen. Dann tanzte er so verrückt durch die Stube, dass seine Frau hinzulief. Mit dem Brief in der Hand stürmte er in meine Wohnung hinauf, immer wieder Agnes, Agnes rufend. Welche Neuigkeiten brachten diesen besonnenen Mann zu solchen Gefühlsausbrüchen?

Das Rätsel war bald gelöst und Agnes und ihr Vater saßen weinend vor Glück nebeneinander, vor sich die Zeilen aus der Ferne. Agnes' tot geglaubter Bruder hatte aus Amerika geschrieben. Weil er nicht wusste, dass sein Vater seinetwegen von seinen Glaubensbrüdern ausgeschlossen worden war und wohin er sich gewandt hatte, war der Brief von einer mennonitischen Gemeinde zur nächsten weitergeschickt worden, bis er schließlich hier in Diemerstein seinen Empfänger fand.

Daniel Ammann, der als hessischer Söldner für die Engländer in Amerika gekämpft hatte, überlebte den Krieg und war dortgeblieben. Vom ersparten Sold kaufte er sich eine „Farm", die er mit großem Erfolg bewirtschaftete. Jahr für Jahr konnte er seinen Grundbesitz erweitern, denn das Land war riesengroß und die fruchtbaren Böden warteten nur darauf, bestellt zu werden. Er war mit einer guten und tüchtigen Frau aus einer Familie holländischer Mennoniten verheiratet, die ihm fünf Kinder geboren hatte. Wie er weiter schrieb, arbeiteten die ältesten Söhne bereits auf den Feldern mit und wollten bald ihre eigenen Höfe einrichten. Er bat seinen Vater um Verzeihung für das, was er ihm angetan hatte, denn er habe erkannt, der Herr habe ihn nur am Leben gelassen, damit er seine Sünden bereue. Er forderte seinen Vater auf, von dem er hoffe, dass er noch unter den Lebenden weilte und bei guter Gesundheit sei, wie Abraham seine Heimat zu verlassen, um zu ihm zu kommen. Er solle auch als guter Hirte möglichst viele Glaubensbrüder in das gelobte Land führen.

In der Neuen Welt sollten mennonitische Orte entstehen, wo alle nach Gottes Geboten leben und ihren Glauben pflegen konnten. Land sei für alle genug da. Seine Einladung habe er auch an mehrere Gemeinden in Deutschland geschickt, denn er hoffe so auch für seine Töchter aufrechte und gottesfürchtige Ehemänner gewinnen zu können.

Agnes drückte den Brief an ihre Brust. Der alte Ammann weinte vor Glück wie ein kleines Kind und seine Frau, die mittlerweile hinzugekommen war, nahm ihn in die Arme. Als er sich gefasst hatte, eilte er aus dem Zimmer hinüber zu Fritz und seiner Frau, um ihnen die frohe Botschaft zu verkünden.

Ich freute mich für meinen Schwiegervater und für meine Frau, aber mir war ab diesem Moment bewusst, jetzt würde nichts mehr so sein wie zuvor.

Agnes sah mich mit tränennassen Augen an. Sie hatte ihren totgeglaubten Bruder wiedergefunden. Ich brachte es nicht übers Herz, ihre Freude zu trüben. Tölpelhaft entfuhr es mir: „Der Brief war jahrelang unterwegs."

Die Einladung nach Amerika war schon am nächsten Tag in aller Munde. Ich hatte unsere Mennoniten als ruhig und besonnen kennengelernt und auch in diesem Fall handelten sie überlegt und unaufgeregt. Ammann genoss großes Ansehen und es wurde beschlossen, Schreiben an die benachbarten Gemeinden zu verfassen, um deren Meinung zu einer Auswanderung nach Amerika einzuholen.

Friedrich meldete sich freiwillig zum Postdienst in der Station, schließlich hatte er den Beruf erlernt. Eifrig besorgte er die Korrespondenz und konnte kaum das Eintreffen der Antwortschreiben erwarten. Vorsichtig fragte ich ihn nach seinen persönlichen Plänen. Er wollte mir nicht wehtun, doch er ließ keinen Zweifel daran, dass er mit seiner Frau und der kleinen Anna bei den Ersten sein würden, die sich auf den Weg machten.

Ich war nach meinen Lehrjahren immer wieder in unser Tal und unsere Station heimgekehrt. Mein Sohn, der Diemerstein niemals verlassen hatte, schickte sich nun an, in ein Land auszuwandern, von dem er nie mehr zu uns zurückkehren würde.

Als die Mennoniten das Tal verließen, dachte ich an den Auszug der Kinder Israels aus Ägypten. Nur zwei oder drei Familien blieben zurück, entweder wegen des Alters oder weil sie das Abenteuer in der Fremde schreckte. Als der Termin zum Aufbruch immer näherkam, weinte meine liebe Agnes jeden Tag. Sie wusste, sie würde ihren Sohn in diesem Leben nicht wiedersehen, und es war ihr, als verlöre sie zum zweiten Mal ein Kind und ihre Enkeltochter noch obendrein.

Wochen zuvor fragte sie mich ganz behutsam, ob ich mir nicht auch Chancen in den Vereinigten Staaten von Nordamerika ausrechnen könnte. Das Land sei unermesslich, die Transportwege noch nicht erschlossen und erfahrene Postmeister wären dringend notwendig und sicher sehr willkommen. Was wäre, wenn ich eine Station in Pennsylvania gründen und wir so bei unserem Sohn und seinen Kindern bleiben könnten? Ich wollte ihr nicht wehtun, ich sah, es gäbe für sie kein größeres Glück, als wenn ich diesem Vorschlag zustimmen würde. In der Tat hatte ich selbst schon solche Gedanken gehegt. Vielleicht hätte ich auch zugestimmt, wenn ich zwanzig Jahre jünger gewesen wäre. Ich nahm sie zärtlich in den Arm und versuchte, sie davon zu überzeugen, dass mein Platz nun einmal hier sei. Die ererbte Station, unser Hof, die Leute, die mir anvertraut waren, meine vielfältigen Pflichten, konnte und wollte ich nicht einem Abenteuer in der neuen Welt opfern. Sie verstand das.

Zuvor hatte ich alles unternommen, um meinen Sohn von der Auswanderung abzubringen. Ich erinnerte ihn an den Hof, den er einmal erben sollte und den sein Schwiegervater für die Familie aufgebaut hatte. Ich schilderte die Betrübnis, die er seiner Mutter bereite, wenn sie ihre Enkelkinder nicht sehen könne und bestenfalls aus Briefen, die viel zu lange unterwegs seien, Neuigkeiten über sein Schicksal erfahre. Ich warnte ihn davor, die kleine Anna mit auf eine so gefährliche Reise über das Meer zu nehmen. Was würde passieren, wenn ein weiteres Kind, das Anna, wie ich glaubte, schon unter ihrem Herzen trug, auf der Überfahrt geboren würde?

In meinem Schwiegervater fand ich keinen Verbündeten. Schon hoch in den Siebzigern und zunehmend gebrechlich, wollte er die Gefahren der Reise auf sich nehmen. Unablässig beschäftigte er sich mit den Vorbereitungen für die ganze Gemeinde. In besonderer Weise war er wieder jung geworden und konnte es kaum erwarten, den verlorenen Sohn in die Arme zu schließen. Sein fester Glaube beflügelte ihn geradezu. Wenn der Herr ihn auserwählt habe, ein Volk in das gelobte Land zu führen, werde er schon die schützende Hand über sie alle halten. Gott werde als Feuersäule vor ihnen hergehen und sie nicht zuschanden werden lassen. Sogar wenn er selbst wie Moses das Land nicht mehr erreichen dürfte, so habe er die Seinen geführt, wie Gott es ihm befohlen habe.

Ehrenhaft, wie er nun einmal war, versuchte er niemals auf seine Tochter einzuwirken, mit ihnen zu ziehen oder mich zur Auswanderung zu überreden.

Auch die gute Derte blieb bei uns. Sie wollte uns nicht verlassen, der Hof sei ihr Zuhause geworden, ihre Mutter werde die Siedler begleiten, denn in Amerika sollten noch viele neue Gemeindemitglieder geboren werden. Von ihr hatte sie so viel über die Geburtshilfe gelernt, dass sie selbst bleiben müsse, denn sonst hätten die Dörfer keine Hebamme mehr.

Die Auswanderer verkauften ihre Häuser und Felder an die Bürger von Frankenstein, die auch einen gerechten Preis dafür bezahlten. Die Mennoniten waren über lange Zeit ihre guten Nachbarn gewesen und so wollte man sie keinesfalls übervorteilen. Die Siedler führten eine gemeinsame Kasse und würden mit beachtlichen Barmitteln in der neuen Heimat ankommen, auch wenn viel Geld für die lange Überfahrt auf dem Meer bezahlt werden musste. Ich kaufte ebenfalls sehr viel Land und zwei Häuser und zahlte dafür mehr, als es dem eigentlichen Wert entsprach. So wollte ich meinem Sohn und seiner Familie ein wenig helfen.

Es war für alle ein trauriger Tag, als die Kolonne der Wagen aus Diemerstein heraus an meiner Posthalterei vorbeifuhr. Im ersten Wagen saßen Ammann und seine Frau. Mit seinen langen weißen Haaren und seinem Bart erinnerte er wirklich an Moses. Danach kam der Wagen mit Fritz, seiner schwangeren Frau und der kleinen Anna. Darauf hochgetürmt der Hausrat und die Vorräte, die sie mitnahmen. Als er an der Station vorbeikam, hielt er die Pferde an. Die Tiere hatte ich ihm zum Abschied geschenkt. Eine Rolle mit Goldmünzen wollte er nicht annehmen. Er stieg vom Wagen und umarmte seine Mutter, die still weinend neben mir stand. Dann gab er mir einen festen männlichen Händedruck: „Du bist mir immer ein guter Vater gewesen. Kein Sohn hätte sich einen besseren wünschen können. Du lässt mich jetzt ziehen und tust es Abraham gleich, der Gott seinen Sohn opfern sollte. Du gibst Gott damit ein Zeichen deines Vertrauens und er wird dir deine Treue mit einem langen Leben belohnen. Ich danke dir, lieber Vater, für alles, was du für mich getan hast, und sollte ich dich betrübt haben, dann bitte ich dich um Verzeihung."

Während er bei mir stand, reichte Anna vom Wagen herab meiner Frau ihr Enkelkind zu, damit sie es noch einmal herzen und küssen konnte. Dann gab Agnes mir die Kleine auf den Arm. Das Kind sah mir ins Gesicht, lachte und rief fröhlich so etwas, das sich wie Großpapa anhörte.

Fritz stieg mit dem Kind auf den Kutschbock, die Peitsche knallte und Wagen für Wagen rollte an uns vorbei. Wir winkten, bis das letzte Fuhrwerk nicht mehr zu sehen war. Ich hielt meine weinende Agnes im Arm und hatte selbst Tränen in den Augen. So wie jetzt, da ich diesen traurigen Abschied niederschreibe.

Im Jahr 1816 endete die österreichische Verwaltung unserer Pfälzer Gebiete, die nur wenige Monate gedauert hatte. Auf dem Kongress in Wien hatte sich die alte Freundschaft zwischen meinem

Max und Metternich ausgezahlt. Wenzel war in österreichischen Diensten aufgestiegen, wie er es sich vorgenommen hatte. Er bestimmte praktisch die Politik des Kaisers. Beim großen Kongress in Wien, wo man die Neuordnung Europas nach Napoleon verhandelt hatte, zog er die Fäden im Vorder- wie im Hintergrund. Die freundschaftliche Verbindung mit Maximilian trug Früchte, das entnahm ich den Zeitungen, die lang und breit über Wien berichteten. Der bayerische König durfte die meisten Besitzungen behalten, die ihm Napoleon zugebilligt hatte, dazu die ehemaligen kirchlichen Ländereien. Obwohl Bayern jetzt nicht mehr bis zur Adria reichte, bekam der König seine Stammlande in der Pfalz zurück. Es entstand ein sogenannter bayerischer Rheinkreis, der obschon ohne direkte räumliche Verbindung zu Bayern, uns wieder zu Untertanen unseres wittelsbachischen Herrscherhauses machte.

Unmittelbar nachdem diese Regelung bekannt geworden war, schrieb mir die Thurn und Taxische Verwaltung, das Königreich Bayern habe von ihr gegen Entschädigung die Post übernommen und der Posthalter von Diemerstein sei ab sofort königlich bayerischer Posthalter. Die bisherigen Erlaubnisse und Privilegien bestünden ebenso wie die Dienstverordnungen weiter fort. Man erwarte, dass ich die Treue, die ich der Reichspost erwiesen hätte, nun auf die neue Postverwaltung übertragen würde.

Kaum war es bekannt, dass ein bayerischer Rheinkreis mit eigenständiger Verwaltung geschaffen werden sollte, schrieb der Mann meiner Schwester Charlotte an den Mann meiner Schwester Marie in Zweibrücken, für die neuen Dienststellen würden Häuser und Grundstücke gesucht. Viele Beamte würden von Bayern in die Pfalz versetzt und müssten sich dort ansiedeln. Der Preis für Immobilien werde bald heftig ansteigen.

Das ließ sich mein Schwager Peter Hudlet nicht zweimal sagen. Es bestand nicht der geringste Zweifel daran, dass Seine Majestät, der ja noch immer den Titel eines Herzogs von Pfalz-Zweibrücken trug, seine Heimatstadt zum Zentrum dieses Rheinkreises erheben würde.

Peter verwendete alle seine Ersparnisse, lieh sich von allen Seiten Geld und verpfändete sogar den Hof seines Schwiegervaters, um in Zweibrücken Häuser und Grundstücke aufzukaufen.

Wie er dachten viele in der Stadt, auch Bürger, die noch mehr Kapital aufbringen konnten als er. Die Grundstückspreise in der alten Residenzstadt stiegen in schwindelerregende Höhe. Für die Anwesen in der Herzogvorstadt wurden Preise bezahlt, die sonst nur in München oder Mannheim zu erzielen waren. Manch alte Witwe mit einem ererbten Haus wurde in jenen Tagen reich.

Die königliche Administration hatte allerdings mit derartigen Spekulationen gerechnet und still und heimlich in Speyer Häuser und Grundstücke erworben. Die alte Domstadt wurde der Sitz der Regierung des bayerischen Rheinkreises und in Zweibrücken brach der Katzenjammer aus. Manch einer, der zuvor royalistisch gesinnt war, gab unvermittelt revolutionäre und republikanische Parolen von sich.

Peter Hudlet gab gar nichts mehr von sich. Er und seine Familie waren ruiniert. Man fand ihn tot im Bach, der durch Zweibrücken fließt.

Marie lebte fortan von der Unterstützung der erwachsenen Kinder und von Zuwendungen ihrer Brüder.

In München ging die Ausbildungszeit von Theobald zu Ende und er brachte viele Neuigkeiten und erfreuliche Nachrichten aus der Hauptstadt mit: Unter der Herrschaft des beliebten und volkstümlichen Königs blühe das Land auf. Herr von Mannlich lasse mich ganz herzlich grüßen. Er war Generaldirektor der königlichen Galerien geworden, in denen jetzt auch die Bildersammlung von Schloss Karlsberg präsentiert werde. An die Rettung dieser wertvollen Gemälde könne er sich noch gut erinnern. Bei meiner Schwester Charlotte sei er sehr gut aufgenommen und in die bürgerliche Gesellschaft von München eingeführt worden. Dabei habe er auch eine junge Frau näher kennengelernt, die Tochter eines Brauereibesitzers, die ihn im Herbst in Diemerstein besuchen wolle. Erwin Hauck, Charlottes Mann, habe die Grundstücke, die er von seinen Eltern in Speyer geerbt hatte, zu einem formidablen Preis verkaufen können. Das Geld wolle er in die Praxis seines Sohnes investieren, der sein Medizinstudium abgeschlossen und sich in München als Arzt niedergelassen habe. Darüber hinaus bliebe sicher noch etwas für eine gute Mitgift seiner jüngste, noch unverheiratete Tochter übrig.

Meiner Charlotte war die Ankündigung der Bierbrauertochter nicht sonderlich angenehm. Theobald hatte noch eine weitere, für mich besonders erfreuliche Neuigkeit mitgebracht: Seine Majestät König Maximilian I. beabsichtige im Frühsommer seinen bayerischen Rheinkreis zu bereisen. Der Weg würde ihn, wie aus sonst gut informierten Posthalterkreisen zu erfahren war, über Speyer nach Kaiserslautern und Zweibrücken führen.

Im Innersten meines Herzens erhoffte ich, mein guter Max könnte sich vielleicht noch an die unbeschwerten Tage mit mir im Wald erinnern und würde seinem Reisemarschall Befehl geben, in Diemerstein die Pferde zu wechseln, um seinem alten Freund Karl zu begegnen.

Solchen Träumen gab ich mich hin.

Es dauerte nicht lange, da wurden die Stationen der bayerischen Post über den geplanten Reiseweg Seiner Majestät informiert. Die entsprechenden Briefe trafen versiegelt ein und waren nur vom Posthalter persönlich zu öffnen. Die Missachtung der Geheimhaltung war mit strengsten Strafen belegt. Um die Sicherheit des Monarchen und seiner Begleitung zu gewährleisten, behielt man sich kurzfristige Änderungen der Routen ausdrücklich vor. In der Wagenkolonne würden ausreichend Ersatzkutschen und frische Pferde mitgeführt, sodass nur in einigen wenigen, im Schreiben namentlich genannten Stationen angehalten werden sollte. Pferdewechsel werde nur in den Städten vorgenommen, die der König zu besuchen wünschte, entweder zum Übernachten oder um die Huldigung seiner Untertanen entgegen zu nehmen.

Die Poststation Diemerstein stand nicht auf der Liste.

Den genauen Tag der Ankunft des Königs in Kaiserslautern erfuhr mein Bruder Johannes als Erster. Der Monarch gedachte, im offenen Wagen durch Hochspeyer zu fahren, um sich von den Bürgern bejubeln zu lassen. Einen angemessenen Schmuck der Häuser entlang der Straße setzte man voraus. Gegebenenfalls sei dem Herrn Bürgermeister auch die Gelegenheit gegeben, ein kurzes Grußwort an Seine Majestät zu richten, bevor dieser seine Fahrt nach Kaiserslautern fortsetze, um dort das Mittagsmahl und die Huldigung seiner Untertanen entgegenzunehmen.

Johannes und seine Ratsherren entwickelten daraufhin eine emsige Betriebsamkeit. Die Hauptstraße wurde gewässert, gefegt und gebürstet. Das Pflaster war so sauber, man hätte darauf essen können. Vor dem Gasthof meines Bruders „Zu den drei Königen" gegenüber der Bürgermeisterei befand sich ein kleiner Platz. Dort gedachte er, den König gebührend zu empfangen. Girlanden wurden aufgehängt und der Dorflehrer malte mit der Unterstützung eines Hochspeyerer Malermeisters zwei große Schilder mit den Porträts des Monarchen und seiner Gemahlin. Über die Ähnlichkeit ließ sich streiten. Maximilian sah darauf aus wie ein alter Affe und das Bild der Königin rechtfertigte durchaus eine Anklage wegen Majestätsbeleidigung. Ich riet meinem Bruder, die beiden Ehrenschilder mit viel Blumenschmuck und Lorbeerkränzen zu verdecken, doch Johannes winkte ab. Er wollte die beiden Künstler nicht verärgern.

Der König komme vielleicht nie wieder in den Ort, während er dem Maler und dem Schullehrer täglich begegnen werde.

Ich musste ihm recht geben.

Jeden Tag hielt der dörfliche Pädagoge mit den Kindern Proben für einen mehrstimmigen Chorgesang ab, mit dem er die Ohren des hohen Gastes zu erfreuen hoffte. Kaum hatten die Schüler den Platz geräumt, kamen die Blasmusiker, die extra für diesen Tag einen bayerischen Marsch einstudiert hatten.

Da unsere Posthalterei direkt an der Straße liegt, gab ich Anweisung, sie ebenfalls mit Girlanden aus Waldgrün zu dekorieren. Im Hof sollte eine Kutsche der bayerischen Post aufgestellt werden und vor dem Gebäude eine Flagge mit dem bayerischen Wappen wehen. Mein Neffe, der noch vor kurzem in München gewesen war, hatte von dort die passenden Fahnen mitgebracht. Neben dem weißblauen Tuch hatte ich in seinem Gepäck auch eine schwarz-rot-goldene Fahne gesehen, die er in seiner Stube aufhing. Ich denke, das war die Fahne seines Freikorps und für ihn eine Erinnerung an die Befreiungskriege, wie man sie jetzt nannte.

Am Tag des Besuches des Königs sollte mein Neffe in der Station bereit sein, falls die Kolonne wegen eines lahmen Pferdes, eines verlorenen Hufeisens oder eines gebrochenen Wagenrades Hilfe benötigte. Die Postillione, die bei ihm blieben, waren in ihre besten Uniformen gekleidet. Theobald selbst, der aus München sein Patent als bestätigter königlich bayerischer Posthalter mitgebracht hatte, trug seine Galauniform mit goldenen Knöpfen und dem bayerischen Löwen. Meine Tochter Charlotte blieb bei ihm in der Station, sie trug eine eigentümliche Tracht, die ihr der Cousin in München gekauft hatte und die für meinen Geschmack oben herum zu viel Haut zeigte.

Ich selbst wollte mir in Hochspeyer die Durchfahrt des Königs ansehen und vielleicht meinen Bruder beruhigen, der seit Tagen seine

Rede auswendig lernte, an der er viele Nächte geschrieben hatte. Ich erinnerte ihn daran, dass Max vor langer Zeit einmal unser Spielkamerad gewesen war und solche Reden jetzt hundertmal anhören musste, ohne auch nur eine Silbe in Erinnerung zu behalten. Das machte ihn nur noch nervöser.

Agnes wollte mich nicht nach Hochspeyer begleiten. Sie liebte solche Veranstaltungen mit vielen Menschen nicht. Öffentliche Zurschaustellungen waren ihr verhasst. Der Gedanke, wie viele neugierige Augen sich auf die Frau des Posthalters richten würden, die zudem die Schwägerin des Bürgermeisters war, verdarben ihr die Lust, mit mir zu fahren. Zudem war meine Frau nach dem Wegzug von Vater und Sohn sehr still geworden. Der Verlust belastete sie immer noch. Manchmal vertraute sie mir an, es wäre ihr lieber gewesen, die beiden lägen draußen auf dem Friedhof. Dann wären sie ihr nah und sie hätte dort einen Ort, an dem sie trauern könnte. Die treue Derte blieb bei ihr auf dem Hof.

Was ich jetzt erzähle, klingt möglicherweise für die Ohren der nachgeborenen und künftigen Generationen, für die ich diesen Lebensbericht schreibe, unglaubwürdig. Es ist aber die reine Wahrheit, obgleich mir diese Geschehnisse damals selbst wie ein Traum vorkamen. Was sich da ereignete, erstaunte alle, die dabei waren, sehr und auch die Zeitungen haben ausführlich darüber berichtet.

Ich stand also neben meinem Bruder in Hochspeyer. Zwei Reiter, die der Kolonne vorausgeritten waren, galoppierten heran und kündigten das alsbaldige Eintreffen Seiner Majestät an. Der Lehrer erhob den Taktstock und die Chorkinder stimmten ihren Gesang an, unmittelbar danach übertönt durch sämtliche Glocken der beiden Kirchen Hochspeyers. Beide Konfessionen waren dem bayerischen König sehr zugetan, denn er hatte, obgleich selbst katholisch, der protestantischen Königin zuliebe die evangelischen Christen in seiner Residenz nicht nur geduldet, sondern auch nach Kräften gefördert.

Wenig später hielt die offene Kutsche mit dem König auf dem Platz an. Maximilian hatte sich etwas verändert seit ich ihn zum letzten Mal gesehen hatte. Er war stattlicher geworden und augenscheinlich um ein königliches Aussehen bemüht. Doch seine offene Miene und sein freundliches, herzerwärmendes Lachen zeigten mir immer noch den Max, den ich von früher kannte.

Seine Leibwächter waren kurz abgesessen und scharten sich um den Wagen. Ein Kutscher hielt die Pferde und die beiden Lakaien, die hinten auf der Kutsche standen, blickten gelangweilt. Sie hatten solche Haltepunkte in den Dörfern schon zu oft erlebt. Der König saß allein im Wagen, nickte freundlich den Schulkindern zu, winkte in Richtung der versammelten dörflichen Bevölkerung und erwartete die Grußworte des Bürgermeisters, der mit seiner Kette und dem Zylinder in der Hand das Ende der Gesangsdarbietungen herbeisehnte. Ich stand ohne Uniform, nur in meinem Sonntagsstaat, neben meinem Bruder, hielt sein Redemanuskript in den Händen, damit er es in der Aufregung nicht verlöre und blickte dem König ins Gesicht. Unsere Blicke trafen sich und während Johannes seine Ansprache begann, winkte Maximilian mir zu und forderte mich mit eindeutiger Handbewegung auf, zu ihm zu kommen. Ich schritt aus der Menge heraus und an die Kutsche heran. Mein Bruder sprach einfach weiter, vielleicht hatte er Angst, den Faden zu verlieren, wenn er seine Rede jetzt unterbrechen würde. Ein Leibwächter trat neben mich, doch der König befahl ihm mit einer energischen Geste, mich vorzulassen und die Tür des Wagens zu öffnen. Dann forderte mich Maximilian auf, sich einfach neben ihn in die Kutsche zu setzen und gab das Zeichen zur Weiterfahrt.

Ich weiß nicht, ob mein Bruder seine Ansprache noch beendet hat. Leute, mit denen ich später darüber sprach, bestätigten, es sei eine sehr gute Rede gewesen. Ich glaube, er hat sie doch erheblich gekürzt, als er sah, wie ich zu dem hohen Gast in den Wagen stieg.

Die Kutsche fuhr mit hoher Geschwindigkeit weiter, die Reiter voraus und die Kolonne hinterher. Ich hörte von ferne noch Vivatrufe und die Töne der Hochspeyerer Blaskapelle.

Max drehte sich zu mir um: „Ich freue mich so sehr, dir wieder zu begegnen. Ich habe oft an dich gedacht, an die schönen Zeiten, die wir gemeinsam erlebt haben und wie du mir damals geholfen hast." Dann schaute er an mir hinab: „Du bist aber auch ganz schön fett geworden. Ich nehme an, du bist glücklich verheiratet." Mit einem Mal war meine ganze Scheu verflogen. Wir waren wieder Max und Karl wie vor über fünfzig Jahren. Ich erzählte von meinem Leben als Posthalter, von meiner lieben Frau Agnes und von der Auswanderung meines Sohnes nach Amerika. Max seinerseits schilderte mir die schlimmen Erlebnisse, die er nach seiner Flucht aus Straßburg hinter sich bringen musste. Wie er zunächst im ehemaligen Schlösschen seines Vaters in Rohrbach Asyl gefunden habe, wie er die Wirren in Mannheim erlebte, als heimatloser Herzog mit seiner Familie bei den Preußen Zuflucht suchen musste, wie er seine geliebte erste Frau verlor und der Tod auch seine Kinder nicht verschonte. Ich merkte, wie es ihn glücklich machte, einmal mit einem Freund aus Kindertagen zu plaudern und nicht als Herrscher jedes Wort abzuwägen. Die Sprache kam auch auf unseren gemeinsamen Freund Napoleon. Max meinte, er habe ihm sehr viel zu verdanken und sein Seitenwechsel bei der Schlacht von Leipzig betrübe ihn heute noch, aber das sei politisch notwendig gewesen. Von seiner Schwester, der sächsischen Königin, hatte er erfahren, Napoleon habe ihr bei seinem Abmarsch gesagt: „Ihr Bruder ist das größte Schlitzohr, das ich kenne." Max lachte: „Doch ich lasse keinen alten Freund im Regen stehen, wenn es ihm mal dreckig geht. Als Napoleon nach Elba verbannt war und seine Mutter und seine Schwester ihn dort nicht besuchen durften, da habe ich den beiden einfach bayerische Pässe ausgestellt. Und weißt du, auf welche Namen? Madame und Mademoiselle de Deuxponts. Christian und Wilhelm hätten sicher nichts dagegen gehabt."

Die Fahrt nach Kaiserslautern verging viel zu schnell. Vor dem Gebäude, in dem auch das Essen eingenommen werden sollte, standen Tausende von Menschen. Die ganze alte Kaiserstadt schien auf den Beinen. Alle Honoratioren waren versammelt. Die Kolonne hielt an, Kinder sangen, ein Würdenträger begann eine Ansprache. Die Türen des Wagens wurden geöffnet und unter dem Jubel der Bevölkerung entstieg der Monarch der Kutsche. Ich wollte schnell in der Menge der Anwesenden untertauchen, doch Maximilian hielt mich am Arm fest: „Bleib bei mir und in meiner Nähe." Er nahm die Huldigungen entgegen und ich hatte keinen Zweifel daran, wie ernst er es mit seinen Dankesworten meinte. König Maximilian ist ein Familienmensch im wahrsten Sinne des Wortes und seine Untertanen betrachtet er auch als seine Familie. Wenn er von seinen Landeskindern spricht, dann meint er es wirklich so.

Drinnen war bereits eine riesige Tafel vorbereitet, die Tischordnung zweifellos schon seit Wochen festgelegt. Der König brachte die Anordnung gleich beim Eintritt in den Saal durcheinander, indem er befahl, ich sollte neben ihm sitzen. Niemand hatte den Mut, sich den Befehlen Seiner Majestät zu widersetzen. Als wir Platz nahmen, war ich innerlich so aufgewühlt, dass ich mich daran nur noch erinnere wie an einen schönen Traum. Ich weiß gar nicht mehr, was serviert wurde. Es hätte auch verbrannte Holzkohle mit Gras sein können, es wäre mir nicht aufgefallen. Die langatmigen Tischreden langweilten Maximilian ebenso wie mich, doch er machte immer ein aufmerksames Gesicht und nickte den jeweils Vortragenden freundlich zu. Jeder musste den Eindruck gewinnen, gerade seine Ausführungen hätten den König in besonderer Weise berührt. Dazwischen fand Max immer noch Zeit, mit mir zu tuscheln. „Kannst du dich noch an den jungen Wenzel von Metternich erinnern, dem du in Straßburg begegnet bist? Er hat am Hof in Wien Karriere gemacht und mir beim Kongress in Wien sehr geholfen. Auch der gute Wenzel hat unser Treffen mit Napoleon nicht vergessen. Er hat sich mit ihm sogar noch einmal zu einem persönlichen Gespräch getroffen. Unter vier Augen, ganz so wie früher. Da war Bonaparte auf dem Höhepunkt seiner Macht. Wenzel hat ihm geraten, es jetzt gut sein zu lassen, keine neuen Kriege mehr zu führen und keine Schlachten mehr zu schlagen. Doch Napoleon habe ihm gesagt: „Eure Könige und Kaiser gehen nach einer verlorenen Schlacht in ihre Schlösser zurück und bleiben Könige und Kaiser. Ich bin nur ein Kind des Krieges und kann den Krieg nicht beenden, solange meine Feinde noch aufrecht stehen, sonst bin ich verloren." Wenzel hat ihn verstanden.

Max erzählte mir auch viel von seiner zweiten Frau und seinen Kindern. Er hoffte, seinem Sohn Ludwig ein geordnetes und sicheres Königreich zu hinterlassen, in dem endlich Frieden herrsche. Ich bewunderte den König immer mehr. Mit großer Freundlichkeit tröstete er mich auch über den Verlust meines Sohnes hinweg. Der habe recht getan, nach Amerika auszuwandern. Er selbst kenne viele tüchtige Männer aus den Vereinigten Staaten. Dort beginne die Zukunft. Er selbst wäre gerne damals mit Christian und Wilhelm im Regiment Royal Deux-Ponts nach Amerika gegangen. Möglicherweise wäre er als Siedler dortgeblieben. Damals war er nur der unbedeutende Bruder eines Herzogs, niemand hätte je daran gedacht, er würde einmal selbst Kurfürst oder sogar König werden.

Als die Tafel aufgehoben wurde, begleitete ich Max noch bis zu seiner Kutsche. Dort umarmte er mich vor allen Leuten und verabschiedete sich: „Lieber Karl, vergiss niemals deinen Max, der jetzt dein König ist und der immer dein Freund bleiben wird, solange er lebt."

Dann schieden wir voneinander. Der Posthalter von Kaiserslautern, der von ferne zugesehen hatte, kam zu mir, begrüßte mich und bot mir an, mich mit seiner Kutsche zurück nach Hause zu bringen.

Die Geschichte meiner Begegnung mit dem König war schneller als ich selbst in Diemerstein. Charlotte, Theobald und alle meine Leute drängten mich zu erzählen, wie es gewesen sei und was der König zu mir gesagt habe. Meine Tochter scherzte, ich sei bestimmt zum ganz geheimen Hofrat ernannt worden, und mein Neffe fügte hinzu, sein Onkel Karl sei jetzt Träger des unsichtbaren königlichen Hausordens erster Klasse. Ich lachte dazu und meinte, es sei die Begegnung zweier alter Freunde gewesen, die das Schicksal auseinandergerissen hatte. Die älteren meiner Mitarbeiter hatten schon davon gehört, dass die herzoglichen Kinder aus Zweibrücken früher in Diemerstein zu Besuch waren und kannten die Geschichte von der Flucht des Herzogs.

Als ich wieder auf dem Hof war, küsste mich Agnes zur Begrüßung und meinte, ob ich an diesem Tag glücklich gewesen sei. Ich bejahte ihre Frage und wusste im gleichen Moment, dass es nicht ihrer Vorstellung von Glück entsprach, wenn ich mich öffentlich wichtigmachen konnte. Mein Bruder war zu uns auf den Hof gekommen und hatte die Ereignisse vor allen ausgebreitet, die seinen Berichten lauschen wollten. Er betonte, wie entzückt Seine Majestät von der Rede des Bürgermeisters war, wie das Volk den Herrscher immer wieder hochleben ließ und schließlich die allgemeine Verblüffung, als sein Bruder an die Kutsche gerufen wurde, um zusammen mit dem Monarchen die Fahrt fortzusetzen. Das sei im Augenblick das Gespräch auf allen Gassen und in den Wirtshäusern in Hochspeyer. In den nächsten Tagen würde man davon einiges in den Zeitungen lesen. Die Bürger seien der festen Überzeugung, der Posthalter sei jetzt schon auf dem Weg nach München, um dort Minister zu werden oder zumindest Präsident der Regierung des Rheinkreises. Das war natürlich alles dummes Gerede.

Um meiner Frau etwas Schönes zu sagen, erzählte ich ihr, wie sich Maximilian positiv über die Auswanderung unseres Sohnes geäußert habe und von seiner Überzeugung, der junge Mann werde dort sein Glück machen.

Als es in diesem Jahr fast ununterbrochen regnete und der Himmel voller dunkler Wolken war, schien es mir doch ein großes Glück gewesen zu sein, dass der Besuch des Königs auf einen der wenigen sonnigen Tage gefallen war. Was wäre passiert, wenn es geregnet hätte? Mein Bruder hätte im Regen gestanden, die Kinder hätten sich erkältet und Max wäre nicht in der offenen Kutsche gefahren und hätte mich gar nicht erkannt.

Der Dauerregen machte meine liebe Frau Agnes trübsinnig. Das dunkle Wetter trug nicht zu ihrer Aufmunterung bei. Tagsüber blieb es immer dämmrig und im Wald, wo sie ehedem so gerne spazieren gegangen war, herrschte auch am Mittag eine Dunkelheit, als würde es gleich Nacht. Charlotte muffelte vor sich hin, der Aussicht beraubt, vielleicht doch noch ihren feschen Cousin heiraten zu können. Sie machte sich mit ihren vierundzwanzig Jahren wirklich Sorgen, sitzen zu bleiben.

Theobald entwickelte sich auf der Station gut und ich konnte mich immer mehr aus dem normalen Geschäft zurückziehen. Eines Tages, es war einer dieser typischen Regentage dieses Jahres, traf eine wirklich eigentümliche Reisegruppe in der Posthalterei ein und mein Neffe konnte mit seinen guten Kenntnissen der englischen Sprache glänzen. Es war ein dünner Mann Mitte zwanzig mit zwei jungen Damen und einem Säugling. Sie kamen aus England und gehörten dort offensichtlich der besseren Gesellschaft an, denn sie sprachen perfekt Französisch. Gleichwohl waren sie aber erfreut, mit Theobald in ihrer Muttersprache reden zu können. Da Gäste von der Insel in meiner Station selten sind, begrüßte ich die Reisenden. Sie waren auf dem Weg in die Schweiz und mussten bei uns übernachten, denn der Weg zum Rhein war durch Überflutungen versperrt. Zudem hatte der andauernde Regen den Boden aufgeweicht und Bäume lagen quer auf der Straße nach Dürkheim.

Ich stellte mich als Posthalter vor und fragte nach ihren Wünschen. Die Engländer dachten wohl, ich sei einer jener Wirte, die bei Gästen, die zum Aufenthalt gezwungen seien, gleich ein fettes Geschäft wittern. Sie beteuerten, sie bedürften keiner luxuriösen Unterkunft oder eines üppigen Nachtmahls. Einfache Zimmer würden genügen und das Essen in der Gaststube. Der Mann hieß Mister Schilli oder so ähnlich, eine der Damen nannte sich Mary Godwin und die andere war ihre Stiefschwester Claire Clairmont. Sie waren alle drei etwas jünger als meine Tochter Charlotte und ich wunderte mich, warum sie ein so kleines Kind mit auf die Reise genommen hatten. Ich konnte sie auch trotz meiner jahrzehntelangen Erfahrung nicht richtig einschätzen. Die Namen sagten nichts darüber aus, ob sie verheiratet waren, und wer war die Mutter des Kindes? Ich bin Posthalter und kein Tugendwächter, deshalb war es mir gleich. Die Gäste wirkten gebildet und kultiviert. Ich hatte keine Angst, auf der Rechnung sitzen zu bleiben.

Theobald wurde zur Geschichte der Burgen im Ort befragt, und weil der Tag noch nicht so weit fortgeschritten war und ich selbst auf der Station nach dem Rechten sehen konnte, bot sich mein Neffe an, die Fremden nach Frankenstein zu führen, um ihnen die Ruine zu zeigen.

Da sie sich auf dem Hof langweilte und von den Gästen aus England gehört hatte, kam Charlotte am Abend in die Station. Madame Godwin hatte ihren Fremdenführer gebeten, ihnen beim Abendessen Gesellschaft zu leisten, und meine Tochter wurde aufgefordert, auch bei der lustig plaudernden Schar Platz zu nehmen. Das kleine Kind war schon zu Bett gebracht worden.

Am nächsten Tag reisten die Engländer weiter. Ich hörte aber, wie sich meine Tochter und Theobald über die Gespräche des vorangegangenen Abends unterhielten. Beide waren sehr beeindruckt. Die Fremden waren moderne Schriftsteller und ihre Ansichten von der Welt und über persönliche Beziehungen wirklich ungewöhnlich. Charlotte erzählte mit ziemlicher Begeisterung, die drei würden die Ehe als eine überholte, ja schädliche Einrichtung ablehnen. Der Mensch sei nur frei, wenn er seine körperlichen Bedürfnisse ohne eheliche Bindungen ausleben könnte, und die sexuelle Befreiung sei die Voraussetzung zur gesellschaftlichen und politischen Befreiung der Menschheit. Ich weiß nicht, ob ich das alles so richtig verstanden habe. Ich ermahnte Charlotte, sie sollte sich nicht an solchen Leuten orientieren, der Säugling, den sie dabeihatten, sei der beste Beweis, wohin allzu freie Liebe führen könnte, und eine derartige Denkweise sei verantwortungslos. Am Anfang steht die freie Liebe, dann kommt die Auflösung der Familie, danach Zerfall der allgemeinen Ordnung und schließlich die Revolution. Ich weiß, wovon ich spreche.

Um mich abzulenken, schilderte Theobald, wie er die Gäste zur Burg geführt hatte und wie sie auf dem Rückweg von einem Gewitter überrascht wurden. Die verfallenen Mauern der Burg und der Turm von Blitzen umzuckt, das sei schon ein eindrucksvoller Anblick gewesen. Miss Godwin habe den jungen Mann bei der Hand genommen und ihm zugeflüstert, ihr sei gerade der Gedanke für einen Roman gekommen. Eine Gruselgeschichte, die sie wie die Burg nennen wollte.

Charlotte und Theobald diskutierten noch oft darüber, was sie von den Engländern gehört hatten, und meine Tochter bedauerte, kein Englisch zu können. Solche Bücher hätte sie gerne gelesen.

Wie angekündigt, kam die Münchener Bierbrauertochter im Herbst zu uns oder besser gesagt zu Theobald nach Diemerstein. Sie hieß Theresia Sedlmayr und war ein hübsches, munteres Mädchen mit einer ausgeprägten bayerischen Mundart, die mich sehr stark an meinen Freund Rockinger erinnerte. Mein Neffe nannte sie nur Resi. Sie wollte vier Wochen bei uns bleiben.

Da Theobald die alte Posthalterwohnung in der Station bezogen hatte, in der früher meine Eltern lebten, zog sie einfach bei ihm ein. Die Bürger im Ort fanden das etwas ungewöhnlich und der Mennonitenprediger hätte bestimmt wieder etwas von Sodom und Gomorrha von sich gegeben, aber es gab in Diemerstein keinen Mennonitenprediger mehr.

Theresia kam mit Theobald kurz nach ihrer Ankunft auf den Hof und stellte sich ihrer „Tante Agnes“ vor. Meine Frau hatte gewisse Schwierigkeiten, ihren Dialekt zu verstehen, doch sie hatte sich als Kind schon an die pfälzischen Laute gewöhnen müssen und die beiden unterhielten sich nett, ohne dass ich dolmetschen musste. Neugierig kam Derte zu uns, um beim gemeinsamen Abendessen zu servieren, und entschuldigte das Fernbleiben Charlottes, sie habe sich wegen Migräne bereits zu Bett begeben.

Resi gefiel mir sehr gut. Sie war offen und herzlich, freundlich zu jedermann, und ich wünschte, mein Neffe könnte mit ihr die Frau fürs Leben gefunden haben. Wie ihr Vater und möglicherweise alle Bayern liebte sie die Jagd. Sie begleitete mich und den alten Gimbel Hans auf die Pirsch und erstaunte uns beide, wie geschickt sie mit der Büchse umgehen konnte. Einen flüchtigen Keiler traf sie auf dreißig Schritt Entfernung mitten ins Blatt.

In der Station und in den umliegenden Dörfern hatte es sich bald herumgesprochen, dass der junge Posthalter eine Frau aus München bei sich wohnen habe und wohl bald wieder mit einer großen Hochzeit im Tal zu rechnen sei.

Sogar der protestantische Pastor aus Hochspeyer kam in die Station, angeblich um in Frankenstein Kirchenangelegenheiten zu erledigen und vor der Rückfahrt noch ein Glas Wein mit Theobald zu trinken. Er hatte gehört, seine Braut sei katholisch und sie lebten schon wie Mann und Frau zusammen. Er wollte diesen paradiesischen Zustand keinesfalls tadeln, ja er begrüßte es sogar ausdrücklich, denn er hoffte, die Frau würde bei der Hochzeit der Konfession ihres Mannes folgen. Theobald schenkte dem Pastor noch einen Wein „aufs Haus" ein und sagte dazu nichts. Einen Tag zuvor war nämlich auch der katholische Priester in der Station gewesen, der am Sonntag Resi und Theobald in seiner Kirche gesehen hatte. Er bat darum, die junge Münchnerin zu rufen, und gratulierte ihr zur Wahl des Bräutigams. Falls sie das Bedürfnis habe, über die vorehelichen Begegnungen mit ihrem künftigen Mann die Beichte abzulegen, so könne er sie kraft seines Amtes beruhigen: „In Hochspeyer sehen wir die Dinge nicht so eng. Wenn Gott zwei Menschen zusammenführt, dann darf sich die heilige Mutter Kirche nicht dazwischendrängen." Er freue sich schon auf eine schöne Trauung in seiner Kirche, der Übertritt des Herrn Ritter zum katholischen Bekenntnis sei nur eine Formsache und er gehe davon aus, dass die Kinder im Glauben der Mutter erzogen würden, wie es sich gehöre." Theresia hatte ihn nur freundlich angelächelt.

Als für die junge Münchnerin die letzte Woche in Diemerstein angebrochen war, kam ihr Bruder, um mit ihr nach Hause zu fahren.

Er hatte den bei uns etwas unüblichen Namen Ruppert und machte wie seine Schwester einen sehr angenehmen Eindruck. Er und Theobald kannten sich bereits aus München. Agnes und ich luden ihn ein, bei uns in einem der Gästezimmer auf dem Hof zu wohnen. Das nahm er gern an und bat darum, meinem Herrn Bruder vorgestellt zu werden. Das konnte ich arrangieren und so kam Johannes zu uns auf den Hof.

Ruppert Sedlmayr war gelernter Bierbrauer wie sein Vater, den er im Betrieb bereits tatkräftig unterstützte. Ein höflicher und intelligenter junger Mann, der wusste, was er wollte.

Als Johannes auf dem Hof ankam, machte ich die beiden bekannt und der junge Sedlmayr brachte seine Freude zum Ausdruck, den Herrn Bürgermeister, von dem er schon so viel Gutes gehört habe, nun auch persönlich kennen zu lernen.

Ohne weitere Umschweife kam er gleich zur Sache: „Es drängt mich Sie, sehr verehrter Herr Ritter, davon in Kenntnis zu setzen, dass meine Schwester bereits verlobt ist."

Mein Bruder wurde leichenblass und ich fühlte mich sofort an meine Enttäuschung mit Francesca erinnert. Der junge Sedlmayr sprach ruhig und besonnen: „Bei seinem Aufenthalt in München haben sich Ihr Sohn und meine Schwester beim Empfang des Barons von Bechtolsheim kennengelernt. Die beiden wussten schon nach kurzer Zeit, dass sie füreinander bestimmt sind. Sie gestanden sich ihre Liebe und Theobald Ritter hielt bei meinem Vater um Theresias Hand an. Meine Schwester war seit jeher in ihren Entscheidungen ebenso selbstständig wie sicher und auch unserem Vater gefiel ihre Wahl. Er gab freudig seine Zustimmung zu dieser Verbindung. In unserer Brauschänke wurde die Verlobung gefeiert.

Je näher freilich der Tag der Abreise kam, desto mehr plagte Theobald sein Gewissen, ohne die Zustimmung seines Vaters um seine Auserkorene geworben zu haben. Wir verabredeten daher, die Verlobung vorerst noch geheim zu halten und erst nachdem die Braut sich ihrer künftigen Familie vorgestellt und deren Gunst gewonnen habe, den Segen des Vaters zu erbitten.

Verehrter Herr Bürgermeister, die Welt dieser Tage ist nicht mehr die Welt des Mittelalters. Es ist jedoch schon ein wenig eine verkehrte Welt, wenn ich Sie heute als Bruder der Braut bitte, ihr den Sohn zum Gemahl zu geben. Meine Schwester Theresia hat eine gute Bildung im Institut der Franziskanerinnen in München genossen. Sie spricht Französisch wie Deutsch. Die hausfraulichen Tätigkeiten erlernte sie bei unserer guten Mutter und das Kochen bei unserer

Köchin in der Brauschänke. Sie liebt Musik und Tanz, soweit es für eine anständige junge Frau schicklich ist, und in der Tradition unserer Familie auch das edle Waidwerk."

Ich nickte zustimmend und Johannes wirkte immer noch leicht verwirrt.

„Mein Vater hat das Brauhaus am Münchener Hof geleitet und erst vor einiger Zeit von einer angesehenen Brauerfamilie unsere Brauerei käuflich erworben, die er zu erweitern und zu verbessern gedenkt. Daher wird er seiner Tochter auch nur eine bescheidene Mitgift zuwenden können."

Ruppert bezifferte daraufhin einen Betrag in bayerischen Golddukaten, der mir den Atem stocken ließ. Bescheiden konnte man diese Summe wirklich nicht nennen. Theresia wäre damit bei uns die beste Partie weit und breit gewesen.

Mein Bruder wurde allmählich wieder lebendig, meinte, er sei ein moderner Vater und sein Sohn könne frei entscheiden. Wäre er zuvor gefragt worden und hätte die Braut schon früher kennengelernt, dann hätte er ohne Zweifel seinem Sohn zu dieser Verbindung geraten. Die Brautwerbung des Bruders sollte der Grundstein für eine glückliche Verbindung sein.

Theresia und Theobald, die wohl die Absicht des Bruders kannten, waren bereits auf den Hof gekommen und traten in den Raum, um von allen Seiten beglückwünscht zu werden. Ich gab meinem Kutscher Anweisung, meine Schwägerin aus Hochspeyer zu holen, und wir feierten an diesem Abend auf dem Hof die zweite Verlobung des glücklichen jungen Paares. Die steckten sich vor aller Augen ihre Ringe an und küssten sich. Nur Charlotte blieb der Feier fern. Sie hatte wieder Migräne.

Bevor Ruppert und Theresia abreisten, hatten sie noch viel mit meinem Neffen zu besprechen. Die Hochzeit sollte in der Station sein. Beim Rundgang durch die Posthalterei bemerkte der junge Sedlmayr, ein kleiner Anbau würde ausreichen, auch hier eine Brauerei zu gründen. Gutes Wasser sei reichlich vorhanden und die Bauern würden sich bestimmt freuen, die Gerste einer Mälzerei in Diemerstein anliefern zu können. Guten Hopfen könnte er aus dem Bayerischen besorgen. Er versprach bis zur Wiederkehr einen detaillierten Plan dafür auszuarbeiten.

Als Datum für die Vermählung hatte man den Laurentiustag des kommenden Jahres ausgesucht, an dem in Hochspeyer das Kirchweihfest begangen wurde.

Das Jahr 1817 kündigte sich mit Eis und Schnee an. Der Winter war auch für unser schattiges Tal extrem hart. Von den Felsen am Ortseingang hingen meterlange Eiszapfen herab und der Regen des Vorjahres verwandelte sich ab Oktober in Schnee. Er lag über dem Land wie ein Leichentuch und wollte überhaupt nicht schmelzen. Wir fürchteten, die Brennholzvorräte in der Station und auf dem Hof würden diesmal nicht ausreichen. Sogar nach dem Lichtmessfest kam die Sonne nur sehr zaghaft. Die Abende blieben dunkel wie im Dezember. Agnes erblickte in diesen trüben Tagen ein böses Vorzeichen und sie malte sich aus, wie es jetzt Kind und Enkel auf dem sturmgepeitschten Meer gehen könnte.

Ich schrieb an Rockinger, ob er in den Hafenstädten etwas über die Situation und den Schiffsverkehr auf dem Atlantik in Erfahrung bringen könnte. Da er den wahren Grund meiner Nachfrage nicht kannte, schickte er mir dramatische Berichte über Schiffsuntergänge, von denen erzählt wurde. Ich warf die Briefe so schnell wie möglich ins Feuer, damit sie meiner Frau nicht in die Hände fielen.

Agnes war immer sehr traurig und oft niedergeschlagen. Fast zwei Jahre waren seit dem Auszug der Siedler verstrichen und sie war immer noch ohne Nachricht über das Schicksal unseres Sohnes und ihres Vaters.

Das dunkle Wetter trug nicht zu ihrer Aufmunterung bei. Es war ein stummer Frühling, nirgends erwachten die Singvögel und als die Apfelbäume vor dem Hof blühten, machte der Frost in einer einzigen Nacht die ganze Pracht zunichte. Schon im Vorjahr war der Himmel immer mehr grau als blau gewesen. Abgelenkt von den Erlebnissen um Theresia und Theobald hatte ich mir keine Gedanken darüber gemacht, auch nicht, als mich der Verwalter auf dem Hof informierte, die Ernte sei noch nie so gering ausgefallen wie in diesem Jahr. Ich schob es auf die Abwesenheit von Ammann und glaubte, das Fehlen dieses erfahrenen Mannes mache sich bemerkbar. Ich hoffte, sein Nachfolger würde sich schon bald eingearbeitet haben.

Das war ein Irrtum. In der ganzen Gegend war die Ernte so schlecht wie seit Menschengedenken nicht mehr. Landauf, landab waren die gleichen Klagen zu hören. Als der Schnee endlich schmolz, trat der Speyerbach über die Ufer und wurde zum reißenden Fluss. Einmal stand das Wasser sogar bis dicht vor der Station. Die Straße nach Hochspeyer war tagelang nicht befahrbar.

Mein Bruder veranlasste die Räumung der Häuser, die in der Dorfmitte am Bach gebaut waren. In der katholischen Kirche, die etwas erhöht stand, zimmerte der Schreiner Ruble Verschläge und kleine Kammern, um den Unglücklichen wenigstens vorübergehend eine Heimstatt zu bieten. Aus Zweibrücken schrieb mir meine Schwester, die Stadt stehe teilweise unter Wasser. Rund um das alte Herzogschloss wäre ein großer See entstanden und in der Hauptstraße seien die Häuser nur noch mit Kähnen zu erreichen.

Als Posthalter bin ich immer gut informiert, das bringt der Beruf mit sich: Überall im Land bot sich das gleiche Bild, Unwetter und Ernteausfälle, wohin man sah. Bis zum Frühsommer waren die Vorräte in den Dörfern und Städten aufgebraucht. Der Preis für Getreide stieg in einem Maße, wie ich es noch nicht erlebt hatte. Bislang konnten wir die Tiere stets aus der eigenen Landwirtschaft versorgen, doch in diesem Jahr war es nicht mehr möglich. Wir mussten zum ersten Mal Futtermittel zukaufen. Schuck und mein Neffe kamen zu mir und erklärten, die Kosten für den Unterhalt der Postpferde übersteige nun bei Weitem den Ertrag. Es sei sogar denkbar, dass wir bald gar kein Futter mehr einkaufen könnten, gleich zu welchem Preis. Sie rieten dringend, den Bestand auf das Notwendigste zu reduzieren.

Jedes meiner Pferde war mir ans Herz gewachsen, ich kannte ihre Namen und ihre Eigenarten. Wenn ein Tier wegen seines hohen Alters nicht mehr im Postdienst eingesetzt werden konnte, dann bekam es bei mir auf dem Hof sein Gnadenbrot. Doch wie die Dinge jetzt standen, war in absehbarer Zeit auch für die Menschen kein Brot mehr da.

Die Bauern schlachteten Schweine und Kühe, weil es kein Futter mehr gab. Zunächst sanken die Fleischpreise, um dann wie der Brotpreis in schwindelnde Höhen zu schnellen, denn es gab kein Fleisch mehr. Es wurde für mich auch immer schwieriger, die durchreisenden Gäste zu versorgen. Oft hatte ich den Verdacht, die Passagiere legten bei mir nur eine Rast ein, um sich einmal wieder satt essen zu können. Mit Sorge überwachte ich täglich die schwindenden Vorräte.

Theobald machte sich mehr Gedanken um die Station als um seine bevorstehende Hochzeit. Als ich ihn darauf ansprach, meinte er, Resi sei nicht besonders anspruchsvoll, sie sei sparsam erzogen worden und eine üppige Hochzeitsfeier sei nur eine Äußerlichkeit und im Grunde gar nicht wichtig. Auch mit seinem Vater habe er bereits darüber gesprochen. Bei der Kontrolle der ein- und ausgehenden Post war es mir nicht verborgen geblieben, dass die beiden Verliebten jeden Tag Briefe tauschten.

In diesem Jahr würde es wohl keinen Sommer geben. Mein Bruder Johannes kam zu mir und erzählte ganz verzweifelt, seine Bürger würden hungern. In allen Dörfern gebe es kaum noch Brot. Selbst der reiche Sägewerksbesitzer aus Frankenstein müsse täglich ein kleines Vermögen ausgeben, um sich und seine Familie zu ernähren. Er habe bereits in seinem Betrieb eine Suppenküche für die Arbeiter eingerichtet, damit diese wenigstens einmal am Tag etwas Warmes in den Bauch bekämen.

Woanders musste es noch schlimmer sein. Reisende erzählten mir, sie hätten in der Schweiz Kinder gesehen, die auf den Bergwiesen grasten wie die Schafe, nur um einigermaßen den quälenden Hunger zu stillen. Das war für Johannes, den wackeren Bürgermeister, kein Trost. Wir beratschlagten, was zu tun sei, und kamen überein, Getreide nach Hochspeyer und die umliegenden Dörfer einzuführen. Mein Bruder und ich galten als die reichsten Männer der Gegend und wir sahen es als unsere Pflicht an, jetzt Hilfe für die Ärmsten der Armen zu leisten.

Ich schrieb also an meinen Freund Sepp, der mir einmal gesagt hatte, es gebe nichts, was Rockinger nicht besorgen könnte. Er sollte als mein Agent Getreide aufkaufen, gleichgültig zu welchem Preis und es nach Hochspeyer transportieren. Die notwendigen Kreditbriefe würde ich auf ein Bankhaus seiner Wahl ausstellen.

Schon bald antwortete er auf meine Bitte. Ich hatte mich in diesem tüchtigen Handelsmann nicht getäuscht. Er schrieb, in Polen seien die Ernten in letzter Zeit gut gewesen, die Speicher voll und die Preise nur moderat angestiegen. Er habe auf meine Rechnung mehrere Wagenladungen Getreide und Hülsenfrüchte geordert und die Option auf weitere Lieferungen, falls ich es wünschte. Den Transport übernehme ein ihm bestens bekannter und gut beleumundeter Unternehmer, mit dem er seit Jahren zusammenarbeite. Er werde es so einrichten können, dass die Wagen in den Ländern, in denen Hungersnot herrsche, nicht beschlagnahmt würden und auch für eine angemessene Bewachung der wertvollen Fracht würden die erforderlichen Vorkehrungen getroffen. Dafür müsse er mir allerdings einen kleinen Aufschlag in Rechnung stellen. Er hatte offensichtlich viel bei unserem gemeinsamen Lehrherren Cuvillier gelernt und es schien mir, er übertreffe den Meister noch an Raffinesse. Gerne hätte ich jetzt meinen Fritz bei mir gehabt und ihm an diesem Exempel gezeigt, wie ein von ihm verachteter liberaler Kaufmann den Menschen besser beistehen könne als ein bibellesender Beter.

Als die Not am größten, viele Hochspeyerer und Fischbacher vom Hunger getrieben ausgewandert waren und sogar die Hälfte der jüdischen Gemeinde in Frankenstein sich auf den Weg gemacht hatte, kamen die von Rockinger versprochenen Wagen an. Ich erinnere mich noch genau, der katholische Priester hatte seine Schäfchen schon darauf vorbereitet, es würde in diesem Jahr kein Kirchweihfest wie immer geben, sondern mit Gebet und Buße sollten sie auch diese Prüfung überstehen. Wir füllten die Vorratskammern in der Station und auf dem Hof. In den nächsten Tagen sollten noch fünf weitere Transporte eintreffen. Auch an Pökelfleisch und gesalzenen Fisch hatte Rockinger gedacht.

Die Lieferungen von und zu den Mühlen vertraute ich meinen zuverlässigsten Postillionen an, sie wurden vom Gemeindediener oder sogar von Gendarmen begleitet. Mein Bruder erstellte einen Plan, welche der örtlichen Bäckereien versorgt werden sollte, und er verpflichtete jeden, der Mehl erhielt, genau über die ausgegeben Brote Rechenschaft abzulegen. Für die besonders Bedürftigen der Gemeinde musste jeder Bäcker eine gewisse Anzahl Brote in der Bürgermeisterei abliefern. Wer sich nicht an diese Anordnung hielt, sollte von der Verteilung ausgeschlossen werden.

Der katholische Geistliche wollte in dieser Notzeit eine Suppenküche für die Armen in der Kirche einrichten. An Messe wie üblich war sowieso nicht zu denken. Immer noch wohnten viele Familien in den Verschlägen innerhalb des Gotteshauses und die meisten waren zu entkräftet, um sonntags in die Kirche zu kommen.

In einem der Briefe, die Theobald täglich von seiner Resi erhielt, hatte sie ihm ein Rezept für eine Suppe beigefügt, die in München zur Speisung der Hungernden zubereitet wurde. Diese Suppe wurde Rumfordsuppe genannt. Sie war nach einem gewissen Grafen Rumford genannt, der eigentlich Benjamin Thompson hieß und in Amerika geboren wurde. Beim vormaligen bayerischen Kurfürsten Karl Theodor stand dieser geniale Mann in höchstem Ansehen, er wurde Kriegsminister, führte zahlreiche Neuerungen für die Verpflegung der Soldaten ein und experimentierte mit den verschiedensten Methoden zur Verbesserung der Ernährung der Bevölkerung. Die genannte Suppe erfand er zur Speisung in den bayerischen Armenhäusern. In der jetzigen Notzeit kam sie gerade recht, sicherte sie doch mit wenig Aufwand vielen Hungernden das Überleben.

Das Rezept bestand darin, Graupen und Erbsen mit Wasser so lange zu kochen, bis eine dicke Brühe entsteht. Resi schrieb, in ihrer Braustube würden täglich viele Hundert Teller dieser Suppe an die Hungernden ausgegeben. Sie selbst stehe den ganzen Tag am Herd und schöpfe aus den großen Töpfen in die Gefäße. Bei den Bäckern sammele sie altbackenes Brot, schneide die harten Kanten in kleine Würfel und rühre sie in die Suppe ein. Das fördere die Verdauung und verlängere den Genuss beim Essen. Nirgends sei die Suppe so gut wie in der väterlichen Brauerei. Die Graupen könnten sie aus dem vorhandenen Gerstenvorrat selbst herstellen und mit Bieressig das Gericht sogar noch verfeinern. Sogar seine Königliche Hoheit Maximilian I. habe seinen ehemaligen Hofbraumeister Sedlmayr mit einem Besuch geehrt, ihm für sein Engagement bei der Speisung der hungernden Bevölkerung gedankt und von der Suppe gekostet, die er wortwörtlich als köstlich bezeichnete. In seiner leutseligen Art habe er mit den Anwesenden gesprochen und natürlich auch die hübsche Suppenwirtin angeredet. Als sie ihm offenbarte, bald München zu verlassen, um die Frau eines Postmeisters in Diemerstein zu werden, habe der König gelächelt und ihr aufgetragen, seinen Freund Karl von ihm zu grüßen.

Wir hatten wenig Gerste für Graupen, doch als gute Pfälzer noch ein paar Kartoffeln in unseren dunklen Kellern eingelagert. Von allen Bauern in der Nähe, die diese neuen Früchte angebaut hatten, kaufte ich für gutes Geld alle Bestände auf. Den fehlenden Bieressig ersetzten wir durch Holzessig, den es bei uns reichlich gab, und bald dampfte in den großen Kesseln in der Posthalterei und im Gasthaus meines Bruders in Hochspeyer die Rumfortsuppe. Von morgens bis abends schöpften Agnes und Charlotte, unterstützt von den Serviererinnen der Station die Suppe in Tassen, Teller und in die Gefäße, die die Hungernden mitbrachten, um zu Hause ihre Familien zu ernähren. Mein Bruder schleppte ganze Wannen mit dieser willkommenen Nahrung zu den beiden Kirchen und erwarb sich so das Wohlwollen und den Segen beider Konfessionen. Einmal konnte ich sogar beobachten, wie ein altes Mütterchen, das aus Frankenstein herbeigehumpelt kam, meiner Agnes vor Dankbarkeit die Hand küsste.

Für meine Gäste in der Station schnitt ich einige Stücke Pökelfleisch in die Suppe und sogar verwöhnte Reisende lobten dieses Gericht vor allem als ich ihnen erzählte, selbst seine Majestät fände es köstlich.

Die Hungersnot schien nach den Lieferungen des treuen Rockinger gebannt und die Lage entspannte sich. Überall in den Orten ertönte das Lob über den umsichtigen Bürgermeister. Mich hatten die Lieferungen ein Vermögen gekostet, doch das war nicht schlimm. Das letzte Hemd, das ich bald tragen werde, hat keine Taschen und unser Herrgott wird diese Tat meinem Konto auf der Habenseite gutschreiben.

Die Laurentiuskirchweih wurde zwar in Hochspeyer nicht so fröhlich gefeiert wie die Jahre zuvor. Zu viele hatte der Hunger und die

Krankheiten, die den geschwächten Leibern arg zusetzten, ins Grab gebracht. Doch in dieser Zeit wurde aus unseren Suppenschüsseln nicht nur Nahrung, sondern auch Hoffnung geschöpft.

Schon Tage vor dem Fest kamen die Kutschen aus München an. Vater Sedlmayr hatte nicht nur eine große Wagenladung Bier mitgebracht, sondern auch viele Lebensmittel, die er in München besorgt hatte. Der Bierbrauer war etwas älter als ich, schon jenseits der siebzig, von einer sprühenden Vitalität und einem erfrischenden Humor. Wir verstanden uns von Anfang an sehr gut. Als Posthalter war ich schon von Kindesbeinen an bemüht, auf die Menschen zuzugehen und mit ihnen Kontakt zu finden, gleiches gilt auch für einen Bierbrauer. Sedlmayr hatte sein Leben lang hart gearbeitet und war stolz darauf, einmal seinem Sohn eine gut eingerichtete und gewinnbringende Brauerei hinterlassen zu können. Da Ruppert in diesem Jahr seinen Meisterbrief in der Braukunst erworben hatte, konnte er sich weitgehend aus dem Geschäft zurückziehen.

Seine ganze Energie galt nun dem weitläufigen Biergarten, den er neben der Brauerei anlegen wollte. Dazu hatte er eigens besondere Kastanienbäume aus Italien kommen lassen. Seine Frau war eine waschechte Bayerin, kugelrund und mit einer auffallend rosigen Hautfarbe. Ihr ganzes Wesen war liebevoll und mütterlich. Sie war wesentlich jünger als ihr Mann, der die Tochter eines reichen Hopfenbauern in der Umgebung der Hauptstadt kennen- und lieben gelernt hatte.

Da Sedlmayr nur zwei Kinder hatte, waren die bayerischen Hochzeitsgäste nicht sehr zahlreich: Die Eltern der Braut, Ruppert, der seine Verlobte mitgebracht hatte, und vier Kutscher aus der Brauerei. Als mir der gute Ruppert seine künftige Frau vorstellte, fiel ich aus allen Wolken. Sie hieß Konstanze Hauck, umarmte mich herzlich zur Begrüßung mit den Worten: „Wie schön, dich zu sehen, Onkel

Karl.“ Sie war die Tochter meiner Schwester Charlotte. Ich hatte sie vor langer Zeit das letzte Mal gesehen, bevor ihre Familie von Speyer nach München gezogen war. Da war sie noch ein Kind. Ruppert hatte sie bei den Haucks kennengelernt, als er dort von Theobald anlässlich eines Besuches eingeführt worden war. Alle Anwesenden amüsierten sich über meine Verwirrung und ich freute mich über die doppelte Verbindung unserer Familien.

Von Konstanze erfuhr ich, meiner Schwester gehe es sehr gut. Sie selbst sei die jüngste der Kinder und wohne noch bei den Eltern in einem schönen Haus mit Garten. Mein Schwager sei in Hofdiensten zum Oberamtmann aufgestiegen und in der Hauptstadt mit Angelegenheiten des Rheinkreises betraut.

Da sie wie ihr Vater katholisch sei, wäre sie wie Theresia im Institut der Franziskanerinnen unterrichtet worden und kenne die Resi schon seit ihrer Schulzeit.

Auf Wunsch der Brautleute gab es nur eine kleine Feier. Sedlmayr meinte, eigentlich müsste der Brautvater die Hochzeit seiner Tochter ausrichten, aber weil seine Resi nun ihr Leben in der Pfalz verbringen wolle, sei es ihm recht, wenn man hier feiere.

Die bürgerliche Hochzeit, die immer noch nach den Gesetzen der Ziviltrauung, wie von Napoleon verordnet im Rathaus stattfand, nahm mein Bruder selbst vor. Er befragte die Brautleute, ob sie gewillt seien, in den Stand der Ehe einzutreten und als beide diese Frage bejaht hatten, erklärte er sie kraft Gesetzes zu rechtmäßig verbundenen Eheleuten. Theresia Sedlmayr hieß ab diesem Moment Theresia Ritter.

Auf eine kirchliche Trauung verzichteten die beiden, indem sie beteuerten, angesichts der vorangegangenen Not der Bürger wollten sie dieses Fest erst später nachholen. Den beiden Geistlichen im Ort war das nicht unrecht. Sie lobten die noble Gesinnung der beiden und jeder hoffte zu gegebener Zeit die Ernte für sich einzufahren.

Heute, wenn ich dies niederschreibe, waren Theobald und Resi noch immer nicht vor dem Altar und es stört niemanden.

Der große Saal im Gasthaus meines Bruders wurde festlich geschmückt und zur allgemeinen Belustigung waren an den Wänden die Bilder Seiner Majestät, des Königs und der Königin, die zum Besuch des Herrschers angefertigt worden waren, aufgehängt. Die beiden Künstler fühlten sich sehr geehrt. Der Lehrer kam mit seinem Kinderchor, um dem Brautpaar ein Ständchen zu bringen.

Für das Hochzeitsmenu hatte sich die Köchin besondere Mühe gegeben. Ganz selbstverständlich gab es Rumfordsuppe, die mit gerösteten Weizenbrotwürfeln, Zwiebeln, Karotten und Sauerkraut verfeinert worden war. Anschliessend wurden zwei Wildschweine am Spieß aufgetragen. Eines hatte der alte Sedlmayr selbst erlegt, als er noch in der Nacht seiner Ankunft mit mir und Hans Gimbel auf die Jagd gegangen war. Das andere hatten Braut und Bräutigam zur Strecke gebracht, nachdem sie die darauffolgende Nacht gemeinsam auf einem Hochsitz im Wald verbracht hatten. Sie verrieten niemandem, wer von beiden der glückliche Schütze war. Theobald lachte dazu, Resi habe die Büchse gehalten und er habe abgedrückt. Sein Vater schlug sich vor Lachen auf die Schenkel. Zum Nachtisch wurde süßes Kompott gereicht, das mit Rum verfeinert worden war.

Aus allen Orten waren Gratulanten gekommen, genossen das Münchener Freibier und jeder bekam auch einen Teller Suppe. Man ließ den Bürgermeister und seine Familie hochleben, den edlen Bierbrauer und Spender, die Postmeisterfamilie, Seine Majestät den König und so weiter. Schließlich erschienen auch die Hochspeyerer Musikanten und spielten zum Tanz auf, der vom Brautpaar eröffnet wurde. Viele meinten, so habe es doch noch ein schönes Kirchweihfest gegeben.

Als Resi und Theobald spät in der Nacht zur Station zurückfuhren, lenkte ich selbst die Kutsche. Agnes saß neben mir auf dem Kutschbock. Meine Tochter Charlotte, die an diesem Tag zu meiner Freude keine Migräne hatte, blieb zurück, sie wollte bei ihrer Cousine Konstanze bleiben. Als die Braut in die Kutsche stieg, war der Wagen von lachenden und fröhlichen Hochzeitsgästen umringt. Sicher dachte Agnes jetzt auch an unsere eigene Hochzeit.

Ich wollte anfahren und ließ die Peitsche knallen, da erhob sich Resi von ihrem Sitz und warf nach bayerischer Sitte den Brautstrauß unter die anwesenden Mädchen.

Charlotte hatte ihn aufgefangen, vielleicht weil sie die größte war oder weil die Braut die Blumen genau in ihre Richtung warf.

Die vielen jungen Leute im Haus und die Eltern der Braut munterten meine Agnes ein wenig auf. Sie spazierte mit Frau Sedlmayr über die Wiesen und zeigte ihr die alte Mennonitensiedlung Diemerstein. Es tat ihr gut, sich ihren Kummer von der Seele zu reden. Die Münchnerin tröstete sie mit der Vorstellung, mit Gottes Hilfe seien die Siedler gut in der neuen Heimat angelangt und bauten dort schon emsig an einem Dorf als Heimat für sich und ihre Kinder. Es werde sicher bald ein Brief ankommen und sie für alle Ängste entschädigen.

Vor der Abreise saß ich stundenlang mit dem alten Sedlmayr, Ruppert und Theobald in meinem Geschäftszimmer. Die Idee, die Posthalterei um eine Brauerei zu erweitern, gefiel mir. Die beiden Brauer hatten sich bereits Gedanken darüber gemacht, welche Kessel und Gerätschaften unerlässlich waren und welcher Platz dazu benötigt wurde. Aus eigener Erfahrung konnten sie genau beziffern, welche Beträge für die Einrichtung der Brauerei erforderlich waren. Wir kalkulierten die laufenden Betriebskosten, den Getreidebedarf für die Mälzerei und wie viele Personen neu einzustellen waren. Holz und Holzkohle zur Befeuerung der Kessel waren ausreichend da, ebenso sehr gutes Quellwasser. Hopfen konnte der Bruder von Frau Sedlmayr liefern und Hefe war aus dem Brauhaus des alten Sedlmayr nachzuzüchten. Mit den Gästen in der Station und im Wirtshaus meines Bruders war ein Grundumsatz sicher und vielleicht würde es mir auch gelingen, noch weitere Abnehmer zu finden. Da ich die Bierpreise in unserer Gegend natürlich kannte und den Plan sorgfältig nachrechnete, wie ich es gelernt hatte, kamen wir zu dem Ergebnis, eine Brauerei im Diemersteiner Tal würde gewinnbringend arbeiten. In der ersten Zeit könnte Ruppert uns noch behilflich sein, doch es war unumgänglich, noch einen Braumeister aus der Gegend einzustellen, der die Bierbrauer anleiten und möglicherweise auch junge Leute in diesem Gewerbe ausbilden könnte. Theobald sollte sich so schnell wie möglich nach einer geeigneten Person umschauen.

Dann reisten unsere Gäste wieder ab und Resi blieb als „die Frau des jungen Postmeisters“ bei uns. Damit war ich endgültig „der alte Postmeister“.

Meine Tochter Charlotte freute sich bereits auf die versprochene Fahrt nach München zu Konstanze und Ruppert. Ihre Cousine hatte ihr versprochen, sich nach einem passenden Bräutigam umzusehen und den Auserwählten zur Hochzeit einzuladen. Diese Reise sollte eine gute Gelegenheit sein, meine beiden Frauen wieder fröhlich zu sehen, und ich hegte noch weitergehende Pläne.

Die Posthalterei und der Hof brauchten mich nicht mehr. Theobald und der treue Schuck, der nun als Verwalter auf dem Hof tätig war, verstanden ihr Geschäft. Vielleicht mittlerweile besser als ich. Ich will damit nicht andeuten, dass ich mich überflüssig fühlte, doch ich hatte jetzt Zeit für meine Agnes und für Charlotte und wollte den beiden noch ein schönes Erlebnis bieten.

Agnes hatte auf der Wanderschaft mit ihrem Vater viel gesehen und erlebt, allerdings waren dabei Not und Entbehrung ständige Weggefährten gewesen. Charlotte war lebenshungrig und hatte unsere Pfalz niemals verlassen. Sie war nie weiter als Zweibrücken oder Speyer von zu Hause entfernt gewesen. Die Welt draußen kannte sie lediglich aus ihren Büchern und den Geschichten der durchreisenden Gäste.

Ich beschloss also, solange ich noch rüstig genug für ein solches Abenteuer und eine lange Reise sein würde, mit meinen Lieben nicht nur nach München zur Hochzeit zu fahren, sondern von dort gleich weiter nach Italien. Venedig wollte ich ihnen zeigen, endlich einmal Florenz besuchen und wenn es sich einrichten ließ, sogar weiter bis nach Spello reisen.

Das war mein Plan.

Agnes freute sich sehr, als ich ihr von unserer bevorstehenden Italienreise erzählte. Die Vorstellung, auch bald auf einer langen Reise ins Unbekannte zu sein, wie Sohn und Vater, tat ihr irgendwie gut. Ihre Stimmung hellte sich auf und sie war wieder fröhlich. Charlotte strahlte wie ein kleines Kind, klatschte vor Begeisterung in die Hände und tanzte im Zimmer herum. Sie hatte von Schwester Magdalena so viel Wunderbares über dieses Land gehört und die Aussicht, es jetzt besuchen zu können, begeisterte sie. Besonders gespannt war sie, ob man ihr Italienisch dort auch verstehen würde.

Ich muss an dieser Stelle hinzufügen, dass ich, nachdem Charlotte bei der Nonne die Grundbegriffe und die wichtigsten Worte gelernt hatte, so oft wie möglich mit ihr Italienisch sprach, auch um selbst diese schöne Sprache nicht zu verlernen und vielleicht weil ich mich dabei gern an Francesca zurückerinnerte.

Die Hochzeit von Ruppert und Konstanze sollte an einem Freitag nach Ostern sein. Meine Schwester schrieb mir, ihr Haus sei groß genug und wir könnten alle bei ihr unterkommen. Sie freute sich sehr, mich nach so langer Zeit wiederzusehen. Für die Reise nach Italien besorgte ich die erforderlichen Pässe, ließ mir Kreditbriefe ausstellen und schrieb an Michele und Ursetti.

Kurz vor unserer Abfahrt stellte mir mein Neffe einen Mann vor, den er in Kaiserslautern bei einer der dortigen Brauereien abgeworben hatte. Er stammte aus Hochspeyer und hatte in diesem Jahr seine Prüfung als Braumeister abgelegt. Seine Familie, sie war aus Kreuznach zugezogen, war meinem Bruder als arbeitsam und zuverlässig bekannt. Der Betrieb, bei dem er sein Metier gelernt hatte und bei dem er als Brauer angestellt war, wollte ihm nicht das Gehalt eines Braumeisters zahlen und als er gehört hatte, in Diemerstein werde eine neue Brauerei gegründet, hatte er sich sofort beworben. Sein Name war Adolf Anheuser.

Um rechtzeitig in München anzukommen, machten wir uns früh auf den Weg, denn die Fahrt würde einige Tage dauern. Wir übernachteten in den Poststationen, in denen wir die Pferde wechselten und als Kollegen bevorzugt abgefertigt wurden. Ich sah dabei manch alten Bekannten wieder. Wir reisten mit zwei Kutschen. In der einen saßen Theobald und seine Frau, die nach der Hochzeit so schnell wie möglich wieder nach Diemerstein fahren wollten, in der anderen reiste ich mit Frau und Tochter. Da ich mir eine so weite Reise auf dem Kutschbock nicht zumuten wollte und um näher bei meiner Agnes zu sein, hatte ich im Wagen Platz genommen. Mein bester Kutscher Roland Belly lenkte die Pferde. Er sollte auch die ganze Fahrt über bei uns bleiben. Gerne hätte ich auch unsere Derte mitgenommen, die uns immer treu gedient hatte, um ihr auch etwas Gutes zu tun. Aber sie wollte lieber zuhause bleiben. Nachdem ihre Mutter weggezogen war, gab es außer ihr keine Geburtshelferin mehr im Dorf. Ich hatte sie auf meine Kosten in Kaiserslautern bei einer angesehenen Hebamme ausbilden lassen und sie mochte die schwangeren Frauen nicht alleine lassen, da sie wusste, wir würden über ein Jahr lang unterwegs sein. Das ehrte sie.

In München zogen wir gleich nach unserer Ankunft bei meiner Schwester ein. Ich hatte sie lange nicht mehr gesehen und sie kam mir deutlich gealtert vor. Ich sagte aber nichts. Sie hingegen meinte, ich sei fett geworden und beglückwünschte Agnes, dass sie mir eine so gute Pflege angedeihen lasse. Mein Schwager wirkte sehr wichtig und gesetzt und brüstete sich mit seinen hoheitlichen Pflichten. Ich musste die Bilder bewundern, die ein Künstler angefertigt hatte und die jetzt in seinem Salon hingen: Er und seine Frau in Öl und die Kinder als Aquarelle. Die Bilder waren entweder sehr schmeichelhaft oder schon vor längerer Zeit entstanden. Von mir gibt es nur eine einfache Bleistiftskizze mit Zylinder.

Während Charlotte noch bei ihren Cousinen bleiben und später mit ihnen ausgehen wollte, bat ich Roland, uns noch ein wenig durch die Stadt zu fahren und dann anschließend zur Poststation, wo die Pferde versorgt werden und er seine Unterkunft haben sollte. Agnes war beeindruckt von den Straßen mit den hohen Häusern an beiden Seiten. Mit ihrem Vater war sie von einer Mennonitengemeinde in die nächste gezogen. Da diese Siedlungen immer außerhalb der großen Städte zu finden waren, hatte sie noch nie eine Stadt wie diese besucht. Ich bemerkte, sie fühlte sich dabei unwohl.

Da ich die Adresse meines Freundes Rockinger hatte, wollte ich dort vorbeischauen. Er hatte in der Tat ein schönes kleines Palais, das von einem hohen Zaun aus Schmiedeeisen umgeben war. Ich klingelte am Tor und ein Diener kam heraus. Ich bat ihn, mich bei seinem Herrn zu melden, doch er bedauerte, der gnädige Herr sei auf einer Geschäftsreise nach Russland und werde frühestens in vier Wochen zurückerwartet. Falls ich ihn in geschäftlichen Angelegenheiten zu treffen wünschte, sollte ich in seinem Kontor vorsprechen, dort würde mir sein Prokurist gerne zu Diensten sein. Er gab mir die Adresse auf einem gedruckten Formular. Ich bedankte mich, steckte das Papier ein und bedauerte, mich nicht brieflich bei Sepp angemeldet zu haben.

Auf dem Rückweg kamen wir auch am Schloss des Königs vorbei, vor dem imposante Schildwachen aufgezogen waren. Eine Sekunde lang spielte ich mit dem Gedanken auszusteigen, um mich bei Seiner Majestät melden zu lassen. Diese Idee verwarf ich so schnell, wie sie mir gekommen war.

Für den Abend hatte Hauck Karten für die Oper besorgt. Zum Glück hatten wir wegen der Hochzeit noble Garderobe eingepackt. Es kam ein Stück von Mozart zur Aufführung. Es wurde nur gesungen und obwohl die Gesangsstücke auf Italienisch vorgetragen wurden, verstand ich kein Wort. Es ging um einen Prinzen und eine Königin, ein Zauberer kam vor, der zunächst böse schien, aber dann doch gut war und zwei gefiederte Gestalten. Meine liebe Agnes war ganz verzückt von der Umgebung und dem Singspiel. Aller Kummer war von ihr abgefallen und sie suchte zärtlich meine Hand, die sie fest drückte. Es war das erste Mal, dass sie die Oper besuchte.

Die Trauung von Konstanze und Ruppert war für uns alle ein schönes Erlebnis. Die Hochzeitsmesse war ergreifend und da ich mich in den Gebräuchen der katholischen Zeremonien bestens auskannte, fiel mir der Wechsel von Sitzen, Stehen und Knien ebenso wenig schwer wie damals in Italien oder Frankreich. Agnes und Charlotte orientierten sich an meinen Bewegungen und Gesten.

Die anschließende Feier im großen Saal von Sedlmayrs Brauhaus hätte nicht prächtiger sein können. Konstanze war eine wunderschöne Braut und Ruppert erhielt Glückwünsche von allen Bierbrauern der Stadt. Mich freute das kollegiale Miteinander. Zweifellos verstanden sich alle als Kollegen und nicht als Konkurrenten. Vielleicht lag es daran, dass in München zu dieser Zeit mehr Bier getrunken als gebraut wurde. Es traten viele Redner auf und trugen Glückwünsche vor. Ein wichtig aussehender Herr ergriff das Wort, ihn hatte mein Schwager beim Eintreten besonders ehrerbietig begrüßt, und verlieh Sedlmayr zur Feier des Tages die Urkunde des königlichen Privilegs, sein Unternehmen fortan als Hoflieferant Seiner Majestät Maximilian I. bezeichnen zu dürfen. Der Alte strahlte vor Glück, umarmte immer wieder seinen Sohn, die Braut und seine

Frau. Mich hätte er sicher auch noch umarmt, wenn ich nicht weiter weg gesessen hätte.

Wir verbrachten noch einen Tag in München. Charlotte wäre gern noch länger dageblieben, denn sie hatte beim Bummel mit den Cousinen die Bekanntschaft einiger Kavaliere gemacht, doch sie freute sich zu sehr auf die Reise und auf Italien. Agnes war froh, als wir aus der Stadt herausfuhren und dem Trubel entgangen waren. Als wir zusammen in der Kutsche saßen und die Straße entlang rollten, fiel mir auf, dass meine Tochter einen kleinen Blumenstrauß fest an ihre Brust drückte. Es war Konstanzes Brautstrauß. Sie hatte auch diesmal Glück gehabt. Nun kannte sie freilich das Geheimnis dieses Brauches: Das Mädchen, das den Strauß fängt, wird die Nächste sein, die heiratet.

Letzte Italienreise

Man sagt, wir Menschen wissen nie, wann es ein sogenanntes letztes Mal ist. Das sei eine Gnade des Schicksals und würde uns viel Trauer und Leid ersparen. Diese Ansicht teile ich nicht. In meinem langen Leben gab es oft Augenblicke, in denen es mir bewusst war, es geschehe etwas, was ich nie mehr erleben würde. Das galt auch für diese Reise mit meiner Familie. Als ich vor vierzig Jahren in Venedig war, konnte ich mir durchaus vorstellen, noch einmal dieses bezaubernde Land zu besuchen. Dieses Mal wusste ich, es würde meine letzte Reise sein. Daher genoss ich sie umso mehr. Schon in München hatten wir bei klarem Wetter zum Greifen nah die Berge gesehen, die sich augenscheinlich hinter der Stadt erhoben. Wir fuhren lange Strecken über die Landstraße und das Gebirge schien nur ganz allmählich näher zu kommen. Agnes und Charlotte wurden ganz stumm, als sie erkannten, welche hohen Bergrücken sich da vor uns auftürmten. Auf den Gipfeln lag noch überall Schnee.

Wie schon bei meinen früheren Reisen machten wir in Innsbruck Station. Hier war ich vor einem Menschenleben in der Generaldirektion befördert worden, hatte meine Rangabzeichen erhalten und Ermahnungen für die Zukunft. Das Gebäude stand noch, die Generaldirektion war verschwunden und ich war seit Langem kein Reichsposthalter mehr, sondern königlich bayerischer Postbeamter.

Als nach zahlreichen Aufenthalten in anmutigen Gebirgsdörfern die Kutsche durch das frühsommerliche Tirol rollte und der Weg wieder sacht bergab führte, setzte ich mich zu Roland auf den Kutschbock und lenkte die Tiere selbst. Wie lange war es her, als ich das erste Mal durch diese Täler fuhr, dem italienischen Sommer entgegen? Vom Fahrtwind umweht fühlte ich mich wieder ganz jung. Als allmählich die ersten mediterranen Pflanzen auftauchten, konnten Agnes und Charlotte sich gar nicht an der Pracht sattsehen. Immer wieder machten sie sich gegenseitig auf außergewöhnliche Blüten oder Sträucher aufmerksam. Die Stationen, in denen wir übernachteten, verfügten alle über gepflegte kleine Gärtchen und Charlotte wollte immerzu die Namen der Kräuter und Blumen wissen. Da wir noch durch österreichisches Reichsgebiet fuhren, sprachen die Leute Deutsch und es gab keine Probleme mit der Verständigung.

Alles war so, wie ich es in Erinnerung hatte. Der Duft der Bäume und Sträucher, das freundliche Tageslicht und die staubigen Straßen. Nur etwas schien verändert: Wenn wir am späten Nachmittag der nächsten Poststation zustrebten, um dort die Nacht zu verbringen, und die Sonne schon recht tief stand, hatte ich den Eindruck, der Himmel sei bunter geworden, als ich ihn von damals in Erinnerung hatte. Vielfältige Gelbtöne, ein Blau in den unterschiedlichsten Schattierungen, das fast bis zum Violett reichte, Rottöne, die ich noch nie so gesehen hatte. Warum war mir das früher niemals aufgefallen? Lag es an meinem Alter oder hatte ich in den Jahren einen anderen Blick für die Schönheiten der Natur entwickelt?

Es war schon sommerlich heiß, als wir in Barcola in der Station der Familie Obermeier einfuhren. Sie hatte sich kaum verändert. Der Posthalter kam selbst, hieß uns auf Deutsch willkommen und veranlasste, unser Gepäck auszuladen. Er stellte sich als Josef Obermeier vor. Es war tatsächlich schon der Enkel des guten Ferdinand Obermeier. Ich fragte ihn nach seinem Vater und seiner Großtante Konstanze. Meine Kenntnis über seine Familie erstaunte ihn und als ich ihm eröffnete, ich sei selbst Posthalter und sein leider viel zu früh verstorbener Großvater habe mir Triest und den Hafen gezeigt, wurde er sehr redselig. Sein eigener Vater sei vor einem Jahr an der Cholera verstorben, ein Schicksal, das man in Kauf nehmen müsse, wenn man in einer Hafenstadt eine Poststation betreibt. Seine

Tante sei zwar schon betagt, lebe aber immer noch im Hause der Großeltern. Er wollte mir die Adresse geben, doch ich winkte ab. Ich kannte den Weg noch.

Mit Agnes und Charlotte ging ich zu Fuß dorthin. Der Garten war noch bunter und üppiger geworden als damals. Eine alte Dienerin öffnete auf mein Klingeln die Eingangstür und brachte uns zu Konstanze. Sie empfing uns in ihrem Salon und erkannte mich sofort, obwohl ich mit den Jahren grau und umfangreicher geworden war. Ich küsste ihr die Hand und sie bat uns drei bei ihr Platz zunehmen. Als ich ihr sagte, wir seien bei ihrem Neffen in der Station untergekommen und beabsichtigten am nächsten Tag weiterreisen, wollte sie es nicht gelten lassen. Sie befahl ihrer Dienerin loszulaufen und mit meinem Kutscher das Gepäck zu holen. Selbstverständlich sollten wir bei ihr logieren. Das Haus sei groß genug und sie freue sich über jede Gesellschaft.

Auch an Konstanze waren die Jahrzehnte nicht spurlos vorüber gegangen. Ihr Haar war dünn und ganz weiß. Als junges Mädchen war sie keine besonders anziehende Frau, doch jetzt, jenseits der sechzig kamen trotz vieler Falten ihre vornehmen und ebenmäßige Züge voll zur Geltung. Sie war nicht dick geworden wie manche Frauen ihres Alters, sondern hatte immer noch eine schlanke, sehnige Figur.

Sie bewirtete uns mit Schokolade und süßem Gebäck. Nachdem wir uns in ihren Gästezimmern eingerichtet hatten, führte sie uns in den Garten, der meiner Agnes wie ein Stück vom Paradies vorkam. Er war zu Konstanzes Lebensaufgabe geworden und sie zeigte meiner Frau viele Pflanzen, deren Namen wir noch nie gehört hatten.

Das Nachtmahl nahmen wir in einem nahen gelegenen italienischen Gasthaus ein. Unsere Gastgeberin war dort gut bekannt, denn weil sie sich keine eigene Köchin hielt, wurde sie an manchen Tagen von dort beliefert. Agnes und Charlotte kamen zum ersten Mal in richtigen Kontakt mit der südländischen Küche und ich fühlte mich noch ein Stückchen jünger. Die alte Dame wurde vom Inhaber ehrfurchtsvoll und aufmerksam umsorgt und Charlotte genoss die feurigen Blicke der Kellner. Wie ihr die Nonne Magdalena verraten hatte, sorgen erregen blonde Frauen im Süden immer Aufsehen. Als die jungen Männer auch noch ihr Italienisch lobten, war ihr Glück perfekt.

Wir hatten uns viel zu erzählen. Konstanze gratulierte Agnes dazu, einen so lieben Mann gefunden zu haben. Sie schwärmte von mir, was für eine schlanke und stattliche Erscheinung ich gewesen war, als ich damals ihren Vater besuchte. Sie habe sich sogleich in mich verliebt, doch ich hätte leider keine Augen für sie gehabt. Seit dem Tod ihres Vaters lebe sie allein in dem großen Haus und als letztes Jahr auch noch der jüngere Bruder gestorben sei, sei es einsam um sie geworden. Der ältere Bruder sei in Bremen zu Reichtum gekommen, doch auch ihn habe sie schon lange nicht mehr gesehen. Jetzt sei er zu alt für eine Fahrt nach Italien. Ihre Neffen in Deutschland habe sie noch nie gesehen. Nur aus Briefen wusste sie, der Zweitälteste von ihnen sei nach Amerika ausgewandert, habe sich als Kaufmann in Boston etabliert und führe dort ein großes Haus.

Beim Wort Amerika spitzte Agnes die Ohren und wollte mehr darüber wissen. Konstanze erzählte, soviel sie aus den Briefen ihres Bruders erfahren habe, sei die Überfahrt von Bremen aus problemlos gewesen. Das Land biete jungen Menschen ungeahnte Möglichkeiten und Einwanderer aus Europa seien herzlich willkommen. Ihr Neffe habe dort innerhalb weniger Monate ein Unternehmen aufgebaut, wofür sein Vater in Deutschland Jahre gebraucht hatte. Wenn sie noch ein paar Jahre jünger wäre, würde sie auch nach Amerika auswandern. Sie habe gehört, es gebe dort zu wenig Frauen und sicher hätte sie in der Neuen Welt auch einen Ehemann gefunden. Sie nahm dies zum Anlass, meine

Tochter zu ermahnen, nicht zu lange auf den Richtigen zu warten. An ihr könne man sehen, wie es ausgeht, wenn ein Mädchen zu wählerisch ist. Wir unterhielten uns noch ein wenig über die alten Zeiten und die politischen Umwälzungen, die wir erlebt hatten. Als ich erwähnte, ich sei jetzt königlich bayerischer Posthalter, fiel ihr ein, dass zur Zeit Napoleons auch einmal Triest zu Bayern gehört habe. Heute seien sie aber wieder Untertanen des Kaisers in Wien. Wie früher.

Am nächsten Tag zeigte ich Agnes und Charlotte die Stadt und den Hafen. Der Schiffsverkehr rief wie ehedem meine Bewunderung hervor. Auch Roland Belly war von den großen Schiffen und dem geschäftigen Treiben sehr beeindruckt. Wir hielten uns aber nicht lange am Wasser auf, denn die beiden Damen wollten noch durch die Läden der Stadt schlendern. Ich erkannte, diese Italienreise würde für mich teurer werden als die vorangegangenen und ich ermahnte, mit Einkäufen bis Venedig zu warten, dort sei die Auswahl noch umfangreicher.

Bei unserer Abfahrt verabschiedete ich mich besonders herzlich von Konstanze. Sie küsste auch Agnes und Charlotte und forderte uns auf, bei der Rückfahrt wieder bei ihr vorbei zu kommen. Roland wartete schon mit der Kutsche auf uns. Er hatte die Pferde gewechselt und stand bereit. In der Poststation hatte er sich nach den derzeit gültigen Quarantäneregeln für Venedig erkundigt und dabei erfahren, dass wegen der Cholera für den Hafen immer noch eine strenge Quarantäne angeordnet sei. Eigentlich wollte ich ihn mit der Kutsche nach Mestre vorausschicken und mit Agnes und Charlotte zu Schiff von Triest nach Venedig fahren. Sie sollten auch einmal in den Genuss einer Seereise kommen. Doch daraus wurde nichts und so fuhren wir gemeinsam in der Kutsche weiter.

Noch in Diemerstein hatte ich meinem Freund Michele unseren Besuch angekündigt und er lud uns prompt in sein Landhaus auf dem Festland ein. Von dort wollte er mit uns in die Stadt fahren, um meiner Familie die alte Lagunenstadt zu zeigen.

Wir hatten uns so lange nicht mehr gesehen und fielen uns freudig in die Arme. Es erwartete uns ein landestypisches Abendessen, Michele öffnete eine Reihe guter Weine und wir blieben an unserem ersten Abend noch lange an einem wunderbar warmen Sommerabend beieinander. Auch Micheles derzeitige Freundin war dazugekommen. Ein hübsches junges Ding, vielleicht so alt wie meine Tochter. Achtunddreißig Jahre war es her, seit wir uns zum letzten Mal in Venedig gesehen hatten. Michele sah blendend aus, sein ehemals schwarzes Haar hatte einen interessanten Grauton angenommen. Er war immer noch schlank und wirkte trotz des Alters sehr muskulös. Ein richtiger Herr in den besten Jahren, der vorhatte, sein Leben zu genießen. In der Verwaltungshierarchie war er so hoch aufgestiegen, wie es einem nicht adeligen Italiener im jetzt österreichischen Venedig überhaupt möglich war. Als Notar war er nur noch für enge Freunde tätig und trug den klingenden Titel eines Vice Questore. Meiner Frau machte er gekonnt hübsche Komplimente. Es sei ihm von jeher klar gewesen, sein Freund Karl würde nur die schönste Frau nördlich der Alpen heiraten. Meine Tochter stehe ihr an Anmut kaum nach und sie solle sich doch überlegen, einen schicken Italiener zu heiraten. Er bedauerte, keine Söhne zu haben, einer solchen Verbindung hätte er mit Begeisterung seinen Segen gegeben. Charlotte wurde ganz verlegen.

Michele, mit dem ich mich früher immer auf Italienisch unterhalten hatte, sprach nun ein ausgezeichnetes Deutsch. Der italienische Akzent machte seine Aussprache nur noch sympathischer. Da er davon ausgehen musste, meine Familie verstehe die Sprache seines Landes nicht, hatte er Agnes und meine Tochter gleich auf Deutsch angeredet. Das gefiel Agnes sehr.

Ich lobte seine hervorragenden Kenntnisse der Sprache und wie fließend und geschickt er damit umging. Michele lachte: „Deutsch zu können ist eine der Voraussetzungen, im Venedig der Österreicher als Beamter Karriere zu machen. Dabei geht es weniger um die Sprache als um die reichstreue Gesinnung. Viele Venezianer betrauern immer noch den Untergang der alten Republik Venedig und begreifen die gegenwärtige Situation als Fremdherrschaft."

Ich machte einen Scherz, der nicht ohne Hintergedanken war: „Deshalb hat dein Deutsch so einen starken Wiener Klang." Michele hatte verstanden: „Das hast du gut erkannt, ich habe es von einer älteren Dame gelernt, die mir Unterricht gegeben hat. Ihre Mutter war Wienerin. Sie hat früher auch schon einmal einen Deutschen im Italienischen unterrichtet." Mein Freund lachte verschmitzt: „Ihr Mann hat in der Stadt eine berühmte Gondelwerkstatt und ihr Sohn gilt als ein wahres Genie auf dem Gebiet des Gondelbaus. Der Betrieb wird von vielen Reisenden besucht, die sich ansehen wollen, wie diese Boote gebaut werden. Soll ich da etwas arrangieren?" Ich lehnte dankend ab. Ich wollte meine Agnes nicht in Verlegenheit bringen und Francesca nicht als alte Frau in Erinnerung behalten, sondern so wie ich sie damals geliebt hatte und auch sie sollte sich an mich nicht als einen fetten, weißhaarigen Greis erinnern.

Während wir so miteinander sprachen, unterhielt sich meine Tochter mit Micheles Freundin leise auf Italienisch. Charlotte war stolz, wie gut sie verstand, was die junge Frau, sie hieß Amanda oder so ähnlich, zu ihr sagte. Sie hatte nämlich zuvor noch mit niemandem außer mit Schwester Magdalena und mir länger Italienisch gesprochen.

Tags darauf geleitete uns Michele in die Stadt und zeigte uns die wichtigsten Sehenswürdigkeiten. Venedig hatte sich seit meinem letzten Besuch in keiner Weise verändert. Wie alle Reisenden wunderten sich Agnes und Charlotte über die Kanäle, die hier statt Straßen die Häuser verbinden. Sie bestaunten den Markusdom, den Dogenpalast und Michele erläuterte ihnen, wie die steinerne Brücke dazwischen zum Namen Seufzerbrücke gekommen war.

Während meine Damen rund um die Rialtobrücke durch die verschiedensten Läden streiften, fuhr ich mit einer Gondel zu dem Bankhaus, das ich noch von meinem letzten Besuch kannte, und füllte mittels meiner Kreditbriefe die Reisekasse wieder auf. Das Gebäude stand immer noch am gleichen Platz, man sprach Deutsch und hatte sich perfekt an die neuen Herren angepasst. Die Gondel hatte ich vor dem Eingang warten lassen und befahl dem Gondoliere, mich in die Gegend zu bringen, wo damals das Kontor von Signor di Sciavone zu finden war. Der Palazzo war noch an der gleichen Stelle und unverkennbar immer noch ein gut eingerichtetes Handelshaus, wie ich an den Kähnen bemerkte, die davor lagen. Ein großes Schild über dem Eingang wies es als Magazin von Davide Kohn aus. Ich betrat das Gebäude und wurde sogleich von einem aufmerksamen jungen Mann nach meinen Wünschen befragt. Er hatte mich als Deutschen erkannt und vermutete, ich sei in die Stadt gekommen, um Waren in meine Heimat zu importieren. Mir fiel das stark akzentuierte Deutsch auf, das jetzt hier nahezu überall gesprochen wurde. Fast aus Trotz antwortete ich auf Italienisch und klärte ihn darüber auf, dass ich vor vielen Jahren einmal selbst in diesem Hause gearbeitet hätte. Der Venezianer lächelte verbindlich und entschuldigte sich damit, er arbeite erst seit Kurzem als Commesso bei Herrn Kohn, obwohl dieser die Firma schon vor längerer Zeit erworben habe. Der Name di Sciafone sagte ihm nichts. In der Hoffnung, doch noch ein Geschäft zu machen, lud er mich ein, in den oberen Räumlichkeiten die Ausstellung erlesener Spiegel und Lampen zu besichtigen, doch ich lehnte dankend ab. Im Nachhinein ärgerte ich mich darüber, gerne hätte ich zumindest die Räume noch einmal gesehen, in denen ich so viele schöne Stunden bei guten Gesprächen mit meinem edlen Lehrherren verbracht hatte.

Ich war schon im Begriff, mit der Gondel zurückzufahren, um mich mit Agnes und Charlotte wie verabredet auf dem Markusplatz vor dem Campanile zu treffen, als wir an einem Haus vorbeiruderten, das mir noch sehr gut in Erinnerung war.

Es war das Haus der Signora Mezzana und mit frischer Farbe auffällig gestrichen. Aus den Fenstern wehten schwere Brokatvorhänge und über dem Eingang prangte eine große Ampel im orientalischen Stil. Neugierig geworden gab ich dem Gondoliere Anweisung, dort anzulegen und auf mich zu warten. Der nickte und grinste: „È una buona scelta."

Ich trat in den Vorraum, der jetzt wesentlich gepflegter aussah als damals, eine schön gestaltete Treppe führte in den ersten Stock. Ein Diener mit weitem Umhang nahm mich wortlos in Empfang, führte mich nach oben und öffnete die Tür.

Wo war ich gelandet? In einem großen Salon, an den ich mich gar nicht erinnern konnte, standen, saßen oder lagen gut ein Dutzend junger Mädchen, teilweise nur äußerst leicht bekleidet. Ich blickte den Diener an, den ich jetzt für einen Haremswächter hielt und fürchtete, ich hätte mich in einen geheimen Serail verlaufen.

In diesem Moment kam eine sehr dicke, stark geschminkte Frau auf mich zu. Sie war über und über mit buntem Schmuck behängt und in ein weites Gewand aus edelster Seide gehüllt, das nur mit Mühe ihre üppigen Formen verbarg. Sie klatschte in die Hände und forderte die Mädchen auf, sich zu erheben und in einer Reihe aufzustellen, als sie plötzlich stockte und mich ansah.

Die Mädchen wussten nicht, was sie jetzt tun sollten, und lächelten mir nur verführerisch zu.

Die Alte lachte: „Ich vergesse niemals ein Gesicht. Carlo, du hast dich überhaupt nicht verändert." Dann gab sie mir einen fettigen Kuss auf den Mund, der nach Wasserpfeife und Likör schmeckte.

Es war Emilia, die Nichte meiner Wirtin Mezzana.

Sie lud mich auf eine Schokolade ein und wir zogen uns in den hinteren Teil ihres Etablissements zurück. Ich muss gestehen, mit gewissem Vergnügen hörte ich ihre Lebensgeschichte. Sie hatte als junge Frau tatsächlich ihren Lebenstraum verwirklicht und wurde zu einer erfolgreichen Kurtisane. Betuchte Gönner hatten sie reich gemacht, und als die gute alte Tante Mezzana starb, erbte sie deren Haus. Wohl wissend, ihre beste Zeit würde bald zu Ende sein, scharte sie die hübschesten jungen Mädchen um sich, die unschuldig und ohne Hilfe in die Lagunenstadt kamen. Sie brachte ihren Schützlingen alles bei, was sie im Laufe ihres Berufslebens gelernt hatte, und ihr Haus gehörte bald zu den angesagtesten Adressen der Stadt. Natürlich werde auch Deutsch gesprochen. Mit der Questura habe sie ein gutes Einvernehmen und die Herren bedienten sich gerne der Dienste ihres Angebotes. Selbstverständlich auf Kosten des Hauses. Auch hohe geistliche Herren seien gern gesehene Gäste, in aller Diskretion, versteht sich. Für besondere Wünsche stünden auch hübsche junge Männer zur Auswahl.

Trotz der Anrüchigkeit ihres Gewerbes, das man wohl mit Recht das älteste der Welt nennt, musste ich diese Frau bewundern. Sie kam praktisch aus dem Nichts und hatte etwas aus ihrem Leben gemacht.

Wir redeten viel über die alten Zeiten und auch darüber, dass wir uns damals doch recht nahegekommen waren. Emilia lächelte mütterlich und freute sich über mein Leben mit Frau und Kind in geordneten Bahnen. Sie wusste auch über das Handelshaus von Sciavone zu erzählen. Der gute Mann sei einige Jahre nachdem ich Venedig verlassen hatte, erkrankt und aufs Land gezogen. Dort habe er noch einige gute Jahre in aller Stille verbracht, gepflegt von den hilfsbereiten Nonnen eines nahen Klosters. Da er keine Kinder hatte, vermachte er seinen ganzen Besitz dem Orden und die frommen Frauen hatten nichts Eiligeres zu tun, als seine Firma an einen Franzosen zu verkaufen. Dieser hielt sich jedoch nicht lange und so wechselte das Handelshaus mehrfach den Besitzer, bis schließlich die Österreicher kamen und ein Wiener Jude namens David Kohn der neue Eigentümer wurde. Dieser Kohn sei freilich nicht nach Venedig gezogen, sondern lasse die Geschäfte von einem tüchtigen Prokuristen besorgen, einem Sizilianer namens Nardi, der über gute Kontakte verfüge und sehr erfolgreich sei.

Meine Zeit drängte, da ich ja pünktlich meine Familie treffen wollte. Ich verabschiedete mich von Emilia, die den Takt besaß, mich nicht aufzufordern, ihre Auswahl näher anzusehen, es sich jedoch nicht verkneifen konnte, mich zum Abschied nochmals zärtlich auf den Mund zu küssen und ihre vollen Lippen an meinen Mund drängte.

Als ich wieder in das Boot stieg, das auf mich gewartet hatte, meinte der Gondoliere, das wäre aber schnell gegangen. Normalerweise blieben die Gäste bei Signora Emilia viel länger und er bekomme immer ein gutes Trinkgeld für seine Verschwiegenheit. Er erzählte auf der Fahrt noch vieles über die gute Emilia und seine Heimatstadt. Seine Gondel war sein ganzer Stolz. Sie sei nach einer neuen Methode konstruiert und nur von einem Mann zu rudern statt von zweien. Er hatte sie bei Tramontin anfertigen lassen. Sie habe ihn ein kleines Vermögen gekostet. Tramontin sei ein großer Künstler, noch geschickter als sein Vater, der schon als einer der Besten in Venedig galt, und habe ihm auch einen Kredit zum Kauf gewährt. Als ich am Markusplatz seiner Gondel entstieg, gab ich ihm ein gutes Trinkgeld. Er kannte den eigentlichen Grund nicht und hat meine Großzügigkeit bestimmt falsch verstanden.

Mit Charlotte und Agnes besuchte ich bei dieser Gelegenheit das berühmte Kaffeehaus unter den Arkaden. Hier hatte ich vor Jahrzehnten Signor Casanova getroffen. Das Lokal war so gut besucht, dass kaum ein Platz für uns drei zu finden war. Auch hier konnte man den zunehmenden österreichischen Einfluss ganz deutlich spüren. Das Angebot an süßem Gebäck war an den Wiener Geschmack angepasst, es gab nach Art und Zubereitung eine reiche Auswahl verschiedener Kaffeesorten und die Kellner verstanden alle Deutsch. Agnes gefiel das.

Für den Abend hatte Michele Karten für die Oper besorgt. Das war nicht leicht, denn das Teatro La Fenice gilt als das berühmteste in der Stadt. Nur über seine Logenbrüder hatte mein Freund noch fünf Plätze ergattern können. Wenn meine liebe Agnes in der Oper in München verzaubert gewesen war, so fühlte sie sich hier wie im Himmel. Die Aufführung war hervorragend, es traten Stimmen auf, wie ich sie noch niemals vernommen hatte, und Kostüme und Kulissen boten eine perfekte Illusion. Charlotte flüsterte zu Micheles Freundin, sie habe noch nie im Leben so etwas Schönes gesehen.

Um mich bei unserem zuvorkommenden Gastgeber zu revanchieren, lud ich alle zusammen in ein gutes Gasthaus in der Nähe des Canale Grande zum Souper ein. Die Gerichte waren köstlich und mir wurde ein Safranrisotto mit Pilzen serviert, wie ich es zuvor noch nicht genossen hatte. Wir sprachen Deutsch miteinander und Charlotte gefiel sich darin, für Micheles Freundin das Gespräch ins Italienische zu übersetzen. Agnes lobte die Aufführung, der wir gerade beiwohnen durften und dankte ganz herzlich für das unvergessliche Erlebnis, das uns zuteilgeworden war. Sie habe nur einmal im Leben eine vergleichbare Stimme gehört, als eine durchreisende Primadonna auf dem Weg nach Paris in Diemerstein Rast gemacht und zur allgemeinen Freude einige Kostproben ihrer Kunst von sich gegeben habe. Die Dame sei auch Italienerin gewesen. Vorsichtshalber gab ich dem Gespräch eine andere Wendung.

Als wir aus Venedig aufbrachen, empfing Michele nicht nur unseren wärmsten Dank, sondern auch noch freundschaftliche Küsse von meinen beiden Frauen. Wir sollten doch auf dem Rückweg noch einmal bei ihm vorbeischauen und wir vereinbarten, uns so oft wie möglich zu schreiben.

Roland hatte die Tage zur freien Verfügung gehabt und da ich nun wieder vorne bei ihm auf dem Kutschbock saß, erzählte er mir, was er alles gesehen und welche Bekanntschaften er geschlossen hatte. Obwohl er kein Italienisch sprach und auch nur wenig Französisch konnte, war ihm der Kontakt mit den Menschen nicht schwergefallen und bestimmt war er mit einer netten kleinen Italienerin näher bekannt geworden. Er war jung und sah gut aus.

Nach wenigen Tagen trafen wir in Florenz ein und diesmal wollte ich mir Zeit für diese Stadt der Kunst und Kultur nehmen. Wir kamen in eine große Poststation, an der auch ein geräumiges Gasthaus angegliedert war. Dort erhielten wir ein paar angenehme Zimmer und als ich mich auch als Posthalter zu erkennen gab, konnte ich mich mit dem Chef der Station schnell anfreunden. Er besorgte uns einen Antiquar, so nannte man hier kundige Männer, die gegen ein geringes Honorar gerne bereit sind, Fremde durch die Stadt zu führen und ihnen die Altertümer und Sehenswürdigkeiten zu zeigen. Zur Freude von Agnes sprach dieser ein ausgezeichnetes Deutsch. Er kannte sich in der Historie dieser alten Stadt bestens aus und zeigte uns alles, was man als Reisender gesehen haben muss. Am Abend schwirrte mir der Kopf. Agnes und Charlotte unterhielten sich noch lange über das, was sie entdeckt und was ihnen am besten gefallen hatte.

Der Hochsommer ging schon zu Ende. In Italien kommt der Herbst allerdings sehr spät und der Übergang ist nur am reichen

Angebot an Früchten, Esskastanien und dem neuen Wein zu bemerken.

Ich fuhr durch die Landschaft und versuchte mich an das eine oder andere zu erinnern. Nach so vielen Jahrzehnten waren zwar die Berge und Bäche gleichgeblieben, aber die Orte sahen manchmal ganz anders aus. Möglicherweise war es auch das Alter, das meine Erinnerung trübte.

Roland Belly, der neben mir auf dem Kutschbock saß, genoss diese Tour sichtlich. Manchmal erinnerte er mich an mich selbst und wie fröhlich und unbeschwert ich mich damals auf diese Fahrt gemacht hatte. Nach jeder Station sprach er besser Italienisch und so wie Charlotte die Augen der Männer auf sich zog, so verfolgten den blonden Deutschen die schmachtenden Blicke der Mädchen. Einmal erzählte er mir mit geschwellter Brust, er sei für meinen Sohn gehalten worden.

Wir näherten uns dem Ziel, schon umgaben uns die sanften Hügel Umbriens. Ich fuhr jetzt die meiste Zeit selbst und hing meinen Gedanken nach, nur ab und zu von Rolands Bemerkungen abgelenkt, der immer etwas Neues am Wegesrand erspähte. Aus dem geöffneten Wagen konnte ich hören, wie Charlotte und Agnes die Landschaft in sich aufnahmen. Sie fühlten sich gar nicht in der Fremde, so sehr ähnelte das Tal unserer pfälzischen Heimat. Mir ging es ähnlich, ich empfand die Fahrt so, als würde ich nach langer, langer Zeit wieder dorthin fahren, wo ich unbeschwert und glücklich gewesen war. Ich hatte das Gefühl, nach Hause zu fahren, und die Menschen, die ich liebte, waren bei mir.

Die Nachmittagssonne stand noch hoch am Himmel, als wir die Landstraße entlangkamen, in der vor einem halben Jahrhundert die Werkstätten der Handwerker gelegen hatten und die zu Ursettis Station führte. Nun standen viel mehr Gebäude links und rechts des Weges, auch größere Wohnhäuser. Die Werkstatt des Schreiners Bagallio war noch da. Wer mochte jetzt darin wohnen und arbeiten? Der alte Bagallio war sicher schon lange tot und einen Sohn und Erben hatte er nicht.

Als ich in die Poststation einbog, glaubte ich, die Zeit wäre stehen geblieben, oder besser gesagt von Gottes Hand zurückgedreht worden. Über der Einfahrt prangte ein großes Schild mit der Aufschrift: „Benvenuto a noi, Carlo". Mir kamen fast die Tränen. Im Hof erwartete uns schon Azzuro, er war das genaue Ebenbild seines Vaters. So wie ich den alten Ursetti im Gedächtnis behalten hatte, so stand jetzt sein Sohn vor uns. Meinen Besuch hatte ich ihm schon in Diemerstein mitgeteilt und das genaue Datum von Venedig aus bestätigt. Ihn umringte seine Familie, die Frau Anna, die Söhne Gabriele, Lucca und Marco sowie die Töchter Paula und Annunziata.

Als ich ihn das letzte Mal sah, war er noch fast ein Kind und nun stand ein stattlicher Posthalter und Familienvater vor mir. Da er wusste, wir würden länger in diesem Ort bleiben und erst im Frühjahr wieder zurückkehren, hatte er die entsprechenden Vorbereitungen getroffen. Bei einer Witwe, die ein schönes Haus geerbt hatte, war eine geräumige Wohnung für uns angemietet worden und seine Tochter Paula würde uns gerne bedienen und dabei auch Deutsch lernen können.

Die warmen Herbsttage in dieser anmutigen Landschaft brachten Agnes ihre alte Fröhlichkeit wieder zurück. Um das Haus der Witwe war ein mediterraner Garten angelegt und meine Frau stand schon früh am Morgen zwischen den Blumen und Büschen. Jeden Tag besuchte uns Paula, fragte danach, was sie für uns besorgen dürfe, und Charlotte und sie plauderten miteinander. Das war recht lustig anzuhören: Meine Tochter sprach Italienisch und brachte Paula Deutsch bei. Beide wurden bei diesen täglichen Sprechübungen immer sicherer in der fremden Sprache.

Ich ging oft hinüber zu Ursetti und pflegte die alten Erinnerungen. Ich bat ihn, ab und zu wieder als Postillion mit auf der Kutsche fahren zu dürfen und Roland tat es mir gleich. Azzuro war froh, auf diese Weise noch zwei erfahrene Kutscher hinzugewonnen zu haben, und zeigte mir die Neuerungen, die er in der Station seines Vaters eingeführt hatte. Manchmal kam auch seine Frau, um Agnes zu besuchen. Charlotte dolmetschte und die beiden Postmeistergattinnen verstanden sich ganz vorzüglich. Agnes lernte von ihr viel über die italienische Küche und überraschte mich das eine über das andere Mal mit einem köstlichen Risotto, das ich so gerne aß.

Kurze Zeit nach unserer Ankunft kam Lamberti in die Station. Er hatte von den Postillionen gehört, ich sei in Spello, und wollte mich unbedingt wiedersehen. Meine Freude war unbeschreiblich, meinen alten Kollegen und Kameraden in die Arme zu schließen. Lamberti hatte die siebzig schon überschritten. Die Posthalterei in Spoleto hatte er vor einigen Jahren seinem ältesten Sohn anvertraut. Auch sein zweitältester Sohn war zum Postmeister ausgebildet worden. Er hatte in Tirol und in Graz in großen Stationen gelernt und sprach sehr gut Deutsch. Paolo präsentierte mir voll Vaterstolz seine beiden Sprösslinge. Er selbst war immer noch ein überaus schöner Mann. Im Gegensatz zu mir hatte er seine elegante, schlanke Figur bewahrt. Sein volles weißes Haar und der weiße Bart, der nun sein Gesicht umrahmte, ließen ihn wie einen altrömischen Philosophen oder gar wie den antiken Kaiser Marc Aurel aussehen. Er lud uns alle ein, ihn in Spoleto zu besuchen, damit wir seine ganze Familie kennenlernen und er meinen Frauen seine Heimatstadt zeigen könne.

Bevor er wieder zurückfuhr, saßen wir noch lange in Ursettis Station beieinander und schwärmten von den alten Zeiten. Der gute Lamberti war schon vielfacher Großvater, sein zweitältester Sohn sei schon seit Längerem auf Brautschau, doch sehr wählerisch. Fast hätte er in Graz eine passende Gemahlin gefunden, doch es sei ihm ergangen wie mir damals mit Francesca. Die Angebetete war bereits einem anderen Mann versprochen. Sein jüngster Sohn sei in einen Orden in Assisi eingetreten, wo ein Cousin Abt sei und führe dort die Klosterapotheke. Er kannte mich noch gut genug, um meine Gedanken zu erraten: Während der Napoleonzeit hätten die meisten Juden Spoleto verlassen und seien nach Frankreich ausgewandert. Er wollte nicht ausschließen, dass auch meine Freundin und ihre Familie sich auf den Weg gemacht hatten.

Da ich in meiner eigenen Kutsche reiste, konnte ich mir bequem bei Azzuro Pferde ausleihen und mit meiner Familie viele herbstliche Ausflüge in die Gegend unternehmen. Die meisten Strecken kannte ich noch und fand mich mühelos zurecht. So fuhren wir auch eines Tages alle gemeinsam nach Assisi, denn Charlotte wollte diese Stadt, von der ihr Schwester Magdalena so viel erzählt hatte, unbedingt mit eigenen Augen sehen. Der junge Lamberti, der uns auffallend oft aufsuchte, bot sich an, uns dorthin zu fahren, denn er könnte bei dieser Gelegenheit einmal wieder seinen „Klosterbruder" besuchen. Charlotte wollte unbedingt Paola mit auf den Ausflug nehmen und Roland bat ebenfalls darum, auch mitgenommen zu werden. Er und Carlo Lamberti, dessen Vater behauptete, er habe seinen Zweitjüngsten nach mir benannt, saßen vorne auf dem Bock. Sie konnten sich auf Deutsch sehr gut verständigen und waren bald Freunde. Agnes und ich saßen im Wagen, uns gegenüber Charlotte und Paola, die fortwährend in ihrem eigentümlichen Gemisch aus Deutsch und Italienisch herumalberten. Wenn sie Italienisch sprachen, konnte sie Agnes nicht verstehen, aber in ihrem Eifer schien meine Tochter zu vergessen, wie gut ihr alter Vater Italienisch sprach, und so konnte ich erlauschen, wie schön Paola unseren Roland fand und meine Charlotte vom jungen Lamberti ganz angetan war.

In Assisi führte uns Carlo überall herum, auch an das Grab des heiligen Franziskus. Hier hatte ich vor Jahrzehnten als junger Mann schon einmal gestanden, mit meiner Francesca, die jetzt die Mutter eines berühmten Gondelbauers war. Ich spürte das Gefühl unserer Hände, die sich an diesem Tag zaghaft gefunden hatten, und war dankbar für so viel Schönes, das mir in meinem Leben widerfahren war.

Im Kloster trafen wir den Abt, der ein Verwandter Lambertis war, und den jüngeren Bruder, der sich jetzt Bruder Hieronymus nannte. Er führte uns überall herum, zeigte uns die wertvolle Klosterbibliothek, die von berühmten Wissenschaftlern aufgesucht wurde, und seine bestens eingerichtete Apotheke.

Als wir uns vom Abt verabschieden wollten, sah mich dieser uralte weise Mann lange an, als ob ein längst vergessenes Bild in seinem Gedächtnis wieder auftauchte: „Wir sind uns schon einmal begegnet, nicht wahr?“ Mir ging es ebenso: „Ja, vor einem halben Jahrhundert in der Posthalterei in Spello. Ich war schwer verletzt und Ihr habt mir vielleicht das Leben gerettet.“ Der Alte lächelte: „War es nicht damals ein Duell?“ Ich nickte stumm und drückte ihm dankbar die Hand.

Agnes hatte ihn zum Glück nicht verstanden und Charlotte wollte gar nicht glauben, was sie da eben gehört hatte.

Mit meiner Frau schlenderte ich noch eine Zeitlang durch diese schöne Stadt mit ihren Kirchen und alten Baudenkmälern und war glücklich darüber, Agnes gefunden zu haben. Ich wollte mit niemand anderem verheiratet sein. Währenddessen hatten sich die jungen Leute paarweise auf den Weg gemacht, sich zu amüsieren.

Es war eine schöne und ruhige Zeit in Spello. Wir konnten noch lange in der warmen Herbstsonne in dem kleinen Garten im Freien sitzen oder mit Ursetti und seiner Familie in der Station. Theobald schrieb mir regelmäßig, in Diemerstein sei alles in Ordnung, Schuck berichtete von einer guten Ernte auf dem Hof, Derte ließ mir ausrichten, dank ihrer Hilfe wachse die Gemeinde in Diemerstein wieder. Der Gedanke an zu Hause war irgendwie weit weg.

Carlo Lamberti kam regelmäßig zu uns, wenn in Spoleto wenig Arbeit war. Sein Bruder war der Posthalter und er hoffte, irgendwann auch einmal eine Station zugeteilt zu bekommen, doch er wusste, er müsste dazu seine Heimat verlassen.

Seit wir in Assisi waren und Charlotte ganz ergriffen am Heiligengrab gestanden hatte, holte Carlo sie immer häufiger sonntags ab, um mit ihr zur Messe zu fahren. Ich schätzte, die beiden wollten nur ungestört einen Vormittag verbringen, doch Agnes, die in ihrem Herzen noch immer eine Mennonitin war, befürchtete, ihre Tochter könnte sich, verführt von den Lehren der Schwester Magdalena und angeregt vom katholischen Weihrauch, entschließen, eine Braut Christi zu werden. Diese Gefahr sah ich nicht und mit Wohlwollen konnte ich beobachten, wie Roland und Paola ebenfalls die Sonntage miteinander verbrachten, um zusammen die Messe zu besuchen.

Endlich entschlossen wir uns auch, die Einladung des alten Lamberti anzunehmen, um ihn in Spoleto zu besuchen. Seine Familie war in der Tat unüberschaubar groß. In der Nähe der Posthalterei hatte er ein großes Haus erworben, in dem er mit den noch unverheirateten Söhnen und Töchtern lebte. Seine Frau war liebevoll und eine richtige italienische Mamma, bei der Schar seiner Enkel hatte ich sehr schnell den Überblick verloren. Lamberti schien mir ein glücklicher und zufriedener Mann zu sein.

Wie damals gab er einen exzellenten Stadtführer ab und auch das Gasthaus seines Cousins existierte noch, doch auch hier hatte bereits die nächste Generation das Sagen. Wir verbrachten gemeinsam einen wunderbaren Abend und übernachteten in der Poststation.

Am nächsten Tag wanderte ich mit Agnes noch ein wenig durch Spoleto. Ich besuchte mit ihr das Bankhaus des Grafen Maurizio, um meine Kreditbriefe zu hinterlegen und die Barmittel aufzufüllen. Es befand sich noch am alten Platz, war aber mittlerweile von oben bis unten vergittert und wirkte wie ein Gefängnis. An der großen Eingangstür standen zwei Schildwachen. Vermutlich hatten die Stockwerke nicht ausgereicht, räuberische Eindringlinge abzuhalten. Ich wurde vom Neffen des Grafen, der das Bankhaus übernommen hatte, zuvorkommend empfangen und aufs Beste bedient. Er fragte, ob ich nicht Interesse hätte, mich in Spoleto anzusiedeln, um hier meinen Lebensabend zu verbringen. Das Klima sei angenehm und die gute Luft garantiere einem rüstigen Greis wie mir ein langes Leben. Er verfüge über einige interessante Objekte zu überaus günstigen Preisen. So weit war es also schon! Ich war froh, dass uns Agnes nicht verstanden hatte, und versprach, sein Angebot in Erwägung zu ziehen.

Als wir durch die engen Gassen spazierten, suchte ich den Ort, an dem mir der jüdische Goldschmied die Zauberkette verkauft hatte, die jetzt Agnes an besonderen Tagen trägt. Sie hatte sie auch heute bei unserem Besuch in Spoleto angelegt, um mir eine Freude zu machen. Doch ich fand den Laden nicht wieder. Er war wie vom Erdboden verschwunden. Ich vermied es, die sogenannte Judengasse aufzusuchen. Möglicherweise würde ich auch dort niemanden mehr antreffen und ich hatte die Worte Ruths noch im Ohr: „Die Tür meines Vaterhauses wird von nun an für dich verschlossen bleiben."

Als wir nach Spello zurückfahren wollten, verabschiedete uns die Familie Lamberti besonders herzlich. Als die Frauen eingestiegen waren und ich im Begriff war, mich neben Roland auf den Kutschbock zu setzen, nahm mich Paolo ein wenig zu Seite: „Carlo, mein Sohn möchte dich gerne in den nächsten Tagen aufsuchen, um mit dir ein ernstes Gespräch zu führen. Du kannst dir sicher denken, worum es geht. Er ist ein guter Junge und ich möchte ihm eine Enttäuschung ersparen." Ich wusste sofort, was er meinte. „Sind sich die beiden jungen Leute einig?" Paolo nickte. Ich klopfte ihm auf die Schulter wie früher: „Ich lasse aber meine Tochter nicht in Italien, meinst du, er kommt mit mir?" „Ich glaube schon, Carlo, aber ich verliere ihn auch nicht gern."

Kaum waren wir wieder in Spello und Charlotte noch ganz erwärmt von den schönen Stunden in Spoleto, bat ich sie, sich mit ihrer Mutter und mir in den Garten zu setzen. Es war ein Abend, der schon die herbstliche Kühle ahnen ließ, und Agnes war in eine warme Wolldecke gehüllt: „Charlotte, du bist eine erwachsene Frau und viele deiner Altersgenossinnen sind verheiratet und haben Kinder. Ich bin sicher, du willst nicht als alte Jungfer sterben, und ich vermute auch, es ist nicht dein Ziel, zum katholischen Glauben über- und in ein Kloster einzutreten?“

Agnes wirkte durch meine Rede etwas verunsichert, doch meine Tochter hatte mich gleich verstanden. Zu meinem Erstaunen fragte sie mich auf Italienisch: „Hat Carlo schon mit dir gesprochen, das habe ich gar nicht bemerkt?“ Ich antwortete in der gleichen Sprache: „Das hat er noch nicht, aber er wird es bald tun.“ Um die Verwirrung meiner guten Agnes nicht weiter zu steigern, wechselten wir in unsere Muttersprache und ich klärte meine Frau darüber auf, dass in den nächsten Tagen mit dem Besuch von Carlo Lamberti zu rechnen sei, der um die Hand unserer Tochter anhalten werde. Wenn ich befürchtet hatte, Agnes würde vor Schreck der Schlag treffen, hatte ich mich grundsätzlich getäuscht. Ihr war es natürlich nicht verborgen geblieben, wie eifrig der junge Mann meiner Charlotte den Hof machte, und Mutter und Tochter hatten sich schon längst über dieses Thema ausgetauscht. Sie wollten nur meine Meinung dazu abwarten.

Ich konnte mir keinen geeigneteren Schwiegersohn vorstellen als den Sohn meines alten Kollegen Lamberti. Ein tüchtiger Posthalter, der in der Welt herumgekommen war und sehr gut Deutsch sprach, das würde passen. Agnes hatte auch keine Angst, nach dem Sohn jetzt auch die Tochter zu verlieren, denn die Frauen hatten beschlossen, Charlotte würde nur ihr Jawort geben, wenn Carlo mit uns nach Diemerstein käme. Der junge Lamberti schien ein geschickter Verhandler zu sein, denn er hatte im Gegenzug gefordert, Charlotte müsste katholisch werden und die Hochzeit sollte in Italien stattfinden. Das sei er seiner Familie schuldig. Meine Tochter hatte bereits zugestimmt.

Nun war ich derjenige, der überrumpelt worden war, und sah meine Stellung als Brautvater auf die reine zeremonielle Zustimmung reduziert.

Wir warteten auf den Besuch des künftigen Bräutigams, der am kommenden Sonntag meine Tochter zur Messe abholen und dann mit ihrem Vater sprechen wollte.

Unterdessen erreichten mich weitere Briefe aus Diemerstein. Die Brauerei sei fast fertig eingerichtet und Theobald versicherte mir, Anheuser mache seine Sache sehr gut und er selbst habe von Ruppert viel über das Brauwesen gelernt. Wenn ich wieder in Diemerstein sei, könne ich mich selbst von der Güte des Bieres aus der Ritter'schen Station überzeugen. Er gehe davon aus, in kurzer Zeit würden die Erträge der Brauerei den Gewinn der Posthalterei übertreffen. Wir sollten uns Gedanken darüber machen, ob wir nicht einen Postmeister anwerben könnten, damit er, Theobald, sich ganz um die Brauerei kümmern könne. Schuck komme dafür nicht infrage, denn der sei mit der Ökonomie des Hofes ausgelastet.

Von Derte erfuhr ich, Theobald habe trotz der vielfältigen Arbeit, mit der er sich überhäuft habe, immer noch genug Zeit für seine Resi gehabt und dank ihrer guten Ausbildung könne sie mir versichern, wenn ich im kommenden Jahr wieder in Diemerstein sei, würde ich meinen Großneffen im Arm halten können. Damit wäre die Zukunft der Familie Ritter auch für die nächste Generation gesichert.

Warum konnte sich Derte so sicher sein, es würde ein Junge werden? Hebammen sollen ja über geheimes Wissen verfügen. Vielleicht hatte sie recht und der Name Ritter bliebe in Diemerstein erhalten.

Lamberti hatte sich besonders herausgeputzt. Er trug die Uniform eines ordentlich bestätigten Postmeisters und ich empfing ihn im Salon unseres gemieteten Häuschens. In nahezu perfektem Deutsch, mit dem herrlichen Akzent, durch den die Italiener unsere Sprache verzieren, trug er seine Brautwerbung vor. Ich hörte schweigend zu und bemühte mich, den Eindruck eines besorgten Vaters zu vermitteln, der die ganze Angelegenheit überaus ernst nahm.

Dann sagte ich ihm das Gleiche wie damals Aaron zu mir. Seine Worte habe ich nicht vergessen, denn sie waren sehr weise gewählt: „Ich maße es mir nicht an, über die Gefühle meiner Tochter Charlotte zu richten. Wenn zwei Menschen zueinandergefunden haben, dann liegt deren Schicksal in Gottes Hand und nicht mehr im Willen der Eltern."

Carlo kniete sich vor mich hin und küsste mir vor Dankbarkeit die Hand. In dramatischen Auftritten sind die Südländer unübertroffen. Agnes und Charlotte, die offensichtlich an der Tür gelauscht hatten, traten ins Zimmer und hörten noch meine Bedingungen: „Meine Tochter wird einmal meinen gesamten Besitz erben, denn mein Sohn lebt fernab in Amerika. Mein Hof und die Station werden einmal ihr gehören. Dazu werde ich ihr Barmittel mit in die Ehe geben können, die euch beiden eine einigermaßen sichere Existenz bescheren. Ich vertraue dir meine Tochter an, sofern du ihr nach Diemerstein folgst und dort die Stelle eines königlich bayerischen Posthalters annimmst. Über Euren Wunsch, Charlotte solle den katholischen Glauben annehmen und die Hochzeit solle hier stattfinden, bin ich unterrichtet und einverstanden."

Charlotte und Carlo fielen sich in die Arme. In Agnes' Augen sah ich Tränen, vielleicht weil jetzt auch ihre Tochter aus dem Haus gehen würde, oder darüber, dass sie bei uns in Diemerstein bleiben sollte, oder einfach nur, weil sie wieder glücklich war.

Ohne große Verlobungsfeier sollte der Hochzeitstermin so schnell wie möglich festgesetzt werden, denn wir wollten gleich nach Weihnachten die Rückfahrt antreten und in den Alpen sein, wenn die Wege dort wieder schneefrei waren.

Als Roland hörte, wie schnell jetzt alles gehen sollte und er bald Paola nicht wiedersehen würde, kam er zu mir. Er hatte sich unsterblich in die Kleine verliebt und wollte sie nicht verlassen. Mit einem Wort, er wollte Ursettis Tochter heiraten. Er hatte beim Vater um ihre Hand angehalten, soweit reichte sein Italienisch schon. Der gute Posthalter hatte sein Jawort gegeben unter der Bedingung, seine Tochter sollte in Spello bleiben und Roland katholisch werden. Falls Roland dem zustimmte, würde er ihn in seiner Posthalterei anstellen, damit er für den Lebensunterhalt seiner Frau und den erwarteten Kindersegen sorgen könnte.

Aus diesem Grund bat mich der gute Belly, ihn aus meinen Diensten zu entlassen, damit er hier in der Fremde sein Glück finden könne. Es tat mir um meinen treuen Kutscher sehr leid, denn ich mochte ihn sehr, doch ich wäre mir schäbig vorgekommen, wenn ich ihm diesen Wunsch versagt hätte. Ich fragte nur, was wohl seine Familie dazu sagen würde, und er antwortete, er habe Geschwister, die sich um seine Eltern kümmerten, und den Wechsel der Konfession brauchten sie gar nicht zu erfahren. So lief alles auf eine Doppelhochzeit hinaus. Ich würde einen guten Kutscher verlieren und einen Posthalter und Schwiegersohn hinzugewinnen und Ursetti hatte seine kleine Tochter unter die Haube gebracht.

Bei uns ist es Brauch, die Hochzeit einer Tochter im Hause des Vaters zu begehen. Gerne hätte ich in Diemerstein das Fest ausgerichtet, doch Charlotte und Carlo wollten in Italien heiraten. Azzuro hatte das Problem nicht, die Hochzeit seiner Paola konnte in der Station in Spello gefeiert werden. Für ihn war es ein Gebot der Gastfreundschaft, mich einzuladen, die Feier von Charlotte und Carlo am gleichen Tag in seinem großen Saal auszurichten. Wenn die Sonne noch Kraft genug hätte, wäre es auch kein Problem, die große zu erwartende Gästeschar tagsüber im Freien zu bewirten.

Schon Tage zuvor begannen die Vorbereitungen. Die Station wurde mit Girlanden geschmückt und Agnes fuhr mit Charlotte nach Spoleto zur Schneiderin, um dort ein schönes Hochzeitskleid anfertigen zu lassen.

Ich kam mir während dieser Tage sehr überflüssig vor und unternahm ausgedehnte Spaziergänge. Während ich so durch die Herbstsonne ging und den kühlen Wind von den Hügeln spürte, der bereits vorsichtig den Winter ankündigte, stand ich unvermittelt, ohne es beabsichtigt zu haben, vor der alten Werkstatt von Meister Bagallio. Von drinnen vernahm ich Sägen und Hämmern. Unüberhörbar beherbergte das Haus immer noch eine Schreinerei. An der Tür war ein kunstvoll geschnitztes Namensschild angebracht: „Falegnameria, Carlo Tramontin" Ich trat ein, und ein junger Mann begrüßte mich auf Deutsch und lachte mich freundlich an: „Schön, Sie in meiner Werkstatt zu sehen, Signor Ritter. Ich hatte mir schon früher Ihren Besuch erhofft." Er lud mich in seine Wohnräume über der Werkstatt ein und bot mir ein Glas Wein an. Nun saß ich wieder in der Stube, in der mich Francesca unterrichtet hatte, und wie ich erfuhr, ihrem jüngsten Sohn gegenüber. Seine Mutter hatte ihm oft von dem sympathischen jungen Postillion erzählt, dem sie ihre Sprache beibringen durfte und mit dem sie gerne zusammen war. Sie glaubte immer daran, ich würde irgendwann nach Spello zurückkommen, und dann sollte er mit mir ein Glas Wein trinken und mich ganz herzlich von ihr grüßen. Tramontin war sich sogar sicher, er trage den Namen Carlo, weil sich meine Mutter stets gerne an mich und ihre Jugend in Spello erinnert habe. Da die Werkstatt in Venedig nur zwei Bootsbauer ernähren könne, habe er den Betrieb seines Großvaters übernommen. Mit Holz kenne sich seine Familie ja aus und er habe von beiden Großvätern die Liebe zu diesem edlen Material in die Wiege gelegt bekommen. Ich blieb noch eine Weile bei diesem bemerkenswerten Handwerker. Er zeigte mir wunderbare Möbelstücke, die er gefertigt hatte und die den Kunstwerken seines Großvaters in nichts nachstanden. Ich lobte seine Arbeit und erzählte ihm, vor einem Menschenalter habe mir hier an dieser Stelle seine Mutter das Bett gezeigt, welches der Großvater für die Hochzeit seiner Tochter angefertigt habe. Tramontin lachte, das Bett gebe es immer noch. Es habe viel Schönes, aber auch Trauriges erlebt. Schließlich sei es auch das Sterbebett seines lieben Vaters geworden. Er stellte mir auch seine Familie vor. Seine älteste Tochter glich der jungen Francesca und ich glaubte, in ihrem anmutigen Gesicht die Züge der Großmutter zu erkennen. Aber vielleicht hat die Fantasie einem alten Mann nur einen Streich gespielt.

Eine gewisse Zeit vor den geplanten Hochzeitsfeierlichkeiten kam ein sehr stattlicher Würdenträger der katholischen Kirche in die Station. Neben seinem beachtlichen Leibesumfang, er war in der Tat noch dicker als ich, unterstrichen eine breite purpurne Bauchbinde und ein großes goldenes Kreuz vor der Brust seine Wichtigkeit. Mit ihm war sein Assistent gekommen, ein junger, sehr schlanker Geistlicher mit weichen, engelsgleichen Zügen, der beinahe wie ein Mädchen aussah. Von allen Seiten wurde der alte Kirchenmann mit großer Ehrfurcht begrüßt und sein Ring geküsst. Man redete ihn mit „Eccellenza“ an. Zu meiner Überraschung bezog er nicht das schönste Gästezimmer in der Station, sondern die kleine Kammer, in der ich als junger Mann gewohnt hatte. Ich nahm an, Azzuro habe diesen hohen Kirchenfürsten nach Spello kommen lassen, um die geplante Hochzeit zu zelebrieren. Als ich ihn einmal zusammen mit dem jungen Kaplan vor der Station bei einem Glas Wein sitzen sah, nahm ich mir ein Herz und bat „Sua Eccellenza“, mich ihm nähern zu dürfen, denn ich sei der Vater einer der Bräute. Der dicke

Mann setzte ein breites, doch nicht unsympathisches Lachen auf, schickte seinen Assistenten fort, um irgendeine Besorgung zu erledigen und redete mich an: „Hallo Carlo, wir beide haben uns ganz schön verändert seit damals.“ Es war Raffaele, der zweitältese Sohn des alten Ursetti, der zu Azzuro gekommen war, um die Trauung seiner Nichte persönlich vorzunehmen. Er ließ noch eine Karaffe Wein kommen und ein Glas für mich. Obwohl ich zu ihm nicht die enge Verbindung gehabt hatte wie zu seinem älteren Bruder und seiner kleinen Schwester, waren wir sogleich wieder Carlo und Raffaele wie früher. Wir erzählten uns gegenseitig unsere Lebensgeschichten. Ich fragte ihn vorsichtig, ob er noch Kontakt zu Gabriela habe, doch er bedauerte, dieser Kontakt sei völlig abgebrochen, nachdem seine Schwester mit den Landstreichern auf und davon sei. Sein Vater, der gute alte Azzuro, sei aus Gram darüber fast gestorben. Heute tue es ihm leid, seine Schwester wegen ihres Lebenswandels so verdammt zu haben. Das sei völlig unchristlich gewesen und er sei in diesem Fall seinem Herrn Jesus Christus nicht so nachgefolgt, wie er es eigentlich als Kirchenmann hätte tun sollen. Jeden Tag bete er für seine kleine Schwester. Ich konnte ihm eine Freude machen, indem ich von der Begegnung mit Gabriela in Diemerstein erzählte und mit welchem Erfolg sie als anerkannte Künstlerin auf den Bühnen Europas auftrat. Ich riet ihm, auch Azzuro von seinen Gewissensbissen zu erzählen, denn vielleicht wüsste der noch mehr über Gabriela als ich, ohne sich seinem Bruder zu offenbaren.

Wir saßen noch lange beieinander, redeten von den alten Zeiten und davon, welche Ehre es für ihn sei, meine Tochter zum katholischen Glauben anleiten zu dürfen. Er wollte vor der Hochzeit noch einige Gespräche mit dem Brautpaar führen und Charlotte alles Wichtige über ihre neue Konfession beibringen, ebenso meinem Kutscher. „Zwei Seelen für die heilige Mutter Kirche gewonnen, das ist doch ein Erfolg, mit dem ich in Rom glänzen kann,“ lachte er verschmitzt. „Ich weiß ja, dass du kein sturer Lutheraner bist, und ich glaube, du hast deiner Tochter in Glaubensdingen immer viel Freiheit gegeben. Wolltest du nicht selbst einmal zum mosaischen Glauben konvertieren?“ „Stimmt, später in Frankreich wollte ich aber auch einer schönen Frau zuliebe katholisch werden, also kann ich die Entscheidung meiner Tochter nicht nur verstehen, sondern auch aus vollem Herzen gutheißen.“ Raffaele nickte befriedigt: „Da kannst du erkennen, wie sehr das weibliche Geschlecht über die Männer zu herrschen vermag. Eine große Gefahr, wie schon der heilige Augustinus gesagt hat.“ „Dieser Gefahr hast du dich ja nicht ausgesetzt, ohne der Liebe ganz zu entsagen.“ Raffaele lachte dröhnend, schlug mir auf die Schulter und ließ noch einen Wein kommen.

Die Hochzeit unserer beiden Brautpaare wurde zu einem pompösen Ereignis. Die Kirche in Spello war bis auf den letzten Platz gefüllt. Onkel Raffaele bot allen Prunk und Glanz der katholischen Kirche auf, um die Trauung für alle Beteiligten zu einem unvergesslichen Erlebnis werden zu lassen. Hätte er nicht die Kirche, sondern wie Gabriela die Bühne für sich erwählt, wäre er mit Sicherheit ebenso erfolgreich geworden. Meine Tochter sah in ihrem Brautgewand einfach hinreißend aus. Es war nicht so ausladend und kostbar wie das von Paola. Meine Agnes hatte ein ganz schlicht geschnittenes weißes Kleid anfertigen lassen, das ihrem eigenen Brautkleid nicht unähnlich war. Am Tage der Hochzeit fragte sie mich, ob sie die schöne Kette, die ich ihr zur Hochzeit geschenkt hatte, nun an unsere Tochter weitergeben dürfe. Ich stimmte zu und so führte ich als Brautvater meine Charlotte, die jene mystische Zauberkette mit den geheimen Symbolen um ihre Schultern trug, zum katholischen Altar. Ruth hätte sich bestimmt gefreut.

In den Tagen nach dem Fest kehrte wieder Ruhe ein. Raffaele und sein Lebensgefährte begaben sich wieder nach Rom. Charlotte war zur großen Familie der Lambertis gezogen und wollte bis zur Abreise bei ihrem Mann in Spoleto leben. Der alte Lamberti hatte mir nach etlichen Weinen gestanden, er wird der Madonna di Loreto drei Kerzen stiften so dick wie seine Oberarme, wenn sein Sohn ihn in der Gewissheit verlassen würde, ein kleiner Lamberti reise im Frühjahr nach Deutschland mit. Roland und Paola hatten sich vorübergehend in der Posthalterei in Spello eingerichtet. Das Haus, in dem Agnes und ich jetzt wohnten, hatte Ursetti der Witwe abgekauft und seiner Tochter zur Vermählung geschenkt. Dort wollten die beiden einziehen, sobald wir uns auf den Rückweg gemacht hätten. Maria und Agnes trafen sich jeden Tag, tauschten Kochrezepte und wählten im Garten diejenigen Pflanzen aus, die wir mit nach Diemerstein nehmen wollten. Ich war irgendwie überflüssig. Agnes schlug mir deshalb vor, ich sollte mir doch in der Station ein Pferd ausleihen und etwas ausreiten.

Das war eine gute Idee. Azzuro bot mir ein gutes und kräftiges Pferd an und ich verabschiedete mich von meiner Frau, um nochmals zu jener Stelle zu reiten, wo damals der Postraub stattgefunden hatte. Von diesem Abenteuer hatte ich ihr erzählt, ohne jedoch auf die folgenden Ereignisse, auf Angela und das Duell einzugehen. Da es doch eine weite Strecke war, verabschiedete ich mich für zwei Tage und wollte in der Poststation in den Bergen übernachten.

Der Winter war schon sehr nahe. Im Gebirge hatte es geschneit und die hohen Bäume waren mit leichtem Reif bedeckt. Ich bin nicht mehr der Jüngste, doch ich kam schnell voran. Azzuro hatte ein Tier für mich ausgesucht, das mich auch bei meinem jetzigen Gewicht gut aushielt und offensichtlich Freude daran hatte, mich durch den würzigen Duft der umbrischen Wälder zu tragen. Ich rastete in den Stationen, an denen wir vorbeikamen, und genoss den Ritt. Als ich an der Posthalterei eintraf, bei der ich damals die getöteten Räuber und den ermordeten Grafen abgeliefert hatte, fand ich alles unverändert. Ich verwickelte den Posthalter in ein Gespräch und wollte von ihm wissen, ob diese Wälder für einen einzelnen Reiter nicht gefährlich seien und ob es vielleicht Räuber gebe. Der gute Mann lachte, schon seit Jahrzehnten habe es hier keine Überfälle mehr gegeben. Sein Großvater habe ihm erzählt, vor langer Zeit sei auf dieser Strecke einmal eine Kutsche von einer Räuberbande überfallen worden. Ein hoher italienischer Offizier, der verkleidet beim Kutscher saß, habe damals die Bande massakriert. Vierzig Räuber seien tot im Wald gelegen und der tapfere Held habe drei davon gleichzeitig mit seinem Degen aufgespießt. Wenn der „Nono", damit meinte er mich, jedoch Angst habe, allein durch den Wald zu reiten, werde er mir gern gegen eine geringe Gebühr einen seiner Postillione mit auf den Weg geben und bis zum Schloss sei es nicht mehr weit. Ich lehnte den Schutz dankend ab und war stolz, meine Geschichte noch einmal und wiederum gesteigert zu hören, obwohl mich niemand mehr erkannte. Ich übernachtete in der Station, um mich gleich am nächsten Morgen wieder auf den Weg zu machen.

Die Morgensonne wärmte die Luft und mir war unbeschreiblich wohl zumute, als ich meinen Weg fortsetzte. Nach jeder Biegung suchte ich die Stelle, wo damals die Kutsche überfallen worden war. Obgleich ich das Bild noch glasklar in meiner Erinnerung hatte, konnte ich den Ort nicht mehr finden. Die Bäume waren gewachsen und die Sträucher dazwischen hatten die Umgebung des Weges vollständig verändert. Der Ritt dauerte auch wesentlich länger, als ich dachte, und plötzlich tauchte hinter dem Wald das Schloss der Martanis vor mir auf. Ich hatte nicht erwartet, wie stark mich der Anblick nach so langer Zeit noch berühren würde. Mein Herz begann heftig zu schlagen. Ich ritt langsam näher. Die Bäume waren jetzt deutlich höher. Das ganze Anwesen wirkte viel dunkler und düsterer. An manchen Ecken bröckelte der Verputz und viele der zahlreichen Fenster waren mit Klappläden verschlossen. Ich stieg ab, ging um das Gebäude herum auf die Rückseite, wo die große

Wiese lag, auf der mein Duell stattgefunden hatte. Ein alter Gärtner mit einer Schürze arbeitete an einem knorrigen Baum. Ich zog mein Pferd am Zügel hinter mir her und sprach den Mann an.

Er hielt mich für einen neugierigen Reisenden, der zufällig vorbeigekommen war. Als ich laut klimpernd ein paar Münzen in seine Taschen fallen ließ, war er gerne bereit, mir etwas über das Gebäude und seine Bewohner zu erzählen. Ich tätschelte mein Pferd am Hals, um es zu beruhigen, und sah, wie ein alter Mann auf die Terrasse herausschlurfte und sich an einem vorbereiteten Esstisch niedersetzte. Ein grauhaariger Diener kam hinzu, bediente ihn und zog sich gleich wieder zurück. Der Mann nahm von mir keine Notiz, obwohl ich keine zehn Meter entfernt unterhalb der Terrasse stand. Vermutlich war ich nicht der erste Reisende, der hier Rast machte und der Anblick eines alten Mannes mit Pferd störte ihn nicht.

Der Gärtner raunte mir zu, das sei sein Herr, der Baron Terni. Ganz allein lebe er hier auf dem großen Schloss. Erst jetzt bemerkte ich, dass dem Alten, der da am Tisch saß, ein Arm fehlte und fragte den Gärtner nach der Ursache. „Der Herr Baron hat seinen Arm bei einem Duell verloren. Eine schlimme Sache," flüsternd rückte er noch näher an mich heran. „Es ging angeblich um die junge Contessa, die der Baron später geheiratet hat. Ein österreichischer Offizier hat den Baron beleidigt und er forderte sofortige Genugtuung. Hier auf der Wiese haben sie sich mit blanken Waffen duelliert. Bevor er den Österreicher tötete, hat dieser den Baron an der Hand so schwer verletzt, dass der Arm brandig wurde und amputiert werden musste." „Hat er den Österreicher wirklich getötet?" „Sicher, Antonio, der vor mir hier in Diensten war, erzählte immer, der ganze Schnee sei voll Blut gewesen." Ich wollte den auskunftsfreudigen Gärtner nicht weiter unterbrechen. „Kurz danach haben der Baron und die Contessa geheiratet. Sie störte nicht, dass er nur noch einen Arm hatte, denn er hatte ihn im Kampf um ihre Gunst verloren. Sie sind dann nach Rom gezogen. Es muss die große Liebe gewesen sein, denn schon sechs Monate nach der Hochzeit kam der junge Herr auf die Welt. Hat es wohl gar nicht mehr im Mutterleib aushalten wollen. Doch bei der Geburt ist die Baronin gestorben und musste den Kleinen und ihren Mann allein auf der Welt zurücklassen. Eine Amme hat ihn aufgezogen und der Baron kam hierher aufs Schloss und hat es seitdem nicht mehr verlassen." Während er erzählte, trat ein Mann mittleren Alters hinzu. Er setzte sich neben den Einarmigen und der Gärtner raunte mir zu: „Das ist der junge Baron. Er lebt jetzt in Rom und besucht seinen Vater ab und zu, um nach dem Rechten zu sehen." Ich konnte erkennen, wie er dem alten Terni das Fleisch in kleine Stücke schnitt, damit er es mit einer Hand essen konnte. Der junge Baron erhob sich vom Stuhl und war gerade im Begriff wieder ins Haus zu gehen, als er mich bemerkte. Für einen kurzen Moment blickten wir uns an. Ich hoffte, die Züge von Angela wieder zu erkennen, doch es war, als sähe ich in einen Spiegel und erkannte mein eigenes Gesicht.

Einen Augenblick lang sahen wir uns so an. Dann steckte ich dem Gärtner noch eine Goldmünze in die Tasche, winkte kurz hinüber auf die Terrasse, stieg auf mein Pferd und ritt davon.

Diese Geschichte habe ich noch niemandem erzählt und ich hoffe, wenn dies später jemand aus meiner Familie lesen wird, kann er diese Begegnung richtig deuten.

Vor dem Weihnachtsfest fuhr ich mit Agnes noch einmal nach Spoleto, um Weihnachtsgeschenke einzukaufen. Meine Frau kannte die Stadt mittlerweile sehr gut, Charlotte begleitete uns und übersetzte, wenn es erforderlich war. In der Bank löste ich mein Guthaben auf und bedauerte, mich doch nicht in Umbrien ansiedeln zu können.

Zur Feier kamen wir alle zusammen in die Station Azzuros. Er baute wieder die große Krippe auf, die er von seinem Vater geerbt hatte und die so etwas wie ein Familienheiligtum war, das nur an diesem hohen Festtag gezeigt wurde. Die Schafherde rund um das Christkind war in den Jahren gewaltig angewachsen und die Zahl der anbetenden Hirten hatte mehrere Anbauten erforderlich gemacht. Unter der beachtlichen Anzahl der verschiedensten Befanas erkannte ich auch diejenige, die ich vor Jahrzehnten Ursetti geschenkt hatte. Aus Spoleto hatte ich mehrere Befanafiguren mitgebracht und überreichte ihm eine davon mit dem Wunsch, seine Familie und seine Nachkommen möchten noch viele Weihnachtstage in Glück und Frieden hier verbringen.

Meine liebe Agnes beschenkte ich am Heiligen Abend mit einem schlichten Kleid aus edelster Seide. Sie revanchierte sich mit einem selbst gebackenen Pandoro. Es war der köstlichste, den ich jemals gegessen habe.

Am Weihnachtstag fuhren wir gemeinsam mit den Kutschen zur Messe. Auch Charlotte und Carlo waren gekommen und begleiteten uns. Wie ich mit Bewunderung bemerkte, waren Charlotte und Roland mit den Riten der katholischen Messe mittlerweile bestens vertraut. Danach wurde ein Festessen serviert, das Agnes und Maria zusammen vorbereitet hatten.

Zum Epiphaniasfest verteilte ich meine Geschenke und wir verbrachten noch einige schöne Stunden miteinander. Obwohl sich Agnes, die in Italien ihren Lebensmut wiedergefunden hatte, freute, wieder nach Hause zu kommen, nahm sie wehmütig Abschied von dem kleinen mediterranen Garten und grub so viele Knollen und Wurzeln aus, wie sie nur konnte, um sie mitzunehmen.

Am Tag des Abschiedes war auch Lamberti mit seiner Familie aus Spoleto gekommen. Vier große Kutschen waren dafür notwendig. Carlo wurde von allen Seiten weinend umarmt und immer und immer wieder geküsst. Die Mutter segnete noch ihren Sohn und hoffte, ihn vielleicht einmal wieder zu sehen und wenn es der allmächtige Gott so wolle, mit vielen Bambini an der Hand.

Paolo umarmte seinen Sohn und ermahnte ihn, in der Fremde dem Namen Lamberti keine Schande zu machen. Ich dankte den Ursettis für ihre Gastfreundschaft und für alles, was sie für uns getan hatten. Roland verabschiedete sich von mir mit einem männlichen Händedruck. Am Beginn unserer Fahrt wäre es ihm wohl nicht in den Sinn gekommen, dass er bei der Rückfahrt nicht mehr auf dem Kutschbock sitzen würde. Ich wünschte ihm viel Glück in seinem künftigen Leben als Mitglied seiner neuen Familie und Schwiegersohn des Posthalters. Wir vereinbarten, uns so oft wie möglich zu schreiben.

Die Lambertis winkten uns noch so lange nach, bis wir sie nicht mehr sehen konnten. Agnes wirkte wieder ein bisschen traurig. Die ganze Szene erinnerte sie zu stark an den Auszug der Mennoniten aus Diemerstein und den Abschied von Vater und Sohn. Sie verstand, wie sich die Mutter Lamberti fühlen musste. Deutschland war nicht so weit entfernt wie Amerika, aber weit genug weg, dass dies ein Abschied für ganz lange Zeit, vielleicht für immer sein konnte.

Carlo Lamberti nahm den Platz von Roland auf dem Kutschbock ein und ich saß neben ihm, wenn ich dazu Lust hatte. Für Agnes war es eine Fahrt in die Heimat, für Charlotte und Carlo in ein neues gemeinsames Leben, für mich ein Abschied von lieb gewordenen Erinnerungen.

Da wir so schnell wie möglich Diemerstein erreichen wollten, gab es auf dieser Fahrt keine mehrtägigen Unterbrechungen mehr. Wir verzichteten darauf, nochmals Michele in Venedig zu besuchen, und rollten schon bald durch die schönen Täler Tirols, in denen noch Schnee lag.

Da sich der Frost in diesem Jahr schnell in die hohen Berge zurückgezogen hatte, kamen wir auch in den Alpen gut voran und waren bald in Innsbruck.

Bei meiner Schwester in München blieben wir einige Tage. Charlotte stellte ihren Mann vor und nahm von allen Seiten Glückwünsche entgegen. Ihre Tante konnte auch mit der Überraschung aufwarten, in Diemerstein würde bald ein neuer Ritter auf die Welt kommen. Resi sei schon seit Monaten guter Hoffnung. Ich fragte mich, warum alle davon ausgingen, es würde ein Junge werden, aber in meinem Alter wundert man sich über nichts mehr.

Mit meinem Schwiegersohn begab ich mich zur Hauptverwaltung der königlich bayerischen Post. Er legte seine Papiere vor und ich beantragte seine Bestellung zum Posthalter, gleichzeitig erledigte ich bei den zuständigen Stellen alle Formalitäten, um ihn in Bayern einzubürgern. Mein Schwager, der sich als hoher Beamter immer sehr wichtig nahm, versprach, mithilfe seiner Beziehungen den Antrag so rasch wie möglich bearbeiten zu lassen. Ich wollte ihm noch sagen, ich könnte ja auch direkt beim König, also bei meinem Freund Max, vorstellig werden, aber ich verkniff mir diese Bemerkung. Er hätte mich sonst für einen Angeber gehalten.

Bei meiner Ankunft in Diemerstein fand ich alles in bester Ordnung, so als wäre ich gar nicht weg gewesen. Theobald freute sich mit Karl Lambert, wie er jetzt als eingebürgerter Bayer genannt wurde, einen erfahrenen und zuverlässigen Posthalter zu haben. Die Brauerei war ein voller Erfolg und rechtfertigte die hochgesteckten Erwartungen. Schuck hatte auf dem Hof hervorragend gewirtschaftet und mein Bruder war zum wiederholten Male zum Bürgermeister gewählt worden. Resis Bauch wölbte sich schon beachtlich, und Charlotte hatte mich in München mit der freudigen Botschaft überrascht, mein Freund Paolo müsse sein Gelübde einlösen.

Ich beschloss, es sei nun der richtige Zeitpunkt, meine Lebenserinnerungen aufzuschreiben. Was ich hiermit getan habe. Am Schluss füge ich noch die Abschrift von zwei Briefen bei, die ich vor Kurzem erhielt. Beide waren mehr als ein Jahr lang unterwegs. Der eine aus Schottland, der andere aus Amerika.

Den Letztgenannten überreichte ich meiner lieben Agnes, als sie im Frühsommer gerade dabei war, die Pflanzen, die sie aus Italien mitgebracht hatte, in unserem Garten einzupflanzen.

Sie weinte vor Glück.

Abschrift zweier Briefe

Erster Brief, geschrieben am 15. Mai des Jahres 1818 in Elgin (Schottland)

Mein lieber Charles,

so wie sich die warme Frühlingssonne über das Meer vor meinem Fenster ergießt, sacht und mild, wärmend und unaufdringlich, gleiten meine Gedanken über die Wellen hinaus in die Welt, die einmal die Meine war. Wie viel Zeit ist vergangen, und wer beschreibt die über die Menschheit gekommene Not, deren Ursache nichts anderes ist als Unzufriedenheit, Neid und Habgier. Ich weiß nicht, ob du diese Zeilen jemals lesen wirst, und so schreibe ich, als ob ich mit dir reden könnte. Du kannst mir nicht antworten, doch wie bei einem Gebet spüre ich, es ist jemand da, der mir zuhört.

Wie wird es dir ergangen sein, seit diesen schrecklichen Tagen der Revolution, als der Abgrund der Hölle geöffnet und das Gute und Schöne im teuflischen Rachen verschwunden war. Mein Herz und mein Gebet waren dir allezeit nahe und ich hege keine Zweifel, Jesus hat meine Bitte erhört und dich, lieber Charles, am Leben und bei Gesundheit erhalten. Ich spüre, du lebst noch und du bist mir immer so nahe, dass ich auch die Sorgen empfinde, die du dir um deine Luise machst, die jetzt Mutter Conoscenza genannt wird. Fürchte nicht um mich, denn ich bin in Sicherheit. Als die Unruhen in meiner Heimat begannen, erwarb unser guter Cuvillier ein großes Boot mit zwei Masten und befahl Kapitän Alphonse, einige unerschrockene Männer anzuwerben. Er gedachte, wenn es schlimmer würde, über das Meer aus Boulogne zu fliehen. Als jedoch der Abschaum immer mehr brodelte und selbst die geheiligten Mauern unseres Klosters keinen Schutz mehr boten, vergaß er seine eigene Rettung und sandte uns Alphonse und seine Männer zu Hilfe. Sie kamen gerade zur rechten Zeit, denn wir wurden schon mit Gewalt aus unseren Zellen geschleppt und über die Hübschesten von uns das Los geworfen. Der Kapitän und seine Mannschaft vertrieben die Eindringlinge und wie ihm Cuvillier befohlen hatte, brachte er uns aufs Schiff und nach langer Seereise zu einem Kloster in Schottland. Der Himmel möge es ihm lohnen. Nun lebe ich mit den Mitschwestern meiner Kongregation an den stürmischen Küsten des Nordens und bin Jesus mehr verbunden denn je. Mein Haar ist weiß geworden und meine Augen trübe, doch immer noch wärmt mich der Gedanke an all das, was du mir geschenkt hast.

Ich habe nicht vergessen, dass du aus Diemerstein stammst und Posthalter bist. Vielleicht erreicht dich dieser Brief und ich kann dir nah sein.

Im Gebet bin ich dir allezeit verbunden in unserem Herrn Jesus Christus.

Mutter Conoscenza, Äbtissin des Klosters der Heiligen Ursula

Zweiter Brief, geschrieben am 20. Oktober des Jahres 1817 in Ammantown, Pennsylvania.

Liebe Mutter, lieber Vater,

in der Hoffnung, dass euch dieser Brief recht bald erreicht, schreibe ich, um euch Sorge von der Seele zu nehmen.

Auf dem Weg nach Antwerpen haben sich noch viele Glaubensbrüder unserem Zug angeschlossen und wir konnten, nachdem wir Pferde und Wagen im Hafen verkauft hatten, einen guten und gottesfürchtigen Kapitän finden, der sich anbot, uns sicher nach Amerika zu bringen. Das Schiff, das er uns zeigte, gehörte ihm selbst und er war die Route über den Atlantik schon mehrfach gefahren. An Bord war es ziemlich eng, doch es waren auch Ställe darauf, in denen wir einige Kühe und Schweine, die wir mitgebracht hatten, unterbringen konnten. Auch die beiden Pferde, die du, lieber Vater, mir zum Abschied geschenkt hast, nahm ich mit. Sie haben die Fahrt überlebt, stehen heute bei mir im Stall und leisten mir in diesem riesigen Land mit seinen weiten Entfernungen gute Dienste. Viele aus unserer Gemeinde überstanden die Überfahrt nicht. Auch meine kleine Tochter, die auf dem Meer geboren wurde, musste bereits nach wenigen Tagen ihre unschuldige Seele der Güte des Herrn anvertrauen. Mein guter Großvater wurde krank, aber er ließ den Mut nicht sinken, jeden Tag predigte er auf dem Deck, wenn das Wetter gut war. Er machte allen Mut und tröstete diejenigen, die verzweifelt waren und deren Angehörige verstarben und den Wellen übergeben werden mussten. Auch als er sehr schwach war und alle Zähne verloren hatte, hoffte er, uns in das gelobte Land führen zu können. Er überlebte die Überfahrt. An der Küste kauften wir Zugtiere und Wagen, Lebensmittelvorräte und Werkzeuge und zogen zuversichtlich auf unserem Weg voran. Wir hatten einen kundigen Führer, der uns sicher in die Gegend brachte, die uns Daniel beschrieben hatte. Auch da starben unterwegs einige unserer Brüder, doch nicht so viel wie auf dem Meer. Mein Schwiegervater wurde auch immer schwächer. War er anfangs noch neben uns hergegangen, so musste er bald im Wagen liegen und konnte sich nicht mehr erheben. Er betete jeden Tag darum, der Herr möge ihm die Gnade gewähren, noch einmal seinen Sohn in die Arme zu schließen. Er sprach auch oft von dir, liebe Mutter, und wie sehr er dich immer geliebt habe.

Die Siedlung von Daniel sahen wir schon von Weitem, sie lag vor uns in einem grünen Tal. Eine Reihe sauberer Höfe, umgeben von Feldern, die auf die Ernte warteten. Große Scheunen und kleine Teiche dazwischen und überall fruchtbares Land, das noch nicht bestellt war. Das Einzige, was hier fehlte, waren Menschen. Als die Bewohner der Höfe uns erblickt und uns als Glaubensbrüder erkannt hatten, liefen sie von allen Seiten auf uns zu. Allen voran mit großen Schritten ein breitschultriger blonder Mann, dessen Gesicht mich an meine Mutter erinnerte. Bald waren unsere Wagen von allen Seiten umringt und in der Ferne läutete eine Glocke, um die Bewohner weiter entfernter Höfe auf unsere Ankunft aufmerksam zu machen. Wasser und wohlschmeckende Säfte wurden für die Ermatteten herbeigetragen und der große Blonde lief von Wagen zu Wagen, als suche er etwas Bestimmtes. Schließlich kam er zu mir und meinen beiden Annas. Jan lag auf dem Wagen, in warme Decken gehüllt. Wir richteten seinen schwachen Körper auf und er konnte hinab in das Tal sehen. Er erkannte die Siedlung und die Menschen, die zu uns gelaufen kamen, und schließlich den Mann, der nun zu ihm auf den Wagen kletterte. Es war Daniel, liebe Mutter, dein verlorener Bruder. Der Vater legte seine Hand auf das Haupt des Sohnes, der ihn weinend um Verzeihung bat. Die beiden Männer schämten sich ihrer Tränen nicht. Jan segnete mit schwacher Stimme seinen Sohn und dankte Gott für seine Gnade. Dann hob er noch einmal seine zitternde Hand, richtete sie gegen die Höfe, als wolle er auch diese in seinen Segen einschließen, sank auf sein Lager zurück und schloss für immer die Augen. Wir haben ihn auf unserem Friedhof in der Siedlung zur letzten Ruhe gebettet.

Die Gemeinde wächst und gedeiht. Wir streben danach, durch unseren Fleiß und unsere Tüchtigkeit Gott zu dienen und uns von den Sünden der Welt fernzuhalten. Jeder der Neuankömmlinge bekam ein großes Stück Land zur Bewirtschaftung. Es entstanden viele neue Höfe in kürzester Zeit. Beim Bau helfen alle mit und keiner ist auf sich allein gestellt. Die Siedlung trägt schon seit Langem den Namen meines Onkels Daniel und er ist der Vorsteher der Gemeinde. Wir haben hier auch einen erfahrenen Prediger und einen Lehrer für die Kinder. Einer unserer Brüder ist ein guter Schmied und Werkzeugmacher, zwei andere erfahrene Schreiner und Zimmerleute. So haben wir alles, was nötig ist. Wir sprechen untereinander Deutsch und wollen auch im fremden Land diese Sprache weiter pflegen.

Der älteste Sohn von Daniel, den er nach seinem Vater Jan genannt hat, bewirtschaftet einen eigenen Hof und hat selbst schon wieder Kinder. Die kleine Anna ist nun auch nicht mehr allein, sondern hat im Mai ein Brüderchen bekommen, das wir nach seinem Großvater Charles genannt haben. So wird der Name Ritter auch in Amerika weiterleben, was dich sicher freut, lieber Vater. Der Kleine wächst mit jedem Tag. Anna und ich wollen aber noch mehr Kinder haben.

Da wir Mennoniten hier für uns leben wollen und alles, was wir brauchen, aus der Gemeinde kommt, suchen wir den Kontakt mit der nächsten Stadt nicht. Einem durchreisenden Händler gebe ich diesen Brief mit und hoffe, er wird euch erreichen.

Ich umarme meine lieben Eltern und wünsche euch Glück, Gesundheit und Gottes Segen.

Euer dankbarer Sohn Friedrich